中華書局校刊

聚珍仿宋版

十三經注疏

十七

穀梁注疏

中華書局

穀梁傳注疏

四部備要

經部

上海中華書局據阮刻本校刊

桐鄉陸費逵總勘
杭縣高時顯　吳汝霖輯校
杭縣丁輔之監造

欽定四庫全書總目春秋穀梁傳注疏二十卷

晉范甯集解唐楊士勛疏其傳則士勛疏稱穀梁子名俶字元始一名赤受經於子夏爲經作傳則當爲穀梁子所自作徐彦公羊傳疏又稱公羊高五世相授至胡毋生乃著竹帛題其親師故曰公羊傳穀梁亦是著竹帛者題其親師故曰穀梁傳則當爲傳其學者所作案公羊傳定公即位一條引子沈子曰何休解詁以爲後師（案此注在隱公十一年所引子沈子條下）此傳定公即位一條亦稱沈子曰公羊穀梁既同師子夏不應及見後師又初獻六羽一條稱穀梁子曰傳既穀梁自作不應自引己說且此條又引尸子曰尸佼爲商鞅之師鞅既誅佼逃於蜀其人亦在穀梁後不應預爲引據疑徐彦之言爲得其實但誰著於竹帛則不可考耳漢書藝文志載公羊穀梁二家經十一卷傳亦各十一卷則經傳初亦别編范甯集解乃併經注之疑即甯之所合定公元年春王三月一條發傳於春王二字之下以三月别屬下文頗疑其割裂然考劉向說苑稱文王似元年武王似春王周公

似正月向受穀梁春秋知穀梁經文以春王二字别爲一節故向有此讀至公觀魚于棠一條葬桓王一條杞伯來逆叔姬之喪以歸一條曹伯廬卒于師一條天王殺其弟佞夫一條皆冠以傳曰字惟桓王一條與左傳合餘皆不知所引何傳疑甯以傳附經之時每條皆冠以傳曰字如鄭元王弼之易有彖曰象曰之例後傳寫者删之此五條其削除未盡者也甯注本十二卷以兼載門生故吏子弟之説各列其名故曰集解晉書本傳稱甯此書爲世所重既而徐邈復爲之注世亦稱之今考書中乃多引邈注未詳其故又自序有商略名例之句疏稱甯别有略例百餘條此本不載然注中時有傳例曰字或士勛割裂其文散入注疏中歟士勛始末不可考孔穎達左傳正義序稱與故四門博士楊士勛參定則亦貞觀中人其書不及穎達書之賅洽然諸儒言左傳者多言公穀者少既乏憑藉之資又左傳成於衆手此書出於此人復鮮佐助之力詳略殊觀固其宜也其疏長狄眉見於軾一條連綴於身橫九畝句下與注相離蓋邢昺刊正

之時又多失其原第亦不盡士勛之舊矣

監本附音春秋穀梁傳注疏序

國子四門助教楊士勛撰

國子博士兼太子中允贈齊州刺史吳縣開國男陸德明釋文

春秋穀梁傳序

【疏】釋曰此題諸本文多不同晉宋古文多云春秋穀梁傳序俗本亦有直云穀梁傳序者然春秋是此書之大名傳之解經隨事則釋亦既經傳其文題名不可單舉又此序末云名曰春秋穀梁傳集解故今依上題焉此序大略凡有三段第一段自周道衰陵盡莫善於春秋釋仲尼修春秋所由及始隱終麟之意夫聖哲在上動必合宜而直臣良史克施有政故能使善人勸焉淫人懼焉洎乎周德既衰彝倫失序居上者無所懲艾處下者信意愛憎致令九有之存唯祭與號八表之俗或狄或戎故仲尼就大師而正雅頌因魯史而修春秋其始隱終麟范自具焉第二自春秋之傳有三盡君子之於春秋没身而已釋三傳所起及是非得失仲尼卒而微言絶秦正起而書記亡其春秋之書異端競起遂有鄒氏夾氏左氏公羊穀梁五家之傳鄒氏夾氏口說無文師既不傳道亦尋廢左氏者左丘明與聖同恥恐諸弟子各安其意爲經作傳故曰左氏傳其傳之者有張蒼賈誼張禹翟方進賈逵服虔之徒漢武帝置五經博士左氏不得立於學官至平帝時王莽輔政方始得立公羊子名高齊人受經於子夏故孝經說云春秋屬商是也爲經作傳故曰公羊傳其傳之者有胡毋子都董仲舒嚴彭祖之類其道盛於漢武帝穀梁子名俶字元始魯人一名赤受經於子夏爲經作傳故曰穀梁傳孫卿孫卿傳魯人申公申公傳博士江翁其後魯人榮廣大善穀梁又傳蔡千秋漢宣帝好穀梁擢千秋爲郎由是穀梁之傳大行於世然則三家之傳是非無取自漢以來廢興由於好惡而已故鄭玄六藝論云左氏善於禮公羊善於讖穀梁善於經是先儒同遵之義也言左氏善於禮者謂朝聘會盟祭祀田獵之屬不違周典是

也公羊善於讖者謂黜周王魯及龍門之戰等是也穀梁善於經者謂大夫曰卒諱莫如深之類是也其三傳是非序文自具第三自升平之末盡穀梁傳集解釋已注述之意幷序集解之人案晉書范甯字武子順陽縣人爲豫章太守父名。注長子名泰字伯倫中子名雍字仲倫小子名凱字季倫其從弟則注云邵曰是也言先君則父。注是也以傳穀梁者雖多妄引三傳辭理典據不足可觀故與門徒商略名例傳示同異也所云名例者即范氏所據別爲略例一百餘條是也其春秋及經傳之名在後別釋謂之序者序述經傳之旨幷明已注作之意也

。昔周道衰陵乾綱絕紐○乾其連反天也紐女久反禮壞樂崩彝倫攸斁○彝倫以之反彝常倫理也攸斁丁故反字書作殬敗也弒。逆簒盜者國有○弒申志反又作殺音同簒盜初患反爾雅云取也淫縱破義者比肩○淫縱子用反

疏昔周至比肩○釋曰仲尼之脩春秋因衰亂而作故序先述周道衰也云昔者范氏晉世之人仰追周代故曰昔云周道衰陵者揔述幽厲以來也指衰極言之則平桓之世也知者幽厲雖則失道名器未失詩猶入雅平王東遷之後下同於國風政教所被纔及郊畿仲尼修春秋以平王爲始知衰極是平桓也衰陵謂衰弱陵遲云乾綱者乾爲陽喻天子坤爲陰喻諸侯天子揔統萬物若綱之紀衆紐故曰乾綱云絕紐者紐是連繫之辭故昭十三年左傳云再拜皆厭紐玉藻云紐約用組諸侯背叛四海分崩若紐之絕故曰絕紐云禮壞樂崩者通言之耳知非樂是陽故以崩言之禮是陰故以壞言之者正以詩序云微子至於戴公其間禮樂廢壞明知通矣云彝倫攸斁者尚書洪範文也禮以安上治民樂以移風易俗禮樂崩壞故常道所以敗也弒謂臣弒君逆謂子弒父簒謂以庶奪正盜即哀四年傳云春秋有三盜是也

是以妖災因釁而作○釁許靳反民俗染化而還陰陽爲之愆度○爲之于僞反下同七耀。爲之盈縮○縮所六反川岳爲之崩竭鬼神爲之疵厲

○疵才斯反厲音例又作癘【疏】是以至疵厲○釋曰宣十五年左傳云天反時爲災地反物爲妖人反德爲亂亂則妖災生是妖災因釁而起也云陰陽愆度者謂冬温夏寒失其節度云七。耀盈縮者謂日月薄食若晦食則是月行疾食朔與二日是月行遲又五行傳云晦而月見西方謂之朓朔而月見東方謂之側匿朓則侯王其。恭側匿則侯王其肅是由君行使之然也五星亦有遲疾故襄二十八年左傳云歲在星紀而淫於玄枵是也謂之七曜者日月五星皆照天下故謂之七曜五星者卽東方歲星南方熒惑西方太白北方辰星中央鎮星是也云川岳崩竭者謂周語云幽王之時。二川震伯陽父曰昔伊洛竭而夏亡河竭而商亡岳是山之類卽梁山沙鹿崩是也云鬼神疵厲者舊解以爲鬼神卽宗廟是也疵厲謂災變也言人棄常制致宗廟之災卽桓宮新宮災是也今以爲鬼神爲之疵厲卽國語云杜伯射宣王於鎬左傳云伯有之鬼爲厲是也

故父子之恩缺則小弁之刺作○缺丘悅反弁步寒反刺七賜反此所引皆詩篇名谷風在邶風餘皆小雅君臣之禮廢則桑扈之諷興○扈音戶諷方鳳反又作風夫婦之道絕則谷風之篇奏骨肉之親離則角弓之怨彰君子之路塞則白駒之詩賦【疏】故父至詩賦○釋曰今范引此者卽周道之衰微廢此五事爲此仲尼作春秋也故孔叢云孔子讀詩至小雅廢卷而歎感詩脩春秋是也云小弁之刺作者小弁詩小雅周幽王廢太子宜臼故太子之傅作詩以刺之云桑扈之諷興者桑扈亦詩小雅刺幽王君臣上下動無禮文焉故作是詩以諷之云谷風之篇奏者谷風衛人刺其君無德故令國內之人得其新婚者並棄其舊室風俗衰壞故作是詩以刺之言奏者謂奏進此詩與上文作與不異但述作之體欲辟文耳云角弓之怨彰者角弓詩小雅以幽王不親九族故作詩以刺之言族人怨之彰顯故云角弓之怨彰云白駒之詩賦者白駒詩小雅宣王之末不能任賢致使賢人乘白駒而去也此引詩之次先云小弁後言白駒者以父子是人倫之端首六親之莫大故先言之其次則有君臣若

君臣禮廢則上下無序故次桑扈夫婦者生民之本室家之原欲見從近及遠故夫婦先九族是以谷風在角弓之上白駒是賢人棄君又非親戚故最後言之或當隨便而言更無次第之例知者白駒是宣王之詩而言在幽王之詩下是無先後之次也 天垂象見吉凶○見賢偏反 聖作訓紀成敗欲人君戒愼厥行○行下孟反 增脩德政 疏 天垂至德政○釋曰易稱在天成象在地成形成象則日月之曜成形則山川之形見吉凶者即上七曜爲之盈縮川岳爲之崩竭是也獨言天象者舊解云尊作法之本明聖人與天地合其德與日月齊其明以爲川嶽崩竭亦是天使爲之故總言垂象以包之云聖作訓紀成敗者謂若春秋書日食星隕山崩地震記災錄異。善。惡。褒貶等。皆所以示禍福成敗之原存亡得失之本欲使人君戒愼其所行改脩德政以消災咎也 蓋誨爾諄諄聽我藐藐○藐亡角反 履霜堅冰所由者漸 疏 蓋誨至者漸○釋曰言此者明聖人雖作法愚。上不能用也言我教誨汝王諄諄然何故聽我言藐藐然而不入此詩大雅抑篇刺厲王之詩也云履霜堅冰者易坤卦初六爻辭象曰履霜堅冰陰始凝也馴至其道至堅冰也引之者取積漸之義也 四夷交侵華戎同貫幽王以暴虐見禍平王以微弱東遷征伐不由天子之命號令出自權臣之門故兩觀表而臣禮亡○觀古亂反 朱干設而君權喪○喪息浪反下道喪同 下陵上替僭逼理極○替他計反僭子念反 天下蕩蕩王道盡矣 疏 四夷至盡矣○釋曰云四夷者東夷西戎南蠻北狄之總號也云交侵者謂交相侵伐也云華戎同貫者謂諸夏與夷狄無異也舊解四夷交侵華戎同貫指謂當春秋之時今以爲文勢在幽王之上則當亦兼據幽厲以來故節詩刺幽王云斬伐四國又曰國既卒斬及宣王幽王並爲夷狄所敗則此段序意論衰之積漸不直據春秋之時明矣云幽王見禍平王東遷者周本紀幽王既得褒姒廢申后而黜太子宜臼申侯與鄫人及犬戎殺幽王於驪山之下盡取周賂而還乃與諸侯就申立太子宜臼是爲平王東遷洛邑是也云兩觀已下者昭三十五年公羊傳云子家駒謂昭公曰諸侯之僭天子大夫之僭諸侯久矣公曰吾何僭哉子家駒曰設兩觀乘大路朱干玉戚以舞大夏八佾以舞大武然則諸侯不僭立兩觀周衰諸侯僭而置之是臣無有事君之禮也天子之舞始設朱干諸侯今亦用之是君之權喪失也云僭逼理極者謂僭上逼下之理至極也據君失權言之是逼下以臣陵君是僭上或以爲直據臣言之理亦通也云王道盡矣者言法度廢壞盡也孔子覩滄海之橫流迺喟然而歎。曰○喟起愧反又苦怪反文王既沒文不在茲乎言文王之道喪興之者在已於是就大師而正雅頌○大師音泰因魯史而脩春秋列黍離於國風齊王德於邦君所以明其不能復雅○復扶又反政化不足以被羣后也○被皮義反

疏孔子至后也○釋曰舊解引揚雄劇秦篇曰當秦之世海水羣飛海水喻萬民羣飛言散亂又引孟子云當堯之世洪水橫流言不復故道喻百姓散亂似水之橫流今以爲滄海是水之大者滄海橫流喻害萬物之大猶言在上殘虐之深也云就大師而正雅頌者大師樂官也詩者樂章也以大師掌詩樂故仲尼自衞反魯就而正之直言雅頌者舉雅頌則風詩理在可知又雅頌之功大故仲尼先用意焉知非爲師摯理之故仲尼不正者師摯直閑關雎之音而已詩之顛倒仍是仲尼改正故此序云仲尼列黍離於國風杜預注左氏云後仲尼刪定故不同是也然則作詩之體風雅先定黍離若是風體大師不得列之於雅頌之中若是雅頌之體仲尼亦不得退之於風詩之中而云列黍離於國風者詩人詠歌實先有風雅之體黍離既是國風誠不可列之於雅頌但天子不風諸侯不雅仲尼刊正還同國風亦是仲尼列之

於時則接乎隱公故因茲以託始該二儀之化育贊人道之幽變舉得

失以彰黜陟明成敗以著勸誡拯頽綱以繼三五○拯拯救之拯頽徒回反鼓芳風以扇遊塵

疏於時至遊塵○釋曰平王四十九年隱公之元年故曰接乎隱公亦與惠公相接不託始於惠公者以平王之初仍賴晉鄭至於末年陵替尤甚惠公非是微弱之初故不託始於惠公隱公與平王相接故因茲以託始也諺者備也二儀謂天地言仲尼脩春秋濟羣物同於天地之化育云舉得失以彰黜陟者謂若儀父能結信於魯書字以明其陟杞雖二王之後而後代微弱書子以明其黜云明成敗以著勸誡者成敗黜陟事亦相類謂若葵丘書日以表齊桓之功戎伐凡伯言戎以明衞侯之惡又定哀之時爲無賢伯不屈夷狄不申中國皆是書其成敗以著勸善懲惡云拯頽綱以繼三五者於時王侯失位上下無序綱紀頽壞故曰頽綱今仲尼脩春秋祖述堯舜憲章文武拯者救溺之名言欲拯此頽綱以繼三王五帝先言三王者欲見三王可以繼五帝從小至大之意或亦隨便而言云鼓芳風以扇遊塵者舊解以正樂爲芳風淫樂爲遊塵樂可以降天神出地祇故云芳風淫樂鬼神不享君子不聽故曰遊塵或以爲善之顯著者爲芳風惡之煩碎者爲遊塵理亦足通耳但舊解云范氏別錄如此故兩存之

一字之褒寵踰華衮之贈○衮古本反衮冕上公之服片言之貶辱過市朝之撻○貶彼檢反市朝直遙反撻吐達反德之所助雖賤必申義之所抑雖貴必屈故附勢匿非者無所逃其罪○匿女力反潛德獨運者無所隱其名信不易之宏軌百王之通典也

疏一字至典也○釋曰言仲尼之脩春秋文致褒貶若蒙仲尼一字之褒得名傳竹帛則寵踰華衮之贈若定十四年石尚欲著名於春秋是也若被片言之貶則辱過市朝之撻若宣八年仲遂爲弒君不稱公子是也言華衮則上比王公稱市朝則下方士庶衮則王公之服而有文華或以對市朝言之華衮當爲二非也云德之所助雖賤必申者謂若吳是東夷可謂賤矣而襄二十九年因季札之

賢而進稱爵是其中也云義之所抑雖貴必屈者謂若秦術是卿可謂貴矣而文十二年以其敵晉而略稱名是其屈也云故附勢匿非者無所逃其罪者舊解若公子翬假桓公之勢匿情於隱可謂非人臣也故隱四年十年皆貶之是不得逃其罪也云潛德獨運者無所隱其名者謂若公弟叔肸不食逆主之祿潛德昧身不求寵榮之名獨運其道宣十七年著名春秋是無所隱其名也或以爲匿非謂隱匿其非便於舊解

先王之道既弘麟。感。而來應〇麟本又作驎呂辛反瑞獸也應應對之應因事備而終篇故絕筆於斯年成天下之事業定天下之邪正〇邪似嗟反莫善於春秋

疏 先王至春秋〇釋曰先王謂文武言仲尼脩春秋貴仁重德崇道抑邪弘大先王之道麟感化而至杜預解左氏以爲獲麟而作春秋今范氏以作春秋然後麟至者以麟是神靈之物非聖不臻故論語云鳳鳥不至河不出圖吾已矣夫禮器云升中於天而鳳皇降龜龍假公羊傳曰麟有王者則至援神契曰德至鳥獸則麒麟臻是非有明王則五靈不至也當孔子之世周室陵遲天下喪亂豈有神靈之物無故而自來明爲仲尼脩春秋麟應而至也然則仲尼並脩六藝何故不致諸瑞者先儒鄭衆賈逵之徒以爲仲尼脩春秋約之以周禮脩母致子故獨得麟也或可仲尼脩六藝不可五靈俱來偶然麟應餘不。至也因事備者謂從隱至哀文武之道協嘉瑞來臻是事備也終篇者謂絕筆於獲麟也

春秋之傳有三而爲經之旨一臧否不同〇臧子郎反否音鄙又方九反臧否猶善惡也褒貶殊致

疏 春秋至殊致〇釋曰聖人作法本無二意故傳雖有三而經旨一也云臧否不同褒貶殊致者臧謂事有所善否謂理有所惡以臧否既異故褒貶亦殊謂若隱元年左氏貴儀父結盟公羊善其趣聖僖元年公羊善齊桓存邢故稱師穀梁以爲不足乎揚故貶之隱二年夫人子氏薨左氏以爲桓母公羊以爲隱母穀梁以爲隱妻是三傳異也

蓋九流分而微言隱異端作而大義乖

疏 蓋九至義乖〇釋曰漢書藝文志云孔子

既沒諸弟子各編成一家之言凡爲九一曰儒家流凡五十二家八百三十六篇入揚雄一家三十八篇蓋出於司徒之官助人君順陰陽明教化游心於六藝之中留意於仁義之際祖述堯舜憲章文武宗師仲尼以重其言於道最爲高也二曰道家流凡三十七家九百九十三篇其本蓋出於史官歷記成敗存亡禍福古今之道然後知秉要執本清虛以自守卑弱以自持此人君南面之術也合於堯之克讓易之謙謙一謙而四益此其所長也三曰陰陽家流凡三十一家三百六十九篇蓋出於羲和之官敬順昊天歷象日月星辰敬授民時此其所長也及拘者爲之則牽於禁忌泥於小數舍人事而任鬼神也四曰法家流凡十家二百一十七篇蓋出於理官信賞必罰以輔禮制易曰先王以明罰飭法此其所長也及刻者爲之則無教化去仁愛專任刑法也五曰名家流凡七家三十六篇蓋出於禮官古者名位不同禮亦異數孔子曰必也正名乎名不正則言不順言不順則事不成此其所長也六曰墨家流凡六家八十六篇蓋出於清廟之官茅屋采椽是以貴儉養三老五更是以兼愛選士大夫射是以上賢宗祀嚴父是以右鬼順四時而行是以非命以孝視天下是以上同及蔽者爲之見儉之利因以非禮推兼愛之意而不知別親疏七曰縱橫家流凡十二家百七篇蓋出於行人之官孔子曰誦詩三百使於四方不能專對雖多亦奚以爲又曰使乎使乎言其當權事制宜受命不受辭此其所長也及邪人爲之則尙詐諼而棄其信八曰雜家流凡二十家四百三篇蓋出於議官兼儒墨合名法知國體之有此見王治之無不貫此其所長也九曰農家流凡九家百一十四篇蓋出於農稷之官播百穀勸農桑以足衣食故八政一曰食二曰貨孔子所重民食此其所長也及鄙者爲之以爲無所事聖王欲使君臣並耕悖上下之序也此九家之術皆起於王道既微諸侯力政各引一端崇其所善以此馳說取合於諸侯云微言隱者仲尼沒而微言絕故云隱也云異端起而大義乖者謂同說儒家三傳各異俱述經旨而理味有殊也微言絕大義乖亦藝文志文李奇云隱微不顯之言也

左氏以鬻拳兵諫爲愛君〇鬻音育拳音權文公納幣爲用禮穀

梁以衞輒拒父爲尊祖不納子糾爲內惡○糾居黝反 公羊以祭仲廢君爲行權○祭側界反 妾母稱夫人爲合正以兵諫爲愛君是人主可得而脅也以納幣爲用禮是居喪可得而婚也以拒父爲尊祖是爲子可得而叛也以不納子糾爲內惡是仇讎可得而容也以廢君爲行權是神器可得而闚也○闚本又作窺去規反 以妾母爲夫人是嫡庶可得而齊也○嫡丁歷反本又作適亦同 若此之類傷教害義不可。強通者也○強其丈反 疏 左氏至者也○釋曰鬻拳兵諫在莊十九年文公納幣在文二年衞輒拒父在哀二年不納子糾在莊九年祭仲廢君在桓十一年妾母稱夫人在隱二年 凡傳以通經爲主經以必當爲理○當丁浪反下同 夫至當無二而三傳殊說庸得不棄。其所滯擇善而從乎既不俱當則固容俱失若至言幽絕擇善靡從庸得不並舍以求宗據理以通經乎○舍音捨 以雖我之所是理未全當安可以得當之難而自絕於希通哉○難乃旦反 疏 凡傳至通哉○釋曰三傳殊異皆以通經爲主當者謂中於道也言聖人之經以必中爲理其理既中計無差二而三傳殊說故范氏言不得不擇善而從之云三傳殊說者若隱二年子氏之說僖八年用致夫人之談不是也擇善而從之季姬之遇鄫子注云左氏近合人情是也並舍以求宗據理以通經乎者謂若子糾衞輒范氏注別起異端季子潛刃注云傳或失之天子六師方伯一軍示以凝滯南季之聘傳言非正范所不取是也○傳 而漢興以來瓌望碩儒○瓌古回反 各信所習是非紛錯

○錯七洛反準裁靡定○裁在代反又音才下同故有父子異同之論石渠分爭之說○父子異同謂劉向好穀梁劉歆善左氏之論力困反石渠其居反閣名漢宣帝時使諸儒講論同異於石渠閣也分爭爭鬭之爭廢興由於好惡○好呼報反惡烏路反盛衰繼之辯訥○字書云訥或作吶乃骨反字詁云訥遲於言也包咸論語注云遲鈍也斯蓋非通方之至理誠君子之所歎息也疏而漢至息也○釋曰舊解云壞望者據容貌言之碩儒者大德之稱或當壞望猶美望也云各信所習是非紛錯者若賈誼劉歆之類服虔鄭衆之徒皆說左氏之美不論二傳之得也云父子異同之論者若劉向注意穀梁子歆專精左氏是其異也賈景伯父子及陳元父子皆習左氏不學二傳是其同也或解異同總據劉向父子言之理亦通云石渠者漢之學名論事校文多在其內故張平子云天祿石渠校文之處分爭者若劉歆欲專立左氏而移書大常諸儒不從反爲排擯陳元上疏論二傳之短亦被誼嚚是也云廢興由於好惡者若景帝好公羊胡毋之學與仲舒之義立宣帝善穀梁而千秋之道起劉向之意存也云盛衰繼之辯訥者若武帝時公羊師董仲舒有才辯穀梁師江翁性訥公羊於是大興穀梁遂爾寢廢其後魯人榮廣善穀梁與公羊師眭孟辯論大義眭孟數至窮屈穀梁於是左氏又與公羊還復寢息道有升降在乎其人不復論其得失故云可歎息也

左氏豔而富其失也巫○豔移驗反巫音無穀梁清而婉其失也短○婉於阮反公羊辯而裁其失也俗若能富而不巫清而不短裁而不俗則深於其道者也故君子之於春秋沒身而已矣疏左氏至已矣○釋曰左丘明身爲國史躬覽載籍屬辭比事有可依據揚子以爲品藻范氏以爲富豔豔者文辭可美之稱也云其失也巫者謂多敘鬼神之事預言禍福之期申生之託狐突荀偃死不受含伯有之厲彭生之妖是也云清而婉者辭清義通若論隱公之小惠虞公之

中知是也云其失也短者謂元年大義而無傳益師不日之惡略而不言是也云辯而裁者辯謂說事分明裁謂善能裁斷若斷元年五始益師三辭美惡不嫌同辭貴賤不嫌同號是也舊解以爲裁謂才辯恐非也云其失也俗者若單伯之淫叔姬鄫子之請魯女論叔術之妻嫂是非說季子之兄弟飲食是也云沒身而已矣者三傳雖說春秋各有長短明非積年所能精究故要以沒身爲限也升平之末歲次大梁先君北蕃迴軫○蕃方元反又作藩頓駕于吳乃帥門生故吏我兄弟子姪○姪徒節反字林文一反杜預注左氏傳云兄子曰姪研講六籍次及三傳左氏則有服杜之注公羊則有何嚴之訓釋穀梁傳者雖近十家○近附近之近皆膚淺末學不經師匠辭理典據既無可觀又引左氏公羊以解此傳文義違反斯害也已

疏升平至也已○釋曰此范氏言已注述之意也升平者晉之年號歲謂大歲也大梁是十二次名也先君謂甯之父。注也門生同門後生故吏謂昔日君臣江徐之屬是也兄弟子姪即邵凱雍泰之等是也六籍者謂易詩書禮樂與春秋也服杜者即服虔杜預也何嚴者即何休嚴彭祖也近十家者魏晉已來注穀梁者有尹更始唐固麋信孔。演江熙程闡徐仙民徐乾劉。瑤胡訥之等故曰近十家也范不云注二傳得失直言注穀梁膚淺末學者舊解以爲服杜何嚴皆深於義理不可復加故不論之以注穀梁者皆不經師匠故偏論之或當方便注穀梁故言其短也

於是乃商略名例敷陳疑滯博示諸儒同異之說昊天不弔大山其頹○昊天胡老反詩云欲報之德昊天亡極本又作旻亡巾反匍匐墓次死亡無日○匍音蒲又音扶匐蒲北反又音服日月逾邁○逾音榆跂及視息○跂丘弭反又丘豉反乃與二三學士及諸子弟各記所識并言其意業未

及終嚴霜夏墜○墜直類反從弟彫落○從才用反二子泯沒○泯忘忍反又作泯天實喪予○喪息浪反何痛如之今撰諸子之言各記其姓名名曰春秋穀梁傳集解**疏**於是至集解○釋曰商略名例者卽范氏別爲略例百餘條是也言。旻天者以父卒故以殺方言之。旻天不弔哀十六年左氏文也云大山其頹者禮記檀弓文也集解者撰集諸子之言以爲解故曰集解杜預云集解者謂集解經傳與此異也

監本附音春秋穀梁傳注疏序

春秋穀梁傳注疏序校勘記　阮元撰盧宣旬摘錄

監本附音春秋穀梁傳註疏序　閩監毛本無監本附音序五字案何煌校本跋云此卷先命奴子羅中郎用南監本逐字比校訖今驗此標題及下銜名二行何校與十行本合何所稱南監本當卽此十行本也

國子四門助教楊士勛撰　國子博士兼太子中允贈齊州刺史吳縣開國男陸德明釋文　此銜名二行閩監毛本作晉范甯集解唐楊士勛疏

春秋穀梁傳序　閩監毛本上空二字石經此六字八分書稍大上不空字十行本與石經合釋文無傳字

亦旣經傳其文　閩監毛本同何校本其作共是也案凡何所校不能別爲何本者則但稱何校本以後並同

唯祭與號　閩監本同毛本號誤號

穀梁子名淑字元始　宋王應麟云穀梁子或以爲名赤或以爲名俶顏師古又以爲名喜○按作俶是也齊召南云爾雅俶訓始故字元始

故曰穀梁傳孫卿　閩監本同毛本疊傳字

父名注　閩本同監毛本注改汪下父注同○按晉書本傳作汪

昔周道衰陵　自此以下十行本行行頂格與石經合閩監毛本並上空一字

弒逆篡盜者國有 石經閩監毛本同釋文出弒逆申志反又昭公十三年弒其下云凡弒字從式殺字從殳君父曰弒取積漸之名自外則皆曰殺此可以意求也傳本多作殺字故時復音之後放此案古篡弒字卽用殺字同而讀異耳

七耀爲之盈縮 石經同閩監毛本耀作曜釋文七耀本又作曜

朓則侯王其恭 閩監毛本同何校本恭作荼○按荼是也古多叚荼爲舒

二川震 閩監本同毛本二改三是

善惡褒貶等皆所以示禍福成敗之原 十行本善惡二字擠皆下空一格閩監毛本排勻不空

愚上不能用也 閩監毛本上作者是也

申侯與鄫人及犬戎 閩監本同毛本侯誤后

迺喟然而歎曰 唐石經歎字改刊

麟感而來應 宋建安本同石經閩監毛本感下有化字釋文麟本又作驎

餘不至也 閩本同監毛本至作來

凡五十二家 何校本二作三是也閩監毛本作凡二十五家尤誤

入揚雄一家三十八篇 十行本此九字墨圍○按此九字乃漢書注

游心於六藝之中　按今本漢書藝文志作游文

其本蓋出於史官　閩監毛本同何校本去其本二字與漢志合

選士大夫射　漢志無夫字

諸侯力政　閩監毛本力作失非也史漢皆云諸侯力政

不可強通者也　閩監毛本同石經萬歷本可下有得字

庸得不棄其所滯　閩監毛本同石經棄作弃案此避世字故也

謂甯之父注也　閩本同監毛本注改汪是也

孔演　隋經籍志唐藝文志演作衍

劉瑤　隋唐志並作劉珧

言旻天者　閩監毛本旻作昊下旻天不弔同

春秋穀梁傳注疏序校勘記

春秋穀梁傳注疏校勘記序

阮元撰盧宣旬敬錄

六藝論云穀梁善于經豈以其親炙於子夏所傳爲得其實與公羊同師子夏而鄭氏起廢疾則以穀梁爲近孔子公羊爲六國時人又云傳有先後然則穀梁實先於公羊矣今觀其書非出一人之手如隱五年桓六年竝引尸子說者謂卽尸佼佼爲秦相商鞅客鞅被刑後遂亡逃入蜀而預爲徵引必無是事或傳中所言者非尸佼也自漢宣帝善穀梁於是千秋之學起劉向之義存若更始唐固麋信孔衍徐乾皆治其學而范甯以未有善釋遂沈思積年著爲集解晉書范傳云徐邈復爲之注世亦偁之似徐在范後而書中乃引邈注一十有七可知邈成書於前范甯得以捃拾也讀釋文所列經解傳述人亦可得其後先矣漢志經傳各自爲帙今所傳本未審合併於何時也集解則經傳竝釋豈卽范氏之所合與范注援漢魏晉各家之說甚詳唐楊士勛疏分肌擘理爲穀梁學者未有能過之者也但晉豕魯魚紛綸錯出學者患焉康熙閒長洲何煌者焯之弟其所據宋槧經注殘本宋單疏殘本竝希世之珍雖殘編斷簡亦足

寶貴元嘗校錄今更屬元和生員李銳合唐石經元版注疏本及閩本監本毛本以校宋十行本之譌元復定其是非成穀梁注疏校勘記十二卷釋文校勘記一卷阮元記

引據各本目錄

單經本

唐石經凡十二卷顧炎武金石文字記曰襄昭定哀四公卷朱梁補刻錢大昕金石文跋尾曰襄公篇朱梁重刻成公篇重刻者居其半僖公篇亦似後來重刻却不避城字炎武謂昭定哀三卷亦朱梁補刻則考之未審矣

經注本

宋槧殘本余仁仲萬卷堂藏本兼載釋文宣公以前缺自宣公以後分卷與石經合今據何煌校本

單疏本

鈔宋殘本章丘李中麓藏文公以前缺自文公以後分卷亦與石經合亦據何煌校本

注疏本

元本亦據何煌校本

十行本凡二十卷閩監毛三本同又何煌所記諸舊本尚有南監本一種今案南監本卽十行本故不别出

閩本

監本

毛本

引據各本目錄

監本附音春秋穀梁注疏隱公卷第一 起元年盡三年

范甯集解　楊士勛疏

春秋穀梁傳隱公第一

疏 春秋至第一○釋曰春秋者此書之大名傳之解經隨條即釋故冠大名於上也名曰春秋者以史官編年記事年有四時之序春先於夏秋先於冬故舉春秋二字以包之賈逵云取法陰陽之中知不然者以孝經云春秋祭祀以時思之豈是取法陰陽之中故知非也玉藻云動則左史書之言則右史書之左史所書春秋是也右史所書尚書是也則春秋立名必是仲尼以往三代以來不審誰立之耳仲尼所脩謂之經經者常也聖人大典可常遵用故謂之經穀梁所脩謂之傳不敢與聖人同稱直取傳示於人而已故謂之傳魯世家隱公名息姑惠公之子周公八世孫以平王四十九年即位隱者諡也周書諡法曰隱拂不成曰隱魯雖侯爵據臣子言之故謂之公說文第訓次謂次第之中當其一故謂之第一

元年春王正月 隱公之始年周王之正月也○杜預曰凡人君即位欲其體元以居正故不言一年一月也○正音征又如字後皆放此

疏 注隱公至月也○釋曰何休注公羊取春秋緯黃帝受圖立五始以爲元者氣之始春者四時之始王者受命之始正月者政教之始公即位者一國之始五者同日並見相須而成又云惟王者然後改元立號春秋託新王受命於魯故因以錄即位公羊又引王者孰謂謂文王也故范云隱公之始年周王之正月以異之不然公者不嫌非隱何煩此注明知爲排公羊說也所書之公即魯隱所用之曆即周正安在黜周王魯也又所改正朔雖是文王頒於諸侯非復文王之曆用今王之曆言文王之正非也又何休言諸侯不得改元則元者王之元年非公之元年公之即位不在王之元年安得同日並見共成一體也言既不經故范所不信元年實是一年正月實爲一月而別爲立名故范引杜預之言以解之元者氣之本善之長人君當執大本長庶物欲其與元同體故年稱

元也正。者直方之間語直其行方其義人君當秉直心仗大義欲其常居正道故月稱正也以其君之始年歲之始月故特立此名以示義其餘皆卽從其數
不復改也雖。無事必舉正月謹始也謹君卽位之始【疏】雖無至始也○釋曰此言無事直據正月無卽位之事非是通一時無事
也云謹始也者謹人君卽位之始公何以不言卽位據文公言卽位【疏】注據文公言卽位釋曰不據桓公者文公繼正卽位正也桓繼
故卽位非正故不據之成公志也成隱讓桓之志焉成之言君之不取爲公也言隱意不取爲魯君也公君也上言
君下言公互辭○焉於虔反君之不取爲公何也將以讓桓也讓桓正乎曰不正隱長桓幼○長丁丈
反又作丈音同【疏】注隱長桓幼○釋曰傳云讓桓不正注何以知隱長桓幼不是隱嫡桓庶者若隱嫡桓庶先君焉得欲立之隱焉得探先君邪心而讓之
傳言天倫則貴賤相似可知又云受之天子隱非嫡明矣春秋成人之美不成人之惡隱不正而成之何也
將以惡桓也不明讓者之善則取者之惡不顯○之惡烏各反下注之惡同惡桓烏路反下其惡桓同【疏】春秋至桓也○釋曰此云春秋成人
之美下云春秋貴義而不貴惠顯言春秋者讓者人之善事而傳稱小道危疑之理恐人不信故廣稱春秋之理以明之下既以隱爲善又惡其不正亦恐人
不信故言春秋貴義而不貴惠也○注不明至不顯○釋曰謂不言公之卽位是明讓者之善讓者之善既明則取者之惡自然顯也其惡桓何
也隱將讓而桓弒之則桓惡矣桓弒而隱讓則隱善矣善則其不正焉何也據善
無不正○弒申志反又作殺如字後皆同春秋貴義而不貴惠惠謂私惠信道而不信邪信申字古今所共用○信音申
邪似嗟反下及注皆同孝子揚父之美不揚父之惡先君之欲與桓非正也邪也雖然既

勝其邪心以與隱矣終歸之於隱是以正道制邪心已探先君之邪志而遂以與桓則是成父之惡也兄弟天倫也兄先弟後天之倫次○探吐南反爲子受之父爲諸侯受之君隱爲世子親受命於惠公爲魯君已受之於天王矣已廢天倫而忘君父以行小惠曰小道也弟先於兄是廢天倫私以國讓是忘君父

【疏】小道也○釋曰伯夷叔齊及大伯等讓國史傳所善今隱讓國而云小道者伯夷爲世子其父尚存兄弟交讓而歸周父沒之後國人立其中子可謂求仁而得仁故以爲善今隱公上奉天王之命下承其父之託百姓已歸四鄰所與苟探先君之邪心而陷父於不義開簒弑之原啓賊臣之路卒使公子翬乘釁而動自害其身故謂之小道至於大伯則越禮之高以興周室不可以常人難之

若隱者可謂輕千乘之國蹈道則未也未履居正之道○乘繩證反公侯之國賦千乘蹈道上徒報反履行之名也下如字

○三月公及邾儀父盟于眜邾附庸之國眜魯地○邾音誅國名儀父凡人名字皆音甫後放此更不重音眜音蔑地名左氏作蔑注下皆同及者何內爲志焉爾內謂魯也儀字也父猶傅也男子之美稱也傅師傅附庸之君未王命例稱名善其結信於魯故以字配之○美稱尺證反其不言邾子何也據莊十六年邾子卒稱邾子邾之上古微未爵命於周也邾自此以上是附庸國○上時掌反不日其盟渝也日者所以謹信盟變故不日七年公伐邾是也○不日人實反不日謂不書日也穀梁皆以日月爲例他皆放此渝羊朱反變也

【疏】及者至渝也○釋曰此云及傳云內爲志焉爾二年公會戎于潛傳云會者外爲主焉則下六年公會齊侯盟于艾亦是外爲主公及戎盟于唐亦是內爲志外內之意別故傳辨彼我之情也案齊侯祿父則以父爲名此父爲傳者以春秋之例諸侯卒例名經云齊侯祿父卒無取字義故知父是名也今儀父

既有所善故知父是男子之美稱也經善其結信貴而字之傳又云不日其盟渝也經傳相違者以附庸之君能結信於魯故以美稱稱之但結盟之後信義不固魯更伐邾故去日以惡之所謂善惡兩舉春秋之義也知非例不日者案二年秋八月庚辰公及戎盟于唐六年夏五月辛酉公會齊侯盟于艾彼皆書日故知非例不日今此不日故知爲渝盟略之也左氏惟大夫卒及日食以日月爲例自餘皆否此傳凡是書經皆有日月之例者以日月相承其事可悉史官記事必當具文豈有大聖脩撰而或詳或略故知無日者仲尼略之見襃貶耳○注附庸至配之○釋曰案莊五年秋郳犂來來朝稱名故知此善其結信於魯故以字配之也不善彼朝而善此盟者朝事大國附庸常禮齊盟結信所以安社稷故貴之也

眜地名也○夏五月鄭伯克段于鄢段有徒衆攻之爲害必深故謹而月之鄢鄭地○鄢音偃地名

【疏】注段有至鄭地○釋曰案下四年九月衛人殺祝吁于濮傳曰其月謹之也范云討賊例時也衛人不能即討祝吁致令出入自恣故謹其時月所在以著臣子之緩慢也此云爲害必深故謹而月之彼祝吁以二月弑君衛人以九月始討傳云其月謹之也明知謹臣子之緩慢此無曆時之事傳云段之有徒衆也故知爲害必深故謹而月爾莊九年齊人殺無知不書月者無知雖復曆年時月尚淺又無重害故直書時也宣十一年楚人殺陳夏徵舒書月者爲陳不能討而外藉楚力故禍害深也

克者何能也何能也能殺也何以不言殺見段之有徒衆也言鄭伯能殺則邦人不能殺矣知段衆力彊盛唯國君能殺之○見賢徧反

【疏】注言鄭至殺之○釋曰國君之討必藉衆力若使鄭伯獨行理不能殺而云唯國君能殺之者段藉母弟之權乘先君之寵得衆人之情遂行弑君之計百姓畏憚莫不斂手而鄭伯既爲人君有威怒之重自爲戎首設賞罰之柄故軍師用命戰士爭先注論克段之本故云唯國君乃能殺之也

段鄭伯弟也何以知其爲弟也殺世子母弟目君以其目君知其爲弟也母弟同母弟也目君謂稱

鄭伯【疏】段鄭至弟也○釋曰殺世子母弟皆目君傳何以知非世子者左氏公羊亦以段為鄭伯之弟故此傳亦同之舊解以為世子申生傳曰目晉侯斥
殺惡晉侯也宋公殺世子傳無明解同例可知故范云壅之罪不子明矣然則書殺世子例目君稱世子其罪誅者即不書今段目君而不云世子是弟可知
理亦通耳不及取二傳為證後進易曉宣十七年公弟叔肸卒傳曰賢之也彼為賢稱弟則不賢去弟乃是其常而下傳云弗謂弟貶之也者天王殺其弟佞
夫彼佞夫無罪而稱弟今段不稱公子又不稱弟故云貶之又且相殺之例與尋常異故知去弟者貶之也 段弟也而弗謂弟公子
也而弗謂公子貶之也段失子弟之道矣賤段而甚鄭伯也 賤段謂不稱公子公弟甚鄭伯謂目
君也 何甚乎鄭伯甚鄭伯之處心積慮成於殺也 雍曰段特寵驕恣彊足當國鄭伯不能防閑以禮教訓以道縱
成其罪終致大辟處心積思志欲殺弟○大辟婢亦反思息吏反 于鄢遠也猶曰取之其母之懷中而殺之云
爾甚之也 段奔走乃至於鄢去已遠矣鄭伯猶追殺之何以異於探其母懷中赤子而殺之乎君殺大夫例不地甚鄭伯之殺弟故謹其地【疏】
注段奔至其地○釋曰僖十年晉殺其大夫里克昭十四年莒殺其公子意恢例不地故知此書地是謹之也又昭十一年楚子虔誘蔡侯般殺之于申傳曰
稱地謹之也明此稱地亦是謹耳 然則為鄭伯者宜奈何緩追逸賊親親之道也 君親無將將而必誅焉此
蓋臣子之道所犯在己故可以申兄弟之恩【疏】注君親至之恩○釋曰莊三十二年公羊傳文 ○秋七月天王使宰咺來歸
惠公仲子之賵 宰官咺名仲字子宋姓也婦人以姓配字明不忘本示不適同姓也妾子為君賵當稱謚成風是也仲子乃孝公時卒故不稱
謚賵例時書月以謹其晚○宰咺況阮反注同仲子惠公之母也與左氏傳同賵芳鳳反及下同【疏】七月至之賵○釋曰公羊傳云仲子者何桓之母也

何以不言及仲子仲子微也左氏亦以仲子爲桓之母今穀梁以爲孝公之妾惠公之母者以文九年秦人來歸僖公成風之襚彼若兼歸二襚則先書成風既經不先書成風明母以子氏直歸成風襚服而已成風既是僖公之母此文正與彼同故知仲子是惠公之母也鄭釋廢疾亦云若仲子是桓之母桓未爲君則是惠公之妾天王何以賵之則惠公之母亦爲仲子也鄭云亦爲仲子者以左氏公羊皆言仲子桓公母故也然則魯女得並稱伯姬叔姬宋女何爲不得並稱仲子也又仲子不稱夫人者文九年秦人來歸僖公成風之襚傳稱秦人弗夫人也卽外之弗夫人而見正焉則此不稱夫人理亦當然也文五年春王正月王使榮叔歸含且賵傳曰其不言來不周事之用也仲子乃孝公時卒而云來者秦人能遠慕中華君子怒而不責其晚故言來又書時今平王能崇禮諸侯因惠公之喪而來歸賵故亦怒而不責言來也秦近西戎能慕中國故時而不月京師路近故謹而月之范以不責秦而不書月故知書月者是謹譏之文文五年傳云不周事之用也而經書月則周事之用合書時故注云賵例時書月以謹其晚也

母以子氏妾不得體君故以子爲氏平王新有幽王之亂遷于成周欲崇禮諸侯仲子早卒無由追賵故因惠公之喪而來賵之

仲子者何惠公之母孝公之妾也禮賵人之母則可賵人之妾則不可君子以其可辭受之其志不及事也常事不書賵者何也乘馬曰賵衣衾曰襚貝玉曰含錢財曰賻四馬曰乘含口實〇乘繩證反襚音遂含戶暗反又作唅賻音附

【疏】賵者至曰賻〇釋曰士喪禮賵用兩馬此用乘馬者禮大夫以上皆乘四馬故賵用乘馬馬數雖同其馬大小則異故何休云天子馬曰龍高七尺以上諸侯曰馬高六尺以上卿大夫士曰駒高五尺以上是也士喪禮賵乎有玄纁束。公羊傳亦云賵者以馬以乘馬束帛何休云束帛謂玄三纁二玄三法天纁二法地是也謂之賵者何休云賵猶覆也當覆被亡者之身休又云賻猶助也皆助生送死之禮襚猶遺也遺是助死之禮知生者賵賻知死者。賵襚耳或當襚者衣服之名故送死之衣亦名襚也衣多少之數喪大記小斂之衣皆十九稱大斂之衣君百稱大夫五十稱士三十稱天子蓋百三十稱斂衣稱數不同則所歸襚服亦當有異但所歸者未必具其稱先儒無說不敢斷其多少也含者實口之名周禮玉府大喪共含玉則天子用玉禮雜記論諸侯弔含之事云將命者執璧委於殯東是諸侯用璧士喪禮含用米貝是士用米貝莊子云徐徐別其頰無傷口中珠或大夫用珠也其多少之數士喪禮用貝三則天子以下同用三明矣何者實口當無多少之異故此舊說云大夫當五諸侯當七天子當九非也檀弓含用米貝以喪大記約之則天子米當用黍諸侯用粱大夫士用稷也案雜記之文諸侯含必當用璧文五年注云諸侯含用玉又此傳直云貝玉曰含者璧亦是玉之別故同禮子男執璧亦同謂之玉故傳舉貝玉總之也或以為禮緯天子用珠諸侯用玉大夫用璧士用貝又此傳貝玉曰含故范氏不取禮記之文而云諸侯含用玉也若從前解禮緯之文特為先代法則於理通耳

○九月及宋人盟于宿及者何內卑者也宋人外卑者也卑者之盟不日卑者謂非卿大夫也凡非卿大夫盟信之與不例不日

【疏】及者至不日○釋曰盟會言及別內外尊卑言及上下序此言及者是魯之微人傳云卑者之盟不日則公卿之盟書日可知故文二年三月乙巳及晉處父盟莊二十二年秋七月丙申及齊高傒盟彼雖不言公以公實在故亦書日又二年秋八月庚辰公及戎盟于唐襄三年六月公會云云己未同盟於雞澤是稱公而書日襄二十七年秋七月辛巳豹及諸侯之大夫盟於宋是卿盟亦日此不書日是卑者例不書日八年傳云外盟不日詳內而略外也其間有內之公卿不日外盟亦日皆當條別有義耳定十一年注云平不日亦有惡矣則平亦有日月之例也

宿邑名也○冬十有二月祭伯來來者來朝也其弗謂朝何也寰內諸侯非有天子之命不得出會諸侯不正其外交故弗與朝也天子畿內大夫有采地謂之寰內諸

侯○祭側界反朝直遙反寰音縣古縣字一音環又音患寰內圻內也畿本或作圻音祈聘弓鍭矢不出竟場束脩之肉不行竟中有至尊者不貳之也聘遺所以結二國之好將彼我之意臣當稟命於君無私朝聘之道○鍭音候又音侯竟音境本或作境場音亦遺唯季反好呼報反稟彼錦反

疏來者至之也○釋曰天子畿內大夫奉王命當言聘此不奉王命據之君言之故傳云不與朝也寰內者王都在中諸侯四面遶之故曰寰內也祭伯者范雖不注傳云諸侯則伯爲爵也聘弓鍭矢者糜信云聘問也古者以弓矢相聘問故左傳云楚子問郤至以弓爾雅釋器云金鏃翦羽謂之鍭郭璞云今之錍箭是也束脩之肉者脩脯也謂束脯之肉也臣無竟外之交故弓矢不出竟場在禮家施不及國故束脩之肉不行竟中謂之竟場者竟是疆界之名至此易主故謂之疆場不貳之者言臣當一一稟君命無自專之道也范注莒慶之下引禮束脩之問不出竟董仲舒曰大夫無束脩之饋言雖有異其意皆同也

○公子益師卒大夫日卒正也君之卿佐是謂股肱股肱或虧何痛如之故錄其卒日以紀恩不日卒惡也。罪故略之

疏大夫至惡也○釋曰五年冬十有二月辛巳公子彄卒僖十六年三月壬申公子季友卒皆書日今不書日故云惡之益師之惡經傳無文蓋春秋之前有其事也麋信云益師不能防微杜漸使桓弒隱若益師能以正道輔隱則君無推國之意桓無篡弒之情所言亦無案據也何休云公羊以爲日與不日爲遠近異辭若穀梁云益師惡而不日則公子牙及季孫意如何以書日乎鄭君釋之曰公子牙莊公弟不書弟則惡明也故不假去日季孫意如則定公所不惡故亦書日是鄭意亦以爲惡故不日也

二年春公會戎于潛凡年首月承於時時承於年文體相接春秋因書王以配之所以見王者上奉時承天而下統正萬國之義然春秋記事有例時者若事在時例則時而不月月繼事末則月而不書王書王必皆上承春而下屬於月文表年始事莫之先所以致恭而不黷者他皆放此唯桓

有月無王以見不奉王法爾南蠻北。狄東夷西戎皆底羌之別種潛魯地會例時○見王賢遍反下同屬章玉反黷徒木反放甫往反後此例不音底丁兮反本又作氏種章勇反【疏】注凡年至例時○釋曰春秋二百四十二年無王一百有八桓無王者以見不奉王法餘公無王者爲無正月不得言王凡書首時者六十有二若以正月首時者亦得書王何者以時雖無事年時月皆借故亦書王則莊十有一年春王正月十有九年春王正月皆月下無事而書王是也若月承於時時承於年年下有事書王配之者則莊三年春王正月溺會齊師伐衞八年春王正月師次于郎是也雖非正月但月承於時時承於年又事繫月下即亦稱王則三年。王二月。乙巳日有食之莊六年春王二月王人子突救衞是也注又云春秋記事有例時者謂若朝會侵伐之類知者十一年春滕侯薛侯來朝傳曰諸侯來朝時正也莊十年二月公侵宋傳曰侵時惡之故謹而月之二十三年。春公至自齊傳曰往時正也故此年春公會戎于潛五年春公觀魚于棠皆不書月是也其有書月之類皆有故始書耳注又云月繼事末則月而不書王者謂年首已有事下雖有月亦不得書王若八年春宋公衞侯遇于垂下文三月鄭伯使宛來歸邴是也致恭而不黷者也謂恭敬於王不敢黷慢者也會例時者四年夏公及宋公遇於清九年冬公會齊侯于防是也若然十年春王二月公會齊侯鄭伯于中丘十一年夏五月公會鄭伯于時來而書月者范云天。言雷雨之異而不知戒懼反更數會故危之是有故始書月明無故例時也

會者外爲主焉爾知者慮察安審危○知音智義者行臨者能斷斷丁亂反○仁者守衆之所歸守必堅固○守如字有此三者然後可以出會會戎危公也無此三者不可以會而況會戎乎【疏】注無此至戎乎○釋曰傳云知者慮謂卿爲司徒主教民察民之安危也義者行謂卿爲司馬司馬主斷制也仁者守謂卿爲司空司空主守也人君之行二卿從一卿守然後可會中國之君。相無三臣之策而出會齊侯身死於外故重起例。時其不可是以此注云無此三臣不可以會而況會戎乎兼爲桓公生此意也此既危公而不

月者徐邈云會戎雖危有三臣之助不至于難故不月也理或然焉○夏五月莒人入向入例時惡甚則日次惡則月他皆放此○莒音舉向舒亮反惡為各反並同疏注入例至放此○釋曰入例時者以侵伐既時則入亦時也故五年秋衛師入郕十年秋宋人衛人入鄭皆不月是也惡甚則日者八年庚寅我入邴傳曰日入惡入者也十年冬十月壬午齊人鄭人入郕傳曰日入惡入者也經書日傳特發云惡入也則書日是大惡之例書日既為大惡則書月者次惡書時有小惡知書時亦惡者傳云入者內弗受也則稱入者亦是惡也內不受此已發例下入極復言之者向者佗入我極者我入佗恐內外不同故兩發以同之或以為書時者無惡但事自惡耳入者內弗受也入無小大苟不以罪則義皆不可受向我邑也自魯而言故曰我也○無侅帥師入極二千五百人為師○侅音該又戶楷反左氏作駭入者內弗受也極國也諱滅同姓故變滅言入傳例曰滅國有三術中國日卑國月夷狄時極蓋卑國也內謂所入之國非獨魯也疏注滅國有三術至非獨魯也○釋曰宣十五年襄六年傳文也苟焉以入人為志者人亦入之矣不稱氏者滅同姓貶也疏滅同姓貶也○釋曰左氏無駭八年乃賜族則為無族可稱此傳云不稱氏者滅同姓貶也則以無侅舊有氏公羊無駭者何展無駭也何以不氏貶曷為貶疾始滅也然則此傳貶意雖與公羊異或當先號展氏也○秋八月庚辰公及戎盟于唐傳例曰及者內為志焉爾唐魯地○九月紀履緰來逆女不親逆則例月重錄之親迎則例時○履緰音須左氏作裂繻下注同疏注不親至例時○釋曰莊二十四年夏公如齊逆女書時此則書月故云不親逆例月親逆例時也逆女親者也親者謂自逆之也使大夫非正也以國氏者為其來交接於我故君子進之也傳例曰當國以國氏卑者以國氏進大夫以國氏國氏雖同而義各有當公子公孫篡君代位

故去其氏族國氏以表其無禮齊無知之徒是也若庶姓微臣雖爲大夫不得爵命無代位之嫌既不書其氏族當知某國之臣故國氏以別之宋萬之倫是也履綸以名繫國著其奉國重命來爲君逆得接公行禮故以國氏重之成九年宋不書逆女以其逆者微今書履綸亦足知其非卑者公羊傳曰春秋貴賤不嫌同號美惡不嫌同辭左氏舍族之例或厭以尊君或貶以著罪此傳隱公去即位以明讓莊公去即位以表繼弒文同而義異者甚衆故不可以一方求之○爲其于僞反注來爲同有當丁浪反故去起呂反下同以別彼列反美惡烏路反又如字舍族音捨或厭於葉反

疏注傳例至求之○釋曰齊無知衞祝吁弒君取國以國氏齊公子商人楚公子比亦弒君取國不以國氏者商人不欲以嫌代嫌楚公子比不是弒君之主故皆稱公子不以國氏也此云履綸知非卑者傳云逆之道微指言不親逆略之不稱使非謂履綸卑也注廣引公羊左氏者以證國氏不同之意弁明褒貶殊致也貴賤不嫌同號美惡不嫌同辭隱七年公羊傳文也滕是小國爵稱侯齊是大國亦止稱侯是貴賤不嫌同號文公繼嗣君而稱即位桓公繼弒君亦言即位是美惡不嫌同辭或厭以尊君成十四年僑如以夫人婦姜氏至自齊宣元年遂以夫人婦姜至自齊是也或貶以著罪若四年翬帥師會宋公云云伐鄭襄二十七年豹及諸侯之大夫盟於宋是也不可以一方求之者言國氏雖同本意各異故不可以一方求之是以廣引文同義異以爲證也

○冬十月伯姬歸于紀伯姬魯女禮婦人謂嫁曰歸反曰來歸嫁而曰歸明外屬也反曰來歸明從外至反謂爲夫家所遣

疏禮婦至來歸○釋曰婦人謂嫁曰歸此伯姬歸于紀是也反曰來歸宣十六年郯伯姬來歸是也○從人者也婦人在家制於父既嫁制於夫夫死從長子婦人不專行必有從也伯姬歸于紀此其如專行之辭何也曰非專行也吾伯姬歸于紀故志之也其不言使何也怪不言使履綸來逆女○長丁丈反

疏專行

之辭○釋曰麋信云不稱使者似若專行也謂決魯夫人至弁稱逆者此直云伯姬歸故問之下云吾伯姬歸故志之也明佗逆者不足錄故與內夫人至異也

逆之道微無足道焉爾言君不親迎而大夫來逆故曰微也既失其大不復稍明其細故不言使履緰也○迎魚敬反復扶又反

疏逆之道微○釋曰成八年宋公使公孫壽來納幣注云婚禮不稱主人宋公無主婚者自命之故稱使此紀侯有母母使履緰文不稱使正是常事而云逆之道微故去使者納幣禮合使卿宋公身自命之故云使逆女非親不得故云逆之道微而去使文也以逆女與納幣異故彼此不同耳

○紀子伯莒子盟于密密莒地○子伯如字長也左氏作子帛或曰紀子伯莒子而與之盟紀子以莒子為伯而與之盟伯長也或曰年同爵同故紀子以伯先也年爵雖同紀子自以為伯而先

疏或曰至先也○釋曰上文伯莒子者謂紀子推先莒子為伯而與之盟下文以伯先者謂紀子自以為伯而居先再言或曰者失其真故也

○十有二月乙卯夫人子氏薨夫人薨例日夫人曰薨從夫稱○稱尺證反

疏夫人子氏薨○釋曰左氏以子氏為桓公之母公羊以為隱公之母穀梁知是隱公之妻者以隱推讓據其為君而亦稱公故其妻亦稱夫人也夫既不葬故其妻亦不葬以經文上下符合故為隱妻而左氏桓未為君其母稱夫人是亂嫡庶也公羊以為隱母則隱見為君何以不書葬若以讓不書葬何為書夫人子氏薨故穀梁子以為隱妻也

夫人薨不地夫人無出竟之事薨有常處○處昌慮反夫人者隱之妻也卒而不書葬夫人之義從君者也隱弒賊未討故不書葬

○鄭人伐衛傳例曰斬樹木壞宮室曰伐伐例時○壞音怪又戶怪反

疏傳例至例時○釋曰傳例曰者五年傳文也伐既例時此伐衛文承月下者日月自為魯夫人薨故上注云夫人薨例日是也

三年春王二月己巳日有食之杜預曰日行遲一歲一周天月行疾一月一周天一歲凡十二交會然日月動物雖行度有大量不能不小有盈縮故有雖交會而不食者或有頻交而食者唯正陽之月君子忌之故有伐鼓用幣之事京房易傳曰日者陽之精人君之象驕溢專明爲陰所侵則有日有食之災不救必有篡臣之萌其救也君懷謙虛下賢受諫任德日食之災爲消也○日有食之本亦作蝕音同後皆倣此量音亮下遐嫁反爲消于僞反

疏 二月至食之○釋曰此經不書朔傳云食晦日也則此食必當晦日但不知是何月晦也徐邈云己巳爲二月晦則三月不得有庚戌也明宣十年四月丙辰十七年六月癸卯皆是前月之晦也則此己巳正月晦冠以二月者蓋交會之正必主於朔今雖未朔而食著之此月所以正其本亦猶成十七年十月壬申而繫之十一月也取前月之日而冠以後月故不得稱晦以其不得稱晦知非二月晦也未審范意如何穀梁之例書日食凡有四種之別故此二月己巳日有食之傳云言日不言朔食晦日也桓十七年冬十月朔日有食之傳云言朔不言日食既朔也彼是二日食矣又莊十八年三月日有食之傳云不言日不言朔夜食也又桓三年七月壬辰朔日有食之既傳云言日言朔食正朔也是有四種之別公羊以爲此二月己巳不言朔者是二日食也左氏以爲不言朔者史失之並非穀梁意耳○注杜預至消也○釋曰依曆家之說日一日一夜行天一度月一日一夜行天十三度十九分度之七天有三百六十五度四分度之一故日行一歲一周天計月逐及日之時不啻周天但舉其大率耳日月相及而爲交會謂之一月計一年之中有十二交會則應每月常食而有不食之時故解之但日月動物其行也或盈或縮故雖交會而有不食之時或亦有頻交而食也雖交會而不食者謂春秋二百四十二年唯三十七日食是也頻交而食者則襄二十一年九月十月食二十四年七月八月食是也京房漢人字君明頓丘人也本姓李推律自定爲京氏爲易作傳故曰京房易傳也

言日不言朔食晦日也其日有食之何也吐者外壤食者內壤凡所吐出者其

壤在外其所吞咽者壤入於內○壤而丈反吞勑恩反又音天咽於見反闕然不見其壤有食之者也今日闕損而不知壤之所在此必有物食之見如字又賢偏反○有內辭也或外辭也卲曰食者內壤故曰內辭吐者外壤故曰外辭傳無外辭之文者蓋時無外壤也而曰或外辭者因事以明義例爾雅傳云二穀不升謂之饉四穀不升謂之康亦無其事○饉渠吝反有食之者內於日也內於日以壤不見於外見賢偏反又如字○其不言食之者何也知其不可知知也○不可知知也上知如字下知音智

疏其日至知也○釋曰傳問經意其稱日有食之何也傳又申說之吐者外壤謂凡所吐出其壤在外也食者內壤謂凡吞食者壤入於內也闕然不見其壤有食之者也者謂日既闕損不知壤之所在必有物食之有內辭也或外辭也者謂日食有兩種之辭據書內壤故言有內辭不書外壤故曰或外辭也有食之者內於日也者謂日食既有二辭今直云有食之者爲日之所壤在於內也其不言食之者何也者謂經不書月食日也知其不可知知也者謂聖人慎疑作不知之辭者知也壤字爲穀梁音者皆爲傷徐邈亦作傷麋信云齊魯之間謂鑿地出土鼠作穴出土皆曰壤或當字從壤蓋如麋信之言也○注三穀至其事○釋曰襄二十四年傳文也彼云一穀不升謂之嗛二穀不升謂之饑三穀不升謂之饉四穀不升謂之康五穀不升謂之大侵

○三月庚戌天王崩平王也高曰崩梁山崩厚曰崩沙鹿崩尊曰崩天子之崩以尊也其崩之何也以其在民上故崩之其不名何也大上故不名也夫名者所以相別爾居人之大在民之上故無所名○大並如字夫音符發句之端皆同別彼列反

○夏四月辛卯尹氏卒文三年王子虎卒不日此日者錄其恩深也○尹如字周大夫也左氏作君氏

疏注文三至深也○釋曰范云恩深者王子虎即叔服也會葬在文元年三年王子虎始卒其恩已殺故直錄其卒而不書其日尹氏三月

詔魯人弔四月卒故痛而日之是恩深於叔服也尹氏者何也天子之大夫也外大夫不卒此何以卒

之也於天子之崩爲魯主故隱而卒之隱猶痛也周禮大行人職曰若有大喪則詔相諸侯之禮然則尹氏時在職而

詔魯人之弔者不書官名疑其譏世卿○相息亮反【疏】注隱猶至世卿○釋曰詔魯人之弔者叔孫得臣如京師經書名氏今不見其名蓋微者也疑其譏

世卿者穀梁無傳唯據公羊故云疑也○秋武氏子來求賻王天使不正。者月今無君不稱使故亦略而書時【疏】注天王至書時

○釋曰桓十五年二月天王使家父來求車是不正也文九年春毛伯來求金與此武氏子並不月者皆爲無君不稱使略而稱時也正而時者則凡伯南季

是也祭伯來私出竟故書月以表不正祭叔來聘亦不請於王不正可知故不復月等不請王命祭伯實內諸侯故不言朝祭叔大夫故不言使而言聘也

武氏子者何也天子之大夫也天子之大夫其稱武氏子何也未畢喪孤未爵

平王之喪在殯未爵使之非正也其不言使何也據桓十五年天王使家父來求車稱使無君也桓王在喪未即

位故曰無君歸死者曰賵歸生者曰賻曰歸之者正也求之者非正也喪事無求周而有賵賻

雖不求魯不可以不歸魯雖不歸周不可以求之求之爲言得不得未可知之

辭也交譏之【疏】未可至譏之○釋曰王者有求得在不疑而云未可知者以王者求之非道容有辭說故云未可知也交譏之者交猶俱也指

事而書則周魯之非俱見也○八月庚辰宋公和卒天子曰崩諸侯曰薨大夫曰卒周之制也春秋所稱曲存魯史之義內稱公而

書薨所以自尊其君則不得不略外諸侯書卒以自異也至於既葬雖邾許子男之君皆稱諡而言公各順臣子之辭兩通其義鄭君曰禮雜記上曰君薨赴

於他國之君曰寡君不祿敢告於執事曲禮下曰壽考曰卒短折曰不祿君薨赴而云不祿者臣子之於君父雖有壽考猶若短折痛傷之至也若赴稱卒是以壽終無哀惜之心非臣子之辭鄰國來赴書以卒者無老無幼皆以成人之稱亦所以相尊敬○謚市至反後皆同短于緩反折時設反下同有壽市又反又如字

疏注天子至尊敬○釋曰曲禮與公羊傳文也何休稱死而異名者別尊卑也葬不別者從恩殺略也

諸侯日卒正也正謂承嫡

疏諸侯日卒正也○釋曰據正始故發傳也○注正謂承嫡○釋曰僖十七年冬十有二月乙亥齊侯小白卒彼非正而書日者以莊九年齊小白入于齊國氏及入則不正之事已見故於卒不復見之而依常書日耳注外盟不日者八年傳文也

○冬十有二月齊侯鄭伯盟于石門傳例曰外盟不日石門齊地

○癸未葬宋繆公日葬故也危不得葬也天子七月而葬諸侯五月而葬大夫三月而葬傳例曰諸侯時葬正也月葬故也日者憂危最甚不得備禮葬也他皆放此徐邈曰文元年傳曰葬曰會言有天子諸侯之使共赴會葬事故凡書葬皆據我而言葬彼所以不稱宋葬繆公而言葬宋繆公者弔會之事賵襚之命此常事無所書故但記卒記葬錄魯恩義之所及則哀其喪而恤其終亦可知矣若存沒隔絶情禮不交則卒葬無文或有書卒不書葬蓋外雖赴卒而內不會葬無其事則闕其文史策之常也穀梁傳稱變之不葬有三弑君不葬國滅不葬失德不葬言夫子脩春秋所改舊史以示義者也弑君之賊天下所當同誅而諸侯不能治臣子不能討雖葬事是供義何足算亡國之君喪事不成則不應書葬失德之主無以守位故沒葬文傳於宋襄公著失民之咎宋共公發非葬之問言伯姬之賢而不荅共公不能弘家人之禮然則爲君者外之不足以全國內之不足以正家皆所謂失德而終禮宜貶者也于時諸國多失道不可悉去其葬故於二君示義而大體明矣○繆音穆本亦作穆之使所吏反下同策本又作筴初革反算素緩反數也宋共公音恭本又作恭去起呂反

疏注天子至明矣○釋曰天子七月而葬云云隱元年左傳文諸侯時葬正

也襄七年傳文月葬故也隱五年傳文日者憂危最甚此傳云日葬故也危不得葬也是也變之不葬有三云云昭十三年傳文弒君不葬者若十一年公薨不書葬是也國滅不葬者若紀侯大去其國雖賢終不書葬是也其陳哀蔡靈書葬者閔二國不與楚滅之也失德不葬者僖二十三年宋公茲父卒成十五年宋公固卒是也外之不足以全國者謂宋襄也內之不足以正家者謂宋共也

監本附音春秋穀梁注疏隱公卷第一

穀梁注疏卷一校勘記　阮元撰盧宣旬摘錄

監本附音春秋穀梁注疏隱公卷第一　閩監毛本無監本附音四字後卷並同

范甯集解　楊士勛疏　閩監毛三本范上有晉字楊上有唐字後卷並同

春秋穀梁傳隱公第一　石經釋文同案石經釋文並以每公爲一卷石經每卷首題春秋穀梁傳某公第幾八分書大字釋文此卷與石經同餘卷止稱某公第幾注疏本餘卷止存某公二字又此題目十行本頂格與石經合閩監毛本上空一字疏又低一字

元年　自此已下十行本行行頂格每一年提行另起與石經合又每經之上十行本皆作○界之閩監毛本以經文提行頂格次行以後並上空一字

隱公之始年　十行本注文雙行夾寫閩監毛本改爲單行上加註字

正者直方之閒語　閩本同監毛本者誤月

雖無事必舉正月　閩監毛本上加傳字十行本無案石經經傳不別十行本正與之合加傳字非

外爲主焉　案二年傳文焉下有爾字

貝玉曰含　閩監毛本同疏同儀禮經傳通解引亦作貝石經同補字貝作珠非　釋文含又作哈○按依說文當作琀

知死者賵襚耳　按公羊傳注賵誤贈疏云賵實生死兩施是也

幷有元纁束　補案束下當有帛字

故同禮同乃周字之誤

豹及諸侯之大夫盟於宋閩監本同毛本於作于

據之君言之閩監毛本上之字作無

故傳云不與朝也按傳不作弗

金鏃翦羽謂之鍭閩監毛本鏃誤鍭

罪故略之閩本同監毛本罪作惡

南蠻北狄此本狄誤秋閩監毛本不誤今據訂正

二年

則三年王二月乙巳是也閩監本同毛本王上增春字浦鏜云己誤乙按浦說

春公至自齊案春字乃承上文經而誤衍也否則夏字之譌

天言雷雨之異閩監毛本言作告是也

相無三臣之策閩監毛本相作桓

時其不可閩監毛本時作明是也

三年

二穀不升謂之饉閩監毛本二作三疏引亦作三○按作三與襄二十四年傳文合

徐邈亦作傷段玉裁云傷當作場下曰壞從壞並當作場場俗作場

天王使不正者月閩監毛本者作稱

弑君不葬閩監毛本同釋文出殺君是陸所據本與此不同

穀梁注疏卷一校勘記

監本附音春秋穀梁注疏隱公卷第二 起四年盡十一年

范甯集解　楊士勛疏

四年春王二月莒人伐杞取牟婁傳例曰取易辭也伐國不言圍邑言圍邑皆有所見伐國及取邑例時此月者蓋爲下戊申衞君完卒日起也凡例宜時而書月者皆緣下事當日故也日必繼於月故不得不書月事實在先故不得後錄也他皆放此○杞音起牟亡侯反易以豉反見賢偏反蓋爲于僞反【疏】注傳例至放此○釋曰取易辭也十年傳文伐國不言圍邑五年傳文伐國及取邑例時者案六年冬宋人取長葛僖二十六年冬公以楚師伐齊取穀宣九年秋取根牟皆不月是例時也其取須句以其再取故日取鄆取鄟皆內之叛邑爲害重大故月取部取防惡乘人之敗故日明常例則時傳曰言伐言取所惡也稱傳曰者穀梁子不親受于師而聞之於傳者既伐其國又取其土明伐不以罪而貪其利兩書取伐以彰其惡○所惡烏路反又如字於傳直專反諸侯相伐取地於是始故謹而志之也春秋之始【疏】諸侯至志之也○釋曰外取邑不志今志之者爲入春秋以來最是取地之始故志之也○戊申衞祝吁弒其君完。弒君日與不日從其君正與不正之例也祝吁衞公子○祝吁香于反左氏公羊及詩作州吁完音丸大夫弒其君以國氏者嫌也弒而代之也凡非正嫡則謂之嫌○夏公及宋公遇于清遇例時清衞地【疏】注遇例時○釋曰八年春宋公衞侯遇于垂與此皆不月知例時也及者內爲志焉爾元年與宋人盟于宿故今復尋之○復音扶又反【疏】及者至焉爾○釋曰重發傳者嫌盟遇禮異故重發以同之○遇者志相得也八年傳曰不期而會遇今曰內爲志非不期也然則遇有二義【疏】注遇有二義○釋曰卽八年與此雖同志相得而期不期異故云有二義傳祝吁之挈者徐邈以挈爲舉卽是提挈之稱范云不書氏族提挈其名而道之則挈爲單挈不具足之辭○宋公陳侯蔡人衛人伐鄭○秋翬帥師會宋公陳侯蔡人衛人伐鄭翬者何也公子翬也其不稱公子何也據莊三年公子慶父帥師伐於餘丘稱公子○翬音暉下同貶之也杜預曰外大夫貶皆稱人內大夫貶皆去族稱名記事之體他國可言某人而已之卿佐不得言魯人○去起呂反何爲貶之也與于弑公故貶也○與音預○

九月衛人殺祝吁于濮濮陳地水名○濮音卜稱人以殺殺有罪也有弑君之罪者則舉國之人皆欲殺之祝吁之挈失嫌也不書氏族提挈其名而道之也衆所同疾威力不足以自固失當國之嫌○挈本又作絜苦結反注同其月謹之也討賊例時也衛人不能卽討祝吁致令出入自恣故謹其時月所在以著臣子之緩慢也○令力呈反下同【疏】注討賊至慢也○釋曰莊九年春齊人殺無知直時不月又此傳云其月謹之知其例合書時但祝吁以二月弑君衛人九月始討譏其緩慢故謹而月之于濮者譏失賊也譏其不卽討乃令至濮

○冬十有二月衛人立晉立納入皆篡也大國篡例月小國時【疏】注立納至國時○釋曰案莊九年齊小白入于齊傳曰以惡曰入文十四年晉人納捷菑傳曰不正也此云立者不宜立者也是三者皆爲篡也大國篡例月者卽此冬十有二月衛人立晉是也小國時者昭元年秋莒去疾自齊入于莒是也齊小白入于齊是大國而不月者與公伐齊同時既例不月故小白亦不月王子猛不月者王猛雖則非正事異諸侯故不書月也衛人者衆辭也立者不宜立者也嗣子有常位故不言立晉之名惡也惡謂不正○惡也爲各反其稱人以立之何也得衆也得衆則是賢也賢則其曰不宜立何也

春秋之義諸侯與正而不與賢也雍曰正謂嫡長也夫多賢不可以多君無賢不可以無君立君非以尚賢所以明有統也建儲非以私親所以定名分名分定則賢無亂長之階而自賢之禍塞矣君無嬖幸之由而私愛之道滅矣○嫡丁歷反長丁丈反下同儲直魚反分扶問反嬖必計反【疏】春秋之義○釋曰言春秋者得衆而言立恐理不相合故廣稱春秋以包之

五年春公觀魚于棠傳例曰公往時正也正謂無危事耳棠魯地○觀魚如字左氏作矢魚【疏】注傳例至魯地○釋曰莊二十三年傳文也正謂無危事此公雖以非禮觀魚不至於危故亦時而不月傳曰常事曰視視朔之類是非常曰觀觀魚之類是禮尊不親小事卑不尸大功尸主魚卑者之事也周禮𩟐人中士下士○𩟐音魚公觀之非正也○

夏四月葬衛桓公月葬故也有祝吁之難故十五月乃葬○難乃旦反【疏】月葬故也○釋曰重發傳者前起日例今起月例故重發之

○秋衛師入郕入者內弗受也郕國也將卑師衆曰師書其重者也將卑謂非卿○郕音成將卑子匠反注同○九月考仲子之宮失禮宗廟功重者月功輕者時莊二十三年秋丹桓宮楹是也【疏】傳入者至受也○釋曰重發傳者前起者邑今是國故重發之○九月至之宮○釋曰考者謂立其廟祭之成爲夫人也此所以書之者仲子孝公之妾惠公之母惠公雖爲君其母唯當惠公之世得祭至隱不合祭之故書以見譏也不言立者不宜立爲庶母築宮得禮之變但不合於隱之世祭之故止譏其考不譏立也公羊左氏妾子爲君其母得同夫人之禮今穀梁知不然者喪服記云公子爲其母練冠麻麻衣縓緣既葬除之傳曰何以不在五服之中也君之所不服子亦不敢服也鄭玄云子君之庶子是貴賤之序嫡庶全別安得庶子爲君即同嫡夫人乎故穀梁子以爲於子祭於孫止考者何也考者成之也成

之爲夫人也立其廟世祭之成夫人之禮禮庶子爲君爲其母築宮使公子主其祭也公當奉宗

廟故不得自主也公子者長子之弟及妾之子〇爲于僞反長丁丈反於子祭於孫止貴賤之序仲子者惠公之母隱

孫而脩之非隱也非責也三年父喪畢不於三年考者又有天王崩至此服竟乃脩之初獻六羽羽翟羽舞者所執獻者下奉上

之辭作之於廟故言獻【疏】初獻六羽〇釋曰凡言初者有二種之意若尸子所言者則是復正之初也若初稅畝是譏事之初范知羽是翟羽者以衛詩

簡兮云左手執籥右手秉翟故知羽即翟也范又云作之於廟故言獻齊侯來獻戎捷非於廟亦言獻者此是獻薦宗廟之事故范據廟言之其實外來者尊

魯並稱獻也若然齊人來歸衛寶不言獻者彼寶非齊獻諱其逆天子之命假齊爲辭故與常文異也或以爲戎捷齊侯尊魯故特言獻衛寶以平等相遺故

言歸理亦通也初始也遂以爲常穀梁子曰舞夏天子八佾諸公六佾諸侯四佾言穀梁子者非受於

師自其意也夏大也大謂大雉大雉翟雉佾之言列八人爲列又有八列八八六十四人也並執翟雉之羽而舞也天子用八象八風諸公用六降殺以兩也

不言六。佾者言佾則。干在其中明婦人無武事獨奏文樂〇舞夏戶雅反注及下同佾音逸列也殺色界反【疏】注獨奏文樂〇釋曰禮有文舞有武舞文

舞者羽籥是也武舞者干戚是也凡舞所以象人之德故襄二十九年左傳稱吳季札觀樂見舞韶箾者曰德至矣哉大矣如天之無不幬也如地之無不載

也雖甚盛德其蔑以加於此矣是其證也今仲子特爲築宮而祭之婦人既無武事不應得用干戚故云獨奏文樂何休徐邈之等並同范說則是相傳爲然

初獻六羽始僭樂矣下犯上謂之僭〇僭子念反尸子曰舞夏自天子至諸侯皆用八佾初

獻六羽始厲樂矣言時諸侯僭侈皆用八佾魯於是能自減厲而始用六穀梁子言其始僭尸子言其始降〇侈昌是反又尸是反〇

郕人鄭人伐宋郕主兵故序鄭上○螟蟲災也甚則月不甚則時甚則即盡不及歷月○禮月令曰仲春行夏令則蟲螟爲害○螟亡丁反

○冬十有二月辛巳公子彄卒杜預曰大夫書卒不書葬葬者自其臣子事非公家所及○彄苦侯反隱不爵命大夫其曰公子彄何也據八年無侅卒不稱公子先君之大夫也隱不成爲君故不爵命大夫公子不爲大夫則不言公子也

【疏】先君至夫也○釋曰公子益師亦是先君之大夫而獨言公子彄者益師有罪而不日故傳略之彄無罪而文詳故因見爵命之例其實益師亦先君之大夫也

○宋人伐鄭圍長葛長葛鄭邑圍例時

【疏】注圍例時釋曰僖二十三年春齊侯伐宋圍閔宣十二年春楚子圍鄭是也但此爲久圍故謹而月之耳或解上文日月者爲公子彄卒此雖例時不可去上文日月其實日月不爲圍長葛也

伐國不言圍邑據莊二年公子慶父帥師伐於餘丘不言圍也伐國不言圍邑書其重也此其言圍何也久之也宋以此冬圍之至六年冬乃取之古者師出不踰時重民之命愛民之財乃暴師經年僅而後克無仁隱之心而有貪利之行故圍伐兼舉以明之○暴步卜反本或作曝暴露也僅渠吝反行下孟反

【疏】伐國至之也○釋曰伐國不言圍邑者舉重也其言圍者各有所爲此則五年圍六年乃取爲久之故書圍也僖六年齊侯以下伐鄭圍新城傳云著鄭伯之罪也二十三年春齊侯伐宋圍閔傳曰不正其以惡報惡也是書圍者各有所爲襄十二年莒人伐我東鄙圍部書圍者爲季孫宿救部張本也襄十六年齊侯伐我北鄙圍成十七年齊侯伐我北鄙圍桃齊高厚帥師伐我北鄙圍防並書圍者爲十八年諸侯同圍之。起也

伐不踰時戰不逐奔誅不填服來服者不復填厭之○填音田復扶又反下同厭於甲反苞人民毆牛馬曰侵斬樹木壞宮室曰伐制其人民毆其牛馬賊去之後則可還反樹木斬不復生宮室壞不自成故其爲害重也○毆丘于反注同壞

音怪一戶怪反六年同疏苞人至曰伐○釋曰案左傳有鍾鼓曰伐無曰侵公羊傳觕者曰侵精者曰伐又何休廢疾云廢焚孔子曰傷人乎不問馬今穀梁以苞人民爲輕斬樹木壞宮室爲重是理道之不通也所以穀梁不從二傳者鄭玄云苞人民毆牛馬兵去則可以歸還其爲。壞宮室斬樹木則樹木斷不復生宮室壞不自成爲毒害更重也是鄭意亦以斬樹木壞宮室爲重是亦一家之義故與二傳不同

六年春鄭人來輸平杜預曰和而不盟曰平○輸平失朱反墮也左氏作渝平輸者墮也平之爲言以道成也來輸平者不果成也春秋前魯與鄭平四年翬與宋伐鄭故來絕魯壞前平也○墮許規反壞毀之也○夏五月辛酉公會齊侯盟于艾艾魯地隱行皆不致者明其當讓也○艾五蓋反疏注艾魯至讓也○釋曰知非惰者以隱讓國賢君不應終始俱惰明爲讓不致也○秋七月無事書首月不遺時也他皆放此疏注無事至放此○釋曰九年傳云無事焉何以書不遺時也然則春秋四時具始得成年若闕一時不書首月則是遺時也○冬宋人取長葛前年冬圍至今乃得之上有伐鄭圍長葛言長葛則鄭邑可知故不繫之鄭外取邑不志此其志何也久之也

七年春王三月叔姬歸于紀叔姬伯姬之娣至此歸者待年於父母之國六年乃歸媵之爲言送也從也不與嫡俱行非禮也親逆例時不親逆例月許慎曰姪娣年十五以上能共事君子可以往二十而御易曰歸妹愆期遲歸有時詩云韓侯取妻諸娣從之祁祁如雲娣必少於嫡知未二十而往也○娣徒細反女弟曰娣媵以證反又繩證反從才用反下同一音如字上時掌反共事音恭本亦作供愆起虔反取七喻反少詩照反下文及注同疏注叔姬至往也○釋曰六年乃歸者伯姬二年嫁于紀叔姬此年始去故云六年也所引易文歸妹九四爻辭也王弼云夫以不正無應而適人也

必須彼道窮盡無所與交然後乃可以往故愆期遲歸以待時也其卦☳☱兌下震上所引詩者大雅韓奕之篇引此二文者言夫人有姪娣必當少於嫡知未二十而往也一解引易者證待年于父母國與嫡俱行也其不言逆何也據莊二十九年莒慶來逆叔姬言逆逆之道微無足道焉爾逆者非卿○滕侯卒滕侯無名自無名非貶之○滕徒登反疏滕侯無名○釋曰左氏以滕侯無名爲未同盟故薨不得以名赴公羊傳云滕侯何以不名微國也微國則其稱侯何春秋貴賤不嫌同號美惡不嫌同辭今穀梁以爲用狄道也故無名者若左氏以爲未同盟故不名何爲春秋之內亦有不盟而書名者若公羊以爲微國不名則邾子克許男新臣何以名故穀梁子以爲用狄道也本來無名字少曰世子長曰君狄道也其不正者名也戎狄之道年少之時稱曰世子長立之號曰君其非正長嫡然後有名爾責滕侯用狄道也○長曰丁丈反注同嫡本又作適丁歷反○夏城中丘城例時中丘魯地城爲保民爲之也建國立城邑有定所高下大小存乎王制刺公不脩勤德政更造城以安民○爲于僞反下爲其同刺七賜反疏注建國至安民○釋曰禮記王制無此文言存乎王制者謂王者之法制也高下者考工記云王宮門阿之制五雉宮隅之制七雉城隅之制九雉門阿之制以爲都城之制宮隅之制以爲諸侯之城制是也大小者即左傳云大都不過參國之一中五之一小九之一是也此城中丘與九年夏城郎例一時者功役之事總指天象故也民衆城小則益城益城無極凡城之志皆譏也夫保民以德不以城也如民衆而城小輒益城是無限極也此發凡例施之於城內邑○齊侯使其弟年來聘聘例時凡聘皆使卿執玉帛以相存問疏注聘例至存問○釋曰此齊侯使弟年下冬天王使凡伯皆不書月故例時也禮小聘曰問使大夫大聘使卿此既名見於經明是卿也案禮聘則執玉以致命執帛以致享故云執玉帛以相存問諸侯之尊弟兄不得

以屬通禮非始封之君則臣諸父昆弟四敵之稱人臣不可以敵君故不得其以屬通所以遠別貴賤尊君卑臣之義○稱尺證反別彼列反下同弟云者以其來接於我舉其貴者也弟是臣之親貴者殊別於凡庶疏舉其貴者也○釋曰叔肸稱弟傳云賢也此年稱弟傳云舉其貴者則稱弟有二義也○秋公伐邾○冬天王使凡伯來聘凡氏伯字上大夫也戎伐凡伯于楚丘以歸凡伯者何也天子之大夫也國而曰伐此一人而曰伐何也大天子之命也伐一人而同國尊天子之命戎者衛也戎衛者爲其伐天子之使貶而戎之也楚丘衛之邑也以歸猶愈乎執也。大天子之使過諸侯諸侯當候在疆場膳宰致餼司里授館猶懼不敬今乃執天子之使無禮莫大焉昭十二年晉伐鮮虞傳曰晉狄之也今不曰衛伐凡伯乃變衛爲戎者伐中國之罪輕故稱國以狄晉執天子之使罪重故變衛以戎之以一人當一國韓執言以歸皆尊尊之正義春秋之微旨○之使所吏反注同愈羊主反過古臥反上古禾反疆本又作壃亦作強音姜場音亦餼許氣反牲腥曰餼伐鮮音仙疏戎者衛也○釋曰麇信云不言夷狄獨言戎者因衛有戎邑故也范意或然○注云天子至不敬○釋曰國語云定王使單襄公聘于宋遂假道于陳以聘于楚陳人候不在疆膳宰不致餼司里不授館單子歸以告王曰陳侯不有大咎國必亡王曰何故對曰云云是棄先王之法制也周之秩官有之敵國賓至司里授館甸人積薪膳宰致飧廩人獻餼賓入如歸今臣承王命以過陳司事莫至是蔑先王之官也是文出於彼

八年春宋公衛侯遇于垂垂衛地不期而會曰遇遇者志相得也○三月鄭伯使宛來歸邴。凡有所歸例時邴鄭邑○宛於阮反邴彼病反一音丙左氏作祊疏注凡有所歸例時○釋曰宣十年春齊人歸我濟西田定十年

夏齊人來歸鄆讙龜陰之田並不書月故知例時也此月者爲下入邴月也一解以擅易天子之田故謹而月之也名宛所以貶鄭伯惡與地也去其族惡擅易天子邑○惡與烏路反注及下同去起呂反擅市戰反○庚寅我入邴徐邈曰入承鄭歸邴下嫌內外文不別故著我以明之別○別彼列反入者內弗受也日入惡入者也邴者鄭伯所受命於天子而祭泰山之邑也王室微弱無復方岳之會諸侯驕慢亦廢朝覲之事故鄭以湯沐之邑易魯朝宿之田也諸侯有大功盛德於王室者京師有朝宿之邑泰山有沐浴之邑所以供祭祀也魯周公之後鄭宣王母弟若此有賜邑其餘則否許慎曰若。今諸侯京師之地皆有朝宿之邑周有千八國諸侯盡京師之地不足以容不合事理○復扶又反廢朝直遙反下同覲巨靳反諸侯春見天子曰朝秋見曰覲令力呈反

疏入者內弗受也○釋曰重發傳者嫌易田與兵入異故重發以明之○注周有至事理釋曰孝經說文

○夏六月己亥蔡侯考父卒諸侯日卒正也

疏日卒正也○釋曰重發之者宋公起例之始蔡侯嫌爵異故重發以明之舉此二者足以包宿男故宿男不復發傳也

○辛亥宿男卒宿微國也未能同盟故男卒也

疏未能同盟○釋曰杜預以元年盟於宿宿亦與盟則以宿爲宿男之國此傳云未能同盟則以彼宿爲地名與杜異也

○秋七月庚午宋公齊侯衛侯盟于瓦屋宋序齊上王爵也瓦屋周地外盟不日此其日何也據僖十九年夏六月宋公曹人邾人盟於曹南不日

疏注據僖至不日○釋曰不據石門而引曹南者以曹南三國與此相合故引之也

諸侯之參盟於是始故謹而日之也世道交喪盟詛滋彰非可以經世軌訓故存日以記惡蓋春秋之始也○參七南反喪息浪反詛莊慮反下文同誥誓不及五帝五帝謂黃帝顓頊帝嚳帝堯帝舜也誥誓尚書六誓七誥是其遺文五帝

之世道化淳備不須誥誓而信自著○誥古報反誓市制反五帝孔安國云少昊顓頊高辛唐虞鄭玄有黃帝無少昊餘同范依鄭顓頊上音專下音許玉反
帝嚳苦篤反高辛名【疏】注五帝至自著○釋曰五帝雖有軍旅會同不須誥誓而信自著也六誓者即尚書甘誓湯誓牧誓泰誓費誓秦誓也七誥者即湯
誥大誥康誥酒誥召誥洛誥康王之誥是也　盟詛不及三王三王謂夏殷周也夏后有鈞臺之享商湯有景亳之命周武有盟津之會衆所
歸信不盟詛也○夏戶雅反鈞音均亳步各反盟津音孟本亦作孟【疏】注三王至詛也○釋曰經史通以王爲夏殷周也盟津之會昭四年左傳文三王衆
所歸信故不設盟詛也尚書舜命禹征有苗而戒於衆則亦誓之類周禮秋官司盟官掌盟載之約則是盟事而云誥誓不及五帝盟詛不及三王者舜是五
帝之末命禹徂征是禹之事故云不及五帝周公制盟載之法者謂方岳及有疑會同始爲之耳不如春秋之世屢盟故云不及三王也　交質子不
及二伯二伯謂齊桓晉文齊桓有召陵之師晉文有踐土之盟諸侯率服不質任也○交質音置注同二伯如字又音霸召上照反【疏】注二伯至
任也○釋曰經典言五伯者皆謂夏伯昆吾商伯大彭豕韋周伯齊桓晉文今此傳以周末言之故知謂齊桓晉文也其召陵之師踐土之盟亦昭四年左傳
文也　○八月葬蔡宣公月葬故也○九月辛卯公及莒人盟于包來包來宋邑○包音苞一音
浮左氏作浮來　可言公及人不可言公及大夫稱人衆辭可言公及人若舉國之人皆盟也不可言公及大夫如以大夫敵公
故也　○螟○螟亡丁反　○冬十有二月無侅卒無侅之名未有聞焉未聞者不知爲是隱之不爵大夫爲
是有罪貶去氏族穀梁子不受之於師故曰未有聞焉○去起呂反　或曰隱不爵大夫也若俠卒是○若俠音協九年經同　或說
曰故貶之也若無侅帥師入極是【疏】或曰至貶之也○釋曰若是不爵命大夫二年傳不得云貶彼入極爲貶去氏則此亦爲貶去氏就二說

之中後或曰是也公子益師卒傳曰不日惡也則此不日亦惡可知矣

九年春天王使南季來聘南氏姓也季字也南季天子之上大夫氏以爲姓也所以別姓者經有王季子來聘祭伯來王祭皆非姓也嫌與同故別之也季云字者明命爲大夫不以名通也○別彼列反祭伯側界反下同凡國名邑名及人名氏皆於始音後不復出若假借之字時復重音後放此

聘問也聘諸侯非正也周禮天子時聘以結諸侯之好殷覜以除邦國之慝間問以諭諸侯之志歸脤以交諸侯之福賀慶以贊諸侯之喜致禬以補諸侯之災許慎曰禮臣病君親問之天子有下聘之義傳曰聘諸侯非正寧所未詳○好呼報反覜他弔反慝他得反惡也間間廁之間賑市軫反祭肉也禬戶外反或古外反【疏】注周禮至未詳○釋曰范所引者周禮大行人文也鄭玄云時聘者亦無常期天子有事諸侯使大夫來聘親以禮見之禮而遣之所以結其恩好也殷覜謂一服朝之歲也慝惡也一服朝之歲五服諸侯皆使卿以聘禮來覜天子天子以禮見之命以禮政禁之事所以除其惡行間問者間歲一問諸侯。而。有省之屬論諸侯之志以者論言語論書名其類也歸脤以交諸侯之福者交或往或來者也賀慶以贊諸侯之喜者贊助也致禬凶禮之弔禮禬禮也補諸侯之災者若春秋澶淵之會謀歸宋財然時聘殷覜二者是諸侯臣使於王也其間問歸脤賀慶致禬四者王使臣使於諸侯也范此注引周禮者證有下聘之義也而傳云非正也故云寧所未詳然則荅鄭玄之駁則云叔服重天子之禮者以此傳既非故別爲之說

○三月癸酉大雨震電震雷也電霆也○電徒練反霆徒丁反又徒頂反【疏】震雷也電霆也○釋曰說文云震霹靂也陰擊陽爲電電者即雷之光與此傳異者易說卦震爲雷故何休亦以震爲雷霆者霹靂之別名有霆必有電故傳云電霆也或當電霆爲一也

○庚辰大雨雪志疏數也八日之間再有大變陰陽錯行故謹而日之也劉向

云雷未可以出電未可以見雷電既以出見則雪不當復降皆失節也雷電陽也雨雪陰也雷出非其時者是陽不能閉陰陰氣縱逸而將爲害也○雨于付

反數色角反向舒亮反見賢徧反復扶又反疏志疏數也○釋曰謂災有遠近遠者爲疏近者爲數也○注劉向至害也○釋曰何休云夏之正月未可

大雨震電此陽氣大失其節猶隱公久居其位不反於桓失其宜也異發於九年者陽數可以極而不還國於桓之所致大雨雪者盛陰之氣大怒此桓將怒

而弒隱公之象劉向之言與何休意不甚異但取變異之象少差耳雨月志正也雨得其時則月疏注雨得其時則月○釋曰雨得其時則月

者若僖三年夏六月雨是也○俠卒俠者所俠也俠名也所其氏疏俠者所俠也○釋曰徐邈引尹更始云所者俠之氏今范亦云

所其氏則所者是俠之氏族但未備爵命故略名耳麋信以爲所非氏所謂斥也弗大夫者隱不爵大夫也俠不命爲大夫故不

氏隱之不爵大夫何也曰不成爲君也明將立桓○夏城郎郎魯邑○秋七月無事焉

何以書不遺時也四時不具不成年也○冬公會齊侯于防防魯地也會者外爲主焉爾疏會者

至焉爾○釋曰重發傳者嫌華戎異故也

十年春王二月公會齊侯鄭伯于中丘隱行自此皆月者天告雷雨之異以見簒弒之禍而不知戒懼反更數會故危

之○見賢徧反數色角反○夏翬帥師會齊人鄭人伐宋翬隱之罪人也故終隱之世貶之○六月壬戌公

敗宋師于菅敗例日與不日皆與戰同菅宋地○公敗必邁反又皮邁反後亦同于菅古顏反疏注敗例至宋地○釋曰莊十年傳例曰不

日疑戰也者言不克日而戰以詐相襲則不疑當書日故桓十年冬十有二月丙午齊侯衛侯鄭伯來戰于郎范云結日列陳則日是也今注云與戰同則此

敗宋師是日而戰也 克 內不言戰，舉其大者也。戰然後敗，故敗大於戰 辛未取郜，〇郜古報反，字林工竺反 辛巳

取防。取邑不日，此其日何也？據僖三十三年伐邾取訾婁不日〇訾子斯反 不正其乘敗人而深爲利

取二邑，故謹而日之也。禮不重傷，戰不逐。北公敗宋師于菅，復取其二邑，貪利不仁，故謹其日〇重直用反逐北如字又音佩本又作

逐奔復扶又反 疏 注禮不至逐奔〇釋曰：不重傷，僖二十二年左傳文也。不逐奔，上五年傳文 〇秋，宋人、衛人入鄭。〇宋人

蔡人、衛人伐載。鄭伯伐取之。凡書取國，皆滅也。變滅言取，明其易 載如字本或作戴易以豉反下文同 〇不正其因

人之力而易取之，故主其事也。三國伐載，自足以制之。鄭伯不能矜人之危，而反與共伐，故獨書鄭伯伐取之，以首其惡。其實

四國共取之〇惡烏各反 〇冬十月壬午，齊人、鄭人入郕。入者，內弗受也。日入，惡入者也。郕

國也〇惡烏路反

十有一年春，滕侯、薛侯來朝。天子無事，諸侯相朝，正也。事謂巡守崩葬兵革之事〇薛息列反守音狩

本亦作狩 疏 十有一年〇釋曰：言有者，十是盈數，更以奇從盈，故言有，欲見一者非十中之物也〇注事謂至之事〇釋曰：書云「肆覲東后」，是天子巡守，當方

諸侯有事。許慎、鄭玄皆以爲天子喪葬，諸侯親奔，故范亦以爲天子崩葬爲諸侯之事也。桓五年諸侯從王伐鄭，是天子舉兵革，諸侯亦有事也。言無此等事

諸侯得相朝，若有卽不得也 考禮脩德，所以尊天子也。諸侯來朝時，正也。朝宜以時，故書時則正也 疏 考禮

脩德〇釋曰：諸侯相朝，所以正班爵，奉王命，故云考禮脩德也 犆言，同時也。犆言謂別言也。若穀伯綏來朝，鄧侯吾離來朝，同時來，不俱至〇犆

音特獨也本或作特累數皆至也累數總言之也若滕侯薛侯來朝同時俱至○數所主反○夏五月公會鄭伯于時來時來鄭地○秋七月壬午公及齊侯鄭伯入許○冬十有一月壬辰公薨公薨不地故也不地不書路寢之比○比必利反隱之不忍地也隱猶痛也其不言葬何也君弒賊不討不書葬以罪下也責臣子也隱十年無正隱不自正也無正謂不書正月元年有正所以正隱也明隱宜立

監本附音春秋穀梁注疏隱公卷第二

穀梁注疏卷二校勘記

阮元撰盧宣旬摘録

四年隱公

衛祝吁弑其君完閩監毛本同釋文弑其音試釋舊作殺注下同君完本又作皃音丸案皃卽八分書完字筆迹小異耳非容皃字又音丸也

故貶也閩監毛本同石經作故貶之也

祝吁之挈閩監毛本同釋文挈本又作絜注同案通志堂本釋文絜誤挈此从宋本

不書氏族提挈其名而道之也衆所同疾威力不足以自固失當國之嫌此注文也閩監毛本凡注皆改單行上加注字此獨雙行無注字蓋改十行本之舊而未盡者

五年

疏傳入者至受也〇釋曰重發傳者前起者邑今是國故重發之十行本無此一段疏閩本如此監本上傳作注毛本無上傳字至作內弗二字〇補案此段疏文十行本初刻無後補板剜擠在下考仲子之宮疏上

練冠麻麻衣補案麻麻誤重

則干在其中閩監毛本干作羽〇補此干字作羽則上不言六佾者佾字亦當作羽

爲十八年諸侯同圍之起也閩監毛本起作地是也

兵去則可以歸還其爲閩監毛本同何校本下有害輕二字是也

七年

大天子之使閩監毛本大作夫是也

八年

三月鄭伯使宛來歸邴左氏作歸祊惠棟云古方丙同字

惡入者也石經同二年疏引同閩監毛本脱入字

若今諸侯閩監毛本同釋文出若令力呈反案令是

九年

而有省之屬按周禮大行人注而有作謂存

十年

以詐相襲閩監本同毛本詐誤戰

取二邑閩監毛本同石經多一取字改刻作又取故此行十一字

戰不逐北閩監毛本同釋文逐北本又作逐奔按注疏本作逐奔

伐戴閩監毛本同釋文云本或作戴按戴爲戴之假借字戴爲或作之字說詳左傳釋文校勘記

穀梁注疏卷二校勘記

監本附音春秋穀梁注疏桓公卷第三 起元年盡七年

范甯集解　楊士勛疏

桓公【疏】魯世家桓公名允惠公之子隱公之弟以桓王九年即位世本作軌謚法辟土服遠曰桓

元年春王桓無王其曰王何也謹始也諸侯無專立之道必受國於王若桓初立便以見治故詳其即位之始以明王者之義【疏】桓無至始也○釋曰徐邈云桓公簒立不顧王命王不能討故無王又且桓公終始十八年唯元年二年十年十八年有王自外皆無王故傳據以發問而曰桓無王又范氏例云春秋上下無王者凡一百有八桓無王者見不奉王法餘公無王者爲不書正月不得書王桓初即位若已見治故書王以示義二年書王痛與夷之卒正宋督之弒宜加誅也十年有王正曹伯之卒使世子來朝王法所宜治也十八年有王取終始治桓也是解元年有王爲謹始也餘年無王爲不奉王法也若然桓爲弒君而立故十四年沒其王文宣公亦簒位而立不去王者桓弒賢兄讓國之主害成立之君宣簒未踰年之子又無爲臣之義以輕重既異故去王亦殊也杜預注左氏桓十四年無王者失不班曆也何休注公羊意與穀梁同唯解有王者別云二年有王者見始也十年有王數之終也十八年有王桓之終也明終始有王桓公無之耳其曰無王何也桓弟弒兄臣弒君天子不能定諸侯不能救百姓不能去以爲無王之道遂可以至焉爾

元年有王所以治桓也正月公即位杜預曰嗣子位定於初喪而改元必須踰年者繼父之業成父之志不忍有變於中年也諸侯每首歲必有禮於廟諸遭喪繼位者因此而改元即位百官以序故國史亦書即位之事於策○去上聲【疏】注杜預至於策○釋曰尚書顧命云

乙丑成王崩俾爰齊侯吕伋以二千戈虎賁百人逆子釗于南門之外延入翼室恤宅宗孔安國云明室路寢外之使居憂爲天下宗主天子初崩嗣子定位則諸侯亦當然也其改元必須踰年者孝子之情不忍有變於中年也然嗣子不忍變於中年故。嗣年即位桓公既無惻痛之情朝死夕忘亦於踰年即位者聖人立法即位必待踰年桓雖不仁未可獨當年即位即位既是踰年故史官從其實而書之

繼故不言即位正也故謂繼弒也繼故不言即位之爲正何也曰先君不以其道終則子弟不忍即位也哀痛之至故不忍行即位之禮繼故而言即位則是與聞乎弒也繼故而言即位是爲與聞乎弒何也曰先君不以其道終已正即位之道而即位是無恩於先君也推其無恩則知與弒也此明統例耳與弒尚然況親弒者○與聞音豫下文及注與弒皆同【疏】注推其至弒者○釋曰桓是親弒之主而傳論與弒之事故知傳意本明統例爾故云與弒尚然況親弒者

○三月公會鄭伯于垂垂衞地也傳例曰往月危往也桓大惡之人故會皆月以危之【疏】注垂衞至危之○釋曰傳例者定八年傳文也此三月公會鄭伯于垂二年三月公會齊侯陳侯鄭伯于稷是會皆月以危之會者外爲主焉爾鄭伯所以欲爲此會者爲易田故○爲易于僞也【疏】會者至焉爾○釋曰重發傳者嫌易田與直會異故也

○鄭伯以璧假許田假不言以言以非假也實假則不應言以璧非假而曰假諱易地也禮天子在上諸侯不得以地相與也諸侯受地於天子不得自專無田則無許可知矣不言許不與許也但言以璧假許而不繼田則許屬鄭也今言許田明以許之田與鄭不與許邑也諸侯有功則賜田以祿之若可以借人此蓋不欲以實言○借子夜反許田者魯朝宿之邑也

邴者鄭伯之所受命而祭泰山之邑也用見魯之不朝於周而鄭之不祭泰山
也朝天子所宿之邑謂之朝宿泰山非鄭竟內從天王巡守受命而祭也擅相換易則知朝祭並廢○魯朝直遙反下皆同邴彼病反又音丙見賢徧反竟
音境從在用反守音狩擅市戰反換一本亦作逭胡喚反【疏】許田至山也○釋曰經文無邴而傳言之者經諱易天子之地故以璧假為文若以地易地不
得云假故經無邴文傳本魯鄭易田之由。五得不言邴也先儒解左氏者皆以為鄭受天子祊田為湯沐之邑後世因立桓公武公之廟故謂之泰山之祀案
此傳及注意則以為祭泰山之邑謂從王巡狩受命而祭泰山也。羊以為田多邑少稱田邑多田少稱邑左氏無傳或當史異辭穀梁以為言田者則不。德其
邑是三傳之說各異也○夏四月丁未公及鄭伯盟于越越衛地也及者內為志焉爾越盟地
之名也○秋大水禮月令曰季秋行夏令則其國大水大水例時【疏】注大水例時○釋曰莊七年與此皆云秋大水不書月是例時也
高下有水災曰大水○冬十月無事焉何以書不遺時也春秋編年四時具而
後為年編錄○編必連反字林聲類韻集皆布千反史記音義甫連反
二年春王正月戊申宋督。弒其君與夷宋督宋之卑者卑者以國氏○督丁毒反與如字又音餘【疏】注宋督至國氏
○釋曰知是卑者祝吁弒其君取國傳以失。如言之履緰來逆傳稱進之也此督與宋萬既不取國又無可進明卑者可知也桓無王其曰王
何也正與夷之卒也諸侯之卒天子所隱痛姦逆之人王法所宜誅故書王以正之及其大夫孔父孔父先死
其曰及何也書尊及卑春秋之義也邵曰會盟言及別內外也尊卑言及上下序也○別彼列反【疏】注邵曰至序也

○釋曰及有二義故范引邵云會盟言及别内外也尊卑言及上下序也别内外者謂魯與他人會盟皆先魯以及他若隱元年公及邾儀父盟于眛及宋人盟于宿是也上下序者此孔父荀息仇牧皆先言君後言臣是也

孔父之先死何也督欲弑君而恐不立於是乎先殺孔父孔父閑也閑謂扞禦○殺並如字扞下旦反何以知其先殺孔父也曰子既死父不忍稱其名臣既死君不忍稱其名以是知君之累之也累謂從也

【疏】知君之累之也○釋曰麋信云累者從也謂孔父先死殤公從後被弑范注雖不明理亦當然也

孔氏父字謚也孔父有死難之勳故其君以字爲謚○難乃旦反

【疏】孔氏父字謚也○釋曰孔父新死未葬而得有謚者舊解謂三月既葬之後嗣君謚之但赴者以正月者亂故書弑在前使者以葬後始來故得稱謚或當孔父以字爲謚得據後言之故云字謚也○注孔父至爲謚○釋曰謚者大夫之常事而云死難之勳者字者褒德非可虛加若使孔父無死難之勳唯有凡平之謚焉得以字爲之文傳特言字謚也明知有義故注者原之

或曰其不稱名蓋爲祖諱也孔子故宋也孔子舊是宋人孔父之玄孫○爲于僞反

【疏】注孔子至玄孫○釋曰案世本孔父嘉生木金父木金父生祁父其子奔魯爲防叔生伯夏伯夏生叔梁紇叔梁紇生仲尼是孔父嘉爲孔子六世祖范云玄孫者以玄者親之極至來孫昆孫之等亦得通稱之亦如左傳蒯聵禱文王稱曾孫之類是也

○滕子來朝隱十一年稱侯今稱子蓋時王所黜

【疏】注隱十至所黜○釋曰周公之制爵有五等所以擬其黜陟今傳無貶爵之文明降爵非春秋之義又且此時周德雖衰尚爲天下宗主滕今降爵明是時王所黜也

○三月公會齊侯陳侯鄭伯于稷以成宋亂稷宋地也以者內爲志焉爾公爲志乎成是亂也欲會者外也欲受賂者公也

【疏】以者至焉爾○釋曰十四年傳云以者不

以者也僖二十一年傳云以重辭也此傳云以者內爲志焉爾則以有三種之義范於僖二十一年注云以有二義矣者以內爲志焉與不以者正是一事耳以成宋亂者公也非諸侯故也是以云內爲志焉爾其實以者仍是不以之例故注彼爲二事焉○注欲會至公也○釋曰以經言會故知欲會者外也以者內爲志故知欲受賂者公也

此成矣取不成事之辭而加之焉於內之惡而君子無遺焉爾取不成事之辭謂以成宋亂也桓姦逆之人故極言其惡無所遺漏也江熙曰春秋親尊皆。謂蓋患惡之不可掩豈當取不成事之辭以加君父之惡乎案宣四年公及齊侯平莒及郯傳曰平者成也然則成亦平也公與齊陳鄭欲平宋亂而取其賂鼎不能平亂故書成宋亂取郜大鼎納于大廟微旨見矣尋理推經傳似失之徐邈曰宋雖已亂治之則治治亂成不繫此一會若諸侯討之則有撥亂之功不討則受成亂之責辭豈虛加也哉春秋雖。受親尊者諱然亦不沒其實故納鼎于廟躋僖逆祀及王室之亂昭公之孫皆指事而書哀七年傳所謂有一國之道者有天下之道者也君失社稷猶書而不隱況今四國羣會非一人之過以義致譏輕於自己兆亂以此方彼無所多怪○郯音談大廟音泰下文及注同見賢徧反躋子兮反疏注取不至多怪釋曰江熙云微旨見矣者傳意成宋。辭者謂成就宋亂江熙以爲加君父之惡大。初故以成爲平直書取郜大鼎納於大廟足以示譏是微旨見矣言此傳之成亂之辭爲微旨徐邈引傳所謂有一國之道云云者言諸侯專一國猶似天子專天下其有失社稷猶得書之故此亦得云成宋。辭也

○夏四月取郜大鼎于宋戊申納于太廟。傳例曰納者內不。爲也日之明惡甚也太廟周公廟○郜古報反疏注傳例至公廟○釋曰宣十一年傳文也然此傳亦有弗受之文而引傳例者凡傳言內弗受者指說諸侯相入之例今此言不受者謂周公也恐其不合故引例以明之

桓內弑其君外成人之亂受賂而退以事其祖非禮也其道以周公爲弗受也郜鼎者郜之

所爲也曰宋取之宋也此鼎本郜國所作宋後得之以是爲討之鼎也討宋亂而更受其賂鼎○爲討之鼎如字麋氏云討或作糾孔子曰名從主人物從中國故曰郜大鼎也主人謂作鼎之主人也故繫之郜物從中國謂是大鼎【疏】名從至大鼎也釋曰名從主人者謂本是郜作繫之於郜物從中國者謂鼎在宋從宋號也言物從中國者廣例耳通夷狄亦然其意謂鼎名從作者之主人不問華戎皆得繫之若左傳稱甲父之鼎是也物從中國者謂中國號之大鼎縱夷狄亦從中國之號不得改之若傳稱吳謂義稻爲伊緩夷狄謂大原爲大鹵以地形物類須從中國之號故不得謂之伊緩大鹵也何休云周家以世孝天瑞之鼎諸侯有世孝者天子亦作鼎以賜之禮祭天子九鼎諸侯七卿大夫五元士三也故郜國有之○秋七月紀侯來朝隱二年稱子今稱侯蓋時王所進○紀侯左氏作杞侯朝時此其月何也據隱十一年春滕侯薛侯來朝稱時桓內弒其君外成人之亂於是爲齊侯陳侯鄭伯討。數日以賂桓既罪深責大乃復爲三國討數至日以責宋賂○爲齊于僞反下同數色主反注同復扶又反己即是事而朝之惡之故謹而月之也己紀也桓與諸侯校數功勞以取宋賂不知非之爲非貪愚之甚紀不擇其不肖而就朝之○惡烏路反【疏】謹而月之也○釋曰桓雖不君臣不得不臣所以極言君父之惡以示來世者桓既罪深責大若爲隱諱便是長無道之君使縱以爲暴故春秋極其辭以勸善懲惡也○注己紀也○釋曰桓十三年注云紀當爲己與此異者觀經而說故兩注不同○蔡侯鄭伯會于鄧鄧某地○某地不知其國故云某後放此○九月入杞我入之也不稱主名內之卑者【疏】我入之也○釋曰何嫌非我而發傳者以隱八年云我入邴此直云入杞恐非我故發之○公及戎盟于唐○冬公至自唐告廟曰至傳例曰致君者殆其往而喜其反此致君之意義也離不言會故以地致疏注告廟至地致○釋曰傳例者襄二十九年傳文也離不言會者卽左傳所云特相會往來稱地亦此類也桓無會而其致何也遠之也桓會甚衆而曰無會善無致會也弒逆之罪非可以致宗廟而今致者危其遠會戎狄喜其得反疏注桓會甚衆○釋曰謂元年會于垂二年會于稷是也

三年春正月公會齊侯于嬴嬴齊地嬴音盈○夏齊侯衛侯胥命于蒲蒲衛地胥之爲言猶相也相命而信諭謹言而退以是爲近古也申約言以相達不歃血而誓盟古謂五帝時○近附近之近約如字又於妙反歃本又作唼所洽反疏注古謂五帝時○釋曰知古非三王者以傳云詁誓不及五帝盟詛不及三王今謹言而退非詁誓之辭相命而信諭無盟詛之事二國能行三王五帝之法而傳云近古明知謂五帝也是必一人先其以相言之何也不以齊侯命衛侯也江熙曰夫相與親比非一人之德是以同聲相應同氣相求齊衛胥盟雖有先倡倡和理均若以齊命衛則功歸于齊以衛命齊則齊僅隨從言其相命則泯然無際矣○比毗志反應應對之應僅巨靳反泯亡忍反疏注同聲至相求○釋曰易文言文也今二國相命則大者宜倡小者宜和大則齊也小則衛也故傳云不以齊侯命衛侯也明齊大也但倡和理均故直以相命言之倡則同聲相應和則同氣相求聲氣相通而相命之情見矣

○六月公會杞侯于郕郕魯地郕音成○○秋七月壬辰朔日有食之既言日言朔食正朔也朔日食也既者盡也有繼之辭也盡而復生謂之既○復音扶又反疏既者盡也○釋曰其日食或盡或不盡者曆家之說以爲交正在朔則日食既前後望月不食交正在望則月食既前後朔日不食○公子翬如齊逆女翬稱公子者桓不以爲罪

人也逆女親者也使大夫非正也九月齊侯送姜氏于讙已去齊國故不言女未至于魯故不稱夫人讙魯地月者重錄之○于讙音歡疏使大夫非正也釋曰重發傳者履緰外之始翬是內之初故重發以明外內不異也禮送女父不下堂母不出祭門諸母兄弟不出闕門祭門廟門也闕兩觀也在祭門之外○觀古亂反父戒之曰謹慎從爾舅之言母戒之曰謹慎從爾姑之言諸母般申之曰謹慎從爾父母之言般囊也所以威朝夕所須以備舅姑之用○般步干反一本作鞶音同威音成疏注般囊至之用○釋曰士婚禮云父送女命之曰戒之敬之夙夜無違命母施衿結帨曰勉之敬之夙夜無違宮事庶母及門內施般申之以父母之命曰敬恭聽宗爾父母之言夙夜無愆示諸衿般鄭玄云般囊也男子般革婦人般絲所以威帨巾之屬爲謹敬也後戒辭與此不同此注又與鄭異者彼是士禮此即是諸侯之禮故異辭也般威帨巾亦得備舅姑之用則范鄭二注不有違也或以爲傳幷釋禮意故與本文不同也引此戒辭及上父母不出祭門諸母兄弟不出闕門者並證送女踰竟非禮之事也凡親迎之禮必在廟也故云不出祭門言不出闕門者則已出廟門之外矣送女踰竟非禮也○踰竟音境公會齊侯于讙無譏乎齊侯送女踰竟遠至于讙嫌會非禮之人當有譏曰爲禮也齊侯來也公之逆而會之可也爲親逆之禮夫人姜氏至自齊其不言翬之以來何也據宣元年遂以夫人婦姜至自齊公親受之于齊侯也重在公子貢曰冕而親迎不已重乎冕祭服○迎魚敬反一本作逆孔子曰合二姓之好以繼萬世之後何謂已重乎○好呼報反疏子貢至重乎○釋曰引之者以齊侯送女公親受之於禮爲可故發冕而親迎之問○冬齊侯使

其弟年來聘○有年有年例時【疏】注有年例時○釋曰凡書有年者冬。下穀畢入計用豐足然後書之不可繫以日月故例時也宣十六年冬大有年亦時是其證也五穀皆熟爲有年也

四年春正月公狩于郎春而言狩蓋用冬狩之禮蒐狩例時而此月者重公失禮也莊四年冬公及齊人狩于部傳曰齊人者齊侯也其曰人何也卑公之敵所以卑公也然則言齊人者所以人公則譏已明矣狩得其時故不月【疏】注春而至不月○釋曰周禮有四時之田春蒐夏苗秋獮冬狩皆用夏之四仲之月然周正月則是夏之十一月故左氏以此狩爲得時今范云春而言狩蓋用冬狩之禮以爲失時者蓋周公未制禮之時權用此法故得時節不同其名亦異仲尼脩春秋改周之文從殷之質因以爲春秋制也故何休注公羊亦云夏時不田春秋制也范以春狩爲失時又云蒐狩例時者昭八年秋蒐于紅又莊四年冬狩得其時雖譏公而不月是例時也左傳周禮爾雅並云春曰蒐夏曰苗秋曰獮冬曰狩公羊之文則春曰苗秋曰蒐冬曰狩此傳之文則春曰田夏曰苗秋曰蒐冬曰狩所以文不同者左氏之文是周公制禮之名二傳之文或春秋取異代之法或當天子諸侯别法經典散亡無以取正也四時之田皆爲宗廟之事也春曰田取獸於田爲于僞反○夏曰苗因爲苗除害故曰苗秋曰蒐蒐擇之舍小取大○蒐所由反麋氏本又作搜音同舍音捨冬曰狩狩圍狩也冬物畢成獲則取之無所擇【疏】注冬物至所擇○釋曰四時田獵若用時王之正則周之冬是夏之秋而云畢成者冬是一揔名周之十二月夏之十月萬物已收故得以畢成言之四時之田用三焉唯其所先得一爲乾豆上殺中心死速乾之以爲豆實可以祭祀○中丁仲反下同【疏】注上殺至祭祀○釋曰何休云自左膘射之達于右。腢中心死疾故乾而豆之以薦宗廟豆祭器名狀如鐙天子二十有六諸公十有六諸侯十有二卿上大夫八下大夫六士三也大夫以上禮

器之文士三者相傳爲說二爲賓客次殺射髀骼死差遲○射食亦反髀步啓反又必邇反骼若嫁反差初賣反【疏】注次殺至差遲○釋曰何

休云自左膘射之達於右髀遠心死難故爲次殺毛傳云次殺者射右耳本次之今注云射髀骼則與彼異也髀骼者案儀禮髀骨。膝以上者是也三爲

充君之庖下殺中腸汚泡死最遲先宗廟次賓客後庖廚尊神敬客之義○庖步交反汚汙穢之泡普交反又百交反【疏】注下殺至之義○釋

曰何休云自左膘射之達於右髀毛傳云左髀達於右髀爲下殺此云中腸同彼二說並無妨也○夏天王使宰渠伯糾來聘

宰官也渠氏也天子下大夫老故稱字下無秋冬二時甯所未詳【疏】注宰官至未詳○釋曰公羊傳曰伯糾者何下大夫也何休云稱伯者上敬老也今

范亦同之矣何休之意又以爲伯仲叔季之字配采地及氏者皆爲上大夫則祭伯南季之類是也兼名及字配官氏者則爲下大夫卽此宰渠伯糾叔服之

類是也范雖直以叔服爲字觀上下之注義亦似然故此注云伯糾下大夫文元年注毛伯天子上大夫也隱九年注南季天子上大夫是其說耳何休又云

桓無王而行天子不能誅反下聘之故去二時以見貶范以五年亦使臣聘何以四時皆具七年不遣臣聘何因亦無二時故直云甯所未詳也

五年春正月甲戌己丑陳侯鮑卒鮑卒何爲以二日卒之春秋之義信以傳信

疑以傳疑明實錄也○傳直專反陳侯以甲戌之日出己丑之日得不知死之日故舉二

日以包也國君獨出必辟病潛行○必辟音避本又作避【疏】甲戌至鮑卒○釋曰公羊以爲鮑之狂故甲戌日亡己丑日死孔子疑之故以二日

卒之此傳之意言陳侯辟病以甲戌日出己丑之日得之不知死之日故舉二日以包之左傳以爲再赴故兩日並書是三傳異說○信以至包也○釋曰既

云信以傳信疑以傳疑則是告以虛事而注云實錄者告以實則以一日卒之告以虛則二日卒之二者皆是據告而卽是實錄之事○夏齊侯

鄭伯如紀外相如不書過我則書例時○過我古禾反下文及注同［疏］注外相至例時○釋曰過我者約州公之傳得知也然紀國在齊之東鄭在魯之西北鄭欲如紀則直過齊何以二君並得過魯者蓋齊侯出竟西行而逢鄭伯遂與至紀途過於魯故得記之知例時者此與州公皆不書月故知之

○天王使任叔之子來聘任叔天子之大夫○任叔音壬左氏作仍叔　任叔之子者錄父以使子也

故微其君臣而著其父子不正父在子代仕之辭也錄父使子謂不氏名其人稱父言子也君闇劣於上臣苟進於下蓋參譏之［疏］注參譏之釋曰君闇劣於上臣苟進於下止是二譏而言參者舊解傳言微其君臣而著其父子是刺其父之不肖而令苟進更又刺其君臣故曰參譏之或以爲參者交互之義不讀爲三理亦得通○城祝丘者左氏之例凡城邑則有時與不時之例此傳則不然但書之者即是譏責故注云譏公不脩德政特城以安民

○葬陳桓公○城祝丘譏公不脩德政特城以安民

○秋蔡人衛人陳人從王伐鄭王親自伐鄭○從才用反又如字下同［疏］注王親自伐鄭○釋曰以舉從者之辭嫌非自伐故云親自伐鄭　舉從者之辭也使若王命諸侯伐鄭書從王命者三國也［疏］舉從者之辭也釋曰麋信曰舉從者之辭謂解經稱人也徐邈云舉從者之辭謂王不能以威致三國三國自以義從耳范以二者不通故爲別解言舉從者之辭謂若王不親伐直舉三國從王命之辭也故下句云其舉從者之辭何也爲天王諱伐鄭也是也

其舉從者之辭何也爲天王諱伐鄭也諱自伐鄭○爲于僞反　○鄭同姓之國也在乎冀州於是不服爲天子病矣鄭姬姓之國冀州則近京師親近猶不能服則疏遠者可知○冀州案鄭本京兆鄭縣是雍州之域後徙河南新鄭爲豫州之境冀在兩河之間非鄭都也冀州言去京師近也麋氏云韓侯滅鄭韓都冀州故以目鄭近附近之近［疏］在乎冀州○釋曰徐邈云

新鄭屬冀州案爾雅兩河閒曰冀州新鄭在河南不得屬冀州是徐之妄也麋信云鄭在冀州者韓哀侯滅鄭遂都之韓故晉也傳以當時言之遂云冀州然則王伐鄭之時本未有韓國何得將後代之事以爲周世之名若以韓侯從冀州都鄭則曰冀州大伯從雍州適吳豈得謂吳爲雍州也是麋信之謬矣蓋冀州者天下之中州自唐虞及夏殷皆都焉則冀州是天子之常居以鄭近王畿故舉冀州以爲說故鄒衍著書云九州之內名曰赤縣赤縣之畿從冀州而起故後王雖不都冀州亦得以冀州言之

○大雩 雩者旱祭請雨之名傳例曰雩得雨曰雩不得雨曰旱月雩正也時雩不正也禮月令曰仲冬行夏令則其國乃旱○雩音于祭名

疏 注雩者至乃旱○釋曰何休云祭言大雩大旱可知也君親之南郊以六事謝過自責曰政不一與民失職與宮室榮與婦謁盛與苞苴行與讒夫倡與使童男女各八人舞而呼雩故謂之雩賈逵云言大雩者別於山川之雩左氏說不爲旱者亦稱大雩則雩稱大者或如賈言也名之爲雩者鄭玄云雩之言吁也吁嗟以求雨服虔杜預以爲雩之言遠也遠爲百穀祈膏雨也未知二說誰當范言天爲大旱以六事謝過或如何說舞而吁雩理恐不然云傳例曰者僖十一年傳文也云月雩正也時雩不正也定元年傳文此雩不月者何休云譏公驕溢也案穀梁傳意月雩則正時雩則非正不論驕溢之事則何休之言不可通於此也

○螽 蚣蝑之屬禮月令曰仲冬行春令則蟲蝗爲敗○螽音終蚣相容反蝑音壻蝗華孟反

螽蟲災也甚則月不甚則時

疏 甚則月○釋曰重發傳者經書時。雩非正故不月螽災與之同不月嫌其甚而不月故發以明之○

冬州公如曹外相如不書此其書何也過我也 過我六年寔來是也將有其末故先錄其本

疏 注過我至其本○釋曰齊侯鄭伯如紀無寔來亦言過我者不必悉有下事此因有下事故以相發明其齊侯鄭伯直途過於魯不入國都故不言寔來也

六年春正月寔來 來朝例時月者謹其無禮○寔常式反朝直遙反下七年同

疏 注來朝至無禮○釋曰二年紀侯來朝傳曰朝時此

其月何也惡之故謹而月之也彼書月是惡則此月亦惡也州公不以禮朝又至魯不反是無禮之事故云謹其無禮也今寔來者是來也
何謂是來謂州公也其謂之是來何也以其畫我故簡言之也諸侯不以過相
朝也畫是相過去朝遠○畫音獲注同以過古禾反注同○夏四月公會紀侯于郕○紀侯左氏作杞侯○秋八月
壬午大閱蒐閱例時○閱音悅疏注蒐閱例時○釋曰傳云謹而日之知不以月為正而云例時者以四年公狩于郎書月以刺不正故知蒐閱
例時也大閱者何閱兵車也閱為簡練脩教明諭國道也脩先王之教以明達於民治國之道平而脩戎
事非正也邵曰禮因四時田獵以習用戎事存不忘亡安不忘危之道平謂不因田獵無事而脩之其日以為崇武故謹而
日之蓋以觀婦人也○觀古亂反視也○蔡人殺陳佗陳佗者陳君也其曰陳佗何也
匹夫行故匹夫稱之也其匹夫行奈何陳侯憙獵淫獵于蔡與蔡人爭禽蔡人
不知其是陳君也而殺之淫獵謂自放恣遺失徒衆○陳佗徒河反行下孟反憙虛記反何以知其是陳君也
兩下相殺不道兩大夫相殺不書春秋其不地於蔡也疏其不地於蔡也○釋曰宣十八年邾人戕繒子于繒書地今不
地故決之云其不地於蔡也言在蔡故不地耳○九月丁卯子同生○子同桓公嫡子莊公嫡丁歷反或作適疑故志之莊公
母文姜淫于齊襄疑非公之子疏疑故志之○釋曰文姜以桓三年入至今四年矣未有適齊之云而云疑者蓋文姜未嫁之時已與襄公通後桓公。殆為
妻淫見殺則其閒雖則適魯襄公仍尚往來故疑之也子同生公羊以為久無嫡子喜國有正故書之左傳以為備用大子之禮故書此傳云疑故志之是三

傳異也 時曰同乎人也時人僉曰齊侯之子同於他人○僉七廉反 ○冬紀侯來朝

七年春二月己亥焚咸丘日之謹其惡○惡烏各反【疏】注日之謹其惡釋曰侵伐圍例時故知書日謹其惡也 其不言邾咸丘何也據襄元年圍宋彭城言宋 疾其以火攻也不繫於國者欲使焚邑之罪與焚國同 ○夏穀伯綏來朝○鄧侯吾離來朝其名何也據隱十一年滕薛來朝不名 失國也禮諸侯不生名失地則名【疏】注禮諸至則名○釋曰曲禮云諸侯不生名失地名滅同姓名是也 失國則其以朝言之何也據文十二年郕伯來奔不名【疏】注據文至不名○釋曰哀十年邾子益來奔昭二十三年莒子庚輿來奔彼來奔書名彰其失地則與此穀鄧書名同而范不據之文十二年郕伯來奔無名而反據之者以邾莒二國更無所見故依常書名言奔表其失地其郕伯與穀鄧別有所見與常例違故據之以相決何則郕伯不言名而云來奔穀鄧書名而稱朝二者相反故特據之郕伯與魯同姓故不名以表其親言奔以明失國穀鄧與魯有好故言名以彰失國稱朝以見和親但入春秋以來雖無同好之事蓋春秋前有之 嘗以諸侯與之接矣雖失國弗損吾異日也待之以初也下無秋冬二時甯所未詳

監本附音春秋穀梁注疏桓公卷第三

穀梁注疏卷三校勘記

阮元撰盧宣旬摘錄

桓公　閩監毛本上空一字十行本不空後每公並同

元年

故嗣年卽位　閩監毛本嗣改踰是也

五得不言邴也　閩監毛本五改不是也

羊以爲田多邑少稱田　羊上脫公字閩監毛本不脫

則不德其邑　閩監本同毛本德字空浦鏜云得之誤是也

二年

宋督　閩監毛本同釋文督本又作㫘石經作督

傳以失如言之　閩監毛本如改嫌是也

臣既死君不忍稱其名　石經宋本閩本同監毛本脫此九字

孔氏父字謚也　段玉裁云氏字衍孔父者字謚也字謚者以字爲謚也左傳曰諸侯之制以字爲謚亦見儀禮鄭注

但赴者以正月者亂　齊召南云月者當作月告

春秋親尊皆謂 閩監毛本謂作諱是也

春秋雖受親尊者諱 閩監毛本受改爲

傳意成宋辭者 閩監毛本辭改亂下成宋辭也同是也

江熙以爲加君父之惡大初 閩監毛本初作切是也

納于太廟 閩監毛本同石經太作大据上條則釋文亦作大

納者內不爲也 閩監毛本爲作受是

於是爲齊侯陳侯鄭伯討數日以賂 閩監毛本同石經討作計

鄧某地 閩監毛本同釋文出厶地云本又作某〇按困學紀聞云某或作厶出穀梁注鄧厶地

三年

冬下穀畢入 閩監毛本下作五是也

達于右腢〇按依說文當作髃說詳公羊注疏校勘記

四年

案儀禮髀骨滕以上者是也 閩監毛本滕改膝是也

五年

城祝邱者 補案此段疏文當在下經城祝邱注下誤在此城祝至安民是下城祝邱疏錯簡理亦得通下當據毛本訂正

宮室榮與 閩監毛本榮作崇○案荀子大略篇王應麟詩考並作榮

經書時雩非正 閩本同監毛本雩作兩

六年

後桓公殆爲妻淫見殺 閩本同監毛本殆作始何校本作終

穀梁注疏卷三校勘記

監本附音春秋穀梁注疏桓公卷第四 起八年盡十八年

范甯集解　楊士勛疏

八年春正月己卯烝春祭曰祠薦尚韭卵夏祭曰禴薦尚麥魚秋祭曰嘗薦尚黍肫冬祭曰烝薦尚稻鴈無牲而祭曰薦薦而加牲曰祭禮各異也失禮祭祀例日得禮者時定八年冬從祀先公是也僖八年秋七月禘于大廟月者謹用致夫人耳禘無違禮○烝之承反曰禴餘若反又作礿黍肫本又作豚徒門反大廟音泰下同

【疏】注春祭至違禮○釋曰所言四時祭名者周禮大宗伯及爾雅並有其事薦尚韭卵之等禮記王制之文何休云祠猶食也猶繼嗣也春物始生孝子思親繼嗣而食之也礿者麥始熟可礿也嘗者黍先熟可得薦故曰嘗烝衆也所薦衆多芬芳備具故曰烝郭璞等注爾雅與何解四時祭名少異但范之所引者並與何氏同故從何說又云天子四祭四薦諸侯三祭三薦大夫士再祭再薦天子諸侯卿大夫牲用太牢天子元士諸侯卿大夫少牢諸侯之士特豕天子之牲角握諸侯角尺卿大夫索牛此記異聞耳未知范意與之同否定八年冬衛侯鄭伯盟于曲濮下卽云從祀先公是時而不月也得禮例時引定八年爲證失禮例日不引其文者凡烝合在夏之十月故何休云祭必於夏之孟月者取其見新物之月是也今正月爲之違月隔年故傳曰春興之志不時也下文夏五月丁丑烝傳曰志不敬也二烝並書日以見非禮此文卽是非禮例日之證故不復更引他文其文二年丁卯大事于太廟亦是失禮書日也正月烝傳云不時五月烝傳云不敬也者一失禮尚可故以不時言之再失禮重故以不敬釋之又注云禘○無違禮案明堂位季夏六月以禘禮祀周公於大廟僖公七月而禘則是不時而云無違者周之七月夏之五月若值月前節卻則以四月相校不多比之隔年再烝失禮尚可故曰無違也文二年八月則是夏之六月而祫嘗者亦是失禮故書日表逆祀及失時也宣八年六月有事于大廟是得時而書日者譏宣公卿死不廢繹也

烝冬事也春與之志不時也○天王使家父來聘家父天子大夫家氏父字疏注家父至父字○釋曰何
休云中大夫故不稱伯仲范意或然○夏五月丁丑烝烝冬事也春夏與之黷祀也志不敬也○黷
徒木反○秋伐邾○冬十月雨雪禮月令曰孟冬行秋令則霜雪不時○雨于付反○祭公來遂逆王后
于紀祭公寰內諸侯為天子三公者親逆例時不親逆例月故春秋左氏說曰王者至尊無敵無親逆之禮祭公逆王后未致京師而稱后知天子不行
而禮成也鄭君釋之曰大姒之家在郃之陽在渭之涘文王親迎于渭即天子親迎之明文矣天子雖尊其於后猶夫婦夫婦判合禮同一體所謂無敵豈施
此哉禮記哀公問曰冕而親迎不已重乎孔子愀然作色而對曰合二姓之好以繼先聖之後以為天地宗廟社稷之主君何謂已重焉此言親迎繼先聖之
後為天地宗廟社稷之主非天子則誰乎○祭公側界反寰音縣又音環親迎魚敬反注皆同大姒音似大姒文王妃也郃音洽本又作作洽涘音仕愀在九
反又親小反之好呼報反疏注祭公至誰乎○釋曰此注之意言左氏天子不合親迎故引鄭君之釋以明天子合親迎也然文王之逆大姒時為世子耳得
證天子之禮者文王之為世子而聖賢相配宜為後王之法故有造舟為梁又入大雅明天子之法又且魯不祭地而云天地之主是王者親逆之明文也案
士昏禮士衣爵弁是助祭之服則大夫以上及五等諸侯冕而親迎亦當用助祭之服也其不言使焉何也據四年天王使宰渠伯糾稱使
疏注據四至稱使○釋曰此年天王家父來聘五年天王使任叔之子來聘○范不據之而遠據四年宰渠伯糾者彼宰是官此公亦是官故也或亦隨便○
而言無例矣不正其以宗廟之大事即謀於我故弗與使也時天子命祭公就魯共卜擇紀女可中后者使
逆之不復反命○復扶又反遂繼事之辭也其曰遂逆王后故略之也以其遂逆無禮故不書逆女而曰王后略

謂不以禮稱之【疏】遂繼事之辭也○釋曰依范氏略例凡有十九遂事傳亦有釋之者亦有不釋者此是例之首又天子大夫嫌與諸侯臣異故發繼事之
辭莊十九年公子結言遂傳云以輕事遂乎國重辟要盟也理在可知故省文也僖二十八年諸侯遂圍許會溫已訖中間有事必恐不相繼故發傳以明之
曹伯襄遂會諸侯圍許恐彼釋而遂與常例異故重發之僖四年遂伐楚恐華成異故重發以同之宣元年楚子鄭人侵陳遂侵宋嫌尊卑異故亦發之宣十
八年歸父遂奔齊嫌出奔不得同於繼事故發之襄十二年季孫宿遂入鄆嫌不受命與常例不同故發之自餘不發者並可知故也

或曰天子無外王命之則成矣四海之濱莫非王臣王命紀女爲后則已成王后不如諸侯入國乃稱夫人或說是

九年春紀季姜歸于京師季姜桓王后書字者申父母之尊姜紀姓爲之中者歸之也中謂關與婚事○之中丁仲反又如字注同與音豫【疏】爲之至之也○釋曰劉夏逆王后經不言歸則是魯不關與婚事而范氏略例云逆王后有二者以書逆王后皆由過魯若魯主婚而過我則言歸若不主婚而過我則直言逆雖詳略有異俱是過魯故范以二例總之

○夏四月○秋七月○冬曹伯使其世子射姑來朝朝不言使言使非正也使世子伉諸侯之禮而來朝曹伯失正矣諸侯相見曰朝以待人父之道待人之子以內爲失正矣內失正曹伯失正世子可以已矣則是故。命也父有爭子則身不陷於不義射姑曹伯之命可○射音亦麋氏本卽作亦朝直遙反伉苦浪反本又作亢爭諫爭之爭【疏】言使非正也○釋曰季姬使鄫子來朝復云非正者嫌婦人所使與父命子異故兩見之使世子朝言非正者禮諸侯世子誓於天子攝其君則下其君一等未誓則以皮帛繼子男此謂會同急趨王命者也今曹伯或有疾朝雖關朝魯未是急事而使世子攝位來朝故云非正也公羊以爲出子不合朝惟左氏以爲得行朝禮尸子曰夫已多乎道邵曰已止也止曹伯使朝之命則曹伯不陷非禮之愆世子無苟從之咎魯無失正之譏三者正則合道多矣○愆去虔反

十年春王正月庚申曹伯終生卒桓無王其曰王何也正終生之卒也徐乾曰與夷見弒恐正卒不明故復明之○復扶富反疏注徐乾至明之○釋曰案范荅薄氏之駮云曹伯亢諸侯之禮使世子行朝故於卒示譏則傳云正者謂正治其罪則與徐解不同而引其說者以徐乾之說得通一家故引之范意仍與徐異或以范意權荅薄氏故云譏曹伯若正說仍與徐同○夏五月葬曹桓公○秋公會衛侯于桃丘弗遇桃丘衛地桓弒逆之人出則有危故會皆月之衛侯不來無危故時弗遇者志不相得也弗內辭也倡會者衛魯至桃丘而衛不來故書弗遇以殺恥疏弗遇至辭也○釋曰遇者志相得之名故此弗遇志不相得也弗內辭也者其實魯公弗被遇託言衛侯不遇故云弗內辭也○注倡會至殺恥○釋曰以經書會故知倡會者衛託言衛侯不遇則若衛侯不蒙魯公之接故云殺恥也○冬十有二月丙午齊侯衛侯鄭伯來戰于郎結日列陳則日傳例曰不日疑戰也○陳直覲反來戰者前定之戰也先已結期戰○先蘇薦反內不言戰言戰則敗也兩敵故言戰春秋不以外敵內書戰則敗不言其人以吾敗也不言及者爲內諱也○爲于僞反疏來戰至諱也○釋曰內不言戰又發傳者公敗宋師起例之始此戰沒公故重發例以明之也不言其人者謂不稱公也不言及者謂不云及齊侯衛侯鄭伯也傳與下十七年傳文同但觀經立說故二處有異耳

十有一年春正月齊人衛人鄭人盟于惡曹惡曹地闕○夏五月癸未鄭伯寤生卒○寤吾故反

○秋七月葬鄭莊公莊公殺段失德不葬而書葬者段不弟於王法當討故不以殺親親貶之○弟下並音悌又如字

疏注不以至貶之○釋曰此據晉侯殺世子申生不言葬而發

○九月宋人執鄭祭仲祭氏仲名執大夫有罪者例時無罪者月此月者爲下盟○祭側界反

疏注祭氏至下盟○釋曰知仲名者以仲立惡黜正無善可褒故知仲名也云有罪者例時者莊十七年春齊人執鄭詹經不書月傳曰以人執與之辭也是執有罪書時之文也言無罪者月者成十六年九月晉人執季孫行父舍之於苕丘彼雖爲危書月亦是無罪之例也今祭仲有罪而經書月故注解之書月者爲下盟耳案襄二十七年秋七月辛巳豹及諸侯之大夫盟於宋書日下云柔會宋公陳侯蔡叔盟于折不日者柔是大夫之未命者也不得同正大夫又下貴於士故雖得書名仍從卑者之盟不日之例也

宋人者宋公也其曰人何也貶之也惡其執人權臣廢嫡立庶○惡烏路反嫡丁歷反

○突歸于鄭突鄭厲公昭公之弟莊公之子曰突賤之也曰歸易辭也傳例曰歸爲善自某歸次之此傳曰歸易辭也然則歸有二義不皆善矣突簒兄之位制命權臣則歸無善○易以豉反下文及注同簒初患反

疏注傳例至無善○釋曰成十六年曹伯歸自京師傳云歸爲善注云爲直言歸而不言其國卽曹伯歸自京師不言于曹是自來歸次之注云若蔡季自陳歸于蔡衛侯鄭自楚復歸于衛是據彼傳文則歸爲善今傳曰歸易辭故解之言歸有二意善者謂之歸易者亦謂之歸也是稱歸有二突惡而稱歸是惡辭非善也

祭仲易其事權在祭仲也死君難臣道也今立惡而黜正惡祭仲也易辭言廢立在已○難乃旦反惡祭烏路反

○鄭忽出奔衛忽鄭昭公鄭忽者世子忽也其名失國也其名謂去世子

而但稱忽去起呂反○疏注其名至稱忽○釋曰鄭忽先君已葬而怪不稱世子者穀梁之意先君雖葬而嗣子未踰年亦宜稱子即僖二十五年秋葬微文公冬十有二月癸亥公會衛子莒慶盟于洮是也雖則踰年先君未葬亦不得成君故下十二年丙戌衛侯晉卒十三年衛惠公稱侯而注云衛宣未葬而嗣子稱侯以出其失禮明矣是也計鄭忽父雖葬訖仍未踰年於例宜合稱子但范以忽十五年歸國稱世子復歸故於此決其去世子而但稱忽也稱謂與常例違者此年書名表其失國十五年稱世子明其反正故與常例不同

○柔會宋公陳侯蔡叔盟于折蔡叔蔡大夫名未命故不氏折某地○折之設反又時設反

柔者何吾大夫之未命者也疏柔者至者也○釋曰重發傳者隱不成為君不爵大夫故俠卒不氏今桓成為君而有不命大夫嫌有罪則故明之

○公會宋公于夫鍾夫鍾郕地○夫音扶麋氏本鍾作童音鍾○

冬十有二月公會宋公于闞闞魯地○闞口暫反

十有二年春正月○夏六月壬寅公會紀侯莒子盟于曲池曲池魯地○秋七月丁亥公會宋公燕人盟于穀丘穀丘宋地○燕音煙國名○八月壬辰陳侯躍卒陳厲公也○躍餘若反○公會宋公于虛虛宋地○虛如字又去魚反○冬十有一月公會宋公于龜龜宋地○丙戌公會鄭伯盟于武父武父鄭地○父音甫○丙戌衛侯晉卒再稱日決日義也明二事皆當日也晉不正非日卒者也不正前見矣隱四年衛人立晉是也與齊小白義同○見賢偏反疏再稱至義也○釋曰決日者謂二事決宜書日故經兩舉日文也月則不然縱有兩事合月但舉一月以包之其有蒙日明者則亦不兩舉故范荅薄氏云貜且之卒異於日食之下可知日是也○注明二至義同○釋曰納入

立皆篡隱四年書衛人立晉是不正前已見故今書日莊九年書齊小白入於齊是其惡已見故僖十七年小白卒書日與此同也○十有二月

及鄭師伐宋丁未戰于宋非與所與伐戰也非責不言與鄭戰恥不和也於伐與

戰敗也內諱敗舉其可道者也於伐宋而與鄭戰內敗也戰輕於敗戰可道而敗不可道【疏】非與至者也○釋曰麋信云此

傳解經書下日之意也非責魯言責魯○又與其所與伐者戰也謂還與鄭戰然則責其還與鄭戰于理是也言解經下日之意則非也何者十三年公會紀侯

鄭伯已云云戰彼亦下日豈又是責魯乎麋信之說非也蓋責與人同伐反與之交戰是危之道故經舉戰伐以責之既責魯不顯言與鄭戰者諱不和也

十有三年春二月公會紀侯鄭伯己巳及齊侯宋公衛侯燕人戰齊師宋師衛

師燕師敗績徐邈曰僖九年傳曰禮柩在堂上孤無外事今衛宣未葬而嗣子稱侯以出其失禮明矣宋陳稱子而衛稱侯隨其所以自稱者而

書之得失自見矣○柩其救反見賢偏反【疏】注徐邈至見矣○釋曰宋稱子在僖九年陳稱子在二十八年得失自見者彼二君稱子是其得今衛惠稱侯

是其失也僖三十三年晉人及姜戎敗秦師于殽傳云晉人者晉子也不正其釋殯故貶之此衛侯亦釋殯所以不貶者晉爲大國不勞自戰無故釋殯自戰

故貶稱人今衛侯初立須求好諸侯今從齊宋之命末是大過故譏而不貶議者據經稱侯即是足見其惡其言及者由內及之也

其曰戰者由外言之也內不言戰言戰則敗今魯與紀鄭同討以有紀鄭故可得言戰【疏】其言至之也○釋曰言由內及之也者以

文承紀鄭之下恐非獨內及故特言之又且下云其曰戰者由外言之也是戰從外稱及是內辭欲分別二事故內外兩舉傳其不地於紀也者春秋考異郵

云時戰在魯之龍門故何休難云在紀無爲不地鄭玄云紀當爲己在龍門城下故不地何休注公羊亦云戰魯龍門兵攻城池恥之故不地是皆以紀爲己

非紀國也戰稱人敗稱師重衆也其不地於紀也春秋戰無不地即於紀戰無爲不地也鄭君曰紀當爲己謂在魯也字之誤耳得在龍門城下之戰迫近故不地○三月葬衛宣公○夏大水○秋七月○冬十月

十有四年春正月公會鄭伯于曹○無冰皆君不明去就政治。紀緩之所。置五行傳曰視之不明是謂不哲厥咎舒厥罰常燠○哲陟列反一本作晢之列反燠於六反煖也下文同

疏無冰○釋曰舊解傳云無冰時燠也謂無冰書時燠煖也時字上讀爲句因即解成元年正月公即位二月葬宣公三月作丘甲無冰在其中不是爲無冰書月可知也此正月公會鄭伯於曹下云無冰則正月者直爲公會鄭伯不爲無冰何者無冰一時之事固當不得以月書也徐邈亦然今以爲成元年傳云加之寒之辭也則無冰亦當蒙月也傳云無冰時燠也者謂今所以無冰者正由時燠也於字下讀理亦足通○注皆君不明去就政治紀緩之所。置五行至罰常燠○釋曰徐邈云無冰者常陽之異此夫人淫泆陰爲陽行之所致也何休注公羊亦然今范云皆君不明去就政治舒緩之所致則非獨爲夫人也蓋爲桓公闇於去就不達是非外不能結好鄰國內不能防制夫人又成亂助篡貪賂廢祀以火攻人反與伐戰此等皆是不能去就政教舒緩故又引洪範五行傳曰視之不明是謂不哲言人君愚闇察視不明是謂不昭哲也其咎過在於舒緩其天降。謂罰常在時燠也

無冰時燠也○夏五○夏五本或有月者非

鄭伯使其弟禦。來盟諸侯之尊弟兄不得以屬通其弟云者以其來我舉其貴者也來盟前定也不日前定之盟不日言信在前非結於今○禦魚呂反本亦作御左氏作語

疏諸侯至不日○釋曰重發不以屬通例者前弟年來聘今禦來盟嫌不同故重發之此云前定之盟不日則成十一年己丑及郤犨盟是後定可知也

孔子曰聽遠音者聞其疾而不聞其舒疾謂

漑。揚之聲舒謂徐緩望遠者察其貌而不察其形貌姿體形容色立乎定哀以指隱桓隱桓之日
遠矣夏五傳疑也孔子在於定哀之世而錄隱桓之事故承闕文之疑不書月明皆實錄○傳直專反疏注明皆實錄○釋曰言孔子承
闕文之疑不止夏五一事故云皆也○秋八月壬申御廩災御廩藏公所親耕以奉粢盛之倉也內災例日○廩力甚反疏注御
廩至例日○釋曰御廩者藏公所親耕之物御用於宗廟故謂之御廩祭義云古者天子爲藉千畝冕而朱紘躬秉耒諸侯爲藉百畝冕而青紘躬秉耒以事
天地山川社稷先古是公所親耕也內災例日者成三年甲子新宮災此云壬申御廩災是例日也乙亥嘗御廩之災不志以其微
疏注以其微○釋曰舊解云災是大事嘗亦不小而云微者周之八月夏之六月其六月之末容得立秋之節祭未足可書比之災則爲微當合舉重而今
並書之者是未易災之餘可志而已見其不敬故兼志之如此解則傳云御廩之災不志者謂不當兼志之也今以爲微者直謂御廩災也故徐邈云不足志
是也徐又云而嘗可也言可以嘗可上屬與范注違不得取之此其志何也以爲唯未易災之餘而嘗可也志
不敬也鄭嗣曰唯以未易災之餘而嘗然後可志也用火焚之餘以祭宗廟非人子所以盡其心力不敬之大也○盡注忍反天子親耕
以共粢盛天子親耕其禮三推黍稷曰粢在器曰盛○共音恭一本作供粢音咨推昌誰反一音他回反疏注天子至曰盛釋曰月令天子於孟
春之月乃擇元辰天子親載耒耜措之參保介之御間。師三公九卿諸侯大夫躬耕帝藉天子三推公五推卿諸侯九推是其文也王后親蠶以
共祭服王后親蠶齊戒躬桑夫人三練遂班三宮朱綠玄黃以爲黼黻文章服既成君服以祀之○齊戒側皆反本亦作齋繅先刀反黼音甫亦作黼
黻音弗俗作紱疏注王后至祀之○釋曰王后親蠶齊戒躬桑月令文夫人三。練遂班三宮云云祭義文故彼云古者天子諸侯必有公桑蠶室近川而爲

之築宮仞有三尺棘牆而外閉之及大昕之朝君皮弁素積卜三宮之夫人世婦之吉者使入蠶于蠶室奉種浴于川桑于公桑風戾以食之鄭玄云大昕季春朔日之朝也諸侯夫人三宮半王后也又云及良日夫人繅三盆手遂布于三宮夫人世婦之吉者使繅遂朱綠之玄黃之以爲黼黻文章服既成君服以祀先王先公敬之至也鄭玄云三盆手者三淹也凡繅每淹大總而手振之以出緒也是也國非無良農工女也以爲人之所盡事其祖禰不若以己所自親者也凱曰夫治人之道莫急於禮禮有五經莫重於祭祭者非物自外至者也由中出者身致其誠信然後可以交於神明祭之道也○禰乃禮反疏注禮有至道也○釋曰祭統文鄭玄云五經者吉凶賓軍嘉也莫重於祭謂以吉禮爲首也大宗伯職曰以吉禮事邦國之鬼神祇何用見其未易災之餘而嘗也曰甸粟而內之三宮三宮米而藏之御廩甸甸師掌田之官也三宮三夫人也宗廟之禮君親割夫人親舂○親舂傷容反疏注甸甸至親舂○釋曰傳言甸粟知是掌田之官也禮王后六宮諸侯夫人三宮也故知三宮是三夫人宮也禮宗廟之禮君親割夫人親舂者文十三年傳文傳兼甸之事焉者納粟者甸師而夫人親舂是兼之也夫嘗必有兼甸之事焉。夫人親舂是兼甸之事○兼甸如字一本作甸十日爲甸注亦然壬申御廩災乙亥嘗以爲未易災之餘而嘗也鄭嗣曰壬申乙亥相去四日言用日至少而功多明未足及易而嘗○冬十有二月丁巳齊侯祿父卒○宋人以齊人蔡人衛人陳人伐鄭以者不以者也民者君之本也使人以其死非正也不以者謂本非所得制今得以之也刺四國使宋專用其師輕民命也○刺七賜反

十有五年春二月天王使家父來求車古者諸侯時獻于天子以其國之所有

故有辭讓而無徵求求車非禮也求金甚矣文九年毛伯來求金疏求車至甚矣○釋曰求聘求金並發傳者以所求不同故各發之不云求聘甚而云求金甚者喪事有賻但求之非禮金非喪所供故以爲甚傳反正也者釋其稱世子也○三月乙未天王崩桓王○夏四月己巳葬齊僖公○五月鄭伯突出奔蔡譏奪正也禮諸侯不生名今名突以譏之○鄭世子忽復歸于鄭反正也○許叔入于許傳例曰大夫出奔反以好曰歸以惡曰入疏注傳例至曰入○釋曰莊九年傳文○許叔許之貴者也莫宜乎許叔其曰入何也其歸之道非所以歸也泰曰許國之貴莫過許叔叔之宜立又無與二而進無王命退非父授故不書曰歸同之惡入○公會齊侯于蒿○蒿左氏作艾公羊作鄗○郳人牟人葛人來朝何休曰桓公行惡而三人俱朝事之三人爲衆衆足責故夷狄之○行下孟反又如字○秋九月鄭伯突入于櫟櫟鄭邑也突不正書入明不當受○櫟力狄反疏注櫟鄭至當受○釋曰案齊小白入于齊傳曰以惡曰入衛侯朔入衛傳曰入者內弗受也蓋舊爲國君而入者則是內不受若衛侯朔入于衛鄭伯突入于櫟是也公子不正取國者則是以惡故曰入若許叔入于許齊小白入于齊是也觀范之注其事必然但舊無此解不敢輒定或當以惡入者卽內不當受傳文互舉之其實不異理亦通耳○冬十有一月公會宋公衛侯陳侯于袲伐鄭袲宋地○袲昌氏反地而後伐疑辭也非其疑也鄭突欲篡國伐而正之義也不應疑故責之

十有六年春正月公會宋公蔡侯衛侯于曹○夏四月公會宋公衛侯陳侯蔡

侯伐鄭蔡常在衛上今序陳下蓋後至【疏】注蔡常至後至○釋曰桓五年蔡人衛人陳人從王伐鄭此春公會宋公蔡侯衛侯于曹是蔡常在衛上今在下故知後至○秋七月公至自伐鄭桓無會其致何也危之也桓公再助篡伐正危殆之甚喜得全歸故致之【疏】注桓公至致之釋曰公與諸侯此年爲突伐鄭前年雖爲忽討突疑而不用心亦是其助故云再助也范荅薄氏駁云明桓伐突非本心故言再助是也范必知前年爲忽伐鄭而此年爲突伐鄭者以前年責其疑若是伐嫡而疑則不足可責明是爲忽討突也此年傳云桓無會其致何也危之也若是助嫡則不須云危故知是助突討忽也○冬城向○向舒尚反○十有一月衛侯朔出奔齊朔惠公名朔之名惡也天子召而不往也【疏】朔之至往也○釋曰不云失地而言惡者以朔不奉王命重於失地故直云惡也

十有七年春正月丙辰公會齊侯紀侯盟于黃黃齊地○二月丙午公及邾儀父盟于趡趡魯地○趡翠軌反○夏五月丙午及齊師戰于郎內諱敗舉其可道者也敗大戰恥小○戰于郎左氏作于奚不言其人以吾敗也言人則微者敗於微者其恥又甚故言師不言及之者爲內諱也及當有人公親帥之恥有不可言○爲于僞反【疏】注公親帥之○釋曰知非卿帥而言公者春秋之義唯爲親尊諱不爲卿諱又傳去爲內諱則是公可知○六月丁丑蔡侯封人卒○秋八月蔡季自陳歸于蔡蔡季蔡之貴者也自陳陳有奉焉爾陳以力助○癸巳葬蔡桓侯徐邈曰葬者臣子之事故書葬皆以公配謚此稱侯蓋蔡臣子失禮故即其所稱以示過【疏】葬蔡桓侯○釋曰何休云蔡季賢而桓侯不能用故抑之杜預云疑謬誤范以爲臣子失禮稱侯既就其所稱以示過三傳無文各以意說

○及宋人衛人伐邾○冬十月朔日有食之言朔不言日食既朔也既盡也盡朔一日至明日乃食是月二日食也疏注既盡至食也○釋曰知二日者以傳云食既朔也言食盡朔是二日明矣

十有八年春王正月公會齊侯于濼此年書王以王法終治桓之事濼力沃反又音洛舊音匹沃反○公與夫人姜氏遂如齊公本與夫人俱行至濼公與齊侯行會禮故先書會濼既會而相隨至齊故曰遂遂繼事之辭他皆放此濼之會不言及夫人何也據夫人實在當言公及夫人姜氏會齊侯于濼疏注據夫至于濼○釋曰決僖公十一年公及夫人姜氏會齊侯于陽穀是也公羊以爲此不言及夫人外公也左氏無正文或當以公男女無別故不言及並與穀梁異以夫人之伉弗稱數也濼之會夫人驕伉不可言及故舍而弗數今書遂如齊欲錄其致變之由故不可以不書實驕伉而不致故不言及○伉本又作亢苦浪反數色祖反舍音捨○夏四月丙子公薨于齊夫人與齊謀殺之不書諱也魯公薨正與不正皆日所以別內外也○別內外彼列反其地於外也薨稱公舉上也公五等之上疏其地至上也○釋曰據隱閔不地故決之也其外諸侯之卒皆不言公尊內故舉五等之上也丁酉公之喪至自齊○秋七月○冬十有二月己丑葬我君桓公葬我君接上下也言我君舉國上下之辭疏葬我至下也○釋曰公者臣子之稱也我君者接及舉國上下之辭君弒賊不討不書葬此其言葬何也據隱公不書葬不責踰國而討于是也禮君父之讎不與共戴天而曰不責踰國而討于是者時齊強大非己所討君子即而恕之以申臣子之恩疏不責至是也○釋曰不責其討而譏其狩于郜者齊魯大小不敵故恕而免之公雖不能報理當絕交而與之同狩故譏之也

桓公葬而後舉謚謚所以成德也於卒事乎加之矣謚者行之迹所以表德人之終卒事畢於葬故於葬定稱號也昔武王崩周公制謚法大行受大名小行受小名所以勸善而懲惡禮天子崩稱天命以謚之諸侯薨天子謚之卿大夫卒受謚於其君○行之下孟反下同稱尺證反疏注謚者至其君○釋曰以左傳無駭卒羽父請謚於隱公是大夫謚諸侯賜之諸侯既上有王者故知天子賜之禮記云天子稱天以誄之又公羊說天子謚於南郊在天子上者唯天耳故知稱天命以謚知者慮義者行仁者守有此三者備然後可以會矣桓無此三者而出會大國所以見殺○知音智守如字又音狩疏知者至會矣○釋曰復發傳者隱公表會戎之危此明桓公見殺之事故重發之也

監本附音春秋穀梁注疏桓公卷第四

穀梁注疏卷四校勘記

阮元撰盧宣旬摘錄

八年桓公

礿者麥始熟可礿也段玉裁云下礿字當作汋說詳公羊校勘記

禘○無違禮閩監毛本作言禘無違禮是也

在郤之陽閩監毛本同釋文出在郤本又作洽案郤即郃誤

夫婦叛合閩監毛本叛作配○按今儀禮作胖合古本只作半合或作判合

恐華成異閩監本同毛本成改戎是

九年

則是故命也閩監毛本同石經故作放段玉裁云太平御覽百四十七卷引同

十年

結日列陳則曰閩監本同毛本列誤例釋文出列陳

十有一年

舍之於苕丘於當作于

盟於宋於當作于

宋人者宋公也案閩監毛本此文之上例加傳字今無傳字蓋閩本未加監毛本即仍閩本之舊也

自來歸次之案成公十六年傳來作某

而怪不稱世子者怪當作經閩監毛本不誤

葬微文公微當作衞閩監毛本不誤

十有二年

虛宋地閩本同監毛本脫此注

言責魯又與其所與伐者戰也閩監毛本同何校本又作反

十有四年

政治紀緩之所置閩監毛本紀作舒置作致是也疏引同

舊解傳云閩監毛本云作文

其天降譴罰閩監毛本同浦鏜云譴當譴誤是也

鄭伯使其弟禦來盟閩監毛本同石經禦來盟三字漫漶

疾謂溉揚之聲閩監毛本溉作激是也

師三公九卿諸侯大夫閩監毛本師作帥是也

夫人三練閩監毛本練作繅疏同釋文出三繅練乃誤字

必有兼甸之事焉閩監毛本同石經甸作旬釋文出兼旬云一本作甸注亦然

十有五年

傳反正也者釋其稱世子也閩監毛本同浦鏜云當在下鄭世子忽復歸于鄭傳下

則是以惡故曰入閩監毛本同何校本故作入

十有七年

公及邾儀父盟于趡石經同閩監毛本脫公字

恥大不可言閩監毛本大作有

十有八年

以王法終治桓之事嚴杰云元本左傳桓三年正義引治字上有始字是也

公與夫人姜氏遂如齊閩監毛本同石經無與字

穀梁注疏卷四校勘記

范甯集解　楊士勛疏

莊公 疏 魯世家莊公名同桓公之子以莊王四年即位謚法勝敵克壯曰莊

元年春王正月繼弒君不言即位正也 疏 繼弒至正也○釋曰桓繼弒即位非正故此言正以明之○傳始人之也既以人道錄之又不言氏姓貶之者公以練祭感母不與故以人道錄之但以妻殺夫罪同至逆不可不貶故又以人道絕之所以進退見法也計桓公以十八年四月薨至此年三月未是練時而云練祭感母不與者至四月則當練今方至練故感之而思母故何休云月者起練祭左右是其意亦以四月爲練也

繼弒君不言即位之爲正何也據君不絕曰先君不以其道終則子不忍即位也○

三月夫人孫于齊桓公夫人文姜也哀姜有殺子之罪輕故傳元年曰夫人氏之喪至自齊去姜以貶之文姜有殺夫之罪重故去姜氏以貶之此輕重之差孫音遜本亦作遜去起呂反下去姜同孫之爲言猶孫也孫孫遁而去○遁徒困反諱奔也接練時錄母之變始人之也夫人初與桓俱如齊今又書者於練時感人不與祭故始以人道錄之○與祭音豫夫不言氏姓貶之也人之於天也以道受命於人也以言受命臣子則受君父之命婦受夫之命 疏 傳人之至受命○釋曰天之道臣事君子事父妻事夫也夫者妻之天故曰人之於天也以道受命謂事夫之道也臣子之法當受君父教令故曰於人也以言受命不若於道者天絕之也謂文姜殺夫是不順於道故天當絕之不若於言者人絕之也謂臣子不順君父之命則君父當絕之臣子大受命謂君父既絕天人臣子受君父之命故

不得不貶也其注云臣子則受君父之命者解經中以言受命也云婦受夫之命者解以道受命也恐此說非也但舊爲此解不得不述或當人之於天也以道受命謂順天道以事夫也於人也以言受命謂臣受君命也不順於道者天絕之受天道妻當事夫今夫人反弒公是不順天也故天絕之不順於言者人絕之謂婦當受夫之命夫人不受夫命是不順人也故人絕之臣子大受命者臣謂羣下子謂莊公上受命於天下受命於君是大受命也以其受君天之命故臣子得貶夫人也

不若於道者天絕之也若順 不若於言者人絕之也臣子大受命言義得貶夫人

○夏單伯逆王姬單姓也伯字○單音善單姓伯字左氏以爲王卿士逆王姬左氏作送王姬 單伯者何吾大夫之命乎天子者也命大夫故不名也諸侯歲貢士于天子天子親命之使還其國爲大夫者不名天子就其國命之者以名氏通也 疏 注諸侯至通也○釋曰知諸侯貢士于天子者傳稱國高在又何休云大國舉三人次國舉二人小國舉一人是有貢士之法今單伯天子命大夫故不名知書名者就國命之 其不言如何也據僖二十九年公子遂如京師言如 其義不可受於京師也其義不可受於京師何也曰躬君弒於齊使之主婚姻與齊爲禮其義固不可受也禮尊卑不敵天子嫁女于諸侯必使同姓諸侯主之魯桓親見殺于齊若天子命使爲主則非禮大矣春秋爲尊者諱故不可受之于京師○弒又作殺爲尊于僞反下爲之築同 疏 注禮尊至京師○釋曰天子嫁女于諸侯必使同姓諸侯主婚之意者天子與諸侯尊卑不敵若行君臣之禮則廢婚姻之好若行婚姻之好則廢君臣之禮故使諸侯主之

○秋築王姬之館于外 築禮也于外非禮也外城外也 疏 于外非禮也○釋曰左氏以爲築于外禮也此云非禮者以主王姬者必自公門出今築之于外則是營衞不固是輕王女故云非禮謂非正禮耳於變禮則通也

築之爲禮何也主王姬者必自公門出公門朝之外門主王姬者當設几筵于宗廟以俟迎者故在公門之內築王姬之館○朝之直遙反下於朝同迎魚敬反下同於廟則已尊於寢則已卑爲之築節矣築之外變之正也築之外變之爲正何也仇讎之人非所以接婚姻也衰麻非所以接弁冕也親迎服祭服者重婚姻也公時有桓之喪○衰七回反弁皮彥反疏親迎至之喪○釋曰禮稱冕而親迎是服祭服也弁冕者連言之周禮弁師掌王之五冕故傳亦通言之其不言齊侯之來逆何也不使齊侯得與吾爲禮也疏不使至禮也○釋曰二十四年夏公如齊逆女傳云親迎恆事也不志此其志何也不正其親迎於齊也然則不言齊侯之來逆乃是常事不錄而云不使齊侯得與吾爲禮也者春秋之例得常不書莊公親逆是禮而書故知非其逆於齊也今王姬嫁於齊而使魯爲主齊侯如魯親逆當合書經但齊是魯讎不使齊侯得與吾爲禮故不書之耳舊解齊侯親逆不至京師文王親逆不至于洽則天子諸侯親迎皆不至婦家矣今恐不然何者此時王姬魯主婚故不至京師詩稱親迎于渭者爲造舟爲梁張本焉知文王不至大姒之家略舉所疑遺諸來哲○冬十月乙亥陳侯林卒諸侯日卒正也疏日卒正也○釋曰重發之者此共錫命相連恐日月之爲錫命而錄故傳明之○王使榮叔來錫桓公命榮氏叔字天子之上大夫也禮有九錫一曰輿馬二曰衣服三曰樂則四曰朱戶五曰納陛六曰虎賁七曰弓矢八曰鈇鉞九曰秬鬯皆所以褒德賞功也德有厚薄功有輕重故命有多少何休曰桓弒逆之人王法所宜誅絕而反錫命悖亂天道故不言天王也文五年王使榮叔歸含且賵則曰含者臣子之職也以至尊行卑事故不言天王也三月王使毛伯來會葬又曰刺比失禮故亦不言天王也甯案僖二十四年天王出居于鄭不可最大矣禮天子既有賵含之制傳但譏二事共一使耳言且

所以示譏一事無再貶之道也以天王之尊會人妾祖母之葬誠失禮矣孰若使任叔之子來聘使家父來求車之不可乎此三者皆言天王明非義之所存舊史有詳略夫子因而弗革故知曲說雖巧致遠則滯矣○錫星歷反賁音奔鈇方胡反鉞音越秬音巨黑黍鬯勑亮反香酒也悖補對反含胡暗反賵芳鳳反刺七賜反一使所吏反任音壬滯乃計反一本作泥

【疏】注禮有至多少○釋曰九錫者出禮緯文也此九錫與周禮九命異何休注公羊既引九錫之文即云百里不過九命七十里不過七命五十里不過五命其意以九錫即是九命也今知何說非者案大宗伯以九儀之命正邦國之位一命受職再命受服三命受位四命受器五命受則六命。賜官七命賜國八命作牧九命作伯其言與九錫不同明知異也今范引九錫之下直云皆所以褒德賞功也德有厚薄功有輕重故命有多少則亦以九錫異也但此九錫亦是賜命之類故引之或以范亦與何同恐非也白虎通云能安民者賜車馬能富民者賜衣服能和民者賜樂則民衆多者賜朱戶能進善者賜納陛能退惡者賜虎賁能誅有罪者賜鈇鉞能征不。顧者賜弓矢孝道備者賜秬鬯亦是有功特賜不關九命之事也舊說解九錫之。名一曰輿馬大輅戎輅各一玄馬二也二曰衣服謂玄衮也三曰樂則謂軒縣之樂也四曰朱戶謂所居之室朱其戶也五曰納陛謂從中階而升也六曰虎賁謂三百人也七曰弓矢彤旅之弓矢也八曰鈇鉞謂大柯斧賜之專殺也九曰秬鬯謂賜秬鬯之酒盛以圭瓚之中以祭祀也

禮有受命無來錫命錫命非正也賞人於朝與士共之當召而錫也周禮大宗伯職曰王命諸侯則儐之是來受命○朝直遙反儐必刃反

生服之死行之禮也生不服死追錫之不正甚矣

【疏】不正甚矣○釋曰文公踰年而賜成公八年乃賜桓公死後追賜三者異時嫌不得相蒙故並皆發傳此追命失禮最大故以甚言之

○王姬歸于齊為之中者歸之也

【疏】為之中者歸之也○釋曰十一年王姬歸于齊傳曰過我也此云為之中者歸之發傳不同者此王姬。由魯而嫁故曰為之中者彼王姬非魯主婚故直

云過我也○齊師遷紀郱鄑郚紀國也郱鄑郚國也此國以三言爲名○郱步丁反鄑子移反郚音吾或曰遷紀于郱鄑郚十年宋人遷宿傳曰遷亡辭也其不地宿不復見矣齊師遷紀四年復書紀侯大去其國者紀侯賢不與齊師之亡紀故變文以見義郱鄑郚之君無紀侯之賢故不復見從常例也若齊師遷紀于郱鄑郚當言于以明之又不復書地當如宋人遷宿齊人遷陽或曰之說甯所未詳○復扶又反見賢偏反疏注不應復書地釋曰此范難或曰之說言宿陽既亡不地則此亦不應復書地何書於郱鄑郚乎

二年春王二月葬陳莊公○夏公子慶父帥師伐於餘丘慶父名字仲父國而曰伐於餘丘邾之邑也其曰伐何也公子貴矣師重矣而敵人之邑公子病矣病公子所以譏乎公也其一曰君在而重之也邾君在此邑故不繼于邾使若國疏注邾君至若國釋曰觀傳上文其曰伐何也公子貴矣云云所以譏乎公也則是解其稱伐之意而范注解一曰之義則似解不繼于邾者一曰君在而重之也亦是解其稱伐之意言邑而稱伐者爲君在重之使若國然故邑亦稱伐是上下不相違也○秋七月齊王姬卒爲之主者卒之也主其嫁則有兄弟之恩死則服之服之故書卒禮記曰齊告王姬之喪魯莊公爲之大功○爲之大功于僞反疏秋七月云云○釋曰何休云內女卒日此不日者恩實輕於內女案成八年冬十月癸卯杞叔姬卒書日此不書日是輕於內女也○冬十有二月夫人姜氏會齊侯於禚禚齊地○禚章略反婦人既嫁不踰竟踰竟非正也婦人不言會言會非正也饗甚矣饗在四年○踰竟音境後踰竟例皆同○乙酉宋公馮卒○馮皮冰反疏乙酉宋公馮卒○釋曰案世本馮是宋莊公穆公之長子宋督既弑與夷

則馮是當正故亦書日卒也

三年春王正月溺會齊侯伐衛徐邈曰傳例曰往月危往也齊受天子罪人爲之與師而魯與同其理危也○溺乃狄反疏注傳例至往也釋曰定八年傳文會例時齊魯黨大。是罪人故書月以見危也溺者何也公子溺也其不稱公子何也據二年公子慶父帥師伐於餘丘稱公子惡其會仇讎而伐同姓故貶而名之也○惡烏路反○夏四月葬宋莊公月葬故也○五月葬桓王傳曰改葬也若實改葬當言改以明之。郊牛之口傷改卜牛是也傳當以七年乃葬故謂之改葬疏傳曰改葬也○釋曰傳云改葬而范違之者以經不言改故知非改葬也傳言改者以見喪踰七年已行吉禮今始反服喪服故謂之改葬又感精符云恆星不見夜中星隕如雨而王不懼使榮叔改葬桓王冢奢麗大甚如讖之言則改葬桓王在恆星不見之後故范謂此時非改葬也改葬之禮緦舉下緬也緦者五服最下言舉下緬上從緦皆反其故服因葬桓王記改葬之禮不謂改葬桓王當服緦也猶晦震夷伯之廟因明天子諸侯之制不謂夷伯非魯之大夫也甯之先君與蔡司徒論之詳矣江熙曰葬稱公舉五等之上改葬禮緦舉五服之下以喪緬藐遠也天子諸侯易服而葬以爲交於神明者不可以純凶況其緬者乎是故改葬之禮其服唯輕言緬釋所以緦也○緦息詞反緬亡善反遠也疏注緦者至緦也釋曰五服者案喪服有斬衰齊衰大功小功緦麻是也改葬之禮各從本服但緦麻者是五服之下故傳云改葬之禮緦者舉下以緬上也不謂改葬桓王之時唯服緦耳蔡司徒者謂蔡。謨也江熙以爲改葬之禮其服唯輕故云天子諸侯易服而葬以證唯緦耳知天子諸侯易服而葬者檀弓云弁絰葛而葬與神交之道也鄭。云云接神之道不可以純凶天子諸侯變服而葬冠素弁以葛爲環絰既虞卒哭乃服受服也變服者謂未葬以前服麻葬則易之以葛也或曰卻尸以求諸侯停尸七年以求諸侯會葬非人情也○卻去略反又去逆反杜預云尸未葬之通稱天子志崩不志葬必其時也何必焉舉天下而葬一人其義不疑也志葬故也危不得葬也曰近不失崩不志崩失天下也京師去魯不遠赴告之命可不踰旬而至史不志崩則亂可知疏注京師至可知釋曰王城去魯纔餘千里赴喪者旬日而至史不記崩亂可知也獨陰不生獨陽不生獨天不生三合然後生徐邈曰古人稱萬物負陰而抱陽沖氣以爲和然則傳所謂天蓋名其沖和之功而神理所由也會二氣之和極發揮之美者不可以柔剛滯其用不得以陰陽分其名故歸於冥極而謂之天凡生類稟靈知於天資形於二氣故又曰獨天不生必三合而形神生理具矣○揮許歸反冥亡丁反稟使錦反知於音智故曰母之子也可天之子也可尊者取尊稱焉卑者取卑稱焉王者尊故稱天子衆人卑故稱母子○母之子也可絕句下倣此尊稱尺證反下卑稱同疏傳獨陰不生至稱焉○釋曰凡物之生皆資二氣之和稟上天之靈知不可以柔剛滯其用不得以陰陽分其名故云三合然後生也雖資三合然終推功冥極故云天之子也託之人事故又曰父之子母之子也天則感三生者衆言天足以兼父不得云父子而曰天子衆人或知母而不知父故云母子亦不云父子也衆人亦稟天氣而生不云天子者天子取尊稱故稱天子衆人取卑稱故稱母子也傳因論天子崩葬故明其別稱也然則陰能成物陽能生物天能養物而總云生者凡萬物初生必須三氣合四時和然後得生不是獨陽能生也但既生之後始分繫三氣耳注云不可以剛柔滯其用不得以陰陽分其名者易繫辭云一陰一陽謂之道王弼云一陰一陽者或謂之陰或謂之陽不可定名也夫爲陰則不能爲陽爲柔則不能爲剛唯不陰不陽然後爲陰陽之宗不柔不剛然後爲剛柔之主故無方無體非陽非陰始得謂之道始得謂之神是也柔剛者卽陰陽之別名也

故繫辭又云動靜有常剛柔斷矣注云陽動陰靜剛柔之斷也是剛則陽柔則陰也其曰王者民之所歸往也○秋紀季
以酅入于齊季紀侯弟○以酅下圭反酅紀之邑也入于齊者以酅事齊也入者內弗受也
雍曰紀國微弱齊將吞并紀季深覩存亡之機大懼社稷之傾故超然遐舉以酅事齊庶胤嗣不泯宗廟永存春秋賢之故襃之以字齊受人之邑而滅人之
國故於義不可受也○并必性反泯彌忍反疏入者內弗受也○釋曰重發之者此齊不可受嫌違例故重發之○冬公次于郎次
止也有畏也欲救紀而不能也畏齊
四年春王二月夫人姜氏饗齊侯于祝丘饗食也兩君相見之禮凡會書月著時事有危雖於公發例亦無所不關
祝丘魯地○饗本又作享香丈反著張略反又張慮反疏饗食至魯地○釋曰饗食也者。亯大牢以飲賓故云兩君相見之禮夫人與齊侯非禮饗食故
云著時事有危此與二年禚之會書月以著危而五年夏夫人姜氏如齊師不書月者何休云再出書月重之三出不月者省文從可知也事或然矣饗
甚矣以非禮尤甚故謹而月之饗齊侯所以病齊侯也○三月紀伯姬卒隱二年履緰所逆者內女卒例日伯
姬失國略之故月也○緰音須疏注隱二至月也○釋曰僖九年秋七月乙酉伯姬卒是例日也此不日明為失國略之也外夫人不卒此
其言卒何也吾女也適諸侯則尊同以吾為之變卒之也禮諸侯絕傍朞姑姊妹女子子嫁於國君
者尊與己同則為之服大功九月變不服之例然則適大夫者不書卒○為于偽反朞居其反疏注禮諸至書卒○釋曰莒慶高固並逆叔姬經無卒文是
適大夫不書卒也○夏齊侯陳侯鄭伯遇于垂傳例曰不期而會曰遇遇者志相得也○紀侯大去其國

大去者不遺一人之辭也言民之從者四年而後畢也紀侯賢而齊侯滅之不言滅而曰大去其國者不使小人加乎君子不曰滅而曰大去其國蓋抑無道之強以優有道之弱若進止在己非齊所得滅也何休曰春秋楚世子商臣弒其君其後滅江六不言大去又大去者於齊滅之不明但知不使小人加乎君子而不言滅縱失襄公之惡反爲大去也鄭君釋之曰商臣弒其父大惡也不得但爲小人江六之君又無紀侯得民之賢不得變滅言大去也元年冬齊師遷紀三年紀季以酅入于齊今紀侯大去其國是足起齊滅之矣即以變滅言大去爲縱失襄公之惡是乃經也非傳也且春秋因事見義舍此以滅人爲罪者自多矣○縱子用反見賢徧反舍音捨【疏】注舍此至多矣○釋曰此是鄭難何休云縱失襄公之惡也言春秋有因事見義者不得不舍此以滅人爲罪也若僖五年晉人執虞公十九年梁亡之類是也○六月乙丑齊侯葬紀伯姬外夫人不書葬此其書葬何也吾女也失國故隱而葬之隱痛也不曰卒而曰葬閔紀之亡也【疏】注曰葬至亡也○釋曰知非爲危者紀國已滅而齊葬之非復紀之臣子能葬故知閔之非爲危也又三十年八月癸亥葬紀叔姬傳曰日葬閔紀之亡也知此亦是閔之也不於卒閔之者葬者送終大事故也○秋七月○冬公及齊人狩于郜郜齊地○狩音獸郜古報反左氏作禚齊人者齊侯也其曰人何也卑公之敵所以卑公也內無貶公之道何爲卑公也不復讎而怨不釋刺釋怨也○怨紆元反又紆願反後同刺七賜反

五年春王正月○夏夫人姜氏如齊師師而曰如眾也言師眾大如國故可以言如若言如齊侯則不

可疏傳師而曰如衆也○釋曰解經二年夫人姜氏會齊侯于禚四年夫人姜氏饗齊侯于祝丘不言如此言如齊師者言齊師衆大如國故可言如若指齊侯則於文不可言如齊侯也婦人既嫁不踰竟踰竟非禮也疏傳不踰竟○釋曰復發傳者嫌師與國異也○

秋郳黎來來朝黎來名也○郳五兮反國名黎郎兮反黎來郳君名朝直遥反郳國也黎來微國之君未爵命者也○冬公會齊人宋人陳人蔡人伐衛納惠公朔是齊侯宋公也其曰人何也人諸侯所以人公也其人公何也逆天王之命也王不欲立朔也疏傳是齊侯宋公○釋曰四國皆從貶而獨言齊宋者齊爲兵主宋是大國則陳蔡亦從也

六年春王三月。王人子突救衛徐邈曰諸侯不奉王命朔遂得簒王威屈辱有危故月也救衛於義善故重子突功不立故著其危疏注有危故月○釋曰日月之例見危者唯施於內今施之於外者范荅薄氏云王者安危天下所繫故亦與內同也王人卑者也稱名貴之也何休以爲稱子則非名也鄭君釋之曰王人賤者錄則名可今以其銜命救衛故貴之貴之則子突爲字可知明矣此名當爲字誤爾徐乾曰王人者卑者之稱也當直稱王人而已今以其能奉天子之命救衛而拒諸侯故加名以貴之僖八年公會王人齊侯是卑者之常稱○卑者之稱尺證反下常稱同疏注鄭君至稱也○釋曰鄭荅何休云傳文稱名貴之者名當爲字則鄭玄以子突非名徐乾云故加名以貴之則子突非字二者不同者鄭意若以子突爲名則書名者乃士之常稱傳何以云貴之故知子突是字徐乾意稱人則王之卑者不合書名僖八年公會王人于洮是也今稱名即是貴之故二說不同或以爲突是名子是貴理亦通但注意似不然善救衛也疏傳善救衛也○釋曰計王者有伐無救而云善者朔叛逆王命天子廢之立其嗣子而遺師往救有存諸侯之功故曰善不可以太平之法格之救者善則伐者不正矣○夏六月衛侯朔入于衛其不言伐衛納朔何也據九年伐齊納糾言納不逆天王之命也不與諸侯得納王之所絶入者內弗受也何用弗受也爲以王命絶之也朔之名惡也朔入逆則出順矣朔出入名以王命絶之也【疏】傳朔入逆云云○釋曰朔出奔之時傳曰朔之名惡也此云順者謂比之入國爲順彼辟天子之召仍是惡也故稱名耳一解此當文自相比朔入爲逆則出當爲順矣○秋公至自伐衛惡事不致此其致何也據襄九年時有穆姜之喪會諸侯伐鄭不致不致則無用見公之惡事之成也○見賢遍反○螟○螟亡丁反○冬齊人來歸衛寶以齊首之分惡於齊也使之如下齊而來我然惡戰則殺矣若衛自歸寶於齊過齊然後與我齊首其事則我與王人戰罪差減○分惡烏各反下同殺色界反舊色例反過古禾反差初賣反

七年春夫人姜氏會齊侯于防防魯地婦人不會會非正也○夏四月辛卯昔。恆星不見。恆星者經星也經常也謂常列宿○昔如字或作昔同不見賢偏反下不音者同列宿夙又反下皆同【疏】注謂常列宿○釋曰周之四月夏之二月常列宿者謂南方七宿也日入至於星出謂之昔不見者可以見也夜中星隕如雨○如而也星既隕而復雨隕云敏反復扶又反其隕也如雨是夜中與星既隕而雨必晦暝安知夜中乎○與音餘暝亡定反【疏】傳其隕云云○釋曰其隕如雨是夜中與讀星隕而天必晦暝何知是夜中乎春秋之意著以傳著疑以傳疑皆以實錄故知夜中春秋著以傳著疑以傳疑明實錄也傳直專反○中之幾也而曰夜中著焉爾幾微也星既隕而雨中微難知而曰夜中自以實著爾非億度而知○度徒各反疏中之幾也至著焉爾○釋曰謂雨晦暝幾微也中微難知而曰夜中者是事之著見焉爾非億度而知也

何用見其中也疏何用見其中也○釋曰謂經以何事知其夜中者以失星變之始而錄其已隕之時揆度漏刻則正當夜中矣失變而錄其時則夜中矣失星變之始而錄其已隕之時檢錄漏刻以知夜中其不曰恆星之隕何也疏其不至何也○釋曰解經上文云恆星不見下文其不曰恆星之隕者又自解之我知恆星之不見而不知其隕者是何星故不得言之也又解不言雨星而言隕星意言我見從上而隕又下接於地則可以兩說之也今唯見其下不見其上故曰隕星又總說隕之與雨二者之別著於上見於上謂之雨著其直見於下不見於上謂之隕豈雨說哉言不見在上故不可以雨說之徐邈云著於上謂雲著上我知恆星之不見而不知其隕也我見其隕而接於地者則是雨說也言我見從上來接於下然後可言雨星今唯見在下故曰隕星○我見見音如字注同雨于付反注同著於上見於下謂之雨著於下不見於上謂之隕豈雨說哉解經不得言雨星而言隕星也鄭君曰衆星列宿諸侯之象不見者是諸侯棄天子禮義法度也劉向曰隕者象諸侯隕墜失其所也又中夜而隕者象不終其性命中道而落○見于下如字或賢偏反不見賢偏反隊直類反○秋大水高下有水災曰大水疏傳高下云云○釋曰復發傳者嫌大水無麥苗異於常故重發之○無麥苗麥苗同時也麥與黍稷之苗同時死○冬夫人姜氏會齊侯于穀穀齊地婦人不會會非正也疏傳會非正也○釋曰再發傳者防是魯地穀是齊邑故重發之

八年春王正月師次于郎以俟陳人蔡人時陳蔡欲伐魯故出師以待之次止也俟待也甲午治兵出曰治兵習戰也入曰振旅習戰也振整也旅衆也疏傳習戰也○釋曰此治兵振旅皆云習戰者周禮仲秋教治兵仲春教振旅出入幼賤雖殊同是教戰之法故此傳二者皆以習戰言之公羊以治兵爲祠兵亦云其禮一也周禮仲秋教治兵此非秋亦云治兵者周禮四時講武故各立別名此據出師之事故雖春亦得以治兵爲名治兵而陳蔡不至矣兵事以嚴終以嚴整終事故敵人不至故曰善陳者不戰此之謂也善爲國者不師導之以德齊之以禮江熙曰鄰國望我歡若親戚何師之爲○陳直覲反下文皆同道徒報反下同善師者不陳師衆素嚴不須耀軍列陳江熙曰上兵伐謀何乃至陳善陳者不戰軍陳嚴整敵望而畏之莫敢戰善戰者不死投兵勝地故無死者江熙曰辟實攻虛則不死善死者不亡民盡其命無奔背散亡者也江熙曰見危授命義存君親雖沒猶存○盡津忍反背音佩疏傳善爲至不亡○釋曰善爲國者不師而謂有明王時導之以德齊之以禮不起軍師而四海賓服則黃帝堯舜時是也善師者不陳若齊桓公伐楚不設行陳而服罪也善陳者不戰卽此魯能嚴整終事而陳蔡不至也善戰者不死若文王伐崇因壘而崇自服也善死者不亡若柏舉之戰吳雖入楚父老致死還復楚國也此引文爲證頗允傳文一准此解則與注少僻但舊有此說故今亦存之其注虛觀文則曉故不復煩釋

○夏師及齊師圍郕郕降于齊師其曰降于齊師何不使齊師加威於郕也郕同姓之國而與齊伐之是用師之過也故使若齊無武功而郕自降○降戶江反皆同

○秋師還還者事未畢也遯也郕已降而以未畢爲文者蓋辟滅同姓之國示不卒其事○還音旋遯徒困反

○冬十有一月癸未齊無知弒其

君諸兒大夫弑其君以國氏者嫌也弑而代之也○兒如字音五兮反

九年春齊人殺無知無知之挈失嫌也疏傳無知之挈失嫌也○釋曰重發之者月與不月地與不地之異故重發之稱人以殺大夫殺有罪也○挈苦結反

○公及齊大夫盟于暨暨魯地○暨其器反左氏作旣公不及大夫春秋之義內大夫可以會諸侯公不可以盟外大夫所以明尊卑定內外也今齊國無君要當有任其盟者故不得不以權通大夫大夫不名無君也禮君前臣名齊無君故大夫不名盟納子糾也不日其盟渝也變盟立小白○渝羊朱反當齊無君制在公矣當可納而不納故惡內也○惡烏路反下及注惡內皆同

○夏公伐齊納糾不言子糾而直云糾者盟繫在於魯故挈之也春秋於內公子爲大夫者乃記其奔子糾不爲大夫故不書其奔鄭忽旣受命嗣位是以書其出然則重非嫡嗣官非大夫皆事例所略故許叔蔡季小白重耳通亦不書出○糾居勳反左氏作子糾糾嫡丁歷反重直龍反疏注不言至書出○釋曰下文取子糾殺之稱子此直云糾故解其意欲明繫在魯故挈之又解子糾不書出奔之意言內公子爲大夫者乃記其奔若閔二年公子慶父出奔莒是也子糾不書出是不爲大夫也當可納而不納齊變而後伐故乾時之戰不諱敗惡內也何休曰三年溺會齊師伐衞故貶而名之四年公及齊人狩于郜故卑之曰人今親納讎子反惡其晚恩義相違莫此之甚鄭君釋之曰於讎不復則怨不釋而魯釋怨屢會仇讎一貶其臣一卑其君亦足以責魯臣子其餘則同不復讎也至於伐齊納糾譏當可納而不納爾此是正義不相反也甯謂讎者無時而可與通縱納之遲晚又不能保全讎子何足以惡內乎然則乾時之戰不諱敗齊人取子糾殺之皆不迂其文正書其事內之大惡不待貶絕居然顯矣二十四年公如齊親迎亦其類也惡內之

言傳或失之○敗惡烏路反注同復扶又反迓音于一音紆又於武反迎魚敬反【疏】注內之至亦其類也○釋曰范既不從傳文以爲大惡又莊公親逆未是大罪而云亦其類者以公忘父之仇而援舉兵動衆既不能強爲齊所敗是大惡也魯與齊爲讎而公娶其女雖得親迎之常甚失結婚之義故云亦其類也

○齊小白入于齊大夫出奔反以好曰歸成十四年衛孫林父自晉歸于衛是也以惡曰入齊公孫無知弑襄公公子糾公子小白不能存出亡子糾奔魯小白奔莒齊人殺無知而迎公子糾於魯公子小白不讓公子糾先入又殺之于魯故曰齊小白入于齊惡之也○惡烏路反

○秋七月丁酉葬齊襄公諸公子爭立國亂故危之

○八月庚申及齊師戰于乾時我師敗績不言及者主名內之卑者乾時齊地【疏】注內之卑者○釋曰桓十七年及齊師戰于郎注云公親帥之諱故不言公此亦云及知非公者彼傳云不言敗爲內諱也以其諱故知公也今經書敗傳又不釋之故知是內之卑者

○九月齊人取子糾殺之言子糾者明其貴宜爲君【疏】注明其貴○釋曰公羊云其稱子糾何貴也其貴奈何宜爲君也是其貴故以子某稱之如子般子野之類也

外不言取【疏】外不言取○釋曰取是內取故外不得言取今云取者惡內也一解外不言取者謂楚人殺徵舒慶封並不言取此雖是何休之義亦得通一家故并錄之

言取病內也取易辭也猶曰取其子糾而殺之云爾猶言自齊之子糾今取而殺之言魯不能救護也○易以豉反十室之邑可以逃難百室之邑可以隱死以千乘之魯而不能存子糾以公爲病矣○難乃旦反下注同乘繩證反

○冬浚洙浚洙者深洙也著力不足也畏齊難○浚音峻深

也洙音殊杜預云水名

十年春王正月公敗齊師于長勺長勺魯地勺時酌反○不日疑戰也疑戰者言不尅日而戰以詐相襲疑戰而曰敗勝內也勝內謂勝在內○二月公侵宋疏二月公侵宋○釋曰舊說以爲公與宿盟宋方病宿故公侵之若此則是公之無惡傳何惡公也公與宿盟經無其事爲宿侵宋傳無其文是舊說妄也隱元年盟於宿范以爲地是公不與宿盟也但不知何爲侵耳侵時此其月何也乃深其怨於齊又退侵宋以衆其敵惡之故謹而月之○惡烏路反

○三月宋人遷宿遷亡辭也爲人所遷則無復國家故曰亡辭閔二年齊人遷陽亦是也○復扶富反下文及注同疏傳遷亡辭也○釋曰春秋言遷有二種之例一表亡辭者此文是也二見存亡國者邢遷于夷儀是也不於元年遷紀發傳者彼以紀侯賢經變文以示義非正故不發之遷陽不發從此省文也遷文三起例者此是亡辭之始邢是復國之初許獨自不月故三發之也范略例云凡遷有十亡遷有三者齊人遷陽宋人遷宿齊師遷紀是也好遷有七者邢遷夷儀衛遷帝丘蔡遷州來許遷于葉許遷于夷許遷白羽許遷容城是也餘遷皆月許四遷不月者以其小略之如邑也遷紀不月者文承月下蒙之可知也其不地宿不復見也國亡不復見經不言滅者言滅則弒其君滅其宗廟社稷就而有之不遷其民○見賢偏反遷者猶未失其國家以往者也謂自遷者僖元年邢遷于夷儀成十五年許遷于葉之類是也彼二傳曰遷者猶得其國家以往者也此傳云遷者猶未失其國家以往互文也○葉舒涉反○夏六月齊師宋師次于郎次止也畏我也○公敗宋師于乘丘乘丘魯地乘繩證反○不日疑戰也疑戰而曰敗勝內也○秋

九月荆敗蔡師于莘莘蔡地○莘所巾反以蔡侯獻武歸荆者楚也何爲謂之荆狄之也何爲狄之聖人立必後至天子弱必先叛故曰荆狄之也蔡侯何以名也據僖十五年秦獲晉侯不名○獻武本亦依左氏作舞絕之也何爲絕之獲也中國不言敗據宣十二年晉荀林父帥師及楚子戰于邲晉師敗績不言敗晉師○邲皮必反又扶必反一音弼敗績如字此其言敗何也中國不言敗蔡侯其見獲乎其言敗何也釋蔡侯之獲也以歸猶愈乎執也爲中國諱見執故言以歸○爲于僞反

○冬十月齊師滅譚譚子奔莒桓十一年鄭忽出奔衛傳曰其名失國也十六年衛侯朔出奔齊傳曰朔之名惡也然則出奔書名有二義譚子國滅不名蓋無罪也凡書奔者責不死社稷不言出者國滅無所出也他皆放此疏注有二義○釋曰禮言失地名故鄭忽失國而名也傳曰朔之名惡也是衛侯爲惡而名故云有二義滅國無文故注又云譚子無名蓋無罪也雖無罪不名以其不能死社稷書奔是譏也

十有一年春王正月○夏五月戊寅公敗宋師于鄑鄑魯地○敗必邁反下及注同鄑子移反內事不言戰舉其大者其日成敗之也結日列陳不以詐相襲得敗師之道故曰成也○列陳直覲反宋萬之獲也疏傳宋萬之獲也○釋曰傳言獲宋萬而經不書者此時尚卑故不書反國爲卿始弑君是故書之雖書以新升爲卿未賜族故經不言氏傳以爲宋之卑者是也

○秋宋大水外災不書此何以書王者之後也高下有水災曰大水疏傳高下云云○釋曰重發傳者嫌外災與內異也

○冬王姬歸于齊其志過我也○過古禾反

十有二年春王三月紀叔姬歸于酅酅紀邑也紀季所用入于齊者紀國既滅故歸酅國而曰歸此邑也其曰歸何也吾女也失國喜得其所故言歸焉爾江熙曰四年齊滅紀不言滅而言大去者義有所見爾則國滅也叔姬來歸不書非歸寧且非大歸也叔姬守節積有年矣紀季雖以酅入于齊不敢懷貳然襄公豺狼未可闇信桓公既立德行方宣於天下是以叔姬歸于酅魯喜其女得申其志○見賢偏反豺仕皆反行下孟反○夏四月○秋八月甲午宋萬弑其君捷。捷宋閔公宋萬宋之卑者也疏傳宋之卑者○釋曰傳言宋之卑者解不稱氏之意與宋督同別於無知祝吁也卑者以國氏及其大夫仇牧以尊及卑也仇牧閑也仇牧扞衛其君故見殺也桓二年傳曰臣既死君不忍稱其名今仇牧書名則知宋君先弑○仇牧音目扞葛旦反疏傳仇牧閑也○釋曰復發傳者孔父先君死發傳以明閑此則後君死故又發傳荀息雖同。復死之例但仇牧是卑者所殺荀息爲尊卿殺之故又發傳也○冬十月宋萬出奔陳宋久不討賊致令得奔故譏而月之○令力呈反疏注宋久至月之○釋曰無知八年冬弑君九年春始被殺而經不書月此宋萬八月弑君十月出奔而云久不討賊故譏而月之者以祝吁書月傳云譏之則此書月亦是譏之可知也然則無知既經三月齊人殺得之故直書時此宋人不能即討令得奔故譏而月之

十有三年春齊人宋人陳人蔡人邾人會于北杏北杏齊地疏會于北杏○釋曰鄭釋廢疾數九會則以柯之明年爲始范今數衣裳則通言北杏之會。三說不同者鄭以孔子云九合諸侯北杏之會經無諸侯之文故不數之范以傳文直云衣裳之會不論諸侯多少北杏傳云齊侯宋公也故并以北杏數之范亦以傳云衣裳之會十有一兵車之會四故與鄭不同是齊侯宋公也其曰人何

也始疑之何疑焉桓非受命之伯也將以事授之者也言諸侯將權時推齊侯使行伯事曰可以乎未乎。邵曰疑齊桓雖非受命之伯侯推之便可以爲伯乎未也舉人衆之辭也稱人言非王命衆授之以事疏舉人衆之辭也○釋曰經不書某侯某侯云某人某人者是衆授之辭也經以衆授爲文明非王命是未得王命未可以爲伯覆上未乎之意也○夏六月

齊人滅遂遂國也其不日微國也○秋七月○冬公會齊侯盟于柯柯齊地○柯古河反

曹劌之盟也信齊侯也曹劌之盟經傳無文蓋有信者也公羊傳曰要盟可犯而桓公不欺曹子可讎而桓公不怨桓公之信著於天下自柯之盟始○劌居衛反要盟於遙反疏注曹劌云云○釋曰傳云曹劌之盟也而注云經傳無文者謂曹劌與齊侯盟爲信之事穀梁經傳不說也注又云蓋有信者也故即引公羊桓公爲信之事以結之一解云經傳無文者不如公羊具說劌盟之狀也與前解少異耳大旨亦同要盟可犯而桓公不欺曹子手劍劫齊侯共盟使歸汶陽之田而齊侯。終亦還之是也曹子可讎而桓公不怨謂以臣劫君是可讎也桓公終不罪曹子是不怨也桓盟雖內與不日信也公盟例日外諸侯盟例不日桓大信遠著故雖公與盟猶不日○與音預注同

十有四年春齊人陳人曹人伐宋疏傳齊人至伐宋○釋曰蓋同左氏背北杏會故也○夏單伯會伐宋會事之成也伐事已成單伯乃至○單音善疏傳會事之成也○釋曰此解經言會伐宋之意以諸侯伐事已成而單伯始至故云會伐宋○秋七月荊入蔡荊者楚也其曰荊何也州舉之也疏傳州舉之也○釋曰糜信云楚子貪淫爲息媯滅蔡故州舉之是取左傳之說非也十年傳云聖人立必後至天子弱必先叛故曰荊狄之也則此亦與彼同耳州不如國言荊不如言楚

國不如名言楚不如言介葛盧○介音界名不如字言介葛盧不如言邾儀父○冬單伯會齊侯宋公衛侯鄭伯于鄄鄄衛地鄄音絹○復同會也諸侯欲推。桓以爲伯故復同會于此以謀之○復扶又反爲欲于僞反

【疏】傳復同會也○釋曰重發傳者諸侯至此方信齊桓故更發之也

十有五年春齊侯宋公陳侯衛侯鄭伯會于鄄復同會也爲欲推桓爲伯故復會於此○復扶又反○夏夫人姜氏如齊婦人既嫁不踰竟踰竟非禮也

【疏】傳踰竟非禮也○釋曰重發之者此非淫恐異故傳同之

○秋宋人齊人邾人伐郳宋主兵故序齊上也班序上下以國大小爲次夷狄在下征伐則以主兵爲先春秋之常也他皆放此○鄭人侵宋○冬十月

十有六年春王正月○夏宋人齊人衛人伐鄭○秋荊伐鄭○冬十有二月會齊侯宋公陳侯衛侯鄭伯許男曹伯滑伯滕子同盟于幽幽宋地滑于八反○同者有同也同尊周也

【疏】傳同者至周也釋曰公羊傳云同盟者。加同欲也左傳云同盟于幽鄭成也此云同盟者同尊周也見三傳意各異也所謂同尊周也者諸侯推桓爲伯使翼。戴天子卽是尊周之事

不言公外內寮一疑之也十三年春會于北杏諸侯俱疑齊桓非受命之伯欲共以事推之可乎今于此年諸侯同共推桓而魯與齊雖外內同一疑公可事齊不會不書公以著疑焉同官爲寮謂諸侯也至二十七年同盟于幽遂伯齊侯○寮一力彫反

【疏】傳不言至之也○釋曰舊解謂會于北杏不言諸侯是外疑也今此會不言公是內疑之也自此以後外內不復疑之故曰一疑也直據傳文事欲似然推尋范注必不得爾何者注云外內同一疑公可事齊不會不書公以著疑焉何指北杏與此爲一疑也故今更別說言此會公實

與之而經不言公者外內寮一疑之寮謂諸侯也言外內諸侯同一疑公不知可事齊乎不可事齊乎故去公以著疑也云外內者諸侯之國或遠或近故以外內總之也若然十三年公會齊侯盟于柯所以云公者彼柯盟曹劌要齊歸魯汶陽之田非事齊之事縱與之盟不足爲恥也此幽盟欲推齊爲伯與共尊事之魯既與齊爲讎又內外一疑故經不言公以示意也

○郳子克卒其曰子進之也附齊而尊周室王命進其爵

十有七年春齊人執鄭詹人者衆辭也以人執與之辭也與令得執○詹者廉反令力呈反鄭詹鄭之卑者【疏】傳齊人至卑者○釋曰稱人者衆所欲之辭故云與之謂與齊得執也知鄭詹是鄭之卑者大夫卑者以國氏今經直云鄭詹故知卑者也然則卑者可知而重發傳者嫌有罪去氏也知非有罪去氏者外大夫身有罪例不去氏即祭仲之類是也宛所以去氏者爲貶鄭伯也卑者不志此其志何也以其逃來志之也逃來則何志焉將有其末不得不錄其本也末謂逃來鄭詹鄭之佞人也○佞乃定反

○夏齊人殲于遂殲者盡也然則何爲不言遂人盡齊人也無遂之辭也無遂則何爲言遂其猶存遂也以其能殺齊戍故若遂之存○殲子廉反盡也遂人盡齊人絕句存遂奈何曰齊人滅遂使人戍之遂之因氏飲戍者酒而殺之齊人殲焉此謂狎敵也狎猶輕也○飲於鴆反狎戶甲反

○秋鄭詹自齊逃來逃義曰逃齊稱人以執是執有罪也執得其罪故曰義也今而逃之是逃義也

○冬多麋京房易傳曰廢正作淫爲火不明則國多麋○麋亡悲反【疏】注京房云云○釋曰火不明者謂五行與五事五常相配則視與禮同配南方言火不明猶言視與禮不明也

十有八年春王三月日有食之不言日不言朔夜食也何以知其夜食也曰王者朝日王制曰天子玄冕而朝日於東門之外故日始出而有虧傷之處是以知其夜食也何休曰春秋不言月食日者以其無形故闕疑其夜食何緣書乎鄭君釋之曰一日一夜合爲一日今朔日日始出其食虧傷之處未復故知此自以夜食夜食則亦屬前月之晦故穀梁子不以爲疑○朝直遙反處昌慮反【疏】注王制至夜食○釋曰此是禮記玉藻文而云王制者謂王者之法制非謂王制之篇也此魯事而輒言天子朝日者言王者朝日所以顯諸侯朝朔也天子朝日於東門之外服玄冕其諸侯則玉藻云皮弁以聽朔於大廟與天子禮異其禮雖異皆早早行事而昨夜有虧傷之處尚有故知夜食也徐邈云夜食則星無光張靖策廢疾云立八尺之木不見其影並與范意異也故雖爲天子必有尊也貴爲諸侯必有長也故天子朝日諸侯朝朔○長丁丈反

○夏公追戎于濟西其不言戎之伐我何也以公之追之不使戎邇於我也邇猶近也不使戎得逼近於我故君入竟望風退走○濟子禮反濟水名邇如字邇近也一本作介音界亦近也竟音境于濟西者大之也何大焉爲公之追之也言戎遠來至濟西必大有徒衆以公自追之知其審然○爲于僞反

○秋有蟚蟚短狐也蓋含沙射人京房易傳曰忠臣進善君不識厥咎國生蟚○蟚本亦作蜮音或短狐本草謂之射工射人食亦反下文同【疏】傳秋有蟚○釋曰洪範五行傳云蟚如鼈三足生於南越南越婦人多淫故其地多蟚也陸機毛詩義疏云蟚短狐一名射影在江淮水中人在岸上影見水中投人影則殺之故曰射影或謂含沙射人入人皮肌其瘡如疥范引京房易傳則與五行傳說異又云蓋含沙射人則與陸機說或同也一有一亡曰有蟚射人者也○亡音無又如字【疏】傳一有一亡曰有○釋曰舊解一有南越所生是也一亡魯國

無是也今以爲一有一亡曰有者謂或有有時或有無時言不常也故書曰有若螟螽之類是常有之物不言有也上十七年云多麋者魯之常獸是歲偏多故書多也螟螽不言多者螟螽是微細之物不可以數言之故不言多也又每年常有不得言有也所以異於蜚蜮與麋也○冬十月

監本附音春秋穀梁注疏莊公卷第五

穀梁注疏卷五校勘記　　阮元撰盧宣旬摘錄

莊公

元年

傳始人之也　閩監毛本以此下疏文移屬下注以人道錄之下傳誤作注○案此傳在下疏當下屬此本誤也

則子不忍卽位也　閩本同監毛本下衍註字

夫人孫于齊　石經閩監毛本同釋文孫本亦作遜○案段玉裁云古經典無遜字亦作遜者非是

傳人之至受命　此疏閩監毛本在注義得貶夫人下傳作註誤

據僖二十九年　閩本同監本二字模糊毛本二作三案當作三十

六命賜官　閩監毛本賜作受○按周禮作賜

能征不顯者賜弓矢　閩監毛本同何校本顯作順○按今白虎通作義

舊說解九錫之名　閩監本同毛本名作命

此王姬由魯而嫁　閩監本同毛本由作繇案毛避所諱也

二年

爲之主者卒之也石經同閩監毛本脱主字

三年

溺會齊侯伐衛閩監毛本同石經侯作師按隱二年疏引正作師

齊魯黨大是罪人閩監毛本是作惡何校本大是作天是云是疑子

郊牛之口傷閩監毛本同何校本依通典上增猶字

謂蔡謀也傳閩監毛本同何校本謀改謨○按蔡謨字道明謚文穆晉書有傳

鄭云云閩監毛本上云作玄

傳獨陰不生至稱焉閩本同監毛本脱傳字

不是獨陽能生也閩監毛本能作得

柔剛者閩監毛本作剛柔者

四年

六年

亯大牢以飲賓閩監毛本同何校本亯作享

春王三月石經同隱二年疏引亦作三月閩監毛本誤二月

王者安危天下所繫故亦與內同也閩監毛本安危天下作天下安危無也字

七年

辛卯昔恆星不見閩監毛本此下衍夜中星隕如雨六字釋文昔本或作暜○按古多假昔爲夕段玉裁說見公羊校勘記

著於上見於上閩監毛本次上字作下

著其直見於下閩監毛本無其直見三字

則是雨說也閩監毛本同釋文出是雨云于付反注同則亦與今本同石經雨作兩

豈雨說哉閩監毛本同石經雨作兩

又中夜而隕者閩監毛本中夜作夜中

十有二年

宋萬弑其君捷按公羊傳捷作接古音妾聲捷聲同部徐彥疏引長義云穀梁亦作接

荀息雖同復死之例閩監毛本同何校本復作後是也

十有三年

三說不同者閩監毛本同何校本三作二是也
侯推之閩監毛本上有諸字
而齊侯終亦還之閩監毛本無終字
十有四年
冬單伯會齊侯宋公衞侯鄭伯于鄄石經同閩監毛本脫宋公衞侯四字
諸侯欲推桓以爲伯閩監毛本脫桓字
十有六年
同盟者加同欲也按公羊傳加作何
使翼戴天子閩監毛本戴作戴是
十有八年
其食虧傷之處閩監毛本食下衍有字
而昨夜有虧傷之處尚有閩本同監毛本下有字作存
故君入竟閩本同監毛本君作若

陸機閩監本同是也毛本機作璣誤

穀梁注疏卷五校勘記

監本附音春秋穀梁注疏莊閔公卷第六 十九年至三十二年盡閔二年

范甯集解　楊士勛疏

十有九年○傳本或分此以下爲莊公與閔公同卷春王正月○夏四月○秋公子結媵陳人之婦于鄄遂及齊侯宋公盟媵淺事也不志此其志何也辟要盟也魯寶使公子結要二國之盟欲自託於大國未審得盟與不故以媵婦爲名得盟則盟不則止此行有辭也○媵以證反又繩證反爾雅云送也要於遙反注同疏傳辟要盟也○釋曰文十六年季孫行父會齊侯于陽穀齊侯弗及盟此若齊宋不許亦當云弗及盟而云辟要盟也者彼以行父失辭又無媵事故云弗及盟此有媵事若齊宋不許則直書媵事而已故云辟要盟也何以見其辟要盟也媵禮之輕者也盟國之重也以輕事遂乎國重無說以輕遂重無他異說故知辟要盟耳○見賢偏反其曰陳人之婦略之也但爲遂事假錄媵事耳故略言陳人之婦不處其主名○爲于僞反疏注但爲至主名○釋曰假錄媵事者媵是小事不合書經今既書之故云假非謂無媵事也不處其主名者謂不言陳侯夫人而云陳人之婦是不處其主名也其不日數渝惡之也○數音朔惡烏路反疏傳數渝惡之也○釋曰數渝疾也謂秋共盟冬而見伐變盟之疾故不書日以惡之也或以爲數渝爲今冬伐我西鄙明年齊又伐我故云數理亦通也○夫人姜氏如莒婦人既嫁不踰竟踰竟非正也疏傳不踰竟○釋曰重發傳者嫌此適異國恐別故發傳以同之○冬齊人宋人陳人伐我西鄙其曰鄙遠之也其遠之何也不以難邇我國也○難乃旦反邇如字本又作介

音界

二十年春王二月夫人姜氏如莒夫人比年如莒過而不改無禮尤甚故謹而月之○莒音舉婦人既嫁不踰竟踰竟非正也○竟音境

疏傳不踰竟○釋曰重發傳者此再如莒失禮之甚故詳之

○夏齊大災其志以甚也外災不志甚謂災及人也外災例時

疏傳其志以甚也○釋曰范例云災有十二內則書日外則書時國曰災邑曰火內則書日新宮御廩之類是也其外則時者則宋大水齊大災之等是也昭十八年不書時以四國同日故也其外災志者皆發傳故十一年宋大水傳曰王者之後也襄九年宋災嫌火與水異傳曰故宋也宣十六年成周宣榭災傳曰以樂器所藏目之也此書齊大災傳曰其志以甚也昭十八年宋衛陳鄭災傳曰其志以同日也其九年陳火傳曰閔陳而存之也是也

○秋七月○冬齊人伐我

二十有一年春王正月○夏五月辛酉鄭伯突卒○秋七月戊戌夫人姜氏薨婦人弗目也鄭嗣曰弗目謂不目言其地也婦人無外事居有常所故薨不書地傳元年傳曰夫人薨不地此言弗目蓋互辭爾定九年得寶玉大弓傳曰弗目羞也蓋此類也江熙曰文姜有弒公之逆而弗目其罪。○弗目謂不題目文姜薨所也一曰弗目其罪

疏傳婦人弗目也○釋曰隱二年夫人子氏薨不地之例此復發傳者嫌有罪去地故發之也不曰夫人而言婦人者以文姜失夫人之道故經書薨傳以婦人言之或是經無變文蓋傳通言之無異意也○注弗目其罪○釋曰江熙云不目其罪者謂稱夫人薨與常例不異是也

○冬十有二月葬鄭厲公

二十有二年春王正月肆大眚肆失也。眚災也易稱赦過宥罪書稱眚災肆赦經稱肆大眚皆放赦罪人蕩滌

衆故有時而用之非經國之常制肆音四眚所景反宥音又滌音狄○疏注易稱云云○釋曰肆失也眚災也言肆大眚者謂放失大罪惡災猶罪惡也言放失大罪惡明小惡亦赦之也易稱赦過宥罪者解卦辭也象曰雷雨作解君子以赦過宥罪解卦坎下震上震爲雷坎爲雨雷動雨下而萬物解散故君子以此卦象而放赦罪人書稱眚災肆赦舜典文孔安國云眚過災害肆緩也過而有害當緩赦之此傳云肆失也則亦緩之類以經稱肆大眚故以眚爲災也尚書眚災連文故孔氏以眚爲過其大意亦不異也○注蕩滌衆故○釋曰傳爲嫌天子之葬也者二事相須注以肆大眚不可特爲夫人故云蕩滌衆故傳意原魯所以肆大眚者爲嫌天子之葬也故注與傳兩言之

災紀也失故也災謂罪惡紀治理也有罪當治理之今失之者以文姜之故爲嫌天子之葬也文姜罪應誅絕誅絕之罪不葬若不赦除衆惡而書葬者嫌天子許之明須赦而後得葬○爲于僞反○癸丑

葬我小君文姜小君非君也不治其民其曰君何也以其爲公配可以言小君也○

陳人殺其公子禦寇禦寇宣公之子禦魚呂反又作御○言公子而不言大夫公子未命爲大夫也其曰公子何也公子之重視大夫視此命以執公子大夫既命得執公子之禮一本大夫命以視公子

○夏五月以五月首時寗所未詳疏傳夏五月○釋曰何休云譏莊公娶讎女不可以事先祖猶五月不宜以首時杜預云莊公獨稱夏五月者疑謬誤也范以二者皆無憑故云寗所未詳也

○秋七月丙申及齊高傒盟于防不言公高傒伉也書日則公盟也高傒驕伉與公敵體恥之故不書公○傒音奚伉苦浪反疏注書日至書公○釋曰微者盟例不日及宋人盟于宿是也此既書日明公在可知知非卿者若卿則與高傒敵何以直言及故知非卿也公及莒人盟于包來言公者彼稱人是舉國之辭故可以言公此若云公及高傒則高傒得敵公

故不言公也公會楚公子嬰齊不沒公者彼以前驕伉後服罪故不去公以見別意也○冬公如齊納幣納幣大夫之事

也禮有納采采擇女之德性也其禮用鴈爲贄者取順陰陽往來○贄音至有問名問女名而卜之知吉凶也其禮如納采有納

徵徵成也納幣以成婚疏傳有納徵○釋曰此傳釋諸侯不云納幣而云納徵者以士婚禮有納徵之文欲明用幣雖異而禮同也有告期告迎

期○迎魚敬反四者備疏傳四者備○釋曰士婚禮下達之後有納采問名納吉納徵請期親迎六禮此傳不云納吉者直舉四者足以譏公故略

納吉不言之或以爲諸侯與士禮異者非也而後娶禮也公之親納幣非禮也疏傳納幣非禮也○釋曰納幣非禮是

譏喪娶而注云傳無譏文者傳上云公之親納幣非禮不云喪娶之事故云無譏文也然宣元年貶夫人去氏此則全無譏者彼以夫人不能以禮自固故與

有貶仍未是貶公之事故彼注云不譏喪娶者不待貶絕而罪惡自見是也故譏之公母喪未再朞而圖婚傳無譏文但譏親納幣者喪婚不待貶

絕而罪惡見○見賢偏反

二十有三年春公至自齊疏傳公至自齊○釋曰二十七年傳云桓會不致此與下文觀社皆書公至自齊者公羊傳云桓會不

致此何以致危之也徐邈亦云不以禮行故致以見危范此雖無注下云公怠棄國政。此行犯禮憂危甚矣則亦以二者爲憂危致之也若然定八年傳稱致

月危致也下傳云致月有懼焉爾此若致以見危所以不月者以二者皆非禮而行不假書月危懼可知傳以危而不月嫌與例乖故發傳詳之或以爲二者

皆非禮之行與好會異故致之非是見危理亦通也○祭叔來聘祭叔天子寰內諸侯叔名○祭側界反寰音縣又音環疏傳祭叔來聘○

釋曰范云祭叔天子寰內諸侯叔名則范意將此祭叔與隱元年祭伯同是畿內諸侯而此云來聘彼傳責其不稱朝者祭伯者祭國伯爵也寰內諸侯時不

爲王之卿大夫欲外交鄰好而來通魯以其無王命故不得言聘不仕王朝故得責其不稱朝也今祭叔見是天子大夫而恣意任情欲外接諸侯雖請王命非王本心故不稱使見其擅命言聘表其請王猶左氏公子翬強請故得書經而去其族也案隱元年注云祭伯畿內大夫有采地者既有采地則似祭伯亦仕王朝者以祭伯本爲入仕王朝故畿內授地今雖不仕亦得以大夫言之或以爲祭叔亦無王命以是天子大夫假王命而來魯受其聘故得書聘以本非王命故不稱使也祭伯雖是天子卿大夫欲同諸侯之例而來朝魯以不奉王命故不得稱聘寰內諸侯不合外交故亦不得云朝是亦得通一家也徐邈云祭叔爲祭公使則徐意以祭叔爲祭之夫夫也以叔爲名似同徐說但舊解不然故今亦同之

范其不言使何也天子之內臣也不正其外交故不與使也何休曰南季宰渠伯糾家父宰周公來聘皆稱使獨于此奪之何也鄭君釋之曰諸稱使者是奉王命其人無自來之意今祭叔不一心於王而欲外交不得王命來故去使以見之○去起呂反見賢徧反

○夏公如齊觀社常事曰視視朔是也非常曰觀疏傳非常曰觀○釋曰復發傳者嫌觀魚觀社異故發之也春秋之例常事不書視朔既書而范云常事謂視朔者視朔之禮實是常事但公廢之即爲非常故書之觀無事之辭也言無朝會之事朝直遙反下同○以是爲尸女也尸主也主爲女往爾以觀社爲辭○主爲于僞反爲無事不出竟公至自齊公如陳公行例往時正也正謂無危懼也皆放此致月故也如往月致月有懼焉爾○荆人來聘善累而後進之其曰人何也舉道不待再明聘問之禮朝宗之道非夷狄之所能故一舉而進之疏傳善累云云○釋曰不言楚人而云荆人者傳稱州不若國楚既新進若稱國繫人嫌其大褒故直舉州稱人言聘以進之

○公及齊侯遇于穀及者內爲志焉爾疏傳內爲志焉爾○釋

曰重發傳者公爲淫如齊嫌異於常故重發之遇者志相得也○蕭叔朝公疏傳蕭叔朝公○釋曰書名者附庸常例儀父稱字傳言貴之此傳直云微國不言貴之則叔名也重發傳者嫌名字異故也微國之君未爵命者其不言來於外也言於穀朝公也朝於廟正也於外非正也○秋丹桓宮楹楹柱禮天子諸侯黝堊黝堊黑色○黝於糾反又於柳反注同堊烏路反又烏各反范云黝堊黑色案黝黑也堊白土疏注黝堊黑色○釋曰徐邈云黝黑柱也堊白壁也謂白壁而黑柱今范同以黝堊爲黑色者以此傳爲丹楹而發何得有壁事而在其間故同爲黑色也大夫倉士黈黈黃色○黈他苟反黃色也麋氏云張斗反丹楹非禮也○冬十有一月曹伯射姑卒○射音亦本或作亦○十有二月甲寅公會齊侯盟于扈桓盟不日此盟日者前公如齊觀社傳曰觀無事之辭以是爲尸女也公怠棄國政。此行犯禮憂危甚矣。霸主降心親與之盟實有弘濟之功而魯得免於罪臣子所慶莫重於此時事所重文亦宜詳故特謹日以著之○扈音戶疏注桓盟至著之○釋曰公羊傳云桓盟不日此何以日危之也今范知喜得。霸主與盟故詳而日之者傳雖有桓盟不日信之文亦有不日數渝惡之事又葵丘以極美齊桓而書日故知此間書日喜。霸者與盟也此時齊桓威德既盛與公結盟實有弘濟之功何得爲有危事故范以臣子所慶文亦宜詳也

二十有四年春王三月刻桓宮桷禮天子之桷斲之礱之加密石焉以細石磨之○刻音克桷音角榱也方曰桷圓曰椽斲丁角反削也礱之力公反磨之諸侯之桷斲之礱之大夫斲之士斲本刻桷非正也夫人所以崇宗廟也取非禮與非正而加之於宗廟以飾夫人非正也

非禮謂娶讎女非正謂刻桷丹楹也本非宗廟之宜故曰加言將親迎欲爲夫人飾又非正也○迎魚敬反下皆同【疏】注又非正也○釋曰娶讎女刻桷兩事俱非故曰又也或以爲又者幷謂崇飾夫人理亦通也所以不直言非禮云又非正者見莊有二種之惡故非禮非正兩舉之也刻桓宮桷丹

桓宮楹斥言桓宮以惡莊也不言新宮而謂之桓宮以桓見殺於齊而飾其宗廟以榮讎國之女惡莊不子○惡烏路反下同【疏】注不言新宮○釋曰新宮桓公之宮以是禰宮不忍斥之故謂之新宮今惡莊公不子故斥言桓宮以見非正也○葬曹莊公○夏

公如齊逆女親迎恆事也不志【疏】傳親迎至不志○釋曰文四年傳云其不言公何也非成禮於齊也似不成禮於齊卽合志而此云常事不志者彼亦是非禮而書就書之中更自別見言逆婦既書於經所以不云公者爲成禮於齊故變文與莊公異也此其志何也

不正其親迎於齊也○秋公至自齊迎者行見諸舍見諸諸之也言贍望夫人○乘車○乘繩證反○

先至非正也○八月丁丑夫人姜氏入哀姜入者內弗受也【疏】傳入者內弗受也○釋曰重發傳者嫌夫人與他例異故也日入惡入者也何用不受也以宗廟弗受也其以宗廟弗受何也娶

仇人子弟以薦舍於前其義不可受也薦進舍置○惡入烏路反一音如字戊寅大夫宗婦覿用

幣宗婦同宗大夫之婦○覿用徒歷反見也【疏】傳覿用幣釋曰舊解不言見而言覿覿者私事大夫公然行之故言覿以明其私也見者正也故會于沙隨云不見公傳曰可以見公而不見譏在諸侯也是覿與見別也今以爲不然者三傳之文並不云覿見事別何得言私爲覿正爲見乎恐別有案據遂存之以示疑耳覿見也禮大夫不見夫人【疏】傳大夫不見夫人○釋曰既云不見夫人又說男子之贄者更釋用幣非禮之意也言男

子之贄羔鴈之等婦人之贄棗栗之類欲見俱不得用幣不言及不正其行婦道故列數之也男子之贄羔鴈雉腒贄所以至者也上大夫用羔取其從羣帥而不黨也下大夫用鴈取其知時飛翔有行列也士冬用雉夏用腒取其耿介交有時別有倫也腒腊也雉必用死爲其不可生服也夏用腒備腐臭也○數色主反腒其居反腊也乾雉也士夏執之備腐臭也說文云北方謂鳥腊曰腒傳曰堯腊舜始腒別彼列反爲其于僞反腐符甫反婦人之贄棗栗鍛脩棗取其早自矜莊栗取其敬栗鍛脩取斷斷自脩整○鍛丁亂反脯也鍛而加薑桂曰脩脩飭本或作勑同恥力反一本作飾申職反或作整音征領反用幣非禮也用者不宜用者也大夫國體也國體謂爲君股肱股音古肱古弘反○而行婦道惡之故謹而日之也○惡烏路反○大水○冬戎侵曹曹羈出奔陳疏傳曹羈出奔陳○釋曰公羊以爲曹羈是曹大夫三諫不從而去之也杜預注左傳以爲羈是曹之世子此處雖無傳案下二十六年傳意則與公羊同也○赤歸于曹郭公疏傳赤歸于曹郭公○釋曰薄氏駁云赤若是諸侯不能治國舍而歸曹應謂之奔何以詭例言歸乎徐乾又云不言郭公疑是魯之微者若是微者則例所不書何得以微者爲譬二事俱滯而范從之者凡諸侯出奔其國者或爲人所滅或受制強臣迫逐苟免然後書出今郭公在國不被迫逐往曹事等如歸故以易辭言之不得云出奔也凡內大夫未得命者例但書名若使赤直名而無所繫則文同俠等故又云郭公也徐乾之說理通故范引而從之赤蓋郭公也何爲名也禮諸侯無外歸之義外歸非正也徐乾曰郭公郭國之君也名赤蓋不能治其國舍而歸于曹君爲社稷之主承宗廟之重不能安之而外歸他國故但書名以罪而懲之不直言赤復云郭公者恐不知赤者是誰將若魯之微者故也以郭公著上者則是諸侯失國之例是無以見微之義○羈居宜反郭公左氏如字公羊音號舍音

捨徽直升反復扶又反著張慮反又張略反見賢徧反○

二十有五年春陳侯使女叔來聘女氏叔字○女音汝其不名何也據成三年晉侯使荀庚來聘稱名天子之命大夫也疏傳天子之命大夫也○釋曰言命大夫即是單伯之等故知叔是字祭仲傳無文釋故知仲是名也○夏五月癸丑衞侯朔卒惠公也犯逆失德故不書葬○六月辛未朔日有食之言日言朔食正朔也鼓用牲于社鼓禮也用牲非禮也天子救日置五麾陳五兵五鼓麾旌幡也五兵矛戟鉞楯弓矢○麾毀爲反幡芳元反矛亡侯反鉞音越楯時準反又音允○諸侯置三麾陳三鼓三兵大夫擊門士擊柝言充其陽也凡有聲皆陽事以壓陰氣柝兩木相擊充實也○柝吐洛反壓於甲反又於涉反○疏傳鼓用至陽也○釋曰案范三十年注云救日用牲既失之矣非正陽之月而又伐鼓亦非禮今伐鼓於建巳之月故曰禮也用牲非常故云非禮也五麾者糜信云各以方色之旗置之五處也五兵者徐邈云矛在東戟在南鉞在西楯在北弓矢在中央糜信與范數五兵與之同是相傳說也五鼓者糜信徐邈並云東方青鼓南方赤鼓西方白鼓北方黑鼓中央黃鼓案五兵兵有五種未審五鼓是一鼓有五色爲當五種之鼓也何者周禮有六鼓雷鼓靈鼓路鼓鼖鼓鼛鼓晉鼓之等若以爲五種之鼓則不知六鼓之內竟去何鼓若以爲一種之鼓則不知六鼓之內竟取何鼓又周禮云雷鼓鼓神祀則似救日之鼓用雷鼓但此用之於社周禮又云靈鼓鼓社稷祭則又似救日食之鼓用靈鼓進退有疑不敢是正故直述之而已檢糜徐兩家之說則以五鼓者非六鼓之類別用方色鼓而已諸侯三者則云降殺以兩去黑黃二色是非六鼓之類也下云大夫擊門士擊柝則此陳五鼓亦擊之也但擊之時陳列於社之塋域因五兵五麾是陳故亦以陳言之非謂直陳而不擊

也○伯姬歸于杞其不言逆何也逆之道微【疏】傳逆之道微○釋曰重發傳者紀伯姬釋不稱使之微此解不言逆之微故別發傳無足道焉爾○秋大水鼓用牲于社于門門國門也高下有水災曰大水既戒鼓而駭衆用牲可以已矣救日以鼓兵救水以鼓衆【疏】傳高下云云○釋曰重發之者此有用牲之失嫌異常水故更發之既戒鼓駭衆者謂既警戒擊鼓而駭動衆人則用牲可以已矣知不合用牲者用者不宜用故知不合也又云救日以鼓兵者謂伐鼓以責陰陳兵示禦侮救水以鼓衆者謂擊鼓聚衆也皆所以發陽也○○冬公子友如陳

二十有六年春公伐戎○夏公至自伐戎○曹殺其大夫言大夫而不稱名姓無命大夫也無命大夫而曰大夫賢也爲曹羈崇也徐邈曰于時微國衰陵不能及禮其大夫降班失位下同於士故略稱人而傳謂之無命大夫也莒慶莒挐邾庶其邾快皆特以事書非實能貴故略名而已楚雖荊蠻漸自通于諸夏故莊二十三年書荊人來聘文九年又褒而書名國轉彊大書之益詳然當僖公文公之世楚猶未能自同于列國故得臣及椒並略名惟屈完來會諸侯以殊禮成之楚莊王之興爲江漢盟主與諸夏之君權行抗禮其勢彊于當年而事交於內外故春秋書之遂從中國之例夫政俗隆替存乎其人三后之姓日失其序而諸國乘間與之代興因詳略之文則可以見時事之實矣秦爵伯也上據西周班列中夏故得稱師有大夫其大夫當名氏而文十二年秦術略名蓋于時晉主魯盟而秦方敵晉則魯之于秦情好疏矣禮以飾情情疏則禮略春秋所以略文乎又吳札不書氏以成尊于上也宋之盟叔孫豹不書氏以著其能恭此皆因事而爲義○爲曹于僞反挐女居反又女加反快苦夬反諸夏戶雅反下同屈君勿反情好呼報反【疏】傳爲曹羈崇也釋曰薄氏駮曰曹羈出奔經無歸處曹自殺大

夫何以知是羈也又云術之名爲晉貶秦然楚亦敵晉何以不略而貶之又此注雖多未足通崇之義徒引證據何益於此哉范荅之曰羈曹之賢大夫也曹伯不用其言乃使出奔他國終於受戮故君子愍之書殺其大夫即是崇賢抑不肖之義也案大夫出奔或書出不書入秦后子是也或書入不書出蔡季是也史有闕漏○非是一般何得以無歸之文則怪其非羈也秦以交疏之故而略其臣楚與諸夏會同所以不略也是范氏論崇曹羈之事也曹羈三諫不從者是公羊之說也○注徐邈至爲義○釋曰莒慶莒挐邾庶其邾快皆特以事書者謂莒慶來逆女莒挐爲魯所獲庶其邾快來奔於魯故書以著罪是皆以事書之非能貴也秦稱師者僖二十八年城濮之戰是也亦既稱師明當有大夫而秦術無氏故知春秋所略也又云吳札不書氏以成尊於上者襄二十九年傳文謂進吳稱子許夷狄者不壹而足不可復進其臣不書季札之氏所以成尊於上也叔孫豹不書氏以著其恭者襄二十七年傳文彼傳以溴梁之會諸侯在而不曰諸侯大夫大夫不臣也意趙武恥之豹云者恭也是其恭故不書氏以見意也○秋公會宋人齊人伐徐○冬

十有二月癸亥朔日有食之

二十有七年春公會杞伯姬于洮伯姬莊公女洮魯地○洮他刀反本或作桃○○夏六月公會齊侯宋公陳侯鄭伯同盟于幽同者有同也同尊周也【疏】傳同者云云○釋曰同尊周也復發傳者前同盟于幽諸侯尚有疑者今外內同心推桓爲伯得專征伐之任成九合之功故傳詳其事也○於是而後授之諸侯也其授之諸侯何也齊侯得衆也桓會不致安之也桓盟不日信之也信其信仁其仁【疏】傳信其信仁其仁○釋曰謂諸侯信齊桓之信仁齊桓之仁下文未嘗有歃血之盟是其信也未嘗有大戰是其仁也衣裳之會十有一者謂從北杏至葵丘也論

語稱九合諸侯者貫與陽穀二會管仲不欲故去之自外唯九合也兵車之會四者洮鹹牲丘淮也不數侵蔡伐楚者以二者征伐非會故也鄭玄釋廢疾云自柯之明年葵丘以前去貫與陽穀固已九合矣則鄭意不數北杏自外與范注同也不數北杏所以得九合諸侯者先師所說不同或云去貫與陽穀與猶數也言數陽穀故得爲九也或云葵丘會盟異時故分爲二或取公子結與齊桓宋公盟爲九故先師劉炫難之云貫與陽穀並非管仲之功何得去貫而數陽穀也若以葵丘之盟盟會異時而數爲二則首戴之會亦可爲二也離會不數鄄盟去公子結則唯有齊宋二國之會安得數之二三之說並無憑據故劉氏數洮會爲九以數洮會爲九兵車之會又少其一故劉以傳誤解之當云兵車之會三案洮會下亦無云兵車之會則傳文不應兩處皆誤是亦可疑也○

衣裳之會十有一未嘗有歃血之盟也信厚也十三年會北杏十四年會鄄十五年又會鄄十六年會幽二十七年又會幽僖元年會。檉二年會貫三年會陽穀五年會首戴七年會寧毋九年會葵丘○歃所洽反于杅他貞反又勑丁反本亦作。檉寧如字又音甯毋音無又茂后反○

兵車之會四未嘗有大戰也愛民也僖八年會洮十三年會鹹十五年會牡丘十六年會淮於末年乃言之不道侵蔡伐楚者方書其威不道兵車也此則以兵車會而不用征伐○鹹音咸牡茂后反

○秋公子友如陳葬原仲原仲陳大夫原氏仲字○

言葬不言卒不葬者也外大夫例不書卒○【疏】注外大夫云云○釋曰葬亦不書止云例不書卒者以內大夫書卒尚不書葬況外大夫卒亦不書明不合書葬故云外大夫例不書卒欲見必不得書葬之意也

不葬而曰葬諱出奔也言季友辟內難而出以葬原仲爲辭○難乃旦反○【疏】傳諱出奔也○釋曰范知辟內難而出者公羊傳以夫人哀姜淫於二叔此上傳亦云子般卒而公子慶父出奔則慶父之釁季子素知季子出則殊其文入則貴之稱季子明其無罪故知辟難也

○冬杞伯姬來歸寧○莒慶來逆叔姬

慶名也莒大夫也叔姬莊公女禮檀弓記曰陳莊子死赴於魯魯人欲勿哭繆公召縣子而問焉縣子曰古之大夫束脩之問不出竟雖欲哭之安得而哭之今之大夫交政於中國雖欲勿哭安得而勿哭則大夫越竟逆女非禮也董仲舒曰大夫無束脩之餽無諸侯之交越竟逆女紀罪之○繆音穆縣音玄竟音境焉於虔反餽巨愧反越竟本或作疆居良反

諸侯之嫁子於大夫主大夫以與之君不敵臣來者接內也不正其接內故不與夫婦之稱也接內謂與君為禮也夫婦之稱當言逆女○稱尺證反

○杞伯來朝杞稱伯蓋時王所絀○朝直遙反絀本又作黜勑律反

○公會齊侯于城濮城濮衛地○濮音卜

二十有八年春王三月甲寅齊人伐衛衛人及齊人戰衛人敗績於伐與戰安戰也問在何處戰○處昌慮反

疏傳於伐云云○釋曰於伐與戰安戰也謂於伐衛之時。兩國相與交戰問在何處戰也戰衛謂在衛國之都也知國都者若在他所則應云地今不書地故知衛都耳猶桓十三年戰于龍門為近不地相似也○

戰衛戰則是師也其曰人何也微之也何為微之也今授之諸侯而後有侵伐之事故微之也其人衛何也以其人齊不可不人衛也齊桓始受方伯之任未能信著鄰國致其侵伐之事貶師稱人以微之也人不可以敵于師師不可以與人戰故亦以衛師為人衛非有罪○衛小齊大其以衛及之何也以其微之可以言及也其稱人以敗何也

疏傳其稱人以敗何也○釋曰據桓十二年戰稱人敗稱師故發違例之問也○

不以師敗於人也人輕而師重○

夏四月丁未邾子瑣卒○瑣素禾反

○秋荊伐鄭荊者楚也其曰荊州舉之也疏荊州

舉之也釋曰前書荆人來聘聘是善事故進之今伐中國不足可褒故州舉之也○○公會齊人宋人救鄭善救鄭也○
冬築微微魯邑○微左氏作麋山林藪澤之利所以與民共也虞之非正也虞典禽獸之官言規固而築之又置官司以守之是不與民共。何利也築不志凡志皆譏也築例時○數素后反○【疏】傳虞之非正也○釋曰成十八年築鹿囿此築邑並云虞之非正也者彼直築囿以虞之此築邑置官司以虞之囿邑既殊俱是虞之非正故再起傳例○注虞典至例時○釋曰周禮澤虞掌田獵之事左傳皮冠以招虞人是虞人典禽獸之官也知築不志凡志皆譏也者三十一年築臺于秦傳曰君子危之故謹而志之也知志則譏也此年與三十一年春築臺于郎秋築臺于秦皆不書月是例時○
○大無麥禾大者有顧之辭也【疏】傳大者有顧之辭也○釋曰經言大無麥禾者謂一災不書待冬無禾然後升錄無麥故經稱大而傳云有顧之辭也顧猶待也徐邈云至冬無禾於是顧錄無麥其意亦謂待無禾然後顧錄無麥故云大是也莊七年秋大水無麥苗此經不言大水者彼傳云麥苗同時也是麥與黍稷之苗同時爲水而死故繫大水言之此至冬始書大無麥禾則禾之死未必。田。大水故不繫之徐邈云不言水旱者麥禾自死不由水旱是也或以爲言無禾則大水可知故省文若然七年何以不省文而言大水不言饑者舊解以爲下傳云不書如爲內諱則此不言饑是諱也或當雖無麥禾得臧孫之告糴不至饑也○於無禾及無麥也一災不書於冬無禾而後顧錄無麥故言大明不收甚○
○臧孫辰告糴于齊臧孫辰魯大夫臧文仲○糴音狄○國無三年之畜曰國非其國也一年不升告糴諸侯告請也糴糴也不正故舉臧孫辰以爲私行也爲內諱故不稱使使若私行○畜勑六反下同爲內于僞反下文爲內同國無九年之畜曰不足無六年之畜曰急無三年之畜

曰國非其國也諸侯無粟諸侯相歸粟正也臧孫辰告糴于齊告然後與之言內之無外交也古者稅什一宣十五年注詳矣○稅始銳反什一十而稅疏注宣十五年注詳矣釋曰彼傳云古者什一注云一夫一婦佃田百畝又受田十畝以爲公田公田在內私田在外此一夫一婦爲耕一百一十畝也八家共一井之田餘二十畝者以爲廬舍是也○豐年補敗敗謂凶年不外求而上下皆足也疏傳上下皆足也○釋曰上謂君也下謂民也○雖累凶年民弗病也一年不艾而百姓饑疏傳一年不艾○釋曰糜信云艾穫也君子非之不言如爲內諱也○艾牛蓋反

二十九年春新延廏疏傳新延廏○釋曰不言作者僖二十年新作南門傳曰作爲也有加其度也彼謂加其度更增大之故云作此直改新故不言作○延廏者法廏也周禮天子十二閑馬六種邦國六閑馬四種每廏一閑言法廏者六閑之舊制也○廏九又反六種之勇反下皆同疏注周禮至舊制○釋曰自每廏一閑以上周禮校人有其事馬六種者彼校人云辨六馬之屬種馬一物戎馬一物齊馬一物道馬一物田馬一物駑馬一物是也鄭云玉路駕種馬戎路駕戎馬金路駕齊馬象路駕道馬田路駕田馬駑馬給官中之役是天子六種之馬分爲左右廏故十二閑也彼又云邦國六閑馬四種家四閑馬二種鄭玄云諸侯齊馬道馬田馬各一閑駑馬則分爲三大夫則田馬一閑駑馬分爲三是天子十二閑馬六種邦國六閑馬四種也其言新有故也言改故而新之有故則何爲書也古之君人者必時視民之所勤民勤於力則功築罕罕希○罕呼旦反民勤於財則貢賦少民勤於食則百事廢矣凶荒

殺禮○殺所界反冬築微春新延廄以其用民力爲已悉矣悉盡○夏鄭人侵許○秋有蜚穀梁說曰蜚者南方臭惡之氣所生也象君臣淫泆有臭惡之行○蜚扶味反行下孟反一有一亡曰有○亡如字又音無○冬十有二月紀叔姬卒紀國雖滅叔姬執節守義故繫之紀賢而録之【疏】注賢而録之○釋曰內女嫁於大夫則不書卒爲媵亦如之今既書卒故知賢也○○城諸及防諸防皆魯邑○可城也【疏】傳可城也○釋曰左氏之例城有時與不時隱七年傳云凡城之志皆譏也此云可城也者傳以得土功之節者則譏之淺失土功之時者責之深故傳云可城也不謂此城無譏也○以大及小也傳例曰凡城之志皆譏今云可者謂冬可用城不妨農役耳不謂作城無譏

三十年春王正月○夏師次于成次止也有畏也欲救鄣而不能也不言公恥不能救鄣也畏齊○鄣音章○秋七月齊人降鄣降猶下也鄣紀之遺邑也○降戶江反下遐嫁反○八月癸亥葬紀叔姬不日卒而日葬閔紀之亡也○九月庚午朔日有食之鼓用牲于社救日用牲既失之矣非正陽之月而又伐鼓亦非禮○冬公及齊侯遇于魯濟濟水名○濟子禮反及者內爲志焉爾遇者志相得也【疏】傳及者至得也○釋曰重發傳者齊爲伯者嫌與諸侯異也○齊人伐山戎齊人者齊侯也其曰人何也愛齊侯乎山戎也不以齊侯敵乎山戎故稱人○其愛之何也桓內無因國外無從諸侯而越千里之險北伐山戎危之也內無因緣山戎左右之國爲內

間者外無諸侯者不煩役寮國〇從才用反內間間廁之間〇則非之乎善之也遠伐山戎雖危勤王職貢則善何善乎爾燕
周之分。子也燕周大保召康公之後成王所封分子謂周之別子孫也〇燕音烟注及後同分扶問反又如字本或作介音界大音泰召上照反
疏注燕周至孫也〇釋曰燕是召康公之後成王所封者世家文也分者別也燕與周同姓故知別子孫也貢職不至山戎為之伐
矣言由山戎為害伐擊燕使之隔絕於周室〇為之如字
三十有一年春築臺于郎〇夏四月薛伯卒〇築臺于薛薛魯地〇六月齊侯來
獻戎捷獻下奉上之辭也春秋尊魯故曰獻〇捷在接反戎菽也捷獲也〇齊侯來獻捷者內齊侯也不言使內
與同不言使也泰曰齊桓內救中國外攘夷狄親倚之情不以齊為異國故不稱使若同一國也〇攘如羊反倚於綺反下文及注同〇獻
戎捷軍得曰捷戎菽也菽豆疏傳齊侯至菽也〇釋曰徐邈云齊還經魯界故使人獻捷不入國都而言來獻敬重霸主親而內之
也麋信亦云言內齊侯者解經稱來之意也范雖不注理亦合當然矣僖二十一年楚人使宜申來獻捷彼亦稱來者宜申止來鄉魯接公行禮故得稱來與
齊侯異也又云不言使內與同者謂內齊侯與同一國故不稱使也戎菽也者舊解謂順經意而惜齊侯故傳依違其文釋之為菽其實宋是中國故捷不繫
國戎是夷狄故繫之戎也案管子云出戎菽及冬葱布之天下則以戎為豆也故徐邈云今之胡豆也舊解以為依違其文恐失傳旨僖二十一年傳云其不
曰宋捷何也不與楚捷于宋也范云據莊三十一年齊侯來獻戎捷據彼傳及注意則似不以戎為豆今疑不敢正故兩載之此書月彼不書月者徐邈云霸
主服遠之功重故詳而月之也一解齊侯此時克山戎幷得胡豆來故傳云戎菽謂克戎之菽齊侯此時幷得戎菽於文亦僻也〇秋築臺于

秦地秦魯不正罷民三時虞山林藪澤之利且財盡則怨力盡則懟懟恚恨也○罷音皮下同

懟直類反怨也君子危之故謹而志之也或曰倚諸桓也桓外無諸侯之變內無國事

越千里之險北伐山戎爲燕辟地辟開○爲于僞反辟婢亦反○魯外無諸侯之變內無國事

一年罷民三時虞山林藪澤之利惡內也譏公依倚齊桓而與桓行異○惡烏路反行下孟反○冬不雨

疏傳冬不雨○釋曰徐邈云僖十一年傳曰雩不得雨曰旱然則此云不雨者或當不雩也范意亦未必然或當不言旱不爲災也○

三十有二年春城小穀小穀魯邑○夏宋公齊侯遇于梁丘遇者志相傳也疏傳遇者志相得也○釋曰重立傳者外與伯者遇嫌異故發之梁丘在曹邾之間去齊八百里非不能從諸侯而往也辭所遇遇所不遇大齊桓也辭所遇謂八百里間諸侯必有願從者而不之遇所不遇謂遠遇宋公也○能從才用反或如字注同○○秋七月癸巳公子牙卒牙慶父同母弟何休曰傳例大夫不日卒惡也牙與慶父共淫哀姜謀殺子般而日卒何也鄭君釋之曰牙莊公母弟不言弟其惡已見不待去日矣甯案傳例諸侯之尊弟兄不得以屬通蓋以禮諸侯絕朞而臣諸父昆弟稱昆弟則是申其私親也宣十七年公弟叔肸卒傳曰其曰公弟叔肸賢之也然則不稱弟自其常例耳鄭君之說。其所未。詳○見賢偏反去起呂反朞音期肸許乙反○疏注甯所未詳○釋曰范既引鄭君之說又云未詳者范以僖十六年傳稱公弟叔仲賢也大夫不言公子公孫疏之也若牙實有罪則應去公子以見疏今書公子故云未詳也或申鄭君義云牙不去公子爲親者諱然則鄭意若以爲諱何得云其惡已見是鄭權荅何休之難不顧上下之理故范云未詳也公子季友卒不稱

弟者季子雖賢兄已卒故也○○八月癸亥公薨于路寢公薨皆書其所譏凶變○路寢正寢也寢疾居正

寢正也男子不絕于婦人之手以齊終也齊絜○齊側皆反本亦作齋○疏傳以齊終也○釋曰齊者齋絜之名

故記稱齋之爲言齊也是齊齋意同故范訓爲絜或古者齊齋同字此傳齊即讀爲齋理亦通也○冬十月乙未子般卒在喪故稱

子般其名也莊公大子不書弒諱也○般音班大音泰○疏傳子般卒○釋曰公羊傳云其稱子般卒何也君存稱世子君薨稱子某既葬稱子踰年稱公

范意亦與之同但踰年稱公范意亦與之同但踰年雖在國稱公若未葬亦不得稱侯以接鄰國故桓十三年注云今衛宣未葬而嗣子稱侯以出其失禮明

矣是其事也子般不書葬者未踰年之君例不書葬故子野不書葬也○子卒日正也襄三十一年秋九月癸巳子野卒是也○不日故

也文十八年冬十月子赤卒是也有所見則日閔公不書即位是見繼弒者也故慶父弒子般子般可以日卒不待不日而顯○見則賢偏反

○公子慶父如齊疏傳公子慶父如齊○釋曰牙與慶父同謀殺般所以牙被殺慶父得出奔者左氏公羊皆以爲牙欲廢般立慶父故

季子鴆殺之穀梁不見季子歸魯之文亦無鴆牙之事則叔牙被殺以不不可知也此奔也其曰如何也據閔二年慶父奔莒不言如○

諱莫如深深則隱深謂君弒賊奔隱痛之至也故子般日卒慶父如齊疏傳諱莫如深○釋曰諱莫如深深謂爲國隱諱莫如事之最深深者

則隱深謂君弒賊奔之深重以其深重則爲之隱諱若經書子般日卒慶父如齊是也苟有所見莫如深深者謂經意誠有所見莫如事之深者不書閔公即位

是事之深也有所見謂子般之弒慶父之奔也苟有所見莫如深也閔公不書即位見子般之弒慶父出奔○狄伐邢

閔公疏魯世家閔公名開莊公之子惠王十六年即位謚法在國逢難曰閔世本作啓方辟漢景帝諱故爲開也

元年春王正月繼弑君不言即位正也【疏】傳繼弑至正也○釋曰復發傳者以非父非君嫌異故發之僖公又發之
者兄之後弟義異故重發之文公繼正之始故發傳以明之成公不發傳者蒙之可知故不發也襄昭發傳者昭公即位承子野之卒嫌其非正故發傳以明
之昭繼子野傳言繼正嫌襄公與之異故亦發傳父子同有繼正之文所以相發明也或以襄非嫡夫人之子嫌非正故發傳案襄四年夫人姒氏薨彼注云
成公夫人襄公母也明非爲母賤而發傳也○親之非父也兄也尊之非君也未踰年也繼之如君父也者受
國焉爾○齊人救邢善救邢也善齊桓得伯之道○○夏六月辛酉葬我君莊公莊公葬
而後舉諡諡所以成德也【疏】傳諡所以成德○釋曰復發傳者桓公被殺莊公好終僖公葬緩嫌異禮故各發傳以明之○於
卒事乎加之矣○秋八月公及齊侯盟于洛姑洛姑齊地○洛姑一本作路姑盟納季子也季
子來歸【疏】傳季子來歸○釋曰傳云貴之也者不稱公子者公子是凡常之總號季子忠賢爲國人所思故稱子所以表其賢也○其曰季
子貴之也大夫稱名氏今曰子是貴之也子男子之美稱○美稱尺證反其曰來歸喜之也大夫出使歸不書執然後致不言歸
國內之人不曰來今言來者明本欲遂去同他國之人也言歸者明實魯人也喜之者季子賢大夫以亂故出奔國人思之懼其遂去不反今得其還故皆喜
曰季子來歸○使所吏反【疏】注大夫至來歸○釋曰此云大夫出使歸不書而宣十八年歸父還自晉書者彼傳云還者事未畢也是還與歸意異也執然
後致不言歸者意如與婼是也國內之人不言來下文齊仲孫言來者以其外之曰齊故得言來也○冬齊仲孫來其曰齊仲孫
外之也魯絕之故繫之于齊○齊仲孫慶父也左氏以爲齊大夫其不目而曰仲孫疏之也不目謂不言公子慶父○其

言齊以累桓也繫仲孫於齊言相容赦有罪○累劣僞反疏傳其言齊以累桓也○釋曰傳解經言齊仲孫有二種意故上文以外慶父釋之此又以累桓言之慶父魯人而繫之於齊是外之也齊桓容赦有罪故繫慶父於齊是惡之也

二年春王正月齊人遷陽○夏五月乙酉吉禘于莊公三年喪畢致新死者之主於廟廟之遠主當遷入大祖之廟因是大祭以審昭穆謂之禘莊公喪制未闋時別立廟廟成而吉祭又不於大廟故詳書以示譏○禘徒帝反太祖音泰下大廟同昭上饒反闋苦穴反疏注三年至示譏○釋曰言禘於莊公即是莊公立宮而不稱宮者莊公廟雖立訖而公服未除至此始二十二月未滿三年故不得稱宮也此喪服未終舉吉以非之文二年亦喪服未終而大事于大廟不言吉者其譏已明故不復云舉吉言大事者秋祫而物成其祀大故傳云大是事也著祫嘗是也凡祭祀之禮書者皆譏故范略例云祭祀例有九皆書月以示譏九者謂桓有二烝一嘗總三也閔吉禘四也僖禘大廟五也文著祫嘗六也宣公有事七也昭公禘武宮八也定公從祀九也知禘是三年喪畢之祭者此莊公薨來二十二月仍書吉以譏之明三年喪畢方得爲也知必於大廟者明堂位曰季夏六月以禘禮祀周公於大廟是也其禘祀之月王肅杜預之徒皆以二十五月除喪即得行禘祭鄭玄則以二十八月始服吉嘗即祫於大廟明年春始禘於羣廟今范云三年喪畢禘於大廟必不得與鄭明年春禘於羣廟同其除喪之月或與鄭合故何休注公羊亦以除喪在二十七月之後也方者未至之辭此實二十二月而云方者莊公以三十二年八月薨至此年五月始滿二十一月未盡其月爲禘祭故言方或可譏其大速以甚言之故云方也○吉禘者不吉者也喪事未畢而舉吉祭故非之也莊公薨至此方二十二月喪未畢○秋八月辛丑公薨不地故也其不書葬不以討母葬子也凡君弒賊討則書葬哀姜實被討而不書葬者不以討母葬子○九

月夫人姜氏孫于邾哀姜與弑閔公故出奔○孫音遜本或作遜與音豫孫之爲言猶孫也疏傳孫之爲言猶孫○釋曰重發傳者文姜殺夫哀姜殺子嫌異故重發之諱奔也○公子慶父出奔莒其曰出絕之也慶父不復見矣慶父弑子般閔公不書弑諱之○復扶又反見賢徧反○疏傳其曰至見矣○釋曰宣十八年歸父奔齊范注云竟外故不言出是竟內言出理之常也而云絕之也者慶父前奔不言出書曰如齊爲之隱諱是不絕其位之辭今不諱言奔明是絕其位也又云慶父不復見者明弑二君罪重不宜復見故特顯之矣○冬齊高子來盟其曰來喜之也其曰高子貴之也盟立僖公也不言使何也據桓十四年鄭伯使其弟禦來盟言使○禦魚呂反下同不以齊侯使高子也齊侯不討慶父使魯重罹其禍今若高子自來非齊侯所得使也猶屈完不稱使也江熙曰魯頻弑君僖公非正也桓公遣高傒立僖公以存魯魯人德之不名其使以貴之貴其使則其主重矣○重直用反屈君勿反傒音奚其使所吏反下同○疏傳其曰至子也○釋曰來者自外之常稱而云喜之者時魯二君見弑諸侯無一助之者而高子盟以存之比之餘使情實過倍故傳序經之情明與凡常之來有異也云不以齊侯使高子也者二說不同者前說以齊侯不討慶父使魯重遭其禍不以齊侯使高子故作自來之文所以歸美於高子若楚人使屈完如師能量敵強弱遂與齊盟故不言使所以歸功於屈完也江熙之意以君臣一體好惡同之使貴則主尊故去使文以表高子之貴高子既貴則桓公之重益彰故不從前說也十有二月狄入衛僖公二年城楚丘以封衛則衛爲狄所滅明矣不言滅而言入者春秋爲賢者諱齊桓公不能攘夷狄救中國故爲之諱○爲賢于僞反下同攘如羊反○鄭棄其師惡其長也兼不反其衆則是棄其師也長謂高克也高克好利不顧其君文公惡而遠之不能使高克將兵禦狄于竟陳其師旅翱翔河上

久而不召衆將離散高克進之不以禮文公退之不以道危國亡師之本〇惡其爲路反注同長丁丈反兼戸謙反又如字好呼報反遠于萬反將子匠反竟音境翱五羔反【疏】傳惡其至師也〇釋曰解經稱棄師之意爲惡高克不顧其君又責鄭人不反其衆故經書鄭棄其師也

監本附音春秋穀梁注疏莊閔公卷第六

穀梁注疏卷六校勘記　　阮元撰盧宣旬摘錄

十有九年莊公

其遠之何也不以難邇我國也石經同閩監毛本脫之字

二十有一年

○弗目謂不題目文姜薨所也一曰弗目其罪此釋文也閩監毛本誤入注文

二十有二年

肆失也惠棟九經古義云失係古佚字佚與逸同謂逸囚也

二十有三年

比行犯禮閩本同是也監毛本比作此

此行犯禮閩監毛本同何校本此作比

霸主降心閩監毛本同何校本霸作伯疏同

二十有四年

故謹而日之也石經閩本同監毛本日誤月

徐乾曰 閩毛本同監本乾誤訖

不直言赤 段玉裁云不字疑衍

是無以見微之義 段玉裁云微當作徵

二十有五年

言日言朔食正朔也鼓用牲于社 閩監毛本作鼓用牲于社言日言朔食正朔也非

二十有七年

僖元年會檉 閩監毛本同釋文出于村云本亦作檉案今本無于字當是所據本有不同

二十有八年

兩國相與交戰 閩本同監毛本作國都相與交戰是也

是不與民共何利也 閩本同監毛本何作同是

未必田大水 田當作由閩監本田大作由夫毛本作繇夫並非

二十有九年 十行閩監毛本並脫有字石經有有字

驁馬給官中之役 嚴杰云依周禮注官當作宮

三十年

周之分子也閩監毛本同釋文分本或作介注同○案姚鼐云其文蓋本爲周之别子古别字作𠔁故傳本或作分或作介皆以古字形近而誤

范寧時傳本未誤故注云謂周别子孫也唐以後其文舛失故疏解失之

三十有二年

其所未詳閩監毛本其作某是也詳改許非

但踰年稱公范意上與之同毛本無此十一字此本誤衍

閔公元年

二年

此莊公薨來二十二月閩監毛本來作未是

穀梁注疏卷六校勘記

監本附音春秋穀梁注疏僖公卷第七（起元年盡五年）

僖公〇名申惠王十八年卽位【疏】魯世家僖公名申莊公之子閔公庶兄以惠王十八年卽位諡法小心畏忌曰僖

范甯集解　楊士勛疏

元年春王正月繼弒君不言卽位正也〇弒音試後皆同〇齊師宋師曹師次于聶北救邢聶北邢地〇聶女輒反〇救不言次據莊六年王人子突救衛不言次【疏】傳救不言次〇釋曰王人子突救衛上有伐文今無見伐文而云救邢者莊三十二年狄伐邢邢國遂滅而齊救之錄其本意故經言救傳以次非救急之事故云非救也知邢國滅者公羊傳云不及事者何邢已亡矣孰亡之蓋狄滅之又經書城邢是國滅也滅而不書者公羊傳云曷爲不言狄滅之爲桓公諱也是爲齊桓諱故不言狄滅邢也然則滅衛諱而書入邢不全不書之者二事不可全掩故諱而書一也邢不書入故有救次之文衛亡書入故沒其救次耳言次非救也次止也救赴急之意今方停止故知非救也非救而曰救何也遂齊侯之意也錄其本意是齊侯與怪其稱師〇與音餘齊侯也何用見其是齊侯也據經書齊師〇見賢偏反下復見及注同曹無師曹師者曹伯也小國君將稱君卿將稱人不得稱師言師則是曹伯也曹君不可在師下故知是齊侯〇君將子匠反下同【疏】注小國至稱師〇釋曰桓十三年傳云戰稱人敗稱師重衆是師者重辭周禮小國一軍軍將雖命卿小國之卿唯比大國之大夫名氏不見例當稱人故不得言師也是知言師者卽國君也然師是重辭所以楚滅蔡亦得稱師齊侯不足乎揚亦稱師者凡師者大國則得稱之不論貶有輕重春秋美惡不嫌同文貶雖文同輕重則自別其不言曹伯何也以其不

言齊侯不可言曹伯也其不言齊侯何也以其不足乎揚不言齊侯也救不及事不足
稱揚○以其不足乎揚絕句稱揚也○夏六月邢遷于夷儀辟狄難夷儀邢地○難乃旦反疏注夷儀邢地○釋曰以邢遷之故知
邢地遷者猶得其國家以往者也其地邢復見也非若宋人遷宿滅不復見○復扶又反下注並同○齊
師宋師曹師城邢是向之師也使之如改事然美齊侯之功也是向聶北之師當言遂今復列
°二國者美齊桓存亡國○是鄉許亮反本又作向注同疏傳向之師也○釋曰前言師者貶齊侯也若向之師便是彰桓之罪而云美其功者春秋文同
義異者上下甚衆故齊侯前稱師以見貶書次以彰惰今之城邢國滅而復存齊桓過而能改君子善之故重列°二國所以美其功也○使之如改事然○釋
云謂經不言遂重列三國之師若似更別來城不因前事故云改事然○○秋七月戊辰夫人姜氏薨于夷哀姜夫°人
薨不地地故也°齊°人°以°歸不言以喪歸非以喪歸也加喪焉諱以夫人歸也泰曰
齊人實以夫人歸殺之于夷諱故使若自行至夷遇疾而薨然後齊人以喪歸也歸在薨前而今在下是加喪之文也經不言以喪歸者以本非以喪歸也傳
例曰以者不以者也微旨見矣○見賢偏反其以歸薨之也以歸然後殺之疏不言至之也○釋曰不言以喪歸謂承夫人薨于夷下不
云齊人以喪歸也非以喪歸謂元本實不以喪歸故不得言之也加喪焉者謂齊人以夫人歸然後殺之今經書薨文在上是加喪之文也謂諱齊人以我夫
人殺之故加喪文於上似若夫人行至夷遇疾而死然後齊人以其喪歸也其以歸薨之者謂其實以歸之然後始薨之實殺傳言薨之者傳以經文諱殺故
順經爲文○注傳例至見矣○釋曰桓十四年傳文彼注云不以者謂本非所得制今得以之也范引之者證齊人不合以夫人見此微旨○楚人

伐鄭【疏】楚人伐鄭○釋曰不以州言之者以楚雖荊蠻漸自通於諸夏國轉彊大與中國抗衡故不復州舉之或以爲言楚所以駮鄭然則從此以後盡稱楚豈皆是駮鄭乎其說非也何休云稱楚人者爲僖公諱與夷狄交婚故進之使若中國也穀梁無交婚之事其言不可通于此也杜預云荊始改號曰楚案莊十四年傳云荊者何州舉之也州不如國注云言荊不如言楚則亦與杜預異也○八月公會齊侯宋公鄭伯曹伯邾人于檉檉宋地○檉勑貞反一本作朾音同○九月公敗邾師于偃偃邾地○敗必邁反下皆同偃于免反一本作堰同

【疏】九月至于偃○釋曰公所以敗邾師者此傳無說何休云公怨邾以夫人與齊故敗之未知范意然不不日疑戰也疑戰而曰敗勝內也○冬十月壬午公子友帥師敗莒師于麗獲莒挐麗魯地傳例曰獲者不與之辭○麗力他反挐女居反又女加反莒無大夫其曰莒挐何也據非大夫不書以吾獲之目之也內不言獲獲者不與之辭主善以內故不言獲此其言獲何也據文十一年叔孫得臣敗狄于鹹不言獲長狄【疏】注據文至長狄○釋曰此傳云惡公子之紿彼傳諱重傷故不言獲獲者不與之辭內不言獲乃是常例至於長狄則異於餘獲宜書之以表功而經文略之由重傷故也此注據之以爲證者取不書獲之成文言義旨全合也不惡公子之紿紿欺紿也○惡烏路反紿徒乃反紿者奈何公子友謂莒挐曰吾二人不相說士卒何罪屏左右而相搏公子友處下左右曰孟勞孟勞者魯之寶刀也公子友以殺之然則何以惡乎紿也據得勝地○說音悅卒子忽反搏音博搏手搏也勞如字孟勞寶刀名曰棄師之道也江熙曰經書敗莒師而傳云二人相搏則師不戰何以得敗理自不通也夫王赫斯怒貴在爰整子所慎三戰居其一季

友令德之人豈當舍三軍之整佻身獨鬬潛刃相害以決勝負者哉雖千載之事難明然風味之所期古猶今也此又事之不然傳或失之○赫呼白反舍音捨佻他堯反又徒堯反【疏】注江熙至失之○釋曰老子云以政治國以奇用兵季子知莒挐之可擒棄文王之整旅佻身獨鬬潛刃相爭据禮雖乖於權未爽縱使理違猶須申傳況傳文不知江生何以為非乎又且季子無輕鬬之事經不應書獲傳不須云棄師之道既經傳文符而江熙妄難范引其說意亦同之乃是范失非傳失之又經書獲所以惡季子之紿今江熙云季子令德也則是非獨不信傳亦是不信經○十有二月丁巳夫人氏之喪至自齊其不言姜以其殺二子貶之也二子子般閔公或曰為齊桓諱殺同姓也○為于偽反○【疏】為齊至姓也○釋曰討夫人於齊桓非是姑姊郎是妹姪而直云同姓者以夫人失母之道殺子外奔齊桓討之信得其罪既疏而遠之託言同姓

○二年春王正月城楚丘楚丘者何衛邑也國而曰城此邑也其曰城何也據元年齊師宋師曹師城邢邢國也封衛也閔二年狄入衛遂滅則其不言城衛何也衛未遷也其不言衛之遷焉何也據元年邢遷于夷儀言遷也不與齊侯專封也其言城之者專辭也故非天子不得專封諸侯諸侯不得專封諸侯雖通其仁以義而不與也存衛是桓之仁故通令城楚丘義不可以專封故不言遷衛○令力呈反故曰仁不勝道仁謂存亡國道謂上下之禮【疏】楚丘至勝道○釋曰楚丘何嫌非衛而傳言者以無遷衛之文故發之也傳知是衛者以詩云作于楚宮故知之也此云不言遷不與齊侯專封而元年城邢美齊侯之功者彼邢遷之後始城則城者脩舊之辭非始

立之稱故可以美於齊桓今衛國已滅始城楚丘而國未遷經先言城後言遷則是齊桓城而遷之故不與專封也然城鄭虎牢是邑知楚丘非邑者詩稱楚宮明知非邑也○夏五月辛巳葬我小君哀姜○虞師晉師滅夏陽非國而曰滅重夏陽也虞無師其曰師何也以其先晉不可以不言師也人不得居師上貴賤之序○夏陽戶雅反左氏下陽先蘇薦反下文及注同疏傳非國而曰滅○釋曰此云非國而曰滅重夏陽也昭十三年吳滅州來亦言滅者虞號之滅由於夏陽之亡州來楚之大都而吳滅之令楚國稍弱入郢之兆由滅州來所致故並書滅○傳虞無師○釋曰小國無師傳。三發之者並是小國不合言師燕為敗而重衆故得言師曹言師者明其是君也虞言師者表其先晉也以其言師不同各舉備文耳其先晉何也據小不先大為主乎滅夏陽也夏陽者虞號之塞邑也其地險要故二國以為塞邑○塞蘇代反注同滅夏陽而虞號舉矣虞之為主乎滅夏陽何也晉獻公欲伐號荀息曰君何不以屈產之乘垂棘之璧而借道乎虞也荀息晉大夫屈邑產駿馬垂棘出良璧○屈其勿反又君勿反地名也乘繩證反駿音俊借子夜反及下不借而借皆同疏傳虞號舉矣○釋曰徐邈云舉猶拔也言晉滅夏陽則虞號自此而拔也公曰此晉國之寶也如受吾幣而不借吾道則如之何荀息曰此小國之所以事大國也此謂璧馬之屬疏傳晉國之寶○釋曰玉有美惡出處不同周有藍田楚有和氏宋有結綠晉有垂棘各是國之貴物故云國之寶也彼不借吾道必不敢受吾幣如受吾幣而借吾道則是我取之中府而藏之外府取之中廄而置之外廄也公曰宮之奇存焉宮之奇虞之賢大夫○廏音救奇其宜反必不使受之也荀息曰宮之奇之爲人也達心而懦懦弱○懦乃亂反又乃臥反又少長於君達心則其言略明達之人言則舉綱領要不言提其耳則愚者不悟○少詩召反下同長丁丈反提徒兮反本作題音同懦則不能彊諫少長於君則君輕之且夫玩好在耳目之前而患在一國之後此中知以上乃能慮之臣料虞君中知以下也公遂借道而伐虢宮之奇諫曰晉國之使者其辭卑而幣重必不便於虞虞公弗聽遂受其幣而借之道宮之奇諫曰語曰脣亡則齒寒其斯之謂與語諺言也○彊其良反又其丈反好呼報反知音智下同上時掌反料力彫反又力弔反使所吏反便婢面反與音餘諺音彥【疏】傳中知以下○釋曰論語云中人以上可以語上今虞君中知以下則近愚故不能遠慮也挈其妻子以奔曹獻公亡號五年而後舉虞荀息牽馬操璧而前曰璧則猶是也而馬齒加長矣猶是言如故○挈去結反操七刀反加長丁丈反【疏】五年而後舉虞○釋曰謂僖五年也○秋九月齊侯宋公江人黃人盟于貫貫宋地○貫古亂反貫之盟不期而至者江人黃人也江人黃人者遠國之辭也中國稱齊宋遠國稱江黃以爲諸侯皆來至也【疏】傳以爲諸侯皆來至也○釋曰公羊傳曰江人黃人者何遠國之辭也遠國至矣則中國曷爲獨言齊宋至爾大國言齊宋遠國言江黃則其餘爲莫敢不至也何休云晉。楚大於宋不序晉。楚而。言序宋者時實晉楚之君不至但君子成人之美故褒益以爲偏至之辭所以獎大霸功而勉盛德也事或然矣魯雖復非大春秋

以魯爲主魯若與會必書公但魯亦不至故不書之或以爲魯公亦在舉大以包之故不得以魯爲主耳○冬十月不雨不雨者勤

雨也言不雨是欲得雨之心勤也明君之恤民○勤如字麋氏音覲後年同○楚人侵鄭

三年春王正月不雨不雨者勤雨也○夏四月不雨一時不雨則書首月不言旱不爲災一時言

不雨者閔雨也經一時輒言不雨憂民之至閔憂也疏一時至雨也○釋曰此傳云一時言不雨者据文二年自十二月不雨至于秋七月

彼傳云歷時而言不雨文不憂雨也此僖公憂雨故時時別書之閔雨者有志乎民者也○徐人取舒○六月

雨雨云者喜雨也喜雨者有志乎民者也疏傳雨云至民者也釋曰春秋上下時雨不書非常乃錄今輒書六月

雨者欲明僖公待雨則心喜故也心喜是於民情深故特錄之○秋齊侯宋公江人黄人會于陽穀陽穀齊地陽穀

之會桓公委端搢笏而朝諸侯委委貌之冠也端玄端之服搢插也笏所以記事者也所謂衣裳之會○搢音進又音箭笏音忽

朝直遙反插楚洽反諸侯皆諭乎桓公之志疏陽穀至之志○釋曰桓會多矣獨此言委端搢笏皆諭乎桓公之志者以此會最大

又以四教令於諸侯其諸侯皆曉諭桓公之志不須盟誓故傳詳其事也其四教者公羊傳云無鄣谷無貯粟無易樹子無以妾爲妻是也云委端搢笏者謂

會時服此服以朝諸侯也謂委端者郊特牲云委貌周道也章甫殷道也毋追夏后氏之道也又論語云羔裘玄冠不以弔鄭玄云玄冠委貌諸侯視朝之服

是委者委貌之冠也論語又云端章甫願爲小相焉鄭云端玄端也衣玄端冠章甫諸侯日視朝之服又士冠禮云主人玄冠朝服在朝君臣同服是玄端諸

侯視朝之服王肅云端委者玄端之衣委貌之冠故范亦同之謂之玄端者其色玄而制正幅無殺故謂之玄端桓公會諸侯因使諸侯朝己故服朝服也笏

者玉藻云天子以球玉諸侯以象大夫以魚須文竹士竹本象可也其長短則天子三尺諸侯以下二尺有六寸也○注所謂衣裳之會○釋曰傳稱衣裳之會十有一今此注特言所謂衣裳之會者以傳有其文故注因顯之不謂直此會是衣裳也

○冬公子季友如齊莅盟傳例曰莅位也內之前定之盟謂之莅外之前定之盟謂之來○莅音利又音類【疏】注傳例至之來○釋曰昭七年傳文

莅者位也盟誓之言素定今但往其位而盟其不日前定也不言及者以國與之也不言其人亦以國與之也【疏】傳不言至之也○釋曰舊解此傳是外內之通例不據此一文而已不言及者以國與之也謂若外國之來盟及魯人往盟經直舉外來爲文不言及者欲見以國與之也故舉國爲主即宣七年衛侯使孫良夫來盟此公子季友如齊莅盟是也不言其人亦以國與之也者謂不言來盟之類經雖言及而不書魯之主名者亦是舉國與之即成三年丙午及荀庚盟是也不言外及者經無故也麋信徐邈並據當文解之理亦通也但據成三年傳注則不得以當文解之故今從舊說耳○

○楚人伐鄭

四年春王正月公會齊侯宋公陳侯衛侯鄭伯許男曹伯侵蔡蔡潰傳例曰侵時而此月蓋爲潰○潰戶內反蓋爲于僞反下爲退同【疏】注傳例至爲潰○釋曰侵無月例時今桓公知所侵而經書月故知爲潰也文三年沈潰書月是其例也莒潰書日者惡大夫之叛故謹而日之

潰之爲言上下不相得也君臣不和而自潰散侵淺事也侵蔡而蔡潰以桓公爲知所侵也責得其罪裁侵而潰故不土其地不分其民明正也遂伐楚次于陘楚彊齊欲綏之以德故不速進而次于陘陘楚地○陘音刑【疏】傳侵淺至正也○釋曰侵者拘人民而謂之淺者對伐爲淺也又傳云不分其民是

拘之而不取亦是淺之義此傳本意言桓公不深暴於蔡纔侵之而卽潰故因
發淺例左氏無鍾鼓曰侵此傳稱拘人民或當掩其不備亦未聲鍾鼓也論語
稱齊桓公正而不譎指謂伐楚此侵蔡亦言正者伐楚是責正事大
故馬鄭指之其實侵蔡不土其地不分其民亦是正事故傳言正也
遂繼事也
次止也

疏
傳次止也○釋曰次有二種有所畏之次卽齊師宋師次于郎
傳曰畏我是也有非所畏之次卽此次于陘傳曰次止也是

○夏
許男新臣卒
十四年冬蔡侯肸卒傳曰諸侯時卒惡之也宣九年辛酉晉侯黑
臀卒于扈傳曰其地于外也其日未踰竟也然則新臣卒于楚故
不日耳非惡也○惡烏
路反下同臀徒門反

疏
注十四年至惡也○釋曰宋公和卒傳曰諸侯日卒
正也則日卒由正不由善惡蔡侯肸卒傳曰時卒惡
也則似不日卒由善惡不由正者凡諸侯雖則正卒有惡者亦不得書日成十
五年夏六月宋公固卒僖二十四年冬晉侯夷吾卒十四年冬蔡侯肸卒是也
身既是庶雖則無惡亦不得書日故傳云日卒正也明不日是不正昭十四年
八月莒子去疾卒定十四年夏五月吳子光卒襄十八年冬十月曹伯負芻卒
是也日卒有二義故傳兩明之是諸侯正而無惡縱在外在內並書日不正無
惡則書月但有大惡不問正與不正皆時也宋共公卒書月者彼爲葬日表其
違例故不得書時也雖例言之則此許男新臣亦是不正也故范直以非惡解
之不云正與不正又昭二十三年夏六月蔡侯東國卒于楚范云不日在外也
則此新臣亦。不。正故不書日襄二十六年八月壬午許男寧卒于楚彼亦在外
而書日則寧是正可知也然則庶子踰竟未踰竟並皆不日嫡子在外在內並
皆書日則新臣由不正而不書日注云卒于楚故不日者以新臣非直不正又
兼在外傳例云其日未踰竟故順傳文書之其實由正與不正不論在外在內
也其襄公二十六年傳注云在外已顯者彼寧實是正經言于楚則在外之文
已顯必不須去日故亦順傳文言之必知由正不正不由在外在內者宣九年
范注云諸侯正卒則日不正則不日而云未踰竟者恐後人謂操扈是國故發
傳日未踰竟是也知新臣無罪者以薨于朝會乃有王事之功明無罪或以爲

許男新臣亦正也但爲卒於楚故不日許男寧卒于楚書日者以新臣卒無于楚之文故去日以見在外而卒也許男寧經有在外之文故書日以明其正晉侯黑臀卒于扈是正未踰竟故亦書日與許男異故范以爲其日未踰竟者表其非國不釋日與不日范氏之注上下多違縱使兩解仍有僻謬故並存之以遺來哲

諸侯死於國不地死於外地死於師何爲不地 據宣九年晉侯黑臀卒于扈地 疏注據宣至扈地○釋曰不據曹伯負芻卒于師者師與地異上云伐楚次于陘則許男卒于陘可知卒當有地而不地故注以地決之曹伯圍齊未退卽在師而卒故云卒于師是師與地異故不據曹伯也

內桓師也 齊桓威德洽著諸侯安之雖卒於外與其在國同

○楚屈完來盟于師盟于召陵 屈完來如陘師盟齊桓以其服義爲退一舍次于召陵而與之盟召陵楚地○召上照反 疏注退一舍○釋曰知一舍者古者師行每舍三十里上云屈完來盟于師下郎云盟于召陵知非大遠故云一舍宣十五年左傳華元謂子反曰去我三十里唯命是聽亦其證也

楚無大夫 無命卿也 疏楚無大夫○釋曰無大夫凡有三等之例曹無大夫者本非微國後削小耳莒則是東夷本微國也楚則蠻夷大國僭號稱王其卿不命於天子故不同中國之例也

其曰屈完何也以其來會桓成之爲大夫也 尊齊桓不欲令與卑者盟○令力呈反下同

其不言使權在屈完也 邵曰齊桓威陵江漢楚人大懼未能量敵遣屈完如師完權事之宜以義卻齊遂得與盟以安竟內功皆在完故不言使○與音預又如字

則是正乎曰非正也 臣無自專之道

以其來會諸侯重之也 重其宗中國歸有道 疏以其至重之也○釋曰以其來會重之也謂完既不正經無貶文者重其會中國徐邈云經不言使屈完者重其會諸侯也不言使前已解訖徐說非也

來者何內桓師也 來者內辭也內桓師故言來 疏如來者至師也○釋曰來者何也謂據陳袁僑會不言來也曰桓師也謂來者鄉內之辭

今內齊桓爲天下霸主故亦言來也于師前定也于召陵得志乎桓公也得志者不得志也屈完來盟桓公退于召陵是屈完得其本志屈完得志則桓公不得志以桓公得志爲僅矣桓爲霸主以會諸侯楚子不來屈完受盟令問諸江辭又不順僅乃得志言楚之難服○爲僅其斬反屈完曰大國之以兵向楚何也桓公曰昭王南征不反菁茅之貢不至故周室不祭菁茅香草所以縮酒楚之職貢○菁子丁反下亡交反菁茅香草也尚書傳云菁以爲菹茅以縮酒縮所六反疏注菁茅香草○釋曰尚書禹貢云苞匭菁茅孔安國云菁以爲菹茅以縮酒今范云菁茅香草則以爲一物與孔異也屈完曰菁茅之貢不至則諾昭王南征不反我將問諸江問江邊之民有見之者不此不服罪之言故退于召陵而與之盟屈完所以得志桓公之不得志爾疏注問江邊之民○釋曰呂氏春秋云周昭王親征荊蠻反涉漢梁敗隕于漢中辛餘靡振王北濟高誘注引左傳云昭王不復君其問諸水濱則昭王沒於漢不得振王北濟也故舊說皆云漢濱之人以膠膠舡舩壞昭王溺焉則昭王沒漢此云問諸江邊者江漢水之相近者楚人不服罪不指王之死處而云問諸江也○齊人執陳袁濤塗袁濤塗陳大夫○濤徒刀反齊人者齊侯也其人之何也於是哆然外齊侯也不正其踰國而執也江熙曰踰國謂踰陳而執陳大夫主人之不敬客由客之。不。先敬主人哆然衆有不服之心故春秋因而譏之所謂以萬物爲心也莊十七年齊人執鄭詹傳與其執者詹奔在齊因執之○哆昌者反又昌氏反詹之廉反疏此齊人至執也○釋曰公羊左氏皆以爲濤塗誤軍道故齊侯執之傳與注竟無誤軍道之言則以濤塗不敬齊命故執之也於是哆然外齊侯者謂齊不以禮於陳陳人有不服之意哆然疏外齊侯哆然寬大之意也○不正其踰國而執也○釋曰謂陳之不敬由齊之無禮不能自責反越國而執其臣故不正其踰國而執也貶以稱人不正猶言不與也正則人與之不正則人不與故謂不與爲不正也然齊人執鄭詹亦稱人以執傳言與之此稱人以執卽云貶者詹鄭之佞人往至齊國稱人以執則是衆人欲執之今濤塗不在齊國又無實罪齊侯執之而云齊人故知是貶也桓十一年宋公執人權臣令廢嫡立庶亦貶云宋人是其類也○注以萬物爲心也○釋曰莊子文

○秋及江人黄人伐陳不言其人及之者何內師也疏不言至師也○釋曰何嫌非內而發傳者以文承齊人執濤塗之下卽云及江人黄人伐陳恐非魯及故云內師也○

八月公至自伐楚有二事偶則以後事致後事小則以先事致其以伐楚致大伐楚也鄭君曰會爲大事伐爲小事今齊桓伐楚而後盟于召陵公當致會而致伐者楚彊莫能伐者故以伐楚爲大事疏注鄭君至大事○釋曰知會大伐小者伐雖國之大事會盟有昇壇揖讓之儀示威講禮之制奉之以牲玉要之以神明是其大事故定四年公會諸侯侵楚五月盟于臯鼬下云公至自會是亦以會爲大事也今以楚彊莫能伐之者故特以伐爲大事也

○葬許穆公○冬十有二月公孫茲帥師會齊人宋人衛人鄭人許人曹人侵陳莊十年春正月公侵宋傳曰侵時此其月何也惡之故謹而月之然則凡侵而月者皆惡之○惡烏路反下同疏注凡侵至惡之○釋曰此侵陳爲惡者陳之不敬由齊之不敬陳也齊桓宜自責反執其臣前事既非今又致討故書月以見惡也

五年春晉侯殺其世子申生目晉侯斥殺惡晉侯也斥指斥疏目晉至侯也○釋曰傳言此者於鄭段雖有目君之例未辨目君之由故於此明之宋公殺其世子痤雖不發傳從此可知其殺公子不目君者皆罪賤之也

○杞伯姬來朝其

子婦人既嫁不踰竟踰竟非正也諸侯相見曰朝伯姬爲志乎朝其子也伯姬爲志乎朝其子則是杞伯失夫之道矣凱曰不能刑于寡妻○朝直遙反下皆同爲志于僞反下同諸侯相見曰朝以待人父之道待人之子非正也故曰杞伯姬來朝其子參譏也參譏謂伯姬杞伯魯侯也桓九年曹伯使其世子射姑來朝譏世子此不譏者明子隨母行年尙幼弱未可責以人子之道伯姬以莊二十五年夏嫁至今十三年則子幼可知○參七南反又音三○【疏】傳參譏也釋曰並譏之者伯姬託事而行近於淫泆失爲婦之道杞伯不能防其閨門令妻至魯失爲夫之宜魯待人之子行待父之禮失爲主之度故三事同譏之也○夏公孫茲如牟○公及齊侯宋公陳侯衛侯鄭伯許男曹伯會王世子于首戴惠王之世子名鄭後立爲襄王首戴衛地○首戴左氏作首止【疏】公及至首戴○釋曰案史記年表此時齊侯桓公也宋公桓公也陳侯宣公也衛侯文公也鄭伯文公也許男僖公也曹伯昭公也其王世子者即惠王之世子名鄭後立爲襄王是也及以會尊之也言及諸侯然後會王世子不敢令世子與諸侯齊列○令力呈反何尊焉王世子云者唯王之貳也云可以重之存焉尊之也何重焉天子世子世天下也【疏】天子至下也○釋曰士冠禮云天子之元子猶士也天下無生而貴者也此云世天下也者彼見無生而貴者又明有父在之故今傳以其特世父位故云世天下也○秋八月諸侯盟于首戴言諸侯者前目而後凡他皆放此○無中事而復舉諸侯何也尊王世子而不敢與盟也尊則其不敢與盟何也盟者不相信也故謹信也不敢以所不信而加之尊

者桓諸侯也不能朝天子是不臣也王世子子也塊然受諸侯之尊己而立乎
其位是不子也桓不臣王世子不子則其所善焉何也是則變之正也雖非禮之正而
合當時之宜○復扶又反下同塊苦對反又苦怪反【疏】無中至侯何也○釋曰無中事者謂中間無他事也據平丘之會無中事不重舉諸侯此則重舉諸
侯故決之○塊然○○釋曰塊然者徐邈云塊然安然也○則其所善焉何也○○釋曰謂經不譏桓而尊王世子是也○天子微諸侯不享覲
桓控大國扶小國統諸侯不能以朝天子亦不敢致天王尊王世子于首戴乃
所以尊天王之命也世子含王命會齊桓亦所以尊天王之命也世子受之可
乎是亦變之正也天子微諸侯不享覲世子受諸侯之尊己而天王尊矣世子
受之可也鄭伯逃歸不盟以其去諸侯故逃之也專己背衆故書逃傳例曰逃義曰逃○控大苦貢反背衆
音佩【疏】世子受之可乎○釋曰謂問世子受諸侯之尊己可乎以不也下又云世子受之可也謂得受之也○注逃義曰逃○釋曰莊十七年傳文弦國也
何嫌非國傳特言弦國也發之者將明微國不書曰故辨之也○楚人滅弦弦子奔黃弦國也其不曰微國也
○九月戊申朔日有食之○冬晉人執虞公虞公貪璧馬之寶棄兄弟之親拒絕忠諫之口不圖社稷之危故晉
命行于虞使下執上虞同于晉是以謂之晉人執虞公江熙曰春秋有州公郭公虞公凡三公非爵也傳以為下執之辭嘗試因此論之五等諸侯民皆稱曰
公存有王爵之限沒則申其臣民之稱州公舍其國故先書州公郭公盜而歸曹故先名而後稱郭公夏陽亡則虞為滅國故宜稱虞公三人殊而一致三公

奸而同歸生死齊稱蓋春秋所賤○之稱尺證反下齊稱同舍音捨奸昌兖反【疏】注江熙至所賤○釋曰存有王爵之限者謂五等諸侯○生存皆從本爵稱之也沒則申其臣民之稱者謂五等臣子尊其君父舉謚稱公也州公舍其國故先書州公者謂州公郭公書經不同立文之意以州公好舍其國而寔來故先書州公若郭公則盜而歸曹故後言郭公也夏陽亡則虞爲滅國者謂晉滅夏陽則虞虢舉矣故虞爲滅國而亦稱公也三人殊而一致者謂立文雖殊其理致是一也三公奸而同歸者謂立國雖奸同歸一稱也生死齊稱正謂生死同號之曰公與凡諸侯異也案桓五年州公如曹六年寔來本無舍國之事莊二十四年郭公歸曹不見有盜歸之文今江爲此說而范不難者以州公舍國左氏有文郭公棄位適曹卽是盜之狀以無正文故引而不難也三公奸而同歸或有作奸者奸謂差奸理亦通但定本作殊者多

執不言所於地緼於晉也時虞已包褎屬於晉故雖在虞執而不書其處○緼紆粉反包音苞褎音果處昌呂反【疏】執不至晉也○釋曰舊解云執人例不書地此云不地緼於晉也者凡執人不地者亦以地理可明故也若晉會諸侯於溴梁執莒子邾子楚合諸侯於申執徐子皆因會而執之則在會可知故不假言地至如滅人之國執人之君則亦是就國可知也經若書晉滅虞則是言其地今不書滅虞卽不舉滅國之地不謂執人當地也所以不言滅虞者晉命先行於虞虞已屬晉故不得言之也或以爲執不言所於地謂不書執虞公于虞也緼于晉也謂虞已苞褎屬晉故不得言也理亦通耳也

其曰公何也據十九年宋人執滕子嬰齊不言公猶曰其下執之之辭也臣民執其君故稱公其猶下執之之辭何也晉命行乎虞民矣虞服于晉故從晉命而執其君虞虢之相救非相爲賜也今日亡虢而明日亡虞矣言明日喻其速○爲于僞反又如字

監本附音春秋穀粱注疏僖公卷第七

穀梁注疏卷七校勘記

阮元撰盧宣旬摘錄

僖公

元年

據經書齊師　閩本同監毛本師誤侯

今復列二國者　閩監毛本二作三是也下重列二國同

夫人薨不地地故也齊人以歸　石經同閩監毛本作齊人以歸夫人薨不地地故也誤倒

況傳文不知　閩監毛本同何校本知作失是

二年

閩本同監毛本二誤三

傳三發之者　閩監本同毛本三作二

晉楚大於宋不序晉楚而言序宋者　按今本公羊注脫二楚字無言字

三年

文不憂雨也　閩監本同毛本文作反與文二年傳不合

待雨則心喜　閩監毛本待作得是

故特錄之閩監本同毛本闕之字

四年

傳侵淺至正也此一段疏閩監毛本移在傳明正也下

則此新臣亦不正按不正當作在外

諸侯死於國不地閩監毛本於作于

曰桓師也段玉裁校本曰作內

由客之不先敬主人閩監毛本不先作先不

五年

云可以重之存焉閩毛本同監本存誤右

天子世子閩監毛本同石經世作廿避所諱

而尊王世子是也閩本同監毛本尊作譏

世子受之可乎此疏閩監毛本移在傳世子受之可也下

謂問世子受諸侯之尊己閩毛本謂作請監本同惟已字作以

注逃義曰逃〇釋曰莊十七年傳文此疏閩監毛本移在注逃義曰逃下脫注字

弦國也何嫌非國傳特言弦國也發之者將明微國不書日故辨之也此疏此本誤與前疏連閩監毛本移在傳微國也下於何嫌上增〇及釋曰二字

穀梁注疏卷七校勘記

監本附音春秋穀梁注疏僖公卷第八 起六年盡十八年

范甯集解　楊士勛疏

六年春王正月○夏公會齊侯宋公陳侯衛侯曹伯伐鄭圍新城伐國不言圍邑此其言圍何也據元年楚人伐鄭不言圍病鄭也著鄭伯之罪也泰曰諸伐國而言圍邑傳皆以爲伐者之罪而以此著鄭伯之罪者齊桓行霸尊崇王室綏合諸侯翼戴世子盟之美者莫盛於此而鄭伯辟義逃歸違叛霸者是以諸侯伐而圍之罪著于上討顯于下圍伐之文雖同而善惡之義有殊亦猶桓盟不日以明信而葵丘之盟日之以爲美○著張慮反辟音避 疏 注泰曰至爲美○釋曰罪著於上而討顯于下者謂前五年書鄭伯會而逃歸是罪著於上也今伐鄭又言圍新城是討顯於下也圍伐之文雖同而善惡之義有殊謂隱五年宋人伐鄭圍長葛此言齊侯伐鄭圍新城是圍伐之文同也彼傳云伐國不言圍邑此其言圍何也久之也此傳曰伐國不言圍邑此其言圍何也著鄭伯之罪也故知彼言圍以惡宋此言圍以善齊是善惡之義有殊也知善齊者傳言著鄭伯之罪故知圍者之善也○秋楚人圍許諸侯遂救許伐鄭之諸侯善救許也 疏 善救許也○釋曰何嫌非善而傳言之者以許是近楚小國叛而即齊嫌救之非善故發之○冬公至自伐鄭其不以救許致何也大伐鄭也 疏 大伐鄭也○釋曰大之者鄭叛中國外心事楚成蠻夷之強益華夏之弱齊桓爲伯討得其罪鄭人服從遂使世子聽命是其大也

七年春齊人伐鄭○夏小邾子來朝○朝直遥反○鄭殺其大夫申侯稱國以殺大

夫殺無罪也【疏】稱國至罪也○釋曰莊九年齊人殺無知傳曰稱人以殺殺有罪也此云稱國以殺大夫殺無罪也是稱人稱國例異也但傳不說殺之狀無由知其事焉准例言之則是罪鄭伯也案傳例失德不葬文公不書葬則亦失德也枉殺卿佐是失德之傳未知鄭伯更有失德爲當直由殺申侯不可知也○秋七月公會齊侯宋公陳世子款鄭世子華盟于寗毋寗毋某地○寗毋上音如字又音甯下音無又茂后反左氏作甯

衣裳之會也【疏】衣裳之會也○釋曰衣裳之會十有一或釋或不釋兵車之會四傳皆發之者衣裳之會多省文以相包兵車之會少故備舉以見義此是衣裳後歲兵車二文相近故傳因而別之也○曹伯班卒○班必顏反○公子友如齊○冬葬曹昭公

八年春王正月公會王人齊侯宋公衞侯許男曹伯陳世子款盟于洮洮曹地王人之先諸侯何也貴王命也朝服雖敝必加於上弁冕雖舊必加於首周室雖衰必先諸侯兵車之會也鄭伯乞盟以向之逃歸乞之也向謂五年逃首戴之盟齊桓爲兵車之會于此乃震服懼不得盟故乞得與之不錄使者使若鄭伯自來所以抑一人之惡申衆人之善○之先悉薦反下同朝服直遙反弁皮彥反以向香亮反一本又作鄉注同得與音豫使者所吏反【疏】朝服雖敝至必加於首○釋曰朝服者天子則皮弁諸侯則玄冠衣則皮弁白布玄冠緇衣素裳也弁冕者謂白鹿皮爲弁冕謂以木爲幹衣之以布上玄下纁垂旒者也

乞者重辭也人道貴讓故以乞爲重【疏】乞者重辭也○釋曰文與乞師同故爲重辭也重是盟也悔前逃歸故以重言乞者處其所而請與也言乞知不自來【疏】注言乞知不自來○釋曰經言晉侯使郤

鏑來乞師是亦不自來也若然何以不錄使者所以抑鄭伯申諸侯也 蓋汋之也汋血而與之○汋由若反又音酌 ○夏狄伐晉

○秋七月禘于大廟禘三年大祭之名大廟周公廟禮記明堂位曰季夏六月以禘禮祀周公于大廟雜記下曰孟獻子曰七月日至可以有事于祖七月而禘獻子爲之案宣九年仲孫蔑如京師於是獻子始見經襄十九年卒然則失禮非獻子所始明矣雜記之云甯所未詳○大廟音泰見賢徧反下文而見同 疏 注失禮至明矣○釋曰范言此者以禮記稱七月而禘獻子爲之此時未有獻子亦七月爲禘故知失禮非獻子爲始也 用致

夫人劉向曰夫人成風也致之于大廟立之以爲夫人○夫人成風也左氏以爲哀姜 疏 用致夫人○釋曰左氏以夫人爲哀姜因禘祭而致之於廟公羊以爲僖公本取楚女爲嫡取齊女爲媵齊女先至遂脅公使立之爲夫人故因禘祭而見於廟此傳及注意則以夫人爲成風致之者謂致之於大廟立之以爲夫人與二傳違者若左氏以夫人爲哀姜元年爲齊所殺何爲今日乃致之若公羊以爲齊之媵女則僖公是作頌賢君縱爲齊所脅豈得以媵妾爲夫人乎明知二傳非也今傳云一則以宗廟臨之而後貶焉則以外之弗夫人而見正焉檢經傳之文符同故知是成風也 一用者不宜用者也致者不宜致者也言夫人必以其氏姓言夫人而不以氏姓非夫人也立妾之辭也非正也夫人者正嫡之稱謂非崇妾之嘉號以妾體君則上下無別雖尊其母是卑其父故曰非正也禮有君之母非夫人者又庶子爲後爲其母緦是妾不爲夫。元缺明矣○適丁歷反本亦作嫡稱尺證反別彼列反爲其于僞反緦音思 疏 注夫人至明矣○釋曰仲子者惠公之母隱五年考仲子之宮而經傳譏之是也有君之母非夫人者又庶子爲後爲其母緦者喪服文也 夫人之我可以不夫人之乎

夫人卒葬之我可以不卒葬之乎鄭嗣曰君以爲夫人君以夫人之禮卒葬之主書者不得不以爲夫人也成風以文四年

薨五年葬傳終說其事一則以宗廟臨之而後貶焉臣無貶君之義故于大廟去夫人氏姓以明君之非正○去起呂反一則以外之弗夫人而見正焉秦人來歸僖公成風之襚不言夫人○襚音遂○冬十有二月丁未天王崩惠王也

九年春王三月丁丑宋公禦說卒○禦魚呂反本亦作御說音悅○夏公會宰周公齊侯宋子衛侯鄭伯許男曹伯于葵丘宰官周采地天子三公不字宋子襄公葵丘地名○采音菜天子之宰通于四海宰天官冢宰兼爲三公者三公論道之官無事于會盟冢宰掌建邦之六典以佐王治邦國故曰通于四海疏注宰天至四海○釋曰傳言通於四海者解其與盟會之事也若直爲三公論道之官則無事於會盟以兼爲冢宰通於四海爲諸侯所尊故得出會也一解通於四海者解其稱官之意與注乖非也論道之官者尚書周官云論道經邦爕理陰陽是也掌建邦之六典者大宰職云一曰治典二曰教典三曰禮典四曰政典五曰刑典六曰事典是也左氏以宰周公爲宰孔此傳蓋亦然也宋其稱子何也未葬之辭也禮柩在堂上孤無外事今背殯而出會以宋子爲無哀矣欑木如椁塗之曰殯周人殯于兩楹之間周人殯于西階之上宋殷後也○柩其救反禮記云在牀曰尸在棺曰柩背音佩菆木才官反本又作欑同疏宋其至哀矣○釋曰稱宋子正也而云無哀者宋子非主伯所召而自會諸侯稱子嫌稱子合正無譏故傳責其背殯也晉襄背殯貶之稱人此經不貶者宋襄雖背殯出會而子道不虧於理雖合小譏而文不可貶責其晉襄上無王命所召又非國事急重而自爲戎首與敵交戰非直於理合責於文亦當貶也其稱子稱侯之例具於桓十三年疏○注欑木至後也○釋曰禮記檀弓云天子之殯也菆塗龍輴以椁鄭

玄云菆木周龍輴如椁而塗之也天子殯以輴車畫轅爲龍也彼說天子之禮故云龍輴則諸侯亦設輴而不畫龍其用木欑之亦如椁故范云欑木如椁也檀弓又云夏后氏殯於東階之上殷人殯於兩楹之間周人殯於西階之上是。注所。據之文也云宋殷後者欲見宋之殯亦從兩楹之間○秋七月

乙酉伯姬卒內女也未適人不卒此何以卒也許嫁笄而字之死則以成人之喪治之女子許嫁不爲殤死則以成人之喪治之謂許嫁於諸侯尊同則服大功九月吉笄以象爲之刻鏤其首以爲飾成人著之○笄古兮反殤式羊反著丁略反

疏內女也○釋曰明內女有書卒之義故發首云內女也若其不然不嫌非內女也范氏別例云內女卒葬例有六葬有三卒亦有三卒者此文一也僖十六年鄫季姬二也成八年杞叔姬三也葬者莊四年葬紀伯姬三十年葬紀叔姬襄三十年宋葬共姬是也文十二年子叔姬不數之者與此伯姬同是未適人故總爲一也○注女子至著之○釋曰喪服大功章云女子子之長殤傳曰何以大功未成人也年十九至十六爲長殤十五至十二爲中殤十一至八歲爲下殤七歲以下爲無服之殤於其服也長殤中殤降成人一等下殤降成人二等又喪服傳曰大功之殤中從上小功之殤中從下長殤中殤總言之者據大功以上也其葬殤之禮亦與成人有異故檀弓云周人以殷人之棺椁葬長殤以夏后氏之堲周葬中殤下殤以有虞氏之瓦棺葬無服之殤是也女子許嫁而笄猶男子之冠也故以成人之喪治之禮諸侯絕朞故許嫁於諸侯則服之若嫁與大夫則不服也禮姊妹與己之女同服齊衰若出嫁則爲之降至大功九月禮意爲降者取受我而厚之夫爲之朞故我爲之降計此伯姬未至夫家案曾子問云娶女有吉日而女死壻齊衰而弔既葬除之然則其夫不爲之盡禮則皆不得爲之降當亦服齊衰朞也而范注云服大功者總據出嫁者言之故云大功非謂此亦大功也或當女子在室公不爲之服則卒之亦不書今書之者以其許嫁故也夫雖不終服公亦從出嫁之例降至大功也吉笄以象爲之者詩云象服是宜毛傳云尊者所以爲飾故知用象也鄭

解象服與此異耳喪服女子許嫁服斬衰用箭笄齊衰則用榛笄喪既無飾故知吉笄有飾也鏤刻其首者相傳爲然也○九月戊辰諸侯
盟于葵丘桓盟不日此何以日美之也爲見天子之禁故備之也何休以爲即日爲美其不
日皆爲惡也桓公之盟不日皆爲惡邪莊十三年柯之盟不日爲信至此日以爲美義相反也鄭君釋之曰柯之盟不日因始信之自其後盟以不日爲平文
從陽穀已來至此葵丘之盟皆令諸侯以天子之禁桓德極而將衰故備日以美之自此不復盟矣○爲見于僞反下賢偏反復扶又反疏注自此不復盟
矣○釋曰十五年盟于牲丘而云不復盟矣者以衣裳之會不復盟彼是兵車故也葵丘之會陳牲而不殺所謂無歃血之盟鄭君曰
盟牲諸侯用牛大夫用猳○歃本又作唼所洽反又所甲反猳音加疏陳牲而不殺釋曰陳牲不殺則不得謂之盟若不殺牲又不得云讀書加於牲上而
傳云不殺者桓公信義之極。是於此矣雖盟而不歃血謂之不殺不殺者謂不如凡常之殺殺而不用直讀書而加于牲上而已○注所謂至用猳○釋曰莊
二十七年傳云衣裳之會十有一未嘗有歃血之盟也信厚也則衣裳之會皆不歃血而此會獨言之者以此會桓德極盛故詳其事實餘盟亦不歃血耳八
年洮會云㳌血與鄭伯者彼兵車之會故也徐邈云陳牲者不殺埋之陳示諸侯而已加于牲上者亦謂活牲非死牲理亦通也此葵丘會爲桓德盛故書日
以美之又毋雍泉以下是四教之事而論語一匡天下鄭不據之而指陽穀者鄭據公羊之文故指陽穀其實此會亦有四教故上注云從陽穀已來至此葵
丘之盟皆令諸侯以天子之禁是也注又引鄭君曰盟牲諸侯用牛大夫用猳者左傳云諸侯盟誰執牛耳又曰鄭伯使卒出猳是其證也讀書加
于牲上壹明天子之禁壹猶專也曰毋雍泉專水利以。障谷○雍於勇反塞也障音章又之亮反毋訖糴訖止也謂
貯粟○糴音狄貯張呂反毋易樹子樹子嫡子嫡丁歷反○毋以妾爲妻毋使婦人與國事女正位於內○與音

豫○甲子晉侯詭諸卒獻公也枉殺世子申生失德不葬○詭諸九委反左氏作佹諸枉紆往反疏注失德不葬○釋曰宋桓亦不葬至此言失德者今獻公枉殺申生卽是失德之例宋桓無罪之狀故范不得言之也公羊以爲桓公不書葬者爲宋襄公背殯出會不書葬若非背殯然也穀梁既譏宋子卽不是爲諱蓋魯不會故也○冬晉里克殺其君之子奚齊其君之子云者國人不子也國人不子何也不正其殺世子申生而立之也諸侯在喪稱子言國人不君之故繫于其君疏冬晉至奚齊○釋曰范云弒君日與不日從其君正與不正今奚齊書時者爲未成君且又不正故也○國人不子○釋曰舊解諸侯在喪稱子今國人不以爲君故不直謂之子而繫之。於君也徐邈云不子者謂不子愛之也非范意蓋不子者謂不以爲君則是不子也

十年春王正月公如齊疏正月公如齊○釋曰何休云書月者善公朝事齊故月之朝既以時爲正書月何以爲善蓋爲下滅温書月也○狄。滅温温子奔衛○晉里克弒其君卓及其大夫荀息以尊及卑也荀息閑也○卓勑角反○夏齊侯許男伐北戎○晉殺其大夫里克稱國以殺罪累上也里克弒二君與一大夫二君奚齊卓子一大夫荀息其以累上之辭言之何也據有罪其殺之不以其罪也其殺之不以其罪奈何里克所爲殺者爲重耳也殺奚齊卓子者欲以重耳爲君重耳夷吾兄文公○所爲于僞反下文皆同重直龍反殺奚齊申志反又如字夷吾曰是又將殺我乎故殺之不以其罪也其爲重耳弒奈何晉獻公伐虢得麗姬獻公私之有二子長曰奚齊稚曰

卓子麗姬欲爲亂亂謂殺申生而立其子○麗姬力池反伐虢所得左氏伐驪戎所得長丁丈反稚直吏反故謂君曰吾夜者夢夫人趨而來曰吾苦畏夫人申生母○苦如字又枯路反下同胡不使大夫將衛士而衛冢乎公曰孰可使曰臣莫尊於世子則世子可故君謂世子曰麗姬夢夫人趨而來曰吾苦畏女其將衛士而往衛冢乎世子曰敬諾築宮宮成麗姬又曰吾夜者夢夫人趨而來曰吾苦飢世子之宮已成則何爲不使祠也故獻公謂世子曰其祠世子祠已祠致福於君君田而不在麗姬以酖爲酒藥脯以毒獻公田來麗姬曰世子已祠故致福於君君將食麗姬跪曰食自外來者不可不試也覆酒於地而地賁賁沸起也○女音汝下皆同祠自絲反酖直蔭反以鴆鳥毛畫酒跪求委反覆芳服反賁扶粉反注同以脯與犬犬死麗姬下堂而啼呼曰天乎天乎國子之國也子何遲於爲君君喟然歎曰吾與女未有過切吾與女未有過差切急○呼火故反喟去愧反又去怪反差初賣反又如字疏未有過切○釋曰公信麗姬謂大子實將殺己故喟然歎曰吾與汝爲父子以來未嘗有過差切急是何與我之深也雖不對大子發歎而爲此言也是何與我之深也使人謂世子曰爾其圖之世子之傅里克謂世子曰入自明入自明則可以生不入自明則不可以生世子曰吾君已老矣已昏矣吾若此而入自明則麗姬

必死麗姬死則吾君不安所以使吾君不安者吾不若自死吾寧自殺以安吾君以重耳爲寄矣慮麗姬又譖重耳故以託里克使保全之刎脰而死○刎亡粉反脰音豆頸也故里克所爲弑者爲重耳也夷吾曰是又將殺我也○秋七月○冬大雨雪○雨于付反

十有一年春晉殺其大夫丕鄭父○丕普悲反稱國以殺罪累上也【疏】罪累上也○釋曰重發傳者此里克同黨恐異故發之○夏公及夫人姜氏會齊侯于陽穀○秋八月大雩雩月正也雩得雨曰雩不得雨曰旱禮龍見而雩常祀不書書者皆以旱也故得雨則喜以月爲正也不得雨則書旱明旱災成何休曰公羊書雩者善人君應變求索不雩則言旱旱而不害物言不雨也就如穀梁設本不雩何以明之如以不雨明之設旱而不害物何以別乎鄭君釋之曰雩者夏祈穀實之禮也旱亦用焉得雨書雩明雩有益不得雨書旱明旱災成後得雨無及也國君而遭旱雖有不憂民事者何乃廢禮本不雩禱哉顧不能致精誠也旱而不害物固以久不雨別之文二年十三年自十有二月自正月不雨至于秋七月是也穀梁傳曰歷時而言不雨文不閔雨也以文不憂雨故不如僖時書不雨文所以不閔雨者素無志於民性退弱而不明又見時久不雨而無災耳○雩音于龍見賢徧反下同應變應對之應索所白反別彼列反下同禱丁老反又丁報反【疏】雩月正也○釋曰穀梁之例若常祀之雩則皆不書書者並是爲旱也若得雨則書雩不得雨則書旱就書之中若八月九月雩則書月以見正何者八月九月其時窮人力盡故也定元年九月大雩傳曰雩月雩之正也此秋八月雩傳曰雩月正也是雨者雩者書月以見正昭二十五年七月大雩亦書月者以一月再雩故月也餘月雩者則書時以見非正則成七年冬大雩傳曰雩不月而時非之也冬無爲雩也又定元年傳曰秋大雩非正

也冬大雩非正也是餘月雩皆書時以見非正其旱則例皆時何者旱必歲窮非一月之事故也則僖二十一年夏大旱傳曰旱時正也宣七年秋大旱亦蒙例可知也舊解八月雩雖不得雨亦不云旱也若九月雩而不得雨則書旱傳言得雨曰雩指爲八月也不得雨曰旱指爲九月也觀經傳上下全無此意其說非也又僖二十一年夏大旱范引傳例曰得雨曰雩不得雨曰旱豈是九月雩不得雨何爲亦書旱也○注設本至災耳○釋曰何休難此傳云雩而得雨曰雩故言設使元本不雩則何以明之也此傳又云不得雨曰旱故又難云就如穀梁書旱則以不雨明之設使或旱而不害物則何以別之乎○冬

楚人伐黄

十有二年春王正月庚午日有食之○夏楚人滅黄貫之盟管仲曰江黄遠齊而近楚楚爲利之國也若伐而不能救則無以宗諸侯矣○宗諸侯謂諸侯宗之貫古亂反遠于萬反近附近之近爲于僞反桓公不聽遂與之盟管仲死楚伐江滅黄桓公不能救故君子閔之也閔其貪慕伯者以致滅疏貫之至閔之也○釋曰案史記管仲之卒在桓公四十一年計桓公四十一年當魯僖十五年而此云管仲死者蓋不取之史記之說云閔之也者閔其背楚致禍歸齊無福之意是不解經也○秋七月○冬十有二月丁丑陳侯杵臼卒杵昌呂反

十有三年春狄侵衞○夏四月葬陳宣公○公會齊侯宋公陳侯衞侯鄭伯許男曹伯于鹹鹹衞地○鹹音咸○兵車之會也疏兵車之會也○釋曰何休於此有廢疾范不具載鄭釋者以數九會異於鄭故

也〇秋九月大雩〇冬公子友如齊
十有四年春諸侯城緣陵緣陵杞邑疏注緣陵杞邑釋曰謂之城者封杞也不發非國之問者從楚丘之例也不言城杞及遷亦
從彼例也公羊以爲杞國爲徐莒脅滅故諸侯爲之城左氏以爲淮夷病杞故齊桓爲之城二傳說城之所由雖殊皆是爲杞也故范注亦云緣陵杞邑其
曰諸侯散辭也直曰諸侯無小大之序是各自欲城無總一之者非伯者所制故曰散辭聚而曰散何也據言諸侯城則是聚
諸侯城有散辭也桓德衰矣言諸侯城則非伯者之爲可知也齊桓德衰所以散也何休曰案先是盟亦言諸侯非散也又穀梁
美九年諸侯盟于葵丘郎散何以美之邪鄭君釋之曰九年公會宰周公齊侯宋子衞侯鄭伯許男曹伯于葵丘九月戊辰盟于葵丘時諸侯初在會未有歸
者故可以不序今此十三年夏公會齊侯宋公陳侯衞侯鄭伯許男曹伯于鹹而冬公子友如齊此聘也書聘則會固前已歸矣今云諸侯城緣陵而不序其
人明其散桓德衰矣葵丘之事安得以難此〇難乃旦反〇夏六月季姬及繒子遇于防使繒子來朝遇例時此
非所宜遇故謹而月之〇繒在陵反朝直遙反下文及注同遇者同謀也魯女無故遠會諸侯遂得淫通此亦事之不然左傳曰繒季姬來寧
公怒之以繒子不朝遇于防而使來朝此近合人情〇近如字又附近之近疏遇者同謀也〇釋曰傳例曰遇者志相得也今云同謀者以淫通與盟會
異故發傳又云言使非正者婦人使夫異於君使世子故重發非正之例也來朝者來請己也使來朝請己爲妻朝不言使
言使非正也以病繒子也〇秋八月辛卯沙鹿崩沙鹿晉山疏沙鹿崩〇釋曰公羊以沙鹿爲河上之邑
崩者陷入地中杜預注左氏以爲山名此傳以鹿爲山足是三傳說異也林屬於山爲鹿鹿山足〇屬之玉反沙山名也無崩

道而崩故志之也其日重其變也劉向曰鹿在山下平地臣象陰位也崩者散落背叛不事上之象○背音佩 疏 其日重其變也○釋曰。決梁山崩不日也梁山崩亦壅河不書壅河者舉山崩爲重故也○狄侵鄭○冬蔡侯肸卒○肸許乞反諸侯時卒惡之也○惡烏路反 疏 時卒惡之也○釋曰慶信云蔡侯肸父哀侯爲楚所執肸不附中國而常事父讎故惡之而不書日也案蔡侯自僖以來未與中國爲會則慶信之言是也不書葬者或是失德或是魯不會也

十有五年春王正月公如齊○楚人伐徐○三月公會齊侯宋公陳侯衛侯鄭伯許男曹伯盟于牡丘牡丘地名兵車之會也遂次于匡救徐也時楚人伐徐匡衛地遂繼事也次止也有畏也畏楚 疏 次止也有畏也○釋曰復發傳者前次于陘欲綏楚以德今而畏楚故別發之○公孫敖帥師及諸侯之大夫救徐諸侯既盟次匡皆遣大夫將兵救徐故不復具列諸國○復扶又反善救徐也 疏 善救徐也○釋曰徐叛楚即齊旋爲楚所敗嫌救非善故發明之○夏五月日有食之夜食 疏 注夜食○釋曰莊公十八年傳云不言日不言朔夜食也是以知之○秋七月齊師曹師伐厲徐邈曰案齊桓末年用師及會皆危之而月也于時霸業已衰勤王之誠替于。內震矜之容見於外禍釁既兆動接危理故月衆國之君雖有失道未足爲一世興衰齊桓威攝羣后政行天下其得失皆治亂所繫故春秋重而詳之錄所善而著所危云爾○見賢徧反釁許靳反衰本作喪息浪反治自吏反 疏 注徐邈至云爾○釋曰何休以爲葵丘之會桓公震而矜之叛者九國此厲亦是叛者故伐之左氏以爲厲是楚屬國故伐厲以救徐今范載徐言云震矜之容見於外則與何休同也錄所善九年盟于葵丘著日以極美是也著所危者此年書月以見衰是

著所危○八月螽○螽音終螽蟲災也甚則月不甚則時○九月公至自會莊二十七年傳曰相
會不致安之也而此致者齊桓德衰故危而致之【疏】甚則月○釋曰重發傳者嫌僖公憂民之重災不至於甚故明之也○季姬歸于繒
○己卯晦震夷伯之廟夷謚伯字晦冥也震雷也夷伯魯大夫也因此以見天子至
于士皆有廟明夷伯之廟過制故因此以言禮○冥亡定反見賢偏反【疏】晦冥至有廟○釋曰公羊以爲晦者爲晝日而晦冥震者雷也謂有
雷擊夷伯之廟此傳亦云晦冥也震雷也則不得從左氏爲月晦與公羊同矣公羊又以爲夷伯者季氏之信臣故震其廟以戒之今此傳歷言天子以下廟
數以爲過制故震之與公羊異左氏以爲夷伯有隱慝故天命霹靂之亦與穀梁不同也天子七廟祭法曰王立七廟曰考廟王考廟皇考廟顯考
廟祖考廟有二祧遠廟稱祧○祧宅堯反諸侯五曰考廟王考廟皇考廟顯考廟祖考廟大夫三曰考廟王考廟皇考廟士二曰考
廟王考廟故德厚者流光德薄者流卑雍曰德厚者位尊道隆者爵重故天子遠及七世士祭祖而已是以貴始德
之本也始封必爲祖若契爲殷祖棄爲周祖○契息列反【疏】天子至爲祖○釋曰鄭據禮記說云夏五廟殷六廟周七廟故王制云
天子七廟三昭三穆與大祖之廟而七鄭注云此周制七者大祖廟及文武二祧與親廟四大祖后稷也殷則六廟契及湯與二昭二穆也夏則五廟無大
祖禹與二昭二穆而已是其說也王制又云諸侯五廟二昭二穆與大祖而五鄭云大祖始封之君王者之後則不爲始封之君廟也又云大夫三廟一昭
一穆與大祖之廟而三鄭云大祖別子始爵封者雖非別子始爵者亦然又云士一廟庶人祭于寢鄭云謂諸侯中士下士名曰官師者上士則二廟寢適寢也
是禮與傳文合也唯祭法云大夫三廟曰考廟曰王考廟曰皇考廟與王制一昭一穆與大祖其意少異者鄭荅趙商祭法大夫三廟是周之制而王制大夫

三廟言與大祖而三或當夏殷法不合於周禮也是解二者不同之意祭法又云適士二廟官師一廟而王制云士一廟者亦謂是中士下士者也若是上士亦當二廟故鄭注王制云士一廟者諸侯之中士下士名曰官師者也上士則二廟是也中士下士所以名爲官師者師者師長也言爲一官之長也祭法又云庶人無廟故王制亦云庶人祭寢是無廟也庶士者謂府史之屬也庶人者謂平民也以其賤故無廟也○德厚至流卑○釋曰光猶遠也卑猶近也天子德厚故遠及七廟士之德薄故近及二廟因其貴賤有倫故制爲等級也○是以至本也○釋曰始謂受封之君所以貴之者由是德之本也言有大德故受高位高位由之而來故始封之君必爲祖矣祖謂廟不毀也

○冬宋人伐曹○楚人敗徐于婁林婁林徐地○敗必邁反下相敗同

夷狄相敗志也【疏】夷狄相敗志也○釋曰夷狄相敗書文不具今起禍亂之原謹兵車之始故傳言此以明之

○十有一月壬戌晉侯及秦伯戰于韓韓晉地獲晉侯獲者不與之辭諸侯非可相獲【疏】注獲者不與之辭○釋曰傳有明例注言之者嫌晉侯失衆與秦得獲故注顯之欲明亦不與秦獲也范別例云凡書獲有七謂莒挐一也晉侯二也華元三也蔡公子濕四也陳夏齧五也齊國書六也麟七也於晉侯著失民之咎於蔡公子濕彰公子之病華元表得衆之辭莒挐顯公子之給自餘雖不發從省文可知也

韓之戰晉侯失民矣以其民未敗而君獲也

十有六年春王正月戊申朔隕石于宋五劉向曰石陰類也五陽數也象陰而陽行將致隊落○隕云敏反行下孟反下陰行同隊直類反【疏】注劉向至隊落○釋曰何休云石者陰德之專者也鷁者鳥中之耿介者皆有似宋襄公之行宋襄欲行霸事不納公子目夷之謀事事耿介自用卒以五年見執六年終敗如五石六鷁之數天之與人昭昭著明甚可畏也賈逵云石山岳之物齊大岳之胤而五石隕宋象齊桓卒而五

公子作亂宋將得諸侯而治五公子之亂鷁退不成之象後六年霸業退也鷁水鳥陽中之陰象君臣之訟鬩也許慎異義載穀梁說云隕石於宋五象宋公德劣國小陰類也而欲行霸道是陰而欲陽行也其隕將拘執之象也是宋公欲以諸侯行天子道也六鷁退者鄭玄云六鷁俱飛得諸侯之象也其退示其德行不進以致敗也得諸侯是陽行也被執敗是陰行也是二說與劉向合耳其何休賈逵之言並是公羊左氏舊說非穀梁意也先隕而後石何也據莊七年星隕如兩先言星後言隕隕而後石也既隕後乃知是石于宋四竟之內曰宋後數散辭也耳治也隕石記聞也聞其磌然視之則石察之則五○竟音境治直吏反下目治同磌之人反又大年反聲響也疏于宋至治也○釋曰散辭也者對下聚辭也爲言此石散在宋四竟之內故後言其數以散辭言之鷁則聚在宋都之上故先言其數以聚辭言之又云耳治也者謂隕石先以耳聞故言先言隕鷁退先以目見故先言數是各以聞見先後爲次○注聞其磌然○釋曰范取公羊爲說彼傳云隕石記聞聞其磌然視之則石察之則五是也磌字說文玉篇字林等無其字學士多讀爲砰據公羊古本並爲磌字張揖讀爲磌是石聲之類不知出何書也○是月六鷁。退飛過宋都是月隕石之月劉向曰鷁陽也六陰也象陽而陰行必衰退○鷁五歷反數是月也決不日而月也欲著石曰鷁月故言是月若不言是月則嫌與戊申同疏決不日而月也○釋曰傳言此者解經書是月之意言鷁退不日而月故云是月明與石隕異日也若然案桓十二年丙戌公會鄭伯盟于武父丙戌衛侯晉卒若下事得蒙上日何爲彼經重舉丙戌者彼公盟必須書日衛侯不正前見亦當書日經以衛侯不正而恐不得蒙上日故書二日以明之此石隕鷁退是記異之事恐蒙上日故言是月以別之一知下事得蒙上日者貜且之卒得連日食之下叔弓之卒得與祭同日是經舉一日得包兩日之驗也六鷁退飛過宋都先數聚辭也目治也六鷁退飛記見也視之則六察之則鷁徐而察之則退飛子曰石無知之物鶂微有知之物石無知故日之石無知而隕必天使之然故詳而日之鶂微有知之物故月之鶂或時自欲退飛耳是以略而月之君子之於物無所苟而已石鶂且猶盡其辭而況於人乎故五石六鷁之辭不設則王道不亢矣不遺微細故王道可舉○亢苦浪反民所聚曰都○三月壬申公子季友卒大夫日卒正也季友桓公之子疏大夫日卒正也○釋曰傳發之者益師明其有罪此則顯其得正故兩明之也稱公弟叔仲賢也大夫不言公子公孫疏之也疏稱公弟叔仲賢也○釋曰傳因季友之賢發起其例也叔肸賢而稱弟季友不稱弟稱字賢可知也以兄先死故不得稱弟耳不言公子公孫疏之者謂仲遂舉齊之等是也又公孫茲發日卒之傳者以其名而不字又非罪非賢故重發之仲遂非賢而稱字者彼既不言公子以疏之唯宣公嘉之而稱字無嫌是賢故也○夏四月丙申繒季姬卒○秋七月甲子公孫茲卒大夫日卒正也○冬十有二月公會齊侯宋公陳侯衛侯鄭伯許男邢侯曹伯于淮兵車之會也○淮音懷

十有七年春齊人徐人伐英氏○英於京反○夏滅項孰滅之桓公也何以不言桓公也據莊十年齊師滅譚稱齊師○項戶講反國名也齊滅之左氏以爲魯滅爲賢者諱也項國也不可滅而滅之乎桓公知項之可滅也知政昏亂易可滅○爲于偽反下爲之諱同而不知己之不可以滅也霸者存恤鄰國抑彊輔弱義不可滅人之國既滅人之國矣何賢乎君子惡惡疾其始絕其始則得不終於惡邵曰謂疾其

初爲惡之事不終身疾之○惡惡並如字又烏路反善善樂其終樂賢者終其行也邵曰謂始有善事則終身善之○行下孟反疏君子至其終○釋曰言此者解爲齊桓諱滅項之意惡惡疾其始謂君子惛惡惡人則疾其初始何者欲使惡入不得終於惡故就其初始卽貶疾之也善善樂其終謂君子善其善人樂使終其行也以樂終其行故雖有惡亦爲諱之或齊雖滅項亦不言齊滅也邵解二事並與范異君子惡惡疾其始者君子惛惡人有惡事唯疾其初始爲惡不終身疾也言有惡則疾之無惡則止也善善樂其終者君子嘉善人則欲終身善之見人一度有善則終身不忘故爲齊桓諱滅項也

桓公。嘗有存亡繼絕之功故君子爲之諱也邵曰存亡謂存邢衛繼絕謂立僖公所以終其善○秋夫人姜氏會齊侯于卞卞魯地○卞皮彥反○九月公至自會桓會不致而今致會桓公德衰威信不著陳列兵車又以滅項往會既非踰年乃反故往還皆月以危之○冬十有二月乙亥齊侯小白卒此不正其日之何也據二十四年晉侯夷吾卒不書日其不正前見矣其不正之前見何也以不正入虛國故稱嫌焉爾莊九年齊小白入于齊貶不稱公子虛國謂齊無君傳例曰以國氏者嫌也○見賢偏反下同

十有八年春王正月宋公曹伯衛人邾人伐齊非伐喪也伐喪無道故謹而月之疏注故謹而月之○釋曰侵伐書月唯施於內今亦施之於外者齊桓以安危所繫故書月以表之宋襄欲繼齊桓之業故亦謹而月之○夏師救齊魯師善救齊也○五月戊寅宋師及齊師戰于甗甗齊地○甗魚輦反又音言齊師敗績戰不言伐客不言及言及惡宋也何休曰戰言及者所以別客主直不直也故文十二年晉人秦人戰于河曲兩不直故。不。云。及今宋言及

明直在宋非所以惡宋也卽言及爲惡是河曲之戰爲兩善乎又穀梁以河曲不言及略之也則自相反矣鄭君釋之曰及者別異客主耳不施於直與不直也直不直自在事而已義兵則客直宣十二年夏晉荀林父帥師及楚子戰於邲晉師敗績是也兵不義則王人直莊二十八年春衛人及齊人戰衛人敗績是也今齊桓卒未葬宋襄欲與霸事而伐喪於禮尤反故反其文以宋及齊卽實以宋及齊明直在宋邲之戰直在楚不以楚及晉何邪秦晉戰於河曲不言及疾其亟戰爭舉兵故略其一先後○惡烏路反下同別彼列反下同邲蒲必反一音弼亟欺異反

【疏】戰不至宋也○釋曰春秋之例戰伐不並舉此上有伐文今又言戰是違常例也又伐人者爲客受伐者爲主此言及齊師是亦違常例也故傳釋之以爲惡宋也○注何休至先後○釋曰何休廢疾云此言及爲惡宋則文十二年河曲之戰不言及爲兩善也故知言及者分別客主直與不直也鄭玄釋之曰言及者別異客主耳不施直與不直也故引宣十二年夏莊二十八年春以明之宣十二年邲之戰楚直晉曲經云荀林父及楚子莊二十八年衛直齊曲而云衛人及齊明直者在事而已不由稱及也穀梁邲戰竟不論楚直晉曲而鄭云直在楚者公羊意以爲邲戰是楚直故據之難何休

○狄救齊善救齊也

【疏】善救齊也○釋曰楚與上文魯師救齊並爲善者此善狄能憂中國上文與魯昔與齊仇讎恐救之非善故並發善救之例也

○秋八月丁亥葬齊桓公豎刁易牙爭權五公子爭立故危之○刁音雕

○冬邢人狄人伐衛狄其稱人何也善累而後進之累積伐衛所以救齊也何休曰卽伐衛救齊當兩舉如伐楚救江矣又傳以爲江遠楚近故伐楚救江今狄亦近衛而遠齊其事一也義異何也鄭君釋之曰文三年冬晉陽處父帥師伐楚救江兩舉之者以晉未有救江文故明言之今此春宋公曹伯衛人邾人伐齊夏狄救齊冬邢人狄人伐衛爲其救齊可知故省文耳事同義又何異○近衛如字又附近之近遠齊如字又于邁反爲其于僞反省所景反功近而德遠矣伐衛功近耳夷狄而憂中

國其德遠也

監本附音春秋穀梁注疏僖公卷第八

穀梁注疏卷八校勘記　阮元撰盧宣旬摘錄

七年僖公

省文以相包　閩監毛本同何校本包作苞

八年

是妾不爲夫口明矣　此本夫字下空缺閩監毛本作體

九年

是注所據之文也　閩本同監毛本作是據所注之文也誤

是於此矣　閩本同監毛本是作見是也

專水利以障谷　閩監毛本同釋文出以鄣

而繫之於君也　閩本同監毛本於作于

十年

狄滅温　石經閩監本同氏本狄誤秋

吾若此而入自明　石經閩本同監毛本脱吾字明下衍明字

十有一年

善人君應變求索閩監毛本同釋文出索也今本無也字葢所據本不同

固以久不雨別之閩本同監毛本固作故是

則成七年冬大雩閩本同監毛本則誤爾

十有二年

春王正月閩監毛本同石經正作三

十有四年

決梁山崩不日也閩本同監毛本決誤浹

十有五年

勤王之誠替于內閩本同監毛本內誤初

大祖別子始爵封者案鄭氏注原文無封字

十有六年

六鷁退飛過宋都閩監毛本同石經鷁作鶂下五石六鷁同釋文出六鶂案十行本鷁字係剜補乃淺人妄改而仍有改之未盡者○案說

文作鵙無鶪字

十有七年

桓公常有存亡繼絕之功 閩監毛本同石經無公字

十有八年

故不云及 閩監毛本同案釋文出故去起呂反在以別下于郯上今驗以別之下于郯之上無故去之文當是陸所據本此故不云及四字作故去反三字

穀梁注疏卷八校勘記

監本附音春秋穀梁注疏僖公卷第九 起十九年盡三十三年

范甯集解　楊士勛疏

十有九年春王三月宋人執滕子嬰齊【疏】滕子嬰齊○釋曰傳法並不解稱名之意蓋罪賤之也○夏六月宋公曹人邾人盟于曹南曹南曹之南鄙繒子會盟于邾己酉邾人執繒子用之微國之君因邾以求與之盟與則豫也○與音豫注及下文同【疏】會盟于邾○釋曰言會盟于邾者繒是微國欲因邾以求盟故云會盟也人因己以求與之盟己迎而執之惡之故謹而日之也用之者叩其鼻以衈社也衈者釁也取鼻血以釁祭社器○惡烏路反下惡其長同叩音口衈音二【疏】故謹至社也○釋曰此與昭公十一年冬十有一月丁酉楚師滅蔡執蔡世子友以歸用之皆惡其用人故不據國之大小同書日以見惡也叩其鼻者論語云以杖叩其脛則叩謂擊也○秋宋人圍曹○衞人伐邢○冬會陳人蔡人楚人鄭人盟于齊會無主名內卑者也四國稱人外卑者也杜預曰地於齊齊亦與盟○梁亡自亡也湎於酒淫於色心昏耳目塞上無正長之治大臣背叛民爲寇盜梁亡自亡也如加力役焉湎不足道也如使伐之而滅亡則淫湎不足記也使其自亡然後其惡明○湎面善反長丁丈反下及注同背音佩【疏】梁亡○釋曰左氏以爲秦滅梁惡其自取滅亡之故不以秦滅爲文公羊以爲魚爛而亡謂梁君隆刑峻法百姓逃叛而事等魚爛從中而去也此傳亦云大臣背叛民爲寇盜則同公羊梁國亦自亡也又如加力役焉湎不足道也則梁之土地必爲人所取蓋同左氏

秦得之但據自滅爲文少異耳梁亡鄭棄其師我無加損焉正名而已矣梁亡出惡正也正謂政教

疏正名而已矣○釋曰仲尼脩春秋亦有改舊義以見褒貶者亦有因史成文以示善惡者其變之也不葬有三爲齊桓諱滅項之類是改舊也其梁以自滅爲文鄭棄其師之徒是因史之文也故傳云我無加損焉正名而已矣鄭棄其師惡其長也長謂高克

二十年春新作南門作爲也有加其度也更加使大言新有故也非作也責其改舊制南門者法門也法門謂天子諸侯皆南面而治法令之所出入故謂之法門○夏郜子來朝○郜古報反○五月己巳西宮災謂之新宮則近爲禰宮言閔公非僖公之父故不言新宮也○近附近之近禰乃禮反父廟也以謚言之則如疏之然故不言閔宮而云西宮以是爲閔宮也

疏以是爲閔宮也○釋曰傳知之者以若是禰宮當言新宮若是疏祖之宮又須言謚此在親疏之閒故知是閔宮也○鄭人入滑○秋齊人狄人盟于邢邢爲主焉爾邢小其爲主何也其爲主乎救齊十八年邢人狄人伐衛以救齊是也

疏邢爲至救齊○釋曰盟會地于國都者國主雖與盟會未知卽能爲主桓十四年公會鄭伯于曹曹不爲主是也而傳云邢爲主焉爾又辨其大小者傳以十八年邢人狄人伐衛以救齊今又盟于邢故知爲主也又云邢小者以邢雖是小國爲主能救齊故歸功于邢不謂盟國都者例能爲主耳○冬楚人伐隨隨國也

疏○隨國也○釋曰案世本隨是國名經又言伐知非邑也

二十有一年春狄侵衛○宋人齊人楚人盟于鹿上宋爲盟主故序齊上鹿上宋地○夏大旱

傳例曰得雨曰雩不得雨曰旱旱時正也疏旱時正也○釋曰旱必歷時非一月之事故書時爲正也○秋宋公楚子陳侯蔡侯鄭伯許男曹伯會于雩雩宋地或爲宇執宋公以伐宋以重辭也傳例曰以者不以者也此傳及定七年齊人執衛行人北宮結以侵衛傳皆曰以重辭也然則以有二義矣國之所重故曰重辭疏以重辭也○釋曰桓十四年宋人以齊人蔡人云云伐鄭傳曰以者不以者也今傳云以重辭也何知非是一事而重不可以范注云以有二義者范以執宋公及執衛結皆是國之所重而傳云以重辭也其微人從伐者即云以者不以者也明二人者意異故云以有二義○冬公伐邾○楚人使宜申來獻捷楚稱人者爲執宋公貶○捷在接反爲于僞反疏注楚稱至公貶○釋曰知爲執宋公貶者以稱使知是楚子使之國君而稱人明爲執宋公貶也捷軍得也其不曰宋捷何也捷莊三十一年齊侯來獻戎捷疏注據至戎捷○釋曰。役傳云戎菽也則與此宋捷絕不相當而范引之者彼雖以戎爲菽終是伐得之故范引爲證也不與楚捷於宋也不以夷狄捷中國○十有二月癸丑公會諸侯盟于薄會雩之諸侯會者外爲主焉爾釋宋公外釋不志此其志何也以公之與之盟目之也不言楚不與楚專釋也何休曰春秋以執之爲罪不以釋之爲罪責楚子專釋非其理也公羊以爲公會諸侯釋之故不復出楚耳鄭君釋之曰不與楚專釋者非以責之也傳云外釋不志此其志何也以公之與之盟目之也言公與諸侯盟而釋宋公公有功焉與公羊義無違錯○復扶又反疏會者外爲主焉爾○釋曰重發之者以釋者是公嫌會非是外爲主故發例以明之

二十二年春公伐邾取須句句其俱反○夏宋公衞侯許男滕子伐鄭○秋八月

丁未及邾人戰于升陘（升陘魯地）內諱敗舉其可道者也不言其人以吾敗也不言及之者爲內諱也（○爲于僞反）【疏】（不言至諱也○釋曰不言其人以吾敗也謂不言邾之主名也不言及者爲內諱也謂不言魯之主名也與桓十七年解異者觀經爲說不可執文也）○冬十有一月己巳朔宋公及楚人戰于泓（○泓烏宏反）宋師敗績曰事遇朔曰朔春秋三十有四戰未有以尊敗乎卑以師敗乎人者也以尊敗乎卑以師敗乎人則驕其敵襄公以師敗乎人而不驕其敵何也責之也泓之戰以爲復雩之恥也（前年宋公爲楚所執）雩之恥宋襄公有以自取之伐齊之喪執滕子圍曹爲雩之會不顧其力之不足而致楚成王成王怒而執之故曰禮人而不荅則反其敬愛人而不親則反其仁治人而不治則反其知過而不改又之（又復○知音智又如字復扶又反）是謂之過襄公之謂也古者被甲嬰胄非以興國也則以征無道也豈曰以報其恥哉宋公與楚人戰于泓水之上司馬子反曰楚衆我少鼓險而擊之勝無幸焉（若要而擊之必可破非僥倖也○被皮既反胄而救反司馬子反左傳作子魚要於遙反僥古堯反倖音幸）【疏】（司馬子反○○釋曰麋信云子反當爲子夷未審范意然不○勝無幸○○釋曰以小敵大恐其不若克之不名徼幸也）襄公曰君子不推人危不攻人厄須其出（須其出險○推如字又宅回反）卽出旝亂於上陳亂於下子反

曰楚衆我少擊之勝無幸焉襄公曰不鼓不成列列陳直覲反○陳須其成列而後擊之則衆敗而身傷焉七月而死何休曰卽宋公身傷當言公不當言師成十六年楚子敗績是也又成十六年傳曰不言師君重于師也卽成十六年是二十二年虛言也卽二十二年是十六年非也鄭君釋之曰傳說楚子敗績曰四體偏斷此則目也此言君之目與手足有破斷者乃爲敗矣今宋襄公身傷耳當持鼓軍事無所害而師猶敗故不言宋公敗績也傳所以言敗衆敗身傷焉者疾其信而不道以取大辱【疏】七月而死○釋曰此云七月而死則是身傷不云宋公敗績者鄭玄云非四體偏斷又非傷目故依常例稱師也倍則攻敵則戰少則守人之所以爲人者言也人而不能言何以爲人言之所以爲言者信也言而不信何以爲言信之所以爲信者道也信而不道何以爲道道之貴者時其行勢也凱曰道有時事有勢何貴於道貴合於時何貴於時貴順於勢宋公守匹夫之狷介徒蒙恥於夷狄焉識大通之方至道之術哉○攻如字又音貢守如字又手又反○狷音絹介音界焉於虔反【疏】焉識至術哉釋曰老子至道之人猶曰以政治國以奇用兵今宋襄國弱於楚而行敵戰之禮故傳譏其師敗身傷注謂之不識至道之術也

二十有三年春齊侯伐宋圍閔伐國不言圍邑此其言圍何也不正其以惡報惡也前十八年宋伐齊之喪是惡也今齊乘勝而報是以惡報惡也○閔左氏作緡二十五年楚圍亦同○夏五月庚寅宋公茲父卒桓公之子襄公茲父之不葬何也失民也其失民何也以其不教民戰則是棄其

師也爲人君而棄其師其民孰以爲君哉何休曰所謂教民戰者習之也春秋貴偏戰而惡詐戰宋襄公所以敗于泓者守禮偏戰也非不教其民也孔子曰君子去仁惡乎成名造次必於是顛沛必於是未有守正以敗而惡之也公羊以爲不書葬爲襄公諱背殯出會所以美其有承齊桓尊周室之美志鄭君釋之曰教民習戰而不用是亦不教也詐戰謂不期也既期矣當觀敵爲策倍則攻敵則戰少則守今宋襄公于泓之戰違之又不用其臣之謀而敗故徒善不用賢良不足以興霸主之功徒言不知權譎之謀不足以交鄰國會遠疆故易譏鼎折足詩刺不用良此說善也○而惡烏路反下而惡同惡乎音烏造七報反沛音貝爲襄于僞反背音佩譎音決折之設反刺七賜反

【疏】何休至善也○釋曰何休曰春秋貴偏戰者謂各守一偏而戰也鄭玄云易譏鼎折足詩刺不用良者鼎折足是鼎卦九四爻辭彼云鼎折足覆公餗其形渥凶王弼云處上體之下而又應初既承且施非己所堪若鼎足小細而任重故折足也鼎足既折則覆餗矣餗謂鼎之實實覆則沾渥其形以喻不勝其任身被戮辱故凶也此襄公是其事也故曰鼎折足也初已出否至四所盛則已潔矣故曰覆公餗也渥沾濡之貌也既覆公餗體爲渥沾智小謀大不堪其任受其至辱災及其身故曰其形渥凶也鼎卦巽下離上☲馬融云餗謂糜也詩刺不用良者謂鄭忽不能與賢人圖事以至死亡故詩作狡童揚之水二篇刺之故詩序云云狡童刺忽也不能與賢人圖事權臣擅命也揚之水閔無臣也君子閔忽之無忠臣良士終以死亡而作是詩也

○秋楚人伐陳○冬十有一月杞子卒莊二十七年稱伯今稱子蓋爲時王所黜

二十有四年春王正月○夏狄伐鄭○秋七月○冬天王出居于鄭襄王也天子以天下爲家故所在稱居天子無出出失天下也王者無外言出則有外之辭江熙曰天子必巡守然後行故河陽之守全天王之行也平

王東遷其詩不能復雅而列爲國風襄王奔鄭不得全天王之行則與諸侯不異故書出也夫子祖述堯舜憲章文武斯文是作不以道假人傳言失天下闕然如有未備○巡狩手又反下同之行如字或下孟反下同復雅扶又反

疏 注夫子至未備○釋曰舊解江熙此言明夫子之脩春秋雖憲章前代亦不可全與前代齊錄故云夫子祖述堯舜憲章文武言堯舜有巡守之禮文武有省方之制故仲尼因襄王之守全天子之行是亦祖述憲章也斯文是作不以道假人者謂若全天子之行憲章前代是不以道假借人也但襄王與諸侯不異不可復全天子之行故書出以表之也明夫子雖欲尊王者同之先代以周德闕然未備不可同之故遂以此道借人也或以爲夫子所以書王出者祖述堯舜憲章文武斯文是作不以道借人王德既闕不可復全其行故書出以表其失天下也

居者居其所也雖失天下莫敢有也邵曰雖實出奔而王者無外王之所居則成王畿鄭不敢有之以爲國

○晉侯夷吾卒傳曰諸侯時卒惡之出不葬纂文公而立失德○惡烏路反纂初患反

二十。五年春王正月丙午衛侯燬滅邢燬之名何也據宣十二年楚子滅蕭不名○燬況委反不正其伐本而滅同姓也絕先祖支體尤重故名以甚之

疏 不正至姓也○釋曰衛與邢同姬姓今衛滅邢則是絕先祖支體故謂之伐本也

○夏四月癸酉衛侯燬卒○宋蕩伯姬來逆婦伯姬魯女爲宋大夫蕩氏。妻也自爲其子來迎婦○自爲○爲人下爲且同婦人既嫁不踰竟宋蕩伯姬來逆婦非正也其曰婦何也緣姑言之之辭也

疏 不踰竟○釋曰復發傳者嫌爲求婦爲禮故發之

○宋殺其大夫其不稱名姓以其在祖之。位尊之也何休曰曹殺其大夫亦不稱名姓豈可復以爲祖乎鄭君釋之曰宋之大夫盡名姓禮公族有罪刑于甸師氏不與國人慮兄弟也所以

尊異之孔子之祖孔父累於宋殤公而死今骨肉在其位而見殺故尊之隱而不忍稱名氏若羿大者名之而已使若異姓然此乃祖之疏也曹殺其大夫自以無大夫不稱名氏耳春秋辭同事異者甚多隱去即位以見讓莊去即位爲繼弑是復可以。比例非之乎〇復以扶又反下是復同甸徒偏反累方僞反去起呂反下同以見賢偏反爲繼于僞反又如字【疏】注祖之疏〇釋曰異姓稱名疏而詳己同姓不名親而略之若名氏具備而見其疏則見異姓同非尊祖之事故曰疏之也古本或作禮之疏者言同姓與異姓不別則於禮法爲疏也理亦通耳以本不定故兩解之〇秋楚人圍陳納頓子于頓納者內弗受也圍一事也納一事也而遂言之怪其異事而辭相連有似遂事之辭蓋納頓子者陳也圍陳使納頓子【疏】蓋納頓子者陳也〇釋曰案廢疾云休以爲即陳納之當舉陳何以不言陳鄭君釋之曰納頓子固宜爲楚也穀梁子見經云楚人圍陳納頓子于頓有似晉陽處父伐楚救江之文故云蓋陳也是鄭意亦同范說圍陳使納頓子也〇葬衛文公〇冬十有二月癸亥公會衛子莒慶盟于洮衛稱子在喪洮魯地莒無大夫其曰莒慶何也以公之會目之也小國無大夫以公與會故進之時有衛子則無敵公之嫌〇與會如字一音預

二十有六年春王正月己未公會莒子衛甯速盟于向向莒地向舒亮反〇公不會大夫其曰甯速何也以其隨莒子可以言會也〇齊人侵我西鄙公追齊師至巂弗及人微者也侵淺事也公之追之非正也至巂急辭也以急辭言之明不至巂〇巂音攜又似兗反【疏】人微至辭也〇釋曰文承追齊師之下即云至巂是急辭也據文與公追戎于濟西異也案莊十八年公追戎于濟西傳稱不使戎邇於我也今舉齊侵

是以難近國而亦云大之也者彼以戎有徒衆故大公所追此以公之不及故亦言大之也然彼不言戎之伐我此云齊人侵我者彼是戎狄不使之近我似若望風退走然此齊是中國侵淺事故舉之以見公追非正也又弗及者弗與也弗與戰也可以及而不敢及也畏齊師其侵也曰人其追也曰師以公之弗及大之也大之謂變人言師弗及內辭也弗及者若曰我自不及耳非齊不可及○夏齊人伐我北鄙○衞人伐齊○公子遂如楚乞師乞重辭也雍曰人道施而不有讓而不取故以乞爲重○施舒豉反疏乞重辭也○釋曰此是乞師之始故發傳以明之。何重焉重人之死也非所乞也師出不必反戰不必勝故重之也○秋楚人滅夔以夔子歸夔國也不曰微國也以歸猶愈乎執也疏夔國至執也○釋曰滅國有三術中國日卑國月夷狄時此是夷狄之微國故從時例而傳言微國也以明之也案戎伐凡伯以歸不言執者尊天子之使不與夷狄之執今夷狄自相執經言以歸傳云猶愈乎執也者彼尊凡伯使一人當一國故變執言以歸諸侯相執以歸者例不得言執故傳云以歸猶愈乎執也明經止得言以歸○冬楚人伐宋圍閔伐國不言圍邑此其言圍何也以吾用其師目其事也非道用師也楚人出師爲魯伐齊而中道以伐宋故伐圍兼書所以責楚○爲于僞反中如字又丁仲反疏目其至師也○釋曰傳解經幷言圍伐之意也言楚人爲我伐齊而中道更伐宋故兼圍伐目其事所以責楚中道用師非訓爲責也公以楚師伐齊取穀以者不以者也民者君之本也使民以其死非其正也雍曰兵不祥之器不得已而用之安有驅民於死地以共假借之役乎○共音恭本又作供假借音嫁又古雅反下子夜反又子亦反疏以者不以者也○釋曰重發傳者彼據外此據內故重詳之公至自伐齊惡事不致此其致之何也危之也以蠻夷之師伐鄰近大國招禍深怨危亡之道疏惡事至危之也○釋曰莊六年秋公至自伐衞傳曰惡事不致此其致何也不致則無用見公惡事之成也與此文不同者互文以起義其實不異彼明惡事之成此亦明之此云危之也則彼亦危之可知也

二十有七年春杞子來朝○朝直遙反○夏六月庚寅齊侯昭卒○昭或作照非○秋八月乙未葬齊孝公○乙巳公子遂帥師入杞○冬楚人陳侯蔡侯鄭伯許男圍宋

楚人者楚子也其曰人何也人楚子所以人諸侯也其人諸侯何也不正其信夷狄而伐中國也何休曰哀元年楚子陳侯隨侯許男圍蔡不稱人明不以此故也鄭君釋之曰時晉文為賢伯故譏諸侯不從而信夷狄也哀元年時無賢伯又何據而當貶之邪甯謂定哀之世楚彊盛故諸侯不得不從耳江熙曰夫屈信理對言信必有屈也宋楚戰于泓宋以信義而敗未有闕也楚復圍之我三人行必有我師諸侯不能以義相帥反信楚之曲屈宋之直是義所不取信曲屈直猶不可況乃華夷乎楚以亡義見貶則諸侯之不從不待貶而見也然則四國信楚而屈宋春秋屈其信而信其屈貶楚子于兵首則彼碌碌者以期見矣故曰人楚子所以人諸侯○信音申疏注甯謂至諸侯○釋曰鄭云無賢伯范言楚盛者二者相接也為當時無賢伯楚又彊盛故諸侯不得不從也案泓之戰穀梁意譏宋公江熙云宋以信義而敗未有闕者據宋不能量敵彊弱致師敗身傷故譏之其於信義實未有所闕而楚復圍之故貶楚子也公羊以為稱公者為執宋公貶故終僖之篇貶之杜預解云楚以微者告並與穀梁異也

○十有二月甲戌公會諸侯盟于宋地以宋者則宋得與盟宋圍解可知○與音豫疏注地

以至可知○釋曰左氏之意公會諸侯盟于宋宋不與盟何休與范皆云地以元缺宋則宋得與盟二傳以無晉救宋之文故與左氏異也

二十有八年春晉侯侵曹晉侯伐衞再稱晉侯忌也鄭嗣曰曹衞並有宿怨于晉君子不念舊惡故再稱晉侯以刺之○刺七賜反下文及注同○公子買戍衞不卒戍刺之刺殺也內諱殺大夫故謂之刺蓋取周禮三刺之法先名後刺殺有罪也公子啓曰不卒戍者可以卒也可以卒而不卒譏在公子也刺之可也公子啓魯大夫疏公子啓曰○釋曰舊解云子啓即公子偃啓書日者啓無罪今買書時者是買有罪也今觀上下文勢理恐不然何者此傳上云先名後刺下文云不卒戍者可卒也本非釋時日之意何爲公子啓一句獨論日月之事若以穀梁專釋經不論人語之事何爲襄二十三年傳云蘧伯玉曰不以道事其君者其出乎豈得謂蘧伯玉曰又不是人言也故知舊解非耳○楚人救衞○三月丙午晉侯入曹執曹伯畀宋人入者內弗受也日入惡入者也以晉侯而斥執曹伯惡晉侯也惡其忌怨深○畀必利反與也下及注同惡烏路反下文及注同疏入者內弗受也○釋曰前已有傳重發之者以晉文初霸嫌得入中國故發傳以明之畀與也其曰人何也不以晉侯畀宋公也畀上與下之辭故不以侯畀公哀四年夏晉人執戎蠻子赤歸于楚使楚子治其罪今執曹伯不言歸于宋而言與宋人者是使宋公拘執之○夏四月己巳晉侯齊師宋師秦師及楚人戰于城濮楚師敗績○楚殺其大夫得臣○衞侯出奔楚○五月癸丑公會晉侯齊侯宋公蔡侯鄭伯衞子莒子盟于踐土衞稱子者時衞侯出奔國更立君非王命所加未成君故

曰子踐土鄭地諱會天王也實會天王而文不言天王若諸侯自共盟然是諱之也所謂譎而不正陳侯如會如會外乎
會也於會受命也外乎會不及序也受命于會故書如會○公朝于王所朝不言所言所者非其
所也非京師朝疏朝不言所○釋曰公如京師亦不言朝直決不言所者如郎是內朝之常文故直解不言所而已如既是常文此言朝者以其非京
師故以違例言之○六月衞侯鄭自楚復歸于衞自楚楚有奉焉爾復者復中國也中國
猶國中也疏楚有奉焉爾○釋曰發傳者自楚嫌與中國異也歸者歸其所也鄭之名失國也疏鄭之名失國也○釋
曰重起失國之例者以鄭非大罪故出奔不名惡其藉楚之力故入名以表失國嫌出入異故傳發之○衞元咺出奔晉○陳侯
款卒○秋杞伯姬來莊公女來歸寧○公子遂如齊聘也○冬公會晉侯宋公蔡侯鄭伯
陳子莒子邾子秦人于溫陳稱子在喪也諱會天王也復致天子○復扶又反○天王守于河陽
河陽晉地守音狩下同○全天王之行也時實晉文公召王以臣召君不可以訓因天子有巡守之禮故以自行爲文○行如字或下孟反
爲若將守而遇諸侯之朝也爲天王諱也水北爲陽山南爲陽溫河陽也日之所昭
曰陽○爲天王于僞反壬申公朝於王所朝於廟禮也於外非禮也諸侯朝王王必於宗廟受之者蓋欲尊祖
禰共其榮獨公朝與諸侯盡朝也其日以其再致天子故謹而日之主善以內目惡
以外主善以內謂公朝于王所目惡以外言再致天子○朝與音餘言曰公朝逆辭也而尊天子鄭嗣曰若公朝于廟則當

言公如京師而今言公朝是逆常之辭雖逆常而曰公朝王所是尊天子疏而尊天子○釋曰公若朝於廟當云如也今逆常故言朝也朝雖逆常之辭言公朝於王所仍是敬王室之事故云而尊天子會于溫言小諸侯溫河北地以河陽言之大天子也溫河陽同耳小諸侯故以一邑言之尊天子故以廣大言之○日繫於月月繫於時壬申公朝于王所其不月失其所繫也以爲晉文公之行事爲已傎矣以臣召君傎倒上下日不繫于月猶諸侯不宗于天子○傎都田反倒丁老反

○晉人執衛侯歸之于京師此入而執其不言入何也不外王命於衛也入者自外來伯者以王命討衛衛王之。土故曰不外王命歸之于京師緩辭也斷在京師也辭閒容之故言緩○斷丁亂反疏緩辭也○釋曰據成十五年晉侯執曹伯歸于京師不言之

○衛元咺自晉復歸于衛自晉晉有奉焉爾復者復中國也歸者歸其所也疏晉有奉焉爾○釋曰又發傳者嫌霸者與凡諸侯異

○諸侯遂圍許會溫諸侯許比再會不至故共圍之遂繼事也繼事會于溫而圍許

○曹伯襄復歸于曹三月爲晉侯所執今方歸復者復中國也天子免之因與之會其曰復通王命也免之于宋身未反國因會于遂會許即從反國之辭通王命

諸侯圍許遂繼事也

二十有九年春介葛盧來介國也葛盧微國之君未爵者也其曰來卑也○介音界國名疏其曰來卑也○釋曰據莊五年郳犂來來朝亦未得爵命而稱朝此謂卑賤之故。有言來矣襄十八年。白狄來注云不言朝者不能行朝禮是也

○公至自圍許○夏六月公會王人晉人宋人齊人陳人蔡人秦人盟于翟泉

翟泉某地【疏】公會至翟泉○釋曰左氏以爲王人者王子虎爲下盟列國晉人云云者狐偃等爲上敵公侯皆貶之稱人何休注公羊云晉文德衰故微者往會今穀梁既無傳注或如何說王人以下皆是微也

○秋大雨雹

雹者陰脅陽臣侵君之象陽氣之在水雨則溫熱陰氣薄而脅之不相入轉而成雹○雨于付反雹蒲學反

○冬介葛盧來

三十年春王正月○夏狄侵齊○秋衛殺其大夫元咺稱國以殺罪累上也以是爲訟君也

元咺訟君之罪于伯者君忌之使人殺之而後入案宣九年陳殺其大夫泄冶傳曰稱國以殺其大夫殺無罪也此傳曰稱國以殺罪累上也凡稱國以殺大夫或殺無罪或罪累上參互不同略當近半然則稱國以殺有二義泄冶忠賢而君殺之是君無道也衛侯雖有不德臣無訟君之道元咺之罪亦已重矣然君子之道譬之于射失諸正鵠反求諸身衛侯不思致訟之愆躬自厚之義過而不改而又怨忌上下皆失故曰罪累上○累劣僞反泄息列反冶音也近半附近之近正音征鵠古毒反愆起虔反【疏】以是爲訟君也○釋曰元咺訟君則是臣之罪復言累上者以上下俱失嫌衛殺無罪故加累上之文也衛侯得書復歸者復歸非全善之辭衛侯既委罪元咺故得復歸之稱○注有二義釋曰言有二義者謂傳言殺無罪也即是罪全在君傳云罪累上也即上下俱失故云有二義

衛侯在外其以累上之辭言之何也待其殺而後入也及公子瑕公子瑕累也以尊及卑也○衛侯鄭歸于衛

徐邈曰凡出奔歸月執歸不月者齊則國更立主若故君還入必有戰爭禍害所以謹其文執者罪名未定其國猶追奉之歸無犯害故例不月○戰爭爭鬬之爭

○晉人秦人圍鄭○介

人侵蕭○冬天王使宰周公來聘天子之宰通於四海 **疏** 天子至四海○釋曰復發傳者葵丘會也此則聘也嫌異故重發之○公子遂如京師遂如晉以尊遂乎卑此言不敢叛京師也 何休曰大夫無遂事案宣十二年季孫宿救台遂入鄆惡季孫不受命而入也如公子遂受命如晉不當言遂鄭君釋之曰遂因受命如京師如晉不專受命如周經近上言天王使宰周公來聘故公子遂報焉因聘于晉尊周不敢使並命使若公子遂自往然卽云公子遂如京師如晉是同周于諸侯叛而不尊天子也公羊傳有美惡不嫌同辭何獨不廣之於此乎甯謂經同而傳異者甚衆此吾徒所以不及古人也○台土來反又音臺鄆音運惡季孫烏路反美惡烏路反又如字 **疏** 遂乎卑○釋曰傳言此者遂是繼事之辭以辭有善惡故傳分明別之也

三十有一年春取濟西田 曹田○公子遂如晉○夏四月四卜郊 謂之郊者天人相與交接之意也不言郊天者不敢斥尊也昔武王既崩成王幼少周公居攝行天子事制禮作樂終致太平周公薨成王以王禮葬之命魯使郊以彰周公之德祭蒼帝靈威仰昊天上帝魯不祭○少詩照反大音泰 **疏** 注謂之至不祭○釋曰范惟言天人相與交接故謂之郊字既從郊或當亦在南郊就陽位而祭也昔武王既崩云云尚書有其事制禮作樂云云者禮記文祭蒼帝靈威仰昊天上帝魯不祭者是鄭玄之說鄭以春秋說元命包云紫微爲大帝大微爲天庭五帝合明又文耀鉤云蒼帝春受制其名靈威仰赤帝夏受制其名赤熛怒黃帝受制王四季其名含樞紐白帝秋受制其名白招拒黑帝冬受制其名汁光紀是紫微宮者五方帝故鄭以周與魯夏正郊天者祭青帝靈威仰之帝冬至祭天於圓丘者祭天天皇大帝魯不得祭之故范亦同之耳然三王之郊一用夏正魯不然者以天子得冬至祭天皇大帝故郊所感之帝皆以夏正爲之魯不得冬至祭天故博卜三正從周正月至於三月皆是郊之時也月各一卜故云三卜

禮也四月非時故云四卜非禮也左氏以爲禮不卜常祀郊既魯之常祀故一卜亦爲非禮公羊以爲天子不卜郊魯郊非常禮故卜之求吉之道不過三故三卜禮也四卜非禮也是三傳各異其用牲也何休以爲郊天牛角繭栗三望之牛角尺其文出於稽命徵其祀也郊祭則焚燎山則升水則沉猶三望公羊以爲三望泰山河海賈逵杜預之徒注左氏者皆以爲分野不從乃免牲猶三星國中山川今范同鄭玄之說取禹貢之文以爲淮海岱也

望鄭君曰望者祭山川之名也謂海也岱也淮也非其疆界則不祭禹貢曰海岱及淮惟徐州徐魯地夏四月不時也郊春事也四卜非禮也郊春事四卜則入夏免牲者爲之緇衣熏裳有司玄端奉送至于南郊免牛亦然玄端黑衣接神之道玄熏者天地之色也南郊天位歸之于陽也全曰牲傷曰牛牛有變而不郊故卜免牛○熏許云反 疏 ○注全曰至免牛○釋曰哀元年傳文

乃者亡乎人之辭也亡乎人若曰無賢人也凱曰其猶易稱闚其戶闃其無人詩云巷無居人譏僖公不共致天變○闃苦鵙反共音恭本亦作恭猶者可以已之辭也望郊之細也不郊無望可也已止也○秋七月○冬杞伯姬來求婦婦人既嫁不踰竟杞伯姬來求婦非正也 疏 求婦非正也○釋曰重發傳者嫌國君之妻異故明之○狄圍衞○十有二月衞遷於帝丘帝丘衞地

三十有二年春王正月○夏四月己丑鄭伯捷卒○捷在接反○衞人侵狄○秋衞人及狄盟○冬十有二月己卯晉侯重耳卒晉自莊公已前不書于春秋又不言文公之入及鄭忽之殺何乎徐邈通之曰案詩序及紀年史記晉昭公之後大亂五世又鄭忽之後有子亹子儀且事出記傳而經所無殊多誠當有不告故不書者諸侯有朝聘之禮赴告

之命所以敦其交好通其憂虞若鄰國相望而情志否隔存亡禍福不以相關則它國之史無由得書故告命之事絕則記。注之文闕此蓋內外相與之常也會政雖陵遲而典刑猶存史策所錄不失常法其文獻之實足徵故孔子因而脩之事仍本史而辭有損益所以成詳略之例起褒貶之意若夫可以寄微旨而通王道者存乎精義窮理不在記事少多此蓋脩春秋之本旨師資辯說日用之常義故穀梁子可不復發文而體例自舉矣○重直龍反亹亡匪反朝聘直遙反好呼報反否備矣反注張仕反不復扶又反 疏 注師資辯說○釋曰師者教人以不及故謂師爲師資也日用者易繫辭文也

三十有三年春王二月秦人入滑滑國也○齊侯使國歸父來聘○夏四月辛巳晉人及姜戎敗秦師于殽不言戰而言敗何也狄秦也其狄之何也秦越千里之險入虛國滑無備故言虛國○殽戶交反進不能守退敗其師徒亂人子女之教無男女之別秦之爲狄自殽之戰始也明秦本非夷狄○別彼列反 疏 進不至始也○釋曰舊解進不能守謂入滑而去退敗其師謂敗於殽也亂人子女謂入滑之時縱暴亂也本或別進字者秦伯將襲鄭百里子與蹇叔子諫曰千里而襲人未有不亡者也秦伯曰子之冢木已拱矣何知子之輩皆已老死矣拱合抱也言其老無知○百里子如字或作伯誤也蹇紀輦反拱九勇反合手曰拱師行百里子與蹇叔子送其子而戒之曰女死必於殽之巖唫之下其處險隘一人可以要百人○女音汝下及注同唫本作崟音吟一音欽處昌慮反隘於懈反要百於遙反下文要而擊之同我將尸女於是尸女者收女尸師行百里子與蹇叔子隨其子而哭之秦伯怒曰何爲

哭吾師也二子曰非敢哭師也哭吾子也我老矣彼不死則我死矣畏秦伯怒故云彼我

要有死者晉人與姜戎要而擊之殽匹馬倚輪無反者倚輪一隻之輪○倚居宜反或於綺反晉人者

晉子也其曰人何也微之也何爲微之不正其釋殯而主乎戰也○癸巳葬晉

文公曰葬危不得葬也○狄侵齊○公伐邾取訾樓○訾子斯反○秋公子遂帥師

伐邾○晉人敗狄于箕箕晉地○冬十月公如齊十有二月公至自齊○乙巳公

薨于小寢小寢內寢小寢非正也非路寢【疏】小寢非正也○釋曰傳發此例者以隱公不地桓公非正今僖公雖卒而沒於婦人

之手故發傳以惡之也○隕霜不殺草京房易傳曰君假與臣權隕霜不殺草○隕云敏反未可殺而殺舉重也可

殺而不殺舉輕也重謂菽也輕謂草也輕者不死則重者不死可知○李梅實京房易傳曰從叛者兹謂不明厥妖木冬實

實之爲言猶實也實子○晉人陳人鄭人伐許

監本附音春秋穀梁注疏僖公卷第九

穀梁注疏卷九校勘記　　阮元撰盧宣旬摘錄

二十年僖公

故不言閔宮而云西宮閩監本同毛本上宮誤公

二十有一年

役傳云戎菽也閩監毛本役作彼是也

二十有二年此本閩監毛本脫有字石經作廿有二年

春秋三十有四戰閩監毛本同石經三十作卅刓滅○按段玉裁云說文十部曰廿二十幷也古文省卅三十幷也古文省按廿讀如入卅讀如颯秦刻石文多如是幷爲一字則不得讀爲兩字

旌亂於上石經閩本同監毛本脫亂字

二十有三年

桓公之子襄公閩本同監毛本脫此注

茲父之不葬閩本同監毛本脫茲父之三字案閩監毛本前條桓公上例有注字此茲父上例有傳字計共脫十一字

二十有五年此本閩監毛本脫有字石經作廿有五年

爲宋大夫蕩氏妻也閩毛本同監本妻誤妾不成字

以其在祖之位漢書梅福傳引無之字

是復可以比例非之乎閩本同監毛本比誤此

二十有六年

秋楚人滅夔石經閩本同監毛本人誤子

其實不異閩本同監本異誤與毛本誤與

二十有七年

諸侯不能以義相帥案上文云必有我師帥是師之誤字

二十有八年

晉侯齊師宋師秦師及楚人戰于城濮閩監毛本同石經齊師作齊侯

衞王之士閩本同監毛本士作土當不誤

二十有九年

故有言來矣閩監毛本同何校本有作直當不誤

白秋來秋當作狄閩監毛本不誤

三十有一年

其名含樞紐閩監毛本同何校本紐作紐是也

其名汁光紀閩監毛本同何校本汁作叶是也

故博卜三正閩本同案博當轉之壞字監毛本作傳亦非

三十有二年

則記注之文閩本同監毛本注作註釋文出記注○案古人用記註字多從言與傳注字作注不同說詳左傳校勘記

穀梁注疏卷九校勘記

監本附音春秋穀梁注疏文公卷第十 起元年盡八年

范甯集解　楊士勛疏

文公○襄王二十六年即位名興【疏】魯世家文公名興僖公之子以襄王二十六年即位諡法慈惠愛民曰文

元年春王正月公即位繼正即位正也繼正謂繼正卒也隱去即位以見讓桓書即位示安忍莊閔僖不言即位皆繼弒○去起呂反見賢遍反弒申志反○二月癸亥日有食之○天王使叔服來會葬諸侯喪天子使大夫會葬禮也傳例曰天子大夫稱字蓋未受采邑故不稱氏字者貴稱故可獨達也○貴稱尺證反【疏】諸侯至達也○釋曰范云傳例者非正例推以知之定十四年傳曰天子之大夫不名隱七年凡伯來聘傳曰凡伯者何也天子之大夫也又九年南季來聘傳曰南氏姓也季字也是天子之大夫稱字據傳文可知故亦得云傳例也葬曰會言會明非一人之辭其志重天子之禮也【疏】重天子之禮也○釋曰五年毛伯來會葬會葬之禮於鄙上此叔服來會葬云其志重天子之禮也者舊解以為叔服在葬前至先。鄉魯國然後赴葬所毛伯以喪服發後始來先之竟上然始至魯國故傳釋有異辭也或當此釋書之所由故云重天子之禮也彼解會葬之處故云於鄙上二者互言之未必由先後至理亦通也○夏四月丁巳葬我君僖公薨稱公舉上也葬我君接上下也僖公葬而後舉謚謚所以成德也於卒事乎加之矣【疏】薨稱至加之矣○釋曰重發傳者桓不以禮終僖則好卒二者既異故傳詳之○天王使毛伯來錫公命毛采邑伯字也天子上大夫也○錫星歷反采采地音菜地本又作邑禮有受命無來錫命錫命非正也【疏】禮有至正也○釋曰重發傳者桓則薨後見錫此則即位見錫嫌其得正故傳發之○晉侯伐衛○叔孫得臣如京師○衛人伐晉○秋公孫敖會晉侯于戚禮卿不得會公侯春秋尊魯內卿大夫可以會外諸侯○戚衛地○戚倉寂反疏注內卿至衛地○釋曰內卿大夫可以會外諸侯者下二年傳文不於此發例者伯者至尊大夫不可以會但春秋內魯故無譏文以失禮深傳不可云得會至於三年垂斂之會則是凡常諸侯禮雖不達人情通許故發內大夫可以會外諸侯之例○冬十月丁未楚世子商臣弒其君髡鄭嗣曰商臣繆王也髡文王之子成王也不言其父而言其君者君之於世子有父之親有君之尊言世子所以明其親也言其君所以明其尊也商臣於尊親盡矣○弒其申志反傳同髡苦門反日髡之卒所以謹商臣之弒也夷狄不言正不正徐乾曰中國君卒正者例日簒立不正者不日夷狄君卒皆略而不日所以殊夷夏也今書日謹識商臣之大逆爾不以明髡正與不正○簒初患反夏戶雅反識如字又申志反疏夷狄至不正○釋曰傳言此者以夷狄之弒有日與不日嫌同中國故分明別之○公孫敖如齊

二年春王二月甲子晉侯及秦師戰于彭衙彭衙秦地○衙音牙秦師敗績○丁丑作僖公主作爲也爲僖公主也爲僖公廟作主也主蓋神之所馮依其狀正方穿中央達四方天子長尺二寸諸侯長一尺○爲僖公廟于僞反馮皮冰反長尺直亮反又如字下同立主喪主於虞禮平旦而葬日中反而祭謂之曰虞其主用桑吉主於練期而小祥其主用栗作僖公主譏其後也僖公薨至此已十五月作主壞廟有時日於練焉壞廟壞廟之道易檐可也改塗可也禮親過高祖則毀其廟以次而遷將納新神故示有所加○壞音怪下同檐以占反疏作爲至可也○釋曰

僖二十年新作南門傳曰作爲也有加其度也彼傳意言作所以爲譏則此作亦譏可知故下傳云作僖公主譏其後也案莊公之喪已二十二月仍譏其爲吉禘今方練而作主猶是凶服而曰吉主者三年之喪至二十五月猶未全吉故公子遂有納幣之譏莊公喪制未二十五月而禘祭故譏其爲吉此言吉者比之虞主故爲吉也此雖爲練作之主終入廟以辨昭穆故傳以吉言之然作主在十三月壞廟在三年喪終而傳連言之者此主終入廟入廟即易檐以事相繼故連言之非謂作主壞廟同時也或以爲練而作主之時則易檐改塗故此傳云於練壞廟於傳文雖順舊說不然故不從之直記異聞耳麋信引衞次仲云宗廟主皆用栗右主八寸左主八寸廣厚三寸若祭訖則內於西壁埳中去地一尺六寸右主謂父也左主謂母也何休徐邈並與范注同云天子尺二寸諸侯一尺狀正方穿中央達四方是與衞氏異也其藏之也白虎通亦云藏之西壁則納之西壁中或如衞說去地高下則無文以明之何休又云謂之虞者親喪已入壙皇皇無所見求而虞事之虞猶安也虞主用桑者桑猶喪也取其名與其粗觕所以副孝子之心練主用栗者謂既埋虞主於兩階之間易用栗木爲主取其戰栗故用栗木爲主又引士虞記曰桑主不文吉主皆刻而諡之蓋爲禘時別昭穆也徐邈注穀梁盡與之同范亦當不異也

○三月乙巳及晉處父盟晉大夫陽處父 疏 注晉大夫陽處父○釋曰經不言陽注知之者以下有晉殺其大夫陽處父故也

不言公處父伉也爲公諱也諱公與大夫盟去處父氏公親如晉使若與甚君盟如經言邾儀父矣不書地者公在晉也莊二十二年秋七月丙申及齊高傒盟于防不去高傒氏者公不親如齊不與其君盟於恥差降○伉苦浪反爲公于僞反去處父起呂反下同傒音兮差初賣反又初佳反

何以知其與公盟以其日也何以不言公之如晉所恥也出不書反不致也

疏 何以至不致也○釋曰傳決不言公者據隱公八年九月辛卯公及莒人盟于包來言公也彼傳云可言公及人不可言公及大夫故此沒公彼存公也莊二

十二年及齊高傒盟于防傳曰不言公高傒伉也彼已有傳此又重發者高傒存氏今處父去族嫌異故重發之傳不於高傒發日以明公存者二者理同此
又須辨公不言如晉意也故就此。一發之。後注云書日則公盟也是亦意同之事也傳又云出不書反不致也者以致者必有出出者不必致今出既不書故
反亦不致也○夏六月公孫敖會宋公陳侯鄭伯晉士穀。盟于垂斂垂斂鄭地○穀戶木反本又作
穀九年同斂如字左氏作垂隴內大夫可以會外。諸侯○自十有二月不雨至于秋七月建午之月
猶未爲災歷時而言不雨文不憂雨也僖公憂民歷一時輒書不雨今文公歷四時乃書是不勤雨也【疏】歷時至雨也○釋曰
傳發之者以僖公憂民之情急故備書之今文公繼父之業無志於民故略書之以二者既異故傳分而別之莊三十一年冬不雨不發傳者以一時不雨輕
故也下十年十三年意亦與此同故省文不發之不憂雨者無志乎民也無恤民志○八月丁卯大事于大
廟躋僖公大事祫也時三年之喪未終而吉祭於大廟則其譏自明○大廟音泰注及傳大祖同躋子兮反升也祫戶夾反下及注皆同【疏】注大
事至自明○釋曰舊解范云其譏自明者謂吉禘於莊公書吉此大事于大廟不書吉者以同未滿三年前已書吉則此亦同譏故云其譏自明此解取杜預
之意也然杜云其譏已明故得以吉禘並之范云其譏自明焉知遠比吉禘蓋范意以喪制未終不待譏責其惡足顯故云自明也禘祫之禮俱在廟序昭穆
所以爲制異者公羊傳稱五年再殷祭何休云謂三年祫五年禘禘所以異於祫者禘則功臣皆祭也祫則合食於大祖而已是何休意祫則三年禘則五年
也范於閔二年注同杜預以禘爲三年之祭必不得與何休同也公羊云五年再殷祭禘既三年蓋祫則五年也若然祫在五年而云三年之喪未。禘者據時
三年未終而爲祫祭故以三年言之不謂祫祭亦在三年也或以爲禘祫同三年但禘在夏祫在秋直時異耳於范注不妨但與公羊五年再殷祭違也何休

又云天子特禘特祫諸侯禘則不礿祫則不嘗大夫有賜於君然後祫其高祖然諸侯禘則不礿或如何說云大夫有祫恐其不然公羊亦以此大事于大廟爲祫祭杜解左氏以大事爲禘與穀梁異大事者何大是事也著祫嘗祫合也嘗秋祭祫祭者毀廟之主陳于大祖未毀廟之主皆升合祭于大祖祫祭者皆合祭諸廟已毀未毀者之主於大祖廟中以昭。繆爲次序父爲昭子爲穆昭南鄉繆北鄉孫從王父坐也祭畢則復還其廟○昭繆音韶穆下及傳同鄉音向下同躋升也先親而後祖也逆祀也舊說僖公閔公庶兄故文公升僖公之主於閔公之上耳僖公雖長已爲臣矣閔公雖小已爲君矣臣不可以先君猶子不可以先父故以昭。穆父祖爲喻甯曰即之於傳則無以知其然若引左氏以釋此傳則義雖有似而於文不辨高宗殷之賢主猶祭豐于禰以致雉雊之變然後率脩常禮文公顛倒祖考固不足多怪矣親謂僖祖謂莊○長丁丈反先悉薦反下同禰乃禮反雊古豆反雉鳴也顛倒丁田反下丁老反逆祀則是無昭穆也無昭穆則是無祖也無祖則無天也故曰文無天無天者是無天而行也祖人之始也人之所仰天也君子不以親親害尊尊此春秋之義也尊卑有序不可亂也**疏**大事至義也○釋曰大是事也者祫是祭之大者故云大是事也著祫嘗者謂以大事言之著明是祫嘗之祭也嘗連言者祫必在秋故連嘗言之然周之八月夏之六月而云著祫嘗者蓋月却節前已得立秋之節故也先親而後祖親謂僖公祖謂閔公也僖繼閔而立猶子之繼父故傳以昭穆祖父爲喻此於傳文不失而范氏謂莊公爲祖其理非也何者若范云文公傎倒祖考則是。僖在於莊上謂之夷狄猶自不然況乎有道之邦豈其若是明范說非也則無天也謂天道先尊而後親今亂其上下不仰法天也此春秋之義也者以嫌疑之閒須取聖證故也○冬晉人宋人陳人鄭人伐秦○公子遂如齊納

幣喪制未畢而納幣書非禮

三年春王正月叔孫得臣會晉人宋人陳人衛人鄭人伐沈沈潰沈國也潰之爲言上下不相得○沈音審潰戸内反○夏五月王子虎卒叔服也此不卒者也外大夫不書卒何以卒之以其來會葬我卒之也會葬在元年疏何以卒之○釋曰重發之者尹氏則以爲魯主此爲會葬事異故重發之或曰以其嘗執重以守也僖二十四年天王出居于鄭叔服執重任以守國○守手又反○秦人伐晉○秋楚人圍江○雨螽于宋外災不志此何以志也曰災甚也其甚奈何茅茨盡矣茅茨猶盡則嘉穀可知茨蒺藜○雨螽于付反下同下音終茨在思反茅草也疏外災不志○釋曰外災不志重發之者志災或爲王者之後或爲甚而錄之故不得一例。危之○注茨蒺藜○釋曰徐邈云禾稼既盡又食屋之茅茨今范云茨蒺藜則與徐異也公羊與考異郵皆云螽死而墜於地故何休云螽猶衆也死而墜者象宋羣臣相殘害也云云上下異之云爾今穀梁直云茅茨盡矣著於上見於下謂之雨與讖違是爲短鄭玄云穀梁意亦以宋。德。薄後將有禍故螽飛在上墜地而死言茅茨盡者著甚之驗於讖何錯之有乎是鄭意以雨螽於宋亦爲將禍之應也著於上見於下謂之雨○見賢偏反○冬公如晉○十有二月己巳公及晉侯盟○晉陽處父帥師伐楚救江此伐楚其言救江何也江遠楚近伐楚所以救江也時楚人圍江晉師伐楚楚國有難則江圍自解○難乃旦反解音蟹又古買反

四年春公至自晉○夏逆婦姜于齊其曰婦姜爲其禮成乎齊也婦禮成于齊故在齊便稱

婦○爲于僞反其逆者誰也親逆而稱婦或者公與何其速婦之也鄭嗣曰皆問者之辭問者以使大夫逆倒稱女而今稱婦爲是公親逆與怪稱婦速故反覆推之○公與音餘注同反覆芳服反曰公也其不言公何也據莊二十四年公如齊逆女言公非成禮於齊也非責曰婦有姑之辭也其不言氏何也貶之也何爲貶之也夫人與有貶也邵曰夫人能以禮自防則夫婦之禮不成於齊故譏公而夫人與焉○與音豫注同貶彼檢反疏其曰婦至貶也○釋曰宣元年已有傳今故深發之者彼書夫人此直云婦姜嫌文異也故彼此明之以彼稱夫人又書至此不然者公羊傳曰其謂之逆婦姜于齊何娶於大夫者略之也徐邈亦以爲不書至不稱夫人下娶賤略之若以諸侯下娶大夫便爲略賤則大夫亦不得上娶諸侯且天子得下婚諸侯何爲諸侯不得下娶大夫是公羊之言不可以解此也蓋不稱夫人不言至者以其婦禮成於齊故異於餘稱傳云夫人與有貶也者解不稱氏之意非釋不稱夫人也○

狄侵齊○秋楚人滅江○晉侯伐秦○衛侯使甯俞來聘○俞羊朱反○冬十有一月壬寅夫人風氏薨僖公母風姓

五年春王正月王使榮叔歸含且賵含口實也禮記曰飯用米貝弗忍虛也諸侯含用玉榮叔天子之上大夫也榮采地叔字○含戶暗反釋舊作唅賵芳鳳反飯扶晚反疏注含口至叔字○釋曰飯用米貝不忍虛也禮記檀弓文諸侯含用玉禮緯文也含一事也賵一事也兼歸之非正也禮含賵襚各異人○襚音遂疏注禮含至異人釋曰知各異人者雜記稱諸侯之喪有賵者有含者有襚者又此傳云兼歸之非正也明天子於諸侯含襚常各異使也其曰且志兼也其不言來不周事之用也

何休曰四年夫人風氏薨九年秦人來歸僖公成風之襚最晚矣何以言來鄭君釋之曰秦自敗于殽之後與晉爲仇兵無休時乃加免繆公之喪而來君子原情不責晚用或作辭○殽戶交反賵以早乘馬曰賵乘馬所以助葬成風未葬故書早○乘繩證反下同而含已。晚已殯故言晚國有遠近皆令及事理不通也禮雜記曰含者執璧將命曰寡君使某含相者入告出曰孤某須矣含者入升堂致命子拜稽顙含者坐委於殯東南有葦席既葬蒲席降出反位明君之於臣有含賵之義所以助喪盡恩含不必用示有其禮○令力呈反相息亮反稽顙音啓下息黨反葦于鬼反疏注已殯至其禮○釋曰舊解以爲傳與雜記違者傳言含賵上關天子之於諸侯及夫人耳雜記所云唯論諸侯自相。於不是天子施於諸侯之事故彼既殯猶致含此則責其晚也何者諸侯及夫人於天子生有朝覲之好有疾則當告於天子天子遣使問之有喪則致含無則止矣故未殯以來足以及事今天子歸賵大早歸含大晚故譏之其諸侯相。於有疾未必相告比殯以來道遠者容其不至故示其禮而已不責其晚也以事既有殊譏亦有異今恐不然何者范云國有遠近皆令及事理不通也則是傳之不通故引記文爲證何得。云天子與諸侯禮異是舊說妄耳又云明君之。於臣云云者證君之。於臣有賵含之義不必皆用也案鄭釋廢疾云天子於二王後之喪含爲先襚次之賵次之餘諸侯含之賵之小君亦如之於諸侯之臣襚之賵之其諸侯相於如天子於二王之後於卿大夫如天子於諸侯於士如天子於諸侯之臣京師去魯千里王室無事三月乃含故不言來以譏之是鄭意亦以譏王含晚也范前注引鄭釋似將傳爲是後注取彼記文則以傳非者范以何休取秦人來歸僖公成風之襚爲難非類故上注取鄭釋以排之下注既以傳爲非故引雜記之文爲證二注並不取鄭君非王含晚之說益明范。云傳爲非也

○三月辛亥葬我小君成風王使毛伯來會葬會葬之禮於鄙上從竟至墓主爲送葬來○竟音境爲于僞反疏毛伯來會葬○釋曰左氏公羊及徐邈本並云召伯此本作毛伯疑誤也○夏公孫敖

如晉○秦人入鄀鄀音若○秋楚人滅六○冬十月甲申許男業卒

六年春葬許僖公○夏季孫行父如陳行父季友孫疏注行父季友孫○釋曰世本季友生仲無佚佚生行父是也○秋季孫行父如晉○八月乙亥晉侯驩卒○驩好官反○冬十月公子遂如晉

○葬晉襄公○晉殺其大夫陽處父稱國以殺罪累上也襄公已葬其以累上之辭言之何也君漏言也上泄則下闇下闇則上聾且闇且聾無以相通臣闇不言君無所聞上下否塞○累劣偽反下同或如字泄息列反又以制反聾魯公反疏傳襄公已葬○釋曰徐邈解襄公已葬謂春秋之例君殺無罪之大夫則是失德不合書葬今襄公書葬則是無罪而以累上之辭言之者以襄公漏泄陽處父之言故也舊解亦云襄公罪輕故不追去葬文今以為傳云襄公已葬者謂卒哭日久葬在前殺在後是罪累不合及君故起累上之問非是釋合書葬以否射。姑殺者也殺處父○左氏作射姑射。姑之殺奈何曰晉將與狄戰使狐夜姑為將軍趙盾佐之陽處父曰不可古者君之使臣也使仁者佐賢者不使賢者佐仁者今趙盾賢夜姑仁其不可乎邵曰賢者多才也戰主于攻伐仁者有惻隱之恩不如多才者有權略○盾徒本反攻如字又音貢惻初力反襄公曰諾謂夜姑曰吾始使盾佐女今女佐盾矣稱處父語以語之故傳曰漏言也○女音汝語魚慮反夜姑曰敬諾襄公死處父主竟。上事待諸侯會葬在鄙上○竟音境射。姑使人殺之君漏言也親殺者夜姑而歸罪於君明由君言而殺之罪在君也故稱君

以殺【疏】注親殺至以殺○釋曰兩下相殺不志乎春秋今雖是射姑之殺罪君漏言故稱國以殺

故士造辟而言詭辭而出辟君也詭辭而出不以實告人○造七報反辟必亦反君也注同詭九委反曰用我則可不用我則無亂其德此士對君言之辭

○晉狐夜姑出奔狄○閏月不告月猶朝于廟禮天子以十二月朔政班告于諸侯諸侯受於禰廟孝子尊事先君不敢自專也言朝者緣生以事死親存朝朝莫夕不敢泄鬼神故事畢感月始而朝之○猶朝直遙反注及下同朝朝上如字下直遙反莫音慕泄息列反【疏】注禮天子至朝之○釋曰周禮太史班告朔于邦國鄭玄云天子班朔於諸侯諸侯藏之祖廟至朔日朝於廟告而受行之論語云子貢欲去告朔之餼羊是告朔用特羊。言廟鄭云祖廟范言禰廟者以無正文各以意說或祖或禰通言之耳何休亦云藏於祖廟使大夫南面奉天子命君北面而受之是亦受政之事也凡告朔之禮因聽視此月之政故謂之視朔謂之聽朔也其朝廟之禮孝子緣生以事死因告朔在廟故感月始而亦享祭宗廟故亦謂之朝享其歲首謂之朝正也據玉藻及祭法之文則天子聽朔於明堂朝享自祖考以下五廟諸侯則聽朔於大廟朝享自皇考以下三廟也公羊傳稱閏月曷為不告朔天無是月也閏月。矣何以謂之天。無。是。月非常月也此傳云閏月者附月之餘日也天子不以告朔而喪事不數公羊穀梁皆以為閏月不合告朔左氏傳云不告閏朔棄時政也何以為民主則閏月告朔與二傳異也案哀五年閏月葬齊景公公羊傳意以為弁閏此傳云喪事不數也者閏月不告朔二傳雖同其於喪事數與不數其意又異也范氏別例云書不告朔有三皆所以示譏耳則此文一也公四不視朔二也襄二十九年公在楚三也公既在楚則是不告朔故亦以為一注又云不敢泄鬼神解生則朝朝莫夕死則每月始朝之意也

不告月者何也不告朔也不告朔則何為不言朔也閏月者附月之餘日也積分而成於月者也一歲三百六十日餘六日

又有小月六積五歲得六十日而再閏積衆月之餘分以成此月【疏】注一歲至此月○釋曰古今爲曆者皆云周天有三百六十五度四分度之一日之行天一日一夜行一度故謂一度爲一日一歲十二月唯有三百六十日是餘五日四分日之一也又月一大一小則一年之間又有六日并言之則一歲有十二日故積五歲得六十日此皆大率而言其實一年不得有十二日范不如曆法細計之故云五歲得六十日。也天子不以告朔而喪事不數也閏是。叢殘之數非月之正故吉凶大事皆不用也不數所右也○叢徂洪反猶之爲言可以已也郊然後三望告朔然後朝廟俱言猶義相類也既廢其大而行其細故譏之【疏】猶之至已也○釋曰重發傳者前爲三望發此是朝廟嫌異故重明之范例猶有五等發傳者三僖三十一年猶三望獨發傳者据始也宣三年不發傳者從例也成七年亦不發傳者亦爲從例可知也此年發傳者朝與三望異也宣八年發傳者嫌仲遂有罪得不廢禮又繹祭與朝廟禮異故也

七年春公伐邾三月甲戌取須句取邑不日此其日何也據僖二十六年公伐齊取穀不日○句其俱反不正其再取故謹而日之也僖二十二年公已伐邾取須句過而不改於此爲甚故錄日以志之【疏】不正至日之也○釋曰哀元年冬仲孫何忌帥師伐邾二年王二月季孫斯云云帥師伐邾取漷東田及沂西田彼此年伐邾而取兩邑經不書日今僖之與文父子異人特言謹而日之者以文公是不肖之君緩主逆祀取邑致討不得序列於諸侯譏其過而不改故錄日以見惡僖雖伐邾纔始一度又是作頌賢君故與文異也遂城郚遂繼事也因伐邾之師○郚音吾○夏四月宋公壬臣卒。○壬臣或作王臣○宋人殺其大夫稱人以殺誅有罪也。【疏】宋人殺其大夫○釋曰公羊以爲三世內娶使若無大夫故不書名左氏以爲無罪故不書名今此傳直

云稱人以殺誅有罪也則謂此被殺者爲有罪故稱人以殺仍未解不稱名所由案。僖二十五年宋殺其大夫傳曰其不稱名姓以其在祖之位尊之也此傳云誅有罪也又經稱宋人則與彼異蓋成公壬臣新卒昭公杵臼未即位國內無君故不稱名氏從未命大夫例故八年鄭釋廢疾亦以此爲無君若然兩下相殺春秋不書又不得言其此書殺大夫而云無君者以受命於嗣天子是以言其孤未畢喪故無名氏八年書司馬官也者彼雖實有君而不重。爪牙無君人之度故經書司馬傳以無君釋之鄭玄云亦爲上下俱失罪臣以權寵逼君故稱人以殺君以非理殺臣故著言司馬不稱名者以其世在祖之位尊亦與僖二十五年宋殺其大夫同是其說也

○戊子晉人及秦人戰于令狐令狐秦地令力丁反○晉先蔑奔秦不言出在外也輟戰而奔秦以是爲逃軍也輟止也爲將而獨奔故曰逃軍○輟丁劣反將子匠反○狄侵我西鄙○秋八月公會諸侯晉大夫盟于扈扈鄭地扈音戶○其曰諸侯略之也晉侯新立公始往會晉侯不盟大夫受盟既以喪娶又取二邑爲諸侯所賤不得序于會諱使若扈之盟都不可知故略之○喪取七住反本亦作娶

疏注諱使至略之○釋曰舊說使若扈之盟都不可知者謂後十五年亦不序諸侯探解下文故云都也今以爲范解諸侯不序之意魯諱其不與故總言諸侯似若扈之盟諸侯都不可知非是探解下文始稱都也

○冬徐伐莒○公孫敖如莒莅盟莅位也其曰位何也前定也其不日前安之盟不日也

疏莅位也○釋曰重發傳者以徐伐莒而往莅盟嫌非兩國交盟之例故明之

八年春王正月○夏四月○秋八月戊申天王崩襄王○冬十月壬午公子遂會晉趙盾盟于衡雍衡雍鄭地雍於用反○

疏公子遂○釋曰再稱公子者若下文直言遂恐爲繼事之辭兩名不辨故重言公子以詳

之○乙酉，公子遂會雒戎盟于暴。鄭地○雒戎音洛本或作伊雒之戎誤○公孫敖如京師弔周喪
不至而。復丙戌奔莒不言所至未如也若其已行當如公子遂至黃乃復今不言所至而直言復知其實未如也未
如則未復也未如而曰如不廢君命也雍曰受命而出義無私留書如京師以顯命行于下不書所至以表不去之罪
未復而曰復不專君命也復者事畢之辭未如故知其未復畢事之文者言君命無輒專之道加其如非如也其
復非復也唯奔莒之爲信故謹而日之也疏謹而日之也○釋曰襄二十三年冬十月乙亥臧孫紇出奔邾傳曰
其日正臧孫紇之出也范云正其有罪彼云正其有罪則此亦正其有罪兩處發傳者此其如非如其復非復臧孫則實奔嫌其意異故舉二者以包其餘成
十六年冬十月乙亥叔孫僑如出奔齊亦同此例故不復發之若然僑如亦是有罪書日亦以包之於彼注引徐邈云禮大夫。云君掃其宗廟不絕其祀身雖
出奔而君遇之不失正故詳而日之明有恩義也與此異者書日之義有二種之意也一爲正罪一爲兼君恩知者以閔二年公子慶父出奔莒文承九月之
下而不書日傳稱慶父不復見矣明罪重合誅故去日以見恩絕則書日者有恩可知以此推之歸父公子慭不書日之從例可知也然歸父有罪非成公逐
之者歸父殺嫡立庶宜世不長魯人逐之實得其罪但惡成公逐父之使耳不言歸父無罪也○螽○宋人殺其大夫司馬司
馬官也其以官稱無君之辭也何休曰近上七年宋公壬臣卒宋人殺其大夫不言官今此在三年中言官義相違鄭君釋之
曰七年殺其大夫此實無君也今殺其司馬無人君之德耳司馬司城君之爪牙守國之臣乃殺其司馬奔其司城無道之甚故稱官以見輕慢也傳例稱人
以殺殺有罪也此上下俱失之○見賢偏反○宋司城來奔司城官也其以官稱無君之辭也來奔

者不言出舉其接我也【疏】來奔至接我也○釋曰重發傳者嫌奔殺異也來奔不言出發傳於此者以是來奔之始故發之子哀不發者從此例可知

監本附音春秋穀梁注疏文公卷第十

穀梁注疏卷十校勘記

阮元撰盧宣旬摘錄

文公單疏本每卷標題春秋穀梁疏某公卷第幾自此以下分卷亦以每公爲一卷與石經合此文公爲第六卷

元年

先鄉魯國　閩監毛本鄉作卽

可以會外諸侯戚衞地　閩監毛本脫戚衞地三字

注內卿至衞地　閩本同單疏本至衞地作云云監毛本衞地作諸侯非也

至於三年　閩監毛本同何校本三作二是也

垂斂之曾　會誤曾閩監毛本不誤

楚世子商臣弑其君髠　石經閩監毛本啇作商下及注同

二年

以事相繼　閩監毛本同何校本以作其

左主八寸　閩監毛本同何校本八作七○按儀禮經傳通解亦作七

則內於西壁䧟中　閩監毛本䧟作陷何校本作埳

親喪已入壙閩監毛本同何校本據元文入改下

桑猶喪也按今本公羊注脫此四字

與其犅犅閩監毛本同何校本上犅作鬻是也按說文無犅字蓋牅字轉寫之譌段玉裁說詳公羊校勘記

蓋爲禘時別昭穆也閩監毛本同何校本依元文禘下增祫字

使若與甚君盟閩監毛本甚作其是也

故就此一發之後注云閩監毛本同何校本一作亦後作彼是也

公孫敖會宋公陳侯鄭伯晉士縠盟于垂斂閩監毛本同石經縠作縠釋文出士縠云本又作縠九年同

可以會外諸侯閩監毛本同石經無外字

而云三年之喪未締者閩監毛本締作禘何校本作終案終是

以昭繆爲次序閩監本同毛本繆誤穆釋文出昭繆音韶穆下及傳同案通志堂釋文亦誤作昭穆此據宋本陸以穆作繆音則本文作繆可知

則是僖在於莊上閩監毛本同何校本僖下有公字

三年

故不得一例危之　閩監毛本危作施

亦以宋德薄　閩監毛本同單疏本德薄乙轉

四年

問者以使大夫逆例稱女　閩本同監毛本者誤曰

故反覆推之　閩監本同毛本故誤而

今故深發之者　閩監毛本故深作復特何校本無此二字

以彼稱夫人　閩監毛本同何校本以作然

娶於大夫者　閩監毛本同何校本於作乎與公羊傳合

五年

又此傳云兼歸之非正也明天子於諸侯含襚常各異使也　閩監毛本同單疏本無又

此至含襚一十八字何校本常作當

而含已晚　閩監毛本同石經已作以〇按儀禮經傳通解引作以

唯論諸侯自相於　宋本閩本同監毛本於誤施下兩其諸侯相於同

何得云天子與諸侯禮異 閩監毛本同何校本無云字

證君之於臣 閩監毛本同何校本於作與

盆明范云傳爲非也 閩監毛本同何校本云作以

六年

射姑殺者也 石經閩監毛本射作夜釋文出夜姑云左氏作射姑此十行本本亦作夜淺人據左氏妄改剜補之迹顯然下射姑之殺射姑使人並當作夜

處父主竟上事 閩監毛本同石經上下有之字

用特羊言廟 閩監毛本同何校本言作告

閏月矣何以謂之天无是月非常月也 閩監毛本无作無何校本矣作也非上疊是月二字與公羊合

故云五歲得六十日也 閩本同監毛本脫也字

閏是叢殘之數 閩監本同毛本叢作叢釋文出叢

七年

宋公壬臣卒 閩監毛本同石經壬作王

疏宋人殺其大夫　毛本同閩監本疏誤註

案僖二十五年　閩監毛本同何校本僖下有公字

而不重瓜牙　監毛本同閩本何校本瓜作爪

八年

鄭地　閩監本同毛本上有暴字

不至而復　閩監毛本同石經無而字

禮大夫云　閩監毛本同何校本云作去與成十六年注合

穀梁注疏卷十校勘記

監本附音春秋穀梁注疏文公卷第十一 起九年盡十八年

范甯集解　楊士勛疏

九年春毛伯來求金求車猶可求金甚矣凱曰求俱不可在喪尤甚不稱使者天子當喪未君也疏注在喪尤甚○釋曰求賻亦在喪不言尤甚者在喪有賻無金故求賻比求金爲輕求車不在喪又可於求賻故傳云求車猶可凱云在喪求金尤甚○夫人姜氏如齊歸寧○二月叔孫得臣如京師京大也師衆也言周必以衆與大言之也疏京大至言之也○釋曰不發於桓九年者內之。如京師始於此故發之季姜非魯女故彼處不發雖略不發傳亦同此可知也○辛丑葬襄王天子志崩不志葬舉天下而葬一人其道不疑也志葬危不得葬也不得備禮葬疏天子至葬也○釋曰重發傳者桓王七年始葬襄王則七月而葬嫌異故重發之也日之甚矣其不葬之辭也王室微弱諸侯無復往會葬○復扶又反疏王室至會葬○釋曰魯不會葬則無由得書而云王室微弱諸侯無復往會葬者天子志崩不志葬而又書日是不葬之辭故知諸侯無復往會。者也其實魯卿往會始書若不會則不當書也故春秋之世有十二王志崩者有九書葬者唯五耳良由王室不赴諸侯不會故也志崩有九者平王桓王惠王襄王匡王簡王靈王景王是也書葬有五者桓王襄王匡王簡王景王是也其莊王僖王頃王三者不志崩爲不赴故也然則天子不合書葬魯史書之者欲見周室之衰不得備禮而葬因遣使往會則錄之若不遣使則葬不明故不錄也傳稱不志葬者據治平之日正法言之也○晉人殺其大夫先都○三月夫人姜氏至自齊卑以尊致病文公也夫人行例不致乃以君禮致刺公寵之過○刺七賜反【疏】注夫人至之過○釋曰范氏例云夫人行有十二例時此致而書月者蓋以非禮而致故書月以刺之餘不書
月者當條皆有義耳夫人行十二者文姜七如齊再如莒是九也夫人姜氏會齊侯于陽穀十也夫人姜氏會齊侯于卞十一也幷數此夫人姜氏是十二也
徐邈云卑以尊致。有文公娶齊大夫女爲妻故初逆姜氏。不稱夫人今致以夫人禮與逆自違故疾公也范云夫人行例不致乃以君禮致刺公寵之過則與
徐異也○晉人殺其大夫士穀及箕鄭父稱人以殺誅有罪也鄭父累也○箕居其反
○楚人伐鄭○公子遂會晉人宋人衞人許人救鄭○夏狄侵齊○秋八月曹
伯襄卒○九月癸酉地震震動也地不震者也震故謹而日之也穀梁說曰大臣盛將動有
所變【疏】癸酉地震○釋曰范例云地震五例日故此亦日也何休徐邈並云由公子遂陰爲陽行專政之所致今范引穀梁說曰大臣盛將動有所變則與
二說同理亦無妨○冬。楚子使萩。來聘楚無大夫無命卿○萩子遙反又子小反或作菽左氏作椒其曰萩何
也以其來我褻之也【疏】楚無至之也○釋曰既褻之而書名所以不稱氏者公羊傳云許夷狄者不一而足理或然也○秦人
來歸僖公成風之禭秦人弗夫人也言秦人弗以成風爲夫人故不言夫人即外之弗夫人而見
正焉見不以妾爲妻之正○見賢遍反○葬曹共公○共音恭
十年春王三月辛卯臧孫辰卒○夏秦伐晉○楚殺其大夫宜申僖四年傳曰楚無大夫而
今云殺其大夫者楚本祝融之後季連之冑也而國近南蠻遂漸其俗故棄而夷之今知內附中國亦轉強大故進之○冑直又反國近附近之近【疏】楚本

至進之○釋曰國語與楚世家文也○自正月不雨至于秋七月歷時而言不雨文不閔雨也不閔雨者無志乎民也○及蘇子盟于女栗。女栗某地蘇子周卿士○女音汝○冬狄侵宋○楚子蔡侯次于厥貉。厥貉某地也○貉亡白反

十有一年春楚子伐麇○麇九倫反○夏叔彭生會晉郤缺于承匡承匡宋地○缺苦悅反○○秋曹伯來朝○朝直遙反○公子遂如宋○狄侵齊○冬十月甲午叔孫得臣敗狄于鹹不言帥師而言敗何也據僖元年公子友帥師敗莒師于酈獲莒挐稱帥師○敗必邁反鹹音咸麗力知反挐女居反稱直敗一人之辭也一人而曰敗何也以衆焉言之也言其力足以敵衆疏○直敗至言之也○釋曰公子友與莒挐戰唯二人相敵亦是直敗一人彼言帥師此不言者季子與莒挐並將軍衆而行之雖決勝負以其俱有徒衆故經書帥師師今叔孫與魯之衆止敵一人故但言敗不言帥師也傳曰長狄也弟兄三人佚宕中國。佚猶更也○佚宕大結反更也害本又作宕更音庚瓦石不能害肌膚堅強瓦石打擿不能虧損○強其丈反擿直隻反叔孫得臣最善射者也射其目身橫九畝廣一步長百步爲一畝九畝五丈四尺○射其食亦反下注同廣古曠反直亮反疏注五丈四尺○釋曰春秋考異郵云兄弟三人各長百尺別之國欲爲君何休云長百尺范云五丈四尺者讖緯之書不可悉信以此傳云身橫九畝故知是五丈四尺也杜預注左氏云三丈唯約國語仲尼稱僬僥長三尺大者不過數之十非經正文故范所不信注高三尺三寸知者考工記云兵車之廣六尺有六寸又以其廣之半爲之軾崇是軾高從上而下去車版三尺三寸

橫施一木名之曰軾也斷其首而載之眉見於軾兵車之軾高三尺二寸○斷丁管反見賢偏反軾音式然則何爲

不言獲也據莒拏言獲曰古者不重創不禽二毛故不言獲爲內諱也不重創恤病也不禽二毛敬老也仁者造次必於是顛沛必於是故爲內諱也既射其目又斷其首爲重創鬢髮白爲二毛○重直用反注同創初羊反爲內于僞反造七報反沛音貝

【疏】曰古至諱也○釋曰或以春秋本自不應書經何諱之有穀梁以不重創爲諱其理非也今知不然者以長狄兄弟更害中國禍害爲深得臣能立功於一時而標名於萬代其庸大矣若其不諱何以不書目晉獲潞子尚書於經魯獲長狄棄而不錄詳內略外之義豈其然哉知內諱之言爲得其實也

其之齊者王子成父殺之則未知其之晉者也【疏】其之至者也○釋曰公羊傳云兄弟三人一者之齊一者之魯一者之晉何休云三國各欲爲君象周衰禮義廢魯成就周道之國齊晉霸者之後此三國爲後欲見中國皆爲夷狄之行范雖不從何說理亦無妨○未知其之晉者也○釋曰之魯者叔孫得臣殺之之齊者王子成父殺之謂其之晉者史傳不記未知殺者姓名是誰也

十有二年春王正月郕伯來奔○郕音成○杞伯來朝僖二十七年稱子今稱伯○蓋時王所進○朝直遙反

二月庚子子叔姬卒其曰子叔姬貴也公之母姊妹也同母姊妹【疏】公之母姊妹也○釋曰傳稱其曰子叔姬貴之也公之母姊妹也則似稱子以明貴是以錄其卒未必由公之母姊妹上下意乖者上傳云公之母姊妹解其稱子所由明貴則書卒賤乃不錄也下傳云許嫁以卒之也欲見其雖貴非許嫁不書上下二傳足成非乖也許嫁乃書卒者以其卽貴之漸故也徐邈云上傳云子叔姬者杞夫人見出故不言杞下傳云許嫁者言是別女非杞叔姬也理亦足通未知范意然否其一傳曰許嫁以卒之也男子二十而冠

冠而列丈夫三十而娶女子十五而許嫁二十而嫁禮二十而冠冠而在丈夫之列譙周曰國不可久無儲貳故天子諸侯十五而冠十五而娶娶必先冠以夫婦之道王教之本不可以童子之道治之禮十五爲成童以次成人欲人君之早有繼體故因以爲節書稱成王十五而冠著在金縢周禮媒氏曰令男三十而娶女二十而嫁內則云女子十五而笄說曰許嫁也是故男自二十以及三十女自十五以及二十皆得以嫁娶先是則速後是則晚凡人嫁娶或以賢淑或以方類豈但年數而已若必差十年乃爲夫婦是廢賢淑方類苟比年數而已禮何爲然哉則三十而娶二十而嫁說嫁娶之限蓋不得復過此爾故舜年三十無室書稱曰鰥周禮云女子年二十未有嫁者仲春之月奔者不禁奔者不待禮聘因媒請嫁而已矣寧謂禮爲夫之姊妹服長殤年十九至十六如此男不必三十而娶女不必二十而嫁明矣此又士大夫之禮〇冠江喚反娶七住反譙在遙反笄古兮反先是蘇徧反後是戶豆反比毗至反或如字得復扶又反鰥古頑反禮爲于僞反長丁丈反

疏注禮二至之禮〇釋曰先儒多以周禮媒氏三十之男二十之女限以年數故范引譙周以爲證下取禮文以爲早嫁之驗或以賢淑者若文王之娶大姒是也或以方類者左傳稱鄭世子忽云齊大非吾偶是也此又士大夫之禮者。著喪服所言多陳士大夫之禮猶不待二十明諸侯以上早娶禮在不疑也案尚書金縢無成王十五而冠故彼鄭注云天子諸侯十二而冠成王此年十五於禮已冠而爵弁者承天變故降服也今譙周云成王十五而冠著在金縢者先儒鄭玄之徒約大戴禮以爲文王崩之明年成王始生文王年十五生武王文王九十七而終則終時武王年八十三矣崩之明年武王年八十四也武王九十三而終則武王崩時成王年十歲可知耳周公攝政必在除喪之後是周公初攝政之時成王年十二金縢稱始欲攝政郎羣叔流言周公居東二年罪人斯得乘前之年是成王十四年秋始感大風之變王與大夫盡弁以啓金縢之書是啓金縢時成王年十五又書傳云四年建侯衞則周公復居攝四年作康誥也又書傳云天子年十八稱孟侯作康誥之時成王稱孟侯則成王年十八矣周公居攝四年成王十八年自然啓金縢迎周公之時成王十五故譙周亦以啓金縢時爲成王年十五尚書特云王與大夫盡弁則始冠之年故云十五而冠。謂在金縢也鄭云天子諸侯十二而冠者約左傳魯襄公之年耳更無正文可據故范亦不從○夏楚人圍巢

○秋滕子來朝○秦伯使術來聘○術秦大夫○術音述○冬十有二月戊午晉人秦人戰于河曲河曲晉地不言及秦晉之戰已亟故略之也亟數也夫戰必有曲直以一人主之二國戰鬬數曲直不可得詳故略之不言晉人及秦人戰○亟去冀反數也注同疏不言至略之也○釋曰七年戰于令狐十年秦伐晉此年又戰河曲是數也季孫行父帥師城諸及鄆稱帥師言有難也○難乃旦反疏言有難也○釋曰凡城之志皆譏今傳云有難則似無譏者傳本有難不是解譏與不譏直釋其帥師之意耳。得此城得時又畏莒爭鄆書雖是譏情義通許故傳以有難釋之不言譏之意也

十有三年春王正月○夏五月壬午陳侯朔卒疏陳侯朔卒○釋曰世本是陳共公也○邾子籧篨卒○籧其居反篨直居反疏邾子籧篨卒○釋曰左傳是文公也○自正月不雨至于秋七月○大室屋壞屋者主於覆蓋明廟不都壞○大音泰傳皆同大室屋壞者有壞道也譏不脩也大室猶世室也世世有是室故言世室疏有壞道也○釋曰高者有崩道下者有壞道既言有壞道而書之者譏不脩也言魯若繕脩之豈有敗壞之理故書以譏不敬也成五年梁山崩傳云高者有崩道山有崩道又不可繕脩之物而亦書之者刺人君無德而致天災令山崩河壅怪異之大故亦書之然山高稱崩屋下言壞而序稱禮壞樂崩釋云通言之者禮樂無高下之殊故知通言之以周公曰大廟爾雅曰室有東西廂曰廟伯禽曰大室羣公

曰宮爾雅曰宮謂之室室謂之宮然則其實一也蓋尊伯禽而異其名疏注爾雅至其名○釋曰此下注所引並爾雅釋宮之言有東西廂者謂有
夾室也傳知周公曰大廟伯禽曰大室羣公曰宮者禮記明堂位云季夏六月以禘禮祀周公于大廟哀三年桓宮僖宮災是周公稱大廟羣公稱宮此經別
言大室明是伯禽廟公羊傳爲世室言世世不毀世與大意亦同耳禮宗廟之事君親割割牲疏君親割○釋曰徐邈云禮記曰君執
鸞刀而。封。牲是也然彼據初殺牲之時非是割牲之事徐言非也夫人親舂舂粢盛敬之至也爲社稷之主而先
君之廟壞極稱之志不敬也極稱言屋壞不復依違其文○復扶又反○冬公如晉○衛侯會公于
沓沓地也○沓徒荅反○狄侵衛○十有二月己丑公及晉侯盟還自晉還者事未畢也
自晉事畢也疏還者至畢也○釋曰知自晉是事畢者以其與致文同故知是事畢傳知還是事未畢者以未至國都而鄭伯會公于棐故知
是未畢春秋上下書還者有四莊八年秋師還傳曰遯也今自晉爲事未畢而言嫌不得如彼例故復發傳宣十八年歸父還自晉嫌君臣異故復發事未畢
之文襄十九年晉士匄帥師侵齊聞齊侯卒乃還嫌外內異故亦復發傳云事未畢也還例有四范別例云三者蓋直據內爲三不數外臣故也○鄭
伯會公于棐棐鄭地○棐芳匪反
十有四年春王正月公至自晉○邾人伐我南鄙○叔彭生帥師伐邾○夏五
月乙亥齊侯潘卒○潘浦干反疏齊侯潘卒○釋曰。世家及世本是齊昭公也○六月公會宋公陳侯衛
侯鄭伯許伯。曹伯晉趙盾癸酉同盟于新城新城宋地同者有同也同外楚也疏同外

楚也○釋曰春秋書同盟非一傳或有釋亦有不釋就不釋之內辭又不同所以然者莊公之世二幽之盟于一時楚國未強齊桓初霸直取同尊周室而已故傳云同尊周也及邵陵首止之徒楚不敢與爭褒大齊桓故不復言同當文公時楚人強盛而中國畏之命同盟詳心外楚不復直能尊周室而已故傳釋之云同外楚也斷道書同傳云外楚也則清丘亦是外楚故傳省文也舉斷道以包上下則蟲牢馬陵蒲之與戚柯陵虛朾之類亦是省文可知同盟雞澤復發傳者楚人轉盛中國外之彌甚故更發之則戲盟及京城重丘之等亦其義也平丘又重發外楚之文者平丘以下中國微弱外楚之事盡於平丘從此以後不復能外故發傳以終之也

○秋七月有星孛入于北斗孛之爲言猶茀也其曰入北斗斗有環域也據孛于大辰及東方皆不言入此言入者明斗有規郭入其魁中也劉向曰北斗貴星人君之象也茀星亂臣之類言邪亂之臣將並弒其君○孛步內反茀李軌扶憒反徐邈扶勿反一音步勿反又音弗邪我嗟反弒音試

○公至自會○晉人納捷菑于邾弗克納是郤克也其曰人何也微之也何爲微之也長轂五百乘緜地千里長轂兵車四馬曰乘一乘甲士三人步卒七十二人五百乘合三萬七千五百人緜猶彌漫○捷菑在接反下側其反轂古木反乘繩證反卒子忽反疏微之也○釋曰不言貶之者以非專惡之稱故傳言微之而已過宋鄭滕薛夐入千乘之國欲變人之主夐猶遠也變人之主謂時邾已立貜且邾小國而言千乘者大郤克之事○夐況戚反至城下然後知何知之晚也征不廟筭正其得失勞師遠涉乃至城下邾以義拒然後方悟貶之曰人不亦宜乎○悟五故反弗克納未伐而曰弗克何也弗克其義也非力不足義不可勝捷菑晉出也貜且齊出也姊妹之子曰出貜且正也捷菑不正也正適○適丁歷反

○九月甲申公孫敖卒于齊奔大夫不言卒而言卒何也據閔二年公子慶父出奔莒後不言卒爲受其喪不可不卒也其地於外也成十七年公孫嬰齊卒于貍蜃傳曰其地未踰竟宣八年仲遂卒于垂齊地然則地或踰竟或未踰竟凡大夫卒在常所則不地地者皆非其常所隨其所在而書其地耳不孫於踰竟與不踰竟○爲于僞反貍力之反蜃市軫反竟音境並同【疏】其地於外也○釋曰此與公孫嬰齊卒于貍蜃傳皆釋之宣。十年仲遂卒于垂而傳不釋者此公孫敖卒于齊之國內故傳釋之曰其地於外也明在他國而卒公孫嬰齊卒在魯竟內故傳釋之曰其地未踰竟明非他國也二者既已發傳垂是齊地非是他國都又非魯竟內在兩端之間故不復釋之

○齊公子商人弑其君舍舍未踰年其曰君何也成舍之爲君所以重商人之弑也舍不成君則殺者非弑也○殺其音試本又作弑商人其不以國氏何也據隱四年衞。州吁。弑其君完不言公子不以嫌代嫌也春秋以正治不正不以亂平亂舍不宜立有不正之嫌商人專權有當國之嫌故不書國氏明不以嫌相代【疏】不以嫌代嫌也○釋曰左氏以舍是昭公之子夫人叔姬所生而范云舍不宜立有不正之嫌以傳云不以嫌代嫌明知舍不正又舍卒不日亦是非正之驗舍之不日何也未成爲君也【疏】舍之至君也○釋曰傳例凡弑君書日以明正不繫於成君若舍是庶成君亦不合書日而云未成君者春秋不正見者雖庶亦得書日卽齊侯小白鄭伯突是也今商人爲不欲以嫌代嫌故不去公子則舍不正之嫌前已著見不正已見例當書日爲未成君故不日耳

○宋子哀來奔其曰子哀失之也言失其氏族不知何人【疏】失之也○釋曰經言宋子哀傳云失之也者舊解失之者謂其未達稱子之意案范。注云言失其。不知何人則不得云失其稱子之意蓋失之者謂雖知子哀是宋之大夫但不知是何族姓也○冬單

伯如齊單伯魯大夫○單音善齊人執單伯私罪也單伯淫于齊齊人執之齊人執子叔姬叔姬同罪也疏叔姬同罪也○釋曰叔姬既與單伯同罪而經文異執者單伯是天子命大夫魯人遣送叔姬未至而與之淫王則闇於取人之術魯則失於遣使之宜故經不書叔姬歸于齊再舉齊執之文者使若異罪然所以為諱也明年書單伯至自齊亦是諱之之事耳公羊亦以為不言齊人執單伯及子叔姬者內辭也使若異罪然左氏則云單伯天子大夫為魯請叔姬非穀梁意也

十有五年春季孫行父如晉○三月宋司馬華孫來盟泰曰擅權專國不君其君緣其不臣因曰無君上司馬司城皆不名而此獨名者以華孫奉使出盟為好於我故書官以見專錄名以存善○華戶化反使所吏反好呼報反以見賢徧反疏泰曰至存善○釋曰外大夫來盟書名則是常事而云錄名以存善者華孫擅權專國理合變文今得錄名即是同於常使失常為惡則得常是善猶左氏稱公子暈如齊逆女僑先君之好故曰公子亦其類也華孫奉使不稱使者以其專故經書官以表之傳云無君之辭也既無君無臣故不得使也司馬官也其以。官稱無君之辭也來盟者何前定也不言及者以國與之也○稱尺證反年末注同疏前定也○釋曰重發傳者不稱使嫌異常故也。鼓用牲于社。莊二十五年傳稱鼓禮也鼓既是禮所以書之者鼓當於朝今用之於社鼓雖得禮用之失處故書也若然後亦鼓之於社而云禮者彼對用牲為非禮故云鼓禮也其實用鼓亦非其處若得其處經不當書耳○夏曹伯來朝朝直遙反○齊人歸公孫敖之喪○六月辛丑朔日有食之鼓用牲于社○單伯至自齊大夫執則致致則名此其不名何也據昭十四年意如至自晉稱名天子之命大夫也○

晉郤缺帥師伐蔡戊申入蔡【疏】晉郤至入蔡○釋曰伐入兩舉者伐而不即入故兩舉之也莊二十八年伐戰兩舉者初伐其竟內戰在國都故亦兩舉之也○秋齊人侵我西鄙其曰鄙遠之也其遠之何也不以難介我國也介猶近也○難乃旦反介音界注同【疏】其曰鄙遠之也○釋曰重發傳者以莊十九年三國伐我今齊人獨來嫌異故重明之○季孫行父如晉○冬十有一月諸侯盟于扈諸侯皆會而公獨不與故恥而略之【疏】注諸侯至略之○釋曰舊解公獨不與者謂七年扈之盟公不得與故略言諸侯此與十七年公雖與會諱前不與故亦略之其意解公獨不與謂七年時也今以爲公獨不與正謂此年公在不與故言公會諸侯今此會盟公全不往故直言諸侯盟于扈而已皆所以爲諱也○十有二月齊人來歸子叔姬其曰子叔姬貴之也其言來歸何也父母之於子雖有罪猶欲其免也凱曰書來歸是見出之辭有罪之人猶與貴稱書之曰子者蓋父母之恩欲免罪也【疏】其曰至免也○釋曰來歸者是彰罪之稱而云父母之於子欲其免也者稱子是尊貴之辭雖云來歸以貴辭言之非是有罪之稱故云欲其免也○○齊侯侵我西鄙遂伐曹入其郛郛郭○郛芳孚反【疏】入其郛○釋曰公羊傳云郛者何郭也此不發傳者春秋唯有此事而已非例所及故略之也

十有六年春季孫行父會齊侯于陽穀齊侯弗及盟弗及者內辭也行父失命矣齊得內辭也行父出會失辭義無可納故齊侯以正道拒而弗受不盟由齊故得內辭【疏】注行父至內辭○釋曰以行父失辭之故爲齊侯所非外得其所拒內失其志春秋惡行父之失命故得內辭也○夏五月公四不視朔天子告朔于諸侯諸

侯受乎禰廟禮也每月天子以朔政班于諸侯諸侯受而納之禰廟告廟以羊今公自二月不視朔至于五月是後視朔之禮遂廢故子貢欲去其羊○去起呂反【疏】注每月至其羊○釋曰三朝記云周衰天子不班朔于天下此云班朔者彼據周末全不能班之此時尚或班或不班故下傳云以公爲厭政以甚矣范云天子班朔而公不視是也知是二月不視朔至五月者以經書五月公四不視朔若從五月以後數之則公或視或不視何得預言四不視朔知從二月至五月爲四也又云是後視朔之禮遂廢而經直云公四不視朔者左氏以爲此獨書公四不視朔者以表公實有疾非詐齊也公羊爲此公有疾猶可言無疾則不可言穀梁文雖不明蓋從此一譏之惡足見其餘不復譏也公四不視朔公不臣也以公爲厭政以甚矣天子班朔而公不視是不臣○厭於豔反○六月戊辰公子遂及齊侯盟于師丘師丘齊地○師丘左氏作鄟丘公羊作犀丘復行父之盟也春齊侯不與行父盟故復使遂脩之○復行扶又反又音服注復使及下注而復皆同○秋八月辛未夫人姜氏薨僖公夫人○毀泉臺喪不貳事貳事緩喪也喪事主哀而復毀泉臺是以喪爲緩以文爲多失道矣緩作主躋僖公四不視朔毀泉臺之類【疏】以文至道矣○釋曰春秋爲尊親者諱而舉其多失道者仲尼之脩春秋所以示法有罪皆諱何以見其褒貶故桓公殺逆之主罪無遺漏亦其比也至於書經文不委曲則亦是諱何者文實逆祀而云躋僖文從後多不視朔直言四不視朔而已文稱毀泉臺則似嫌其奢泰是亦臣子爲尊親諱之義也然取二邑大室屋壞不與匱盟亦是失道注不言之者云云之類足以包之也公羊以爲泉臺者是莊公所築郎臺也左氏與此傳並不顯言或如公羊之說也自古爲之今毀之不如勿處而已矣若以夫人居之而薨者但當莫處○楚人秦人巴人滅庸○冬十有一月宋人弒其君杵

臼泰曰傳稱人者衆辭衆之所同則君過可知又曰稱國以弒其君君惡甚矣然則舉國重於書人也○杵昌呂反臼其九反疏注泰曰至人也○釋曰稱人衆辭莊十七年傳文稱國以弒其君君惡甚矣成十八年傳文

十有七年春晉人衛人陳人鄭人伐宋衛序陳上蓋主會者降之○夏四月癸亥葬我小君聲姜○齊侯伐我西鄙○六月癸未公及齊侯盟于穀○諸侯會于扈言諸侯者義與上十五年同○范云言諸侯者義與上十五年同亦諸侯皆會公獨不與恥而略之疏注言諸至年同○釋曰彼爲公不會略言諸侯則此亦然也○秋公至自穀○冬公子遂如齊

十有八年春王二月丁丑公薨于臺下臺下非正也疏臺下非正也○釋曰非正與僖同重發之者僖是小寢此則臺下嫌異故發之○秦伯罃卒○罃乙耕反○夏五月戊戌齊人弒其君商人○六月癸酉葬我君文公○秋公子遂叔孫得臣如齊使舉上客而不稱介不正其同倫而相介故列而數之也上客。耳主也禮大夫爲卿介遂與得臣俱爲卿是以同倫爲副使故兩言之明無差降○使舉所吏反注同介音界下同副使也數所主反疏注禮大夫爲卿介○釋曰聘禮卿出以大夫爲上介士爲末介是也○冬十月子卒子赤也諸侯在喪既葬之稱疏注子赤至之稱○釋曰公羊傳稱君薨稱子某既葬稱子踰年稱君今子赤文公既葬而云子卒是既葬之稱也子卒不日故也故殺也不稱殺諱也○夫人姜氏歸于齊惡宣公也姜氏子赤之母其子被殺故大歸也宣公亦文公之子其母敬嬴惡不奉姜氏○惡烏路反注同嬴音盈依左傳應作頃熊 疏 惡宣公也○釋曰注弁言敬嬴者注意欲明宣公是敬嬴所生是非惡敬嬴也舊解宣公不使其母奉養姜氏故言之禮亦通也有不待貶絕而罪惡見者泰曰直書姜氏之歸則宣公罪惡不貶而自見有待貶絕而惡從之者齊小白以國氏之類是也姪娣者不孤子之意也言其一人有子則共養○姪大結反娣音弟共養並如字一讀上九用反下餘亮反一人有子三人緩帶共望其祿 疏 姪娣至緩帶○釋曰上文直云姪娣者所以分別尊卑明夫人須媵妾之意下文緫。言緩帶者欲見有子則喜樂之情均貴賤之意等今宣公爲人君不尊養姜氏非緩帶之謂也緩帶者優游之稱也一曰就賢也若並有子則就其賢謂年同也宣公不奉哀姜非此之謂故惡之 疏 注若並至惡之○釋曰宣以庶子簒立非關就賢范云宣不能奉養哀姜則是非賢之事故云非此之謂也○季孫行父如齊○莒弒其君庶其傳例曰稱國以弒其君君惡甚矣 疏 注傳例至甚矣○釋曰注引傳例者嫌小國無大夫例不稱臣名明弒逆事重不從凡常大夫之例也舊解稱國者謂惡於國人弁虐及卿大夫稱人者謂失心於民庶也此乃涉於賈逵之說據十六年范注則似不然

穀梁注疏卷十一校勘記　阮元撰盧宣旬摘錄

九年文公

內之如京師　閩監毛本如誤於

故知諸侯無復往會者也　閩監毛本同何校本者作葬是也

卑以尊致有　閩監毛本同何校本有作者

不稱夫人　閩毛本同監本不誤履

冬楚子使萩將聘　石經閩監本同毛本空缺冬字釋文萩或作萩

十年

及蘇子盟于女粟　閩監毛本同石經粟作栗釋文出女栗○按當作栗

十有一年

佚宕中國　閩監毛本同石經宕作害釋文出佚害云害本又作宕

何休云長百尺　閩監毛本同何校本云上有亦字

高三尺二寸　閩本同監毛本二作三案三是

何休云三國閩監毛本同何校本三上有之字案有者是

魯成就周道之國按公羊注國作封

齊晉霸者之後按公羊注者字作尊周室三字

十有二年

是以錄其卒閩監毛本同何校本以作其

著喪服所言閩監毛本同何校本著作謂

謂在金縢也閩監毛本同何校本謂作著

故略之也石經監本同閩毛本略作畧○案古略畍字皆田在左

得此城得時閩監毛本同何校本上得作但

十有三年

而封牲是也閩監毛本封誤劃

十有四年

世家及世本是齊昭公也閩監毛本同何校本上有齊侯潘有二五字

公會宋公陳侯衛侯鄭伯許伯曹伯晉趙盾閩監毛本同石經許伯作許男

及邵陵首止之徒閩監毛本徒作後是也

命同盟詳心外楚閩本同監毛本命作今是也

則戲盟及京城重丘之等閩監毛本京誤亳

緜猶彌〇漫案〇當在漫下所以別音義此誤倒閩監毛本不誤今依訂正

以非專惡之稱閩監毛本同何校本稱作也

宣十年閩監毛本同何校本十作八案注是八字

據隱四年衛州吁弒其君完閩監毛本同何校本州作祝是也釋文出殺其云本又作弒

案范注云言失其閩監毛本同單疏本無注字何校本下有氏族二字

十有五年

其以官稱石經同閩監毛本其以誤以其

嫌異常故也鼓用牲于社莊二十五年閩本同監毛本鼓用以下在經鼓用牲于社下莊上增〇

十有六年

公羊爲此公有疾猶可言 閩本同監毛本爲作謂

十有八年

耳主也 閩本同監毛本耳作聘

下文總言緩帶者 閩監本同毛本言誤至

穀梁注疏卷十一校勘記

范甯集解　楊士勛疏

宣公【疏】魯世家宣公名倭文公之子子赤庶兄以周匡王五年即位謚法善問周達曰宣

元年春王正月公即位繼故而言即位與聞乎故也〇與聞音預【疏】繼故至故也〇釋曰重發傳者桓公篡成君宣公篡未踰年君嫌異故發之

〇公子遂如齊逆女不譏喪娶者不待貶絕而罪惡自見桓三年傳曰逆女親者也使大夫非正也〇自見賢偏反【疏】注桓三至正也〇釋曰引彼傳例者嫌譏喪娶不責親迎故引傳例以明之

三月遂以夫人婦姜至自齊其不言氏喪未畢故略之也夫人不能以禮自固故與有貶【疏】注夫人至有貶〇釋曰婚禮遲速由於夫家陽倡陰和固是其理而責夫人者一禮不備貞女不行夫人姜氏若其不行公得無喪娶之譏夫人無苟從之咎故責之

其曰婦緣姑言之之辭也遂之挈由上致之也上謂宣公〇挈苦結反【疏】其曰至辭也〇釋曰傳重言此者嫌喪娶辭略幷明不與陳人之婦同也〇遂之至之也〇釋曰挈者謂去氏族而直書名徐邈以挈爲舉非也左氏以爲遂不稱公子者尊夫人也公羊以爲遂不言公子者一事而再見從省文此傳云由上致之是與二傳異也此注云上謂宣公昭公二十四年婼至自晉注云上謂宗廟也者釋有二家其一云禮夫人三月始見宗廟遂與僑如之致由君而已故知上爲宣公成公也婼被執而反理當告廟故知上謂宗廟也又一釋二者互文也以相通見廟之時君稱臣之名以告宗廟則二者皆當書名故此云宣公彼云宗廟亦是昭公告之可知此宣公亦是告宗廟明矣婼與意如俱爲被執而致傳釋有異辭者意如訴公於晉婼則無罪故傳不同

也此已發傳僞如又發之者此喪娶彼非喪娶嫌異故重明之○夏季孫行父如齊○晉放其大夫胥甲父于
衛放猶屏也屏除稱國以放放無罪也○公會齊侯于平州平州齊地離會故不致【疏】稱國至罪
也○釋曰范別例云放大夫凡有三晉放胥甲父一昭八年楚放公子昭二哀二年蔡人放公孫獵三也此云稱國以放放無罪也則稱蔡人者是放有罪也
若然招殺世子偃師則招亦有罪不稱楚人者以上有楚師滅陳之文故不復出楚人又招有罪自明故不待更稱楚人也○注離會故不致。不引傳例者此
宣自應例惡無所嫌疑故也。傳內。不至齊也。昭二十五年齊侯取鄆傳曰取易辭也哀八年齊人取讙及闡傳曰惡內也所以三發傳不同者內不合言取今
言取是違例之問宜在於始魯人不得已而賂之取雖。是易而我難之故直云授之昭公失國之君忠臣喜公得邑故以易辭言之哀公犯齊陵邾而反喪邑
易辭之也傳以明惡內之理未顯故傳特言惡內其實皆是易辭也○公子遂如齊○六月齊人取濟西田內不
言取言取授之也以是爲賂齊也。公。宣弒。入賂齊以自輔恥賂之故書齊取○秋邾子來朝○楚子
鄭人侵陳遂侵宋遂繼事也○晉趙盾帥師救陳善救陳也○盾徒本反【疏】善救陳也○釋
曰何嫌非善而言善者陳近楚屬晉嫌救之非善故傳釋之又救之者爲善所以駮鄭之過也○宋公陳侯衛侯曹伯會晉師
于棐林伐鄭棐林鄭地○棐芳尾反又音匪列數諸侯而會晉趙盾大趙盾之事也大其衛中國攘夷狄
○數所主反攘而羊反其曰師何也據言會晉師不言會晉趙盾以其大之也以諸侯大趙盾之事故言。師師者衆大之辭
【疏】以其大之也○釋曰襄二年晉師宋師衛甯殖侵鄭注云不書晉宋之將以慢其伐人之喪彼稱師言惡晉宋此稱師云大之者稱師之義不在一方言

師雖同善惡有別所謂春秋不嫌同文此之謂也齊救邢惡不及事楚子滅蔡滅非其罪晉宋伐喪失匍匐之義故皆貶之稱師今趙盾伐鄭以救陳宋故經列數諸侯而誅大之明稱師者以著善也于棐林地而後伐鄭疑辭也此其地何則著其美也泰曰夫救災恤患其道宜速而方云會于棐林然後伐鄭狀似伐鄭有疑須會乃定曰非也欲美趙盾之功故詳錄其會地

疏于棐至美也○釋曰桓十五年公會諸侯于袲伐鄭傳曰地而後伐疑辭也非其疑也此傳既曰疑辭也又云則著其美也者此文雖與會袲同其理則異何者以其列數諸侯而會趙盾則詳其會地亦善可知也

○冬晉趙穿帥師侵崇○穿音川○晉人宋人伐鄭伐鄭所以救宋也時楚鄭侵宋

疏所以救宋也○釋曰伐鄭所以救宋經不言救宋者以上有楚子鄭人侵陳遂侵宋之文今云晉人宋人伐鄭明救宋可知故不言之也知非救陳者以救陳之文已見故楚伐宋宋得出而自救者伐宋者不攻都城故得出師助晉也

二年春王二月壬子宋華元帥師及鄭公子歸生帥師戰于大棘宋師敗績獲宋華元大棘宋地華戶化反○獲者不與之辭也華元得衆甚賢故不與鄭獲之

疏注華元至獲之○釋曰華元得衆故不與鄭獲之然則晉侯失民亦言獲者晉侯雖失衆諸侯無相獲之道故亦不與秦獲也徐邈云獲是不與之辭與者當稱得也故定九年得寶玉大弓是也然則弓玉與人不類徐言非也何休云華元繫宋者明恥辱及國案齊國書陳夏齧皆繫國則是史之常辭非有異文也

言盡其衆以救其將也先言敗績而後言獲知華元得衆心軍敗而後見獲晉與秦戰于韓未言敗績而君已獲知晉侯不得衆心明矣○盡子忍反以三軍敵華元華元雖獲不病矣何休曰書獲皆生獲也如欲不病華元當有變文鄭君釋之曰將帥見獲師敗可知不當復書師敗績此兩書之者

明宋師懼華元見獲皆竭力以救之無奈不勝敵耳華元有賢行得衆如是雖師敗身獲適明其美不傷賢行今。兩書敗獲非變文如何○秦師伐
晉○夏晉人宋人衛人陳人侵鄭○秋九月乙丑晉趙盾弑其君夷皐穿弑也
穿趙盾從父昆弟盾不弑而曰盾弑何也以罪盾也其以罪盾何也曰靈公朝諸大夫
而暴彈之暴殘暴○朝直遙反彈徒丹反又徒旦反觀其辟丸也趙盾入諫不聽出亡至於郊禮三諫不
聽則去待放於竟三年君賜之環則還賜之玦則往必三年者古疑獄三年而後斷易曰繼用徽纆示于叢棘三歲不得凶是也自嫌有辠當誅故三年不敢
去○辟音避竟音境玦古穴反杜元凱云如環而不連斷丁亂反徽許歸反纆亡北反徽纆皆繩也三股曰徽兩股曰纆疏注禮三至敢去○釋曰三諫不
聽則去待放於竟三年公羊傳文君賜之環則還賜之玦則往荀卿書有其事易曰繼用徽纆示于叢棘三歲不得凶者易坎卦上六爻辭但易本繼作係陸
德明云寘置也王弼云險陗之極不可升也。法峻整難可犯也宜其囚執寘于思過之地三歲險道之夷也險終乃反故三歲不得自修三歲乃可以求復故
曰三歲不得凶也馬融云徽纆索也陸得明云三糾繩曰徽二糾繩曰纆劉表云三股爲徽兩股爲纆趙穿弑公而後反趙盾招使
還史狐書賊曰趙盾弑公史國史掌書記事狐其名盾曰天乎天乎予無罪告天言己無弑君之罪孰
爲盾而忍弑其君者乎迴已易他誰作盾而當忍弑君者乎○孰爲盾絕句孰誰也史狐曰子爲正卿入諫
不聽出亡不遠君弑反不討賊則志同志同穿也志同則書重非子而誰盾是正卿又賢故言
重故書之曰晉趙盾弑其君夷皐者過在下也鄭嗣曰成十八年晉弑其君州蒲傳曰稱國以弑其君君惡甚

矣然則稱臣以弒罪在臣下也趙盾弒其君不言罪而曰過者言非盾親弒責不討賊之過○惡甚如字又為路反曰於盾也見忠臣之至於許世子止見孝子之至邵曰盾以亡不出竟反不討賊受弒君之罪忠不至故也止以病不知嘗藥受弒父之罪孝不至故也○見忠賢徧反或如字下同【疏】曰於至之至○釋曰趙盾與許止加弒是同而許君書葬晉靈公不書葬者許止失嘗藥之罪輕故書葬以赦止趙盾不討賊之罪重故不書晉侯葬明盾罪不可原也春秋必加弒於此二人者所以見忠孝之至故也忠孝不至則加惡名欲使忠臣覩之不敢惜力孝子見之所以盡心是將來之遠防也○冬十月乙亥天王崩匡王也

三年春王正月郊牛之口傷之口緩辭也傷自牛作也牛自傷口非備災之道不至也故以緩辭言之【疏】緩辭也○釋曰此之為緩辭則成七年不言之為急辭也舊解范氏別例云凡三十五范既揔為例則言之者並是緩辭也傳於執衛侯云言之緩辭也則云其餘不發亦緩可知耳公喪在外逆之緩也衛侯之弟鱄秦伯之弟鍼等稱之者取其緩之得逃吳敗六國亡之者取其六國同役而不急於軍事也殺奚齊稱之者緩於成君也考仲子宮言之者隱孫而脩之緩也日食言之者不知之緩也則自餘並緩耳理雖迂延舊說既然不可致詰故今亦從之改卜牛牛死乃不郊事之變也牛無故自傷其口易牛改卜復死乃廢郊禮此事之變異○復扶又反【疏】改卜至變也○釋曰公羊傳稱改卜者帝牲不吉則引稷牲而卜之其帝牲在於滌宮三月於稷者唯具視其身體無災而已不特養於滌宮又云郊必以其祖配者自內出者無匹不行自外至者無主不止今改卜者取於稷牛則未審傳意如何以后稷配郊必與公羊異也不言免牛而云不郊者牛死不行免牛之禮故直言不郊也乃者亡乎人之辭也譏宣公不恭致天變【疏】乃者至辭也○釋曰重發傳者嫌牛死與卜郊不從異也猶三望○葬匡

王○楚子伐陸渾戎○渾戶門反又戶困反○夏楚人侵鄭○秋赤狄侵齊○宋師圍曹

○冬十月丙戌鄭伯蘭卒○葬鄭穆公

四年春王正月公及齊侯平莒及郯莒人不肯及者內爲志焉爾平者成也不肯者可以肯也凱曰君子不念舊惡況爲大國所和乎○郯音談國名也【疏】平者成也○釋曰舊解以莒不肯平公伐莒取向莒人彌復怨郯郯之與莒方爲怨惡乃是成就亂事故訓之爲成注無此意恐非也公伐莒取向向莒邑○向書亮反伐猶可取向甚矣以義兵討不平未若不用兵以義使平者也故曰猶可也【疏】注以義至可也○釋曰傳稱伐猶可是非正與辭注云義兵者據其討不直故云義兵也義兵之道不足故傳云猶可也莒人辭不受治也乘義取邑所以不服伐莒義兵也討不釋怨取向非也乘義而爲利也○爲如字又于僞反○秦伯稻卒【疏】秦伯稻卒○釋曰世本秦共公也○夏六月乙酉鄭公子歸生弒其君夷○赤狄侵齊○秋公如齊公至自齊○冬楚子伐鄭

五年春公如齊○夏公至自齊○秋九月齊高固來逆子叔姬諸侯之嫁子於大夫主大夫以與之婚禮主人設几筵于廟以待迎者諸侯大夫尊卑不敵故使大夫爲之主○迎魚敬反來者接內也不正其接內故不與夫婦之稱也來者謂高固高固齊之大夫而今與君接婚姻之禮故不言逆女○稱尺證反【疏】諸侯至稱也○釋曰莒慶已發傳今重發之者莒慶小國之大夫高固齊之尊卿而取公之同母姊妹嫌待之禮殊故發傳明其不異也徐邈云傳言吾子是宣公

女也。理亦通。爾○叔孫得臣卒○冬齊高固及子叔姬來及者及吾子叔姬也爲使來者不使得歸之意也高固受使來聘而與婦俱歸故書及以明非禮莊二十七年冬杞伯姬來僖二十八年秋杞伯姬來皆不言所及是使得歸之意○受使所吏反【疏】叔孫得臣卒○釋曰隱元年傳曰大夫不日卒惡也今叔孫得臣不日卒亦惡可知矣何休云知公子遂弒君而匿情不言未審范意亦然以否○及者至姬也○釋曰經既言高固及子叔姬足自明矣傳何須更言及吾子叔姬也者傳方欲解及爲非禮故上張其文也○注故書至非禮○釋曰桓十八年濼之會去及爲非禮此書及爲非禮者公與夫人之行須言及以別尊卑故云及夫人姜氏會齊侯。於陽穀言及濼之會以夫人之伉不言及故知。云及爲非禮今叔姬歸寧當以獨來爲文高固奉命宜云來聘經摠之言來故。故書及爲非禮楚人伐鄭

六年春晉趙盾衛孫免侵陳此帥師也其不言帥師何也據元年趙盾帥師救陳言帥師也不正其敗前事故不與帥師也元年救而今更侵之【疏】不正至帥師也○釋曰傳例將卑師衆曰師將尊師少。直。言將成三年晉郤克衛孫良夫伐牆咎如彼非是敗前事亦不言帥師此云不正其敗前事故不與帥師者凡常書經自依將之尊卑師之多少之例趙盾元年稱帥師救陳今直書名而已明是惡敗前事故不與帥師也郤克良夫前無帥師之文故知從將尊師少例耳○夏四月○秋八月螽○螽音終○冬十月

七年春衛侯使孫良夫來盟來盟。前定也不言及者以國與之不言其人亦以國與之不日前定之盟不日○夏公會齊侯伐萊○萊音來國名【疏】來盟至不日○釋曰此重發傳者宋

華孫不稱使此則稱使嫌異故重發之言不日者據成三年及荀庚盟有日故發問也○秋公至自伐萊○大旱○冬公

會晉侯宋公衞侯鄭伯曹伯于黑壤黑壤某地壤人丈反○

八年春公至自會○夏六月公子遂如齊至黃乃復蓋有疾而還黃齊地【疏】蓋有疾而還○釋曰以下

有卒故知有疾也乃者亡乎人之辭也鄭嗣曰大夫受命而出雖死以尸將事今遂以疾而還失禮違命故曰亡乎人言魯使不得其

人也【疏】亡乎人之辭也○釋曰重發傳者此乃復是事畢之文其實未畢嫌與他例異故重明之此云乃者亡乎人之辭也定十五年傳以爲急辭也者乃

有二義故也此魯使不得其人言乃以責之公孫敖亦是失命不言乃者此以疾而反有可責之理故言乃復以譏之敖棄命奔莒元來未去不足可責非乃

文所盡故不言乃也復者事畢也不專公命也遂以疾反而加事畢之文者是不使遂專命還○辛巳有事于大

廟○大音泰下注同仲遂卒于垂祭于大廟之日而知仲遂卒垂齊地【疏】注祭于至遂卒○釋曰注言此者解經仲遂之卒繫祭廟之意

也仲遂有罪而亦書日者宣公與遂同罪猶定公不惡意如而書日也或當辛巳自爲祭廟不爲仲遂也案公子翬當桓世無罪則不去公子仲遂非宣惡人

而去公子者翬非桓罪人故生存不去公子之號仲遂於宣雖則無罪死者人之終若不去公子嫌其全無罪狀故去之若然何以不去日者旣替其尊號則

罪已明故不假去日也傳稱公弟叔仲賢也遂非賢而稱仲者杜預云時君所加何休云稱仲者起嬰齊所氏范雖不注理未必然蓋以遂見疏而去公子經

不可單稱遂卒遂於後以仲爲氏故稱仲遂卒也然仲遂以罪見疏卽見。罪惡之臣而譏宣公不廢繹者宣公與遂同心繹祭之時則內舞去籥而爲之故所

以譏也爲若反命而後卒也先書復後言卒使若遂已反命于君而後卒于垂此公子也其曰仲何也疏

之也僖十六年傳曰大夫不言公子公孫疏之也何爲疏之也是不卒者也遂與宣公共弑子赤不疏則無用見其不卒也若書公子則與正卒者同故去公子以見之○見其賢偏反注同故去起呂反下文及注同○則其卒之何也據公子翬不書卒子翬許韋反○以譏乎宣也其譏乎宣何也聞大夫之喪則去樂卒事去籥萬卒祭事言今不然

壬午猶繹。猶者可以已之辭也繹者祭之旦日之享賓也萬入去籥萬舞名籥管也○繹音亦爾雅云又祭也享許丈反籥餘若反管也【疏】猶者至賓也○釋曰旦日猶明日也何休云繹者繼昨日事但不灌地降神耳天子諸侯曰繹大夫曰賓尸士曰宴尸則天子以卿爲之諸侯則以大夫爲之卿大夫以孫爲之夏立尸殷坐尸周旅酬六尸唯士宴尸與先儒少異則范意或與何同也案少牢饋食之禮卿大夫當日賓尸天子諸侯明日賓尸者天子諸侯禮大故異日爲之卿大夫以下。禮。小故當日卽行其三代之名者案爾雅云夏曰復胙殷曰彤周曰繹是也謂之復胙者復前日之禮也謂之彤者彤是不絕之意也謂之繹者繹陳昨日。禮也何休又云禮大夫死爲發一時之祭有事於廟而聞之者去樂卒事至卒事而聞之者廢繹今魯不以爲譏范意當亦然也以其爲之變譏之也內舞去籥惡其聲聞此爲卿變於常禮是知其不可而爲之○爲之于僞反注爲卿變同惡其烏路反

○戊子夫人熊氏薨宣公妾母○左氏作嬴氏○晉師白狄伐秦○楚人滅舒蓼○舒蓼音了本又作蓼國名也○秋七月甲子日有食之既○冬十月己丑葬我小君頃熊文夫人姜氏大歸于齊故宣公立己妾母爲夫人君以夫人禮卒葬之故主書者不得不以爲夫人義與成風同○頃熊音傾左氏作敬嬴【疏】注文夫至風同○釋曰哀姜有罪故僖成其母爲夫人今姜氏子殺故身出本自無罪則頃熊成喪不是同例而云與成風同者禮妾子

為君其母不得稱夫人以二者俱非正禮故云同耳非謂意盡同也穀梁以成
風再貶故曰妾子雖為君其母不得稱夫人則襄公以其母定姒為夫人亦非
正明也然成風再貶自外不譏者從一譏故也案文十
八年注云宣母敬嬴此云頃熊者一人有兩號故也雨不克葬葬既有日不
為雨止禮也雨不克葬喪不以制也徐邈曰案經文是己丑之日葬喪既出而
遇雨若未及己丑而却期無為逆書此日
葬禮喪事有進無退又士喪禮有潦車載蓑笠則人君之張設固兼備矣禮先
遷柩於廟其明昧爽而引既及葬日之晨則祖行遣奠之禮設矣故雖雨猶終
事不敢停柩久次○不為于偽反潦音老蓑素禾反笠音立張如字又
陟亮反柩其又反尸在棺曰柩昧音妹引以刃反又如字遣奠弃戰反疏葬既
至制
也○釋曰舊解案禮庶人懸封葬不為雨止明天子諸侯不觸雨而行可知也
傳言不為雨止者謂不得止葬事而更卜遠日喪不以制也者謂不得臨雨而
制喪事豈有諸侯執紼者五百人安待觸雨而行哉是徐邈之說理之不通今
案傳文云雨不克葬喪不以制也是葬為雨止喪事不以禮制也上文云葬既
有日不為雨止禮也明。為雨止則非禮可知安得云傳意葬為雨止乎又且范
引徐邈之注不言其非則是從徐說矣何為述范義而違之哉○注徐邈至久
次○釋曰未及己丑而却期者謂雨之與葬皆是己丑之日也若未及己丑之。
而遇雨其葬期有却者何為逆書己丑日葬也士喪禮有潦車載蓑笠者毛詩
傳云蓑所以備雨笠所以禦暑是也庚寅日中而克葬而緩辭也足乎日之辭也疏而緩辭也○
釋曰言緩辭
也者此日中克葬足乎日故云緩也定十五年日下。昃乃克葬故云乃急辭也
是二文相對為緩急故公羊傳云曷為或言而或言乃乃難乎而也是二文相
對
也○城平陽○楚師伐陳
九年春王正月公如齊有母之喪而行朝會
非禮○朝直遙反疏注有母至非禮○釋曰非禮經
無異文者傳例云如往月危往

也此朝書月卽是非禮之異文也○公至自齊○夏仲孫蔑如京師○齊侯伐萊○秋取根牟
疏秋取根牟○釋曰公羊傳曰根牟者何邾婁之邑也曷爲不繫乎邾婁諱亟也謂母喪未期而取邑故諱不繫邾婁也若言諱不繫邾婁居母之喪縱非
邾邑豈容無諱或當如左傳以根牟爲國名。也○八月滕子卒○九月晉侯宋公衞侯鄭伯曹伯會于
扈○晉荀林父帥師伐陳○辛酉晉侯黑臀卒于扈其地於外也其日未踰竟
也外謂國都之外諸侯卒於路寢則不地傳例曰諸侯正卒則日不正則不日舊說踰竟亦不日然則諸侯不正而不與未踰竟無以別之矣案襄七年鄭伯
卒于操此年晉侯卒于扈文正與襄二十六年許男卒於楚同恐後人謂操扈是國故於疑似之際每爲發傳。日未踰竟也○臀徒門反竟音境以別彼列反
操七報反疏注外謂至竟也○釋曰諸侯之國皆以侵伐會盟見。經。操。扈。經既無文而疑是國者周有千八百諸侯今盟會侵伐見春秋者不過數十而已
操扈傳若不發焉知非國也曲棘不釋者雙名也去國遠矣故不假釋郱鄑郚以三言爲名故傳釋之爲國也晉侯黑臀不書葬者舊解以爲篡立故也今案
黑臀既書日卒未必篡立蓋魯不會故不書也○冬十月癸酉衞侯鄭卒○宋人圍滕○楚子。伐鄭○
晉郤缺帥師救鄭○郤去逆反缺傾雪反○陳殺其大夫泄。冶○泄息列反冶音也稱國以殺其大
夫殺無罪也泄冶之無罪如何陳靈公通于夏徵舒之家公孫寧儀行父亦通。
其家二人陳大夫○夏戶雅反或衣其衣或衷其襦衷者襦在衷也○衣其衣上於既反下如字襦而朱反在衷本又作裏音里
以相戲於朝○朝直遙反泄冶聞之入諫曰使國人聞之則猶可使仁人聞之則不

可君愧於泄冶不能用其言而殺之

十年春公如齊公至自齊齊人歸我濟西田公娶齊齊由以爲兄弟反之。齊由以婚族故還魯田爾雅釋親曰婦之黨爲婚兄弟○娶十住反不言來公如齊受之也○夏四月丙辰日有食之○己巳齊侯元卒。傳例曰言日不言朔食晦日則此丙辰晦之日也己巳在晦日之下五月之上推尋義例當是閏月矣文六年傳曰閏月者附月之餘日言閏承前月而受其餘日故書閏月之日繫前月之下蓋史策常法文有定例閏有常體無嫌不明故不復每月發傳哀五年公羊傳曰閏月不書此何以書推此言之則春秋固有在閏月而不冠以閏者矣至於閏不告月猶朝于廟閏月葬齊景公不正其閏無以言其事故書見變禮○不復扶又反下注復同不冠工亂反猶朝直遙反見賢徧反 疏 不言至受之○釋曰決定十年齊人來歸鄆讙龜陰之田言來也○注閏有常體釋曰閏月所在無常而言有常體者閏是附月之餘文承前月是無體之常不謂所在有常○齊崔氏出奔衞氏者舉族而出之之辭也何休曰氏者譏世卿也即稱氏爲舉族而出尹氏卒寧可復以爲舉族死乎鄭君釋之曰云舉族死是何妖問甚乎舉族而出之之辭者固譏世卿也崔杼以世卿專權齊人惡其族今出奔既不欲其身反又不欲國立其宗後故孔子順而書之曰崔氏出奔衞若其舉族盡去之爾○崔杼直呂反惡其烏路反○公如齊五月公至自齊○癸巳陳夏徵舒弒其君平國○六月宋師伐滕月者蓋爲下齊惠公葬速起○爲于僞反 疏 注月者至速起釋曰知非爲宋師伐滕歸父如齊宋師伐滕外事也歸父之聘輕也諸侯時葬正也月葬故也今上有齊逐崔氏之文又非五月而葬明書月者爲葬惠公也○公孫歸父如齊葬齊惠公○晉人宋人衞人曹人伐鄭○秋天王使王季子來聘其曰王季王子也其曰子尊之也子者人之貴稱○稱尺證反【疏】其曰至尊之也○釋曰傳知稱子是尊之也者此言王季子即是大子之母弟子者人之貴稱故稱子爲尊之也叔服以庶子爲大夫故直稱字而不繫王也卒稱王子虎者卒當稱名故繫王言之聘問也○公孫歸父帥師伐邾取繹○繹音亦○大水○季孫行父如齊○冬公孫歸父如齊○齊侯使國佐來聘○饑○饑本或作飢居疑反

○楚子伐鄭

十有一年春王正月○夏楚子陳侯鄭伯盟于夷陵夷陵齊地○左氏作辰陵○公孫歸父會齊人伐莒○秋晉侯會狄于欑函欑函狄地○函音咸不言及外狄。所以異之於諸夏○夏戶雅反【疏】不言及外狄也○釋曰哀十三年公會晉侯及吳子于黃池注云及者書尊及卑也是言及所以外吳何得此傳云不言及外狄者黃池之會欲同吳子於諸侯故直云及吳子不云會吳此不言及是外狄故云會狄不云及狄是不言及爲外狄也若不外當云晉侯及狄會于欑函然隱三年齊侯鄭伯盟于石門不言及同吳於諸夏而云及吳子者不可全同中國故言及以別尊卑也○冬十月楚人殺陳夏徵舒變楚子言人者弒君之賊若曰人人所得殺也其月謹之【疏】變楚至謹之○釋曰經直言楚人知是楚子者下云楚子入陳明知此爲討賊故變楚子言人也其月謹之者不能自討藉楚之力禍害必深故書月爲謹之此入而殺也其不言入何也據入國乃得殺外徵舒於陳也其外徵舒於陳何也據徵舒陳大夫不應外明楚之討有罪也雍曰經若書楚子入陳殺夏徵舒者則入者內不受是無以表徵舒之悖逆楚子之得正〇悖補對反丁亥楚子入陳入者內弗受也日入惡入者也何用弗受也不使夷狄爲中國也楚子入陳納淫亂之人執國威柄制其君臣傎倒上下錯亂邪正是以夷狄爲中國〇惡烏路反傎丁田反本又作顛邪似嗟反疏日入惡入者也〇釋曰上文美楚子入今又惡之者前爲討徵舒討得其罪故變文以美之今爲納二子失其所故日入以惡之納公孫寧儀行父于陳納者內弗受也輔人之不能民而討猶可雍曰輔相鄰國有不能治民者而討其罪人則可而曰猶可者明鄰國之君無輔相之道〇輔相息亮反下輔相同疏納公至于陳〇釋曰糜信云二子不繫陳者以其淫亂明絶之也或當上有入陳之文下云于陳故省文耳無義例入人之國制人之上下使不得其君臣之道不可二人與昏淫當絶而楚強納之是制人之上下〇強其丈反一音其良反

十有二年春葬陳靈公傳例曰失得不葬君弑賊不討不葬以罪下也日卒時葬正也靈公淫夏姬殺泄治臣子不能討賊踰三年然後葬而日卒時葬何邪泰曰楚已討之矣臣子雖欲討之無所討也故君子郎而怒之以申臣子之恩稱國以殺大夫則靈公之惡不嫌不明書葬以表討賊不言靈公無罪也踰三年而後葬則國亂居可知矣非日月小有前卻則書時不嫌〇弑音試夏戶雅反疏注傳例至不嫌〇釋曰失得不葬昭十三年傳文君弑賊不討不書葬以罪下也隱十一年傳文日卒時葬正也襄七年傳文案徵舒之弑靈公在十年五月至此纔二十一月而注云踰三年者諸侯五月而葬今踰五月至三年故曰踰也非日月小有前卻者未五月謂之前過五月謂之卻言葬有前卻則書月以見危今三年始葬非是小有前卻故書時不嫌也〇楚子圍鄭〇夏六月乙卯晉荀林父帥師及楚子戰于邲邲鄭地〇邲皮必反疏夏六

月至于郯○釋曰公羊傳稱荀林父稱名氏先楚子者惡林父也若然城濮之戰後子玉當是善子玉乎徐邈云先林父者內晉而外楚是也晉師敗績績功也功事也日其事敗也○秋七月○冬十有二月戊寅楚子滅蕭○晉人宋人衛人曹人同盟于清丘清丘衛地疏。日其事敗也○釋曰舊解此戰事書日者為敗之故也特於此發之者二國兵衆不同小國之戰故特發之徐邈云於此發傳者深閔中國大敗於彊楚也今以曰為語辭。理足通也但舊解為日月之日疑不敢質故皆存耳○。戊寅楚子滅蕭○釋曰書日者徐邈云蕭君有賢德故書日也何休云責楚滅人國故書曰若釋善而從則徐言與傳例合也○宋師伐陳○衛人救陳疏衛人救陳○釋曰不言善者衛宋同盟外楚今反救陳不足可善故傳不釋

十有三年春齊師伐莒○夏楚子伐宋○秋螽○冬晉殺其大夫先縠。○縠戶木反一本作縠疏晉殺至先縠○釋曰此雖無傳於例為殺無罪也

十有四年春衛殺其大夫孔達○夏五月壬申曹伯壽卒○晉侯伐鄭○秋九月楚子圍宋疏秋九至圍宋○釋曰徐邈云圍例時此圍久故書月以惡之也何休亦然范意或當不異也○葬曹文公○

冬公孫歸父會齊侯于穀

十有五年春公孫歸父會楚子于宋○夏五月宋人及楚人平平者成也善其量力而反義也各自知力不能相制反共和之義疏。平。者。成。也○釋曰重發傳者嫌外內異也人者衆辭也平稱衆

上下欲之也外平不道以吾人之存焉道之也吾人謂大夫歸父○六月癸卯晉師滅赤狄潞氏以潞子嬰兒歸滅國有三術術猶道也○潞氏音路嬰一盈反中國謹日卑國月夷狄不日卑國謂附庸之屬襄六年傳曰中國日卑國月夷狄時此謂三術其曰潞子嬰兒賢也○疏滅國至賢也○釋曰中國日者謂衛滅許之類是也卑國月者謂無駭入極齊侯滅萊之類是也夷狄不日者楚滅江吳滅州來之類是也此不云夷狄時而云不日者方釋潞子嬰兒書日之意故不云夷狄時也夷狄不日宜從下爲文勢嬰兒爲賢書日復稱名者書日以表其賢書名以見滅國所謂善惡兩舉也○秦人伐晉○王札子殺召伯毛伯王札子者當上之辭也殺召伯毛伯不言其何也解經不言殺其大夫札側八反召上照反○兩下相殺也兩下相殺不志乎春秋此其志何也矯王命以殺之非忿怒相殺也故曰以王命殺也以王命殺謂言王札子殺召伯毛伯是知以王命而殺之○矯居表反以王命殺則何志焉爲天下主者天也繼天者君也君之所存者命也爲人臣而侵其君之命而用之是不臣也爲人君而失其命是不君也君不君臣不臣此天下所以傾也○秋螽○○仲孫蔑會齊高固于無婁無婁杞邑婁力侯反○○初稅畝初者始也古者什一一夫一婦佃田百畝以共五口父母妻子也又受田十五畝以爲公田公田在內私田在外此一夫一婦爲耕百一十畝○稅始銳反賦也什一音十十稅一也佃音田又徒偏反共音恭藉而不稅藉此公田而收其入言不稅民疏藉而不稅○釋

曰徐邈曰藉借也謂借民力治公田不稅民之私也觀范之注以藉爲賦藉理亦通從徐之言義無妨也初稅畝非正也古者三百步爲里名曰井田井田者九百畝公田居一出除公田八十畝餘八百二十畝故井田之法八家共一井八百畝餘二十畝家各二畝半爲廬舍○廬力魚反私田稼不善則非吏非責也吏田畯也言吏急民使不得營私田○畯音俊田大夫也公田稼不善則非民民勤私也初稅畝者非公之去公田而履畝十取一也以公之與民爲已悉矣悉謂盡其力○去如字又起呂反【疏】履畝十取一也○釋曰何休云宣公無恩信於民民不肯盡力治公田故公家履踐案行擇其善畝穀最好者稅取之故曰履畝徐邈以爲除去公田之外又稅私田之十一也傳稱以公之與民爲已悉矣則徐言是也古者公田爲居八家共居井竈葱韭盡取焉損其廬舍家作一園以種五菜外種楸桑以備養生送死韭音九楸音秋【疏】注損其至送死○釋曰損爲減損也五菜者世所謂五辛之菜也何休又云古者井田之法一夫一婦受田百畝身與父母妻子五口以爲一戶公田十畝又廬舍二畝半凡爲田一頃。一十二畝半也八家而有九頃故曰井田廬舍在內貴人也公田次之重公也私田在外賤私也若五口之外名曰餘夫餘夫率受田二十五畝半記異聞耳於范氏注亦無所取○冬蝝生蝝非災也其曰蝝非稅畝之災也凡春秋記災未有言生者蝝之言緣也緣宣公稅畝故生此災以責之非責也○蝝以全反劉歆云此蚍蜉子董仲舒云蝗子字林尹絹反○饑

十有六年春王正月晉人滅赤狄甲氏及留吁甲氏留吁赤狄別種晉既滅潞氏今又并盡其餘邑也滅夷狄時賢嬰兒故滅其餘邑猶月○吁許于反種章勇反并必政反【疏】甲氏至猶月○釋曰傳例滅夷狄時嬰兒以賢書月故知餘邑書月亦爲賢也甲氏留吁

非國而云滅者甲氏留吁國之大邑而晉盡有之重其事故云滅若晉滅夏陽之類是也留吁言及者蓋小於甲氏也○夏成周宣榭災
成周東周今之洛陽宣榭宣王之榭爾雅曰室有東西廂曰廟無東西廂有室曰寢無室曰榭傳例曰國曰災邑曰火○榭音謝本或作謝災左氏作火疏
成周宣榭災○釋曰不言京師者爾時成周非京師故也公羊傳云宣榭者何宣宮之榭也故范注亦以爲宣王之廟也無室曰榭爾雅正文或以爲爾雅無
此文唯云土高曰臺有木謂之榭臺上有木即是屋也楚語曰榭不過講軍實臨觀講武必是歇前故云無室曰榭爾雅有之者本或誤也又引傳例曰云云
者昭九年傳文也周災不志也其曰宣榭何也以樂器之所藏目之也移風易俗莫善於樂是故貴其
器疏周災不志也○釋曰徐邈所據本云周災至注云重王室也今遍檢范本並有不字則不得解與徐同也○秋郯伯姬來歸爲夫
家所遣○冬大有年五穀大熟爲大有年
十有七年春王正月庚子許男錫我卒○錫墨歷反○丁未蔡侯申卒○夏葬許昭
公○葬蔡文公○六月癸卯日有食之○己未公會晉侯衛侯曹伯邾子同盟
于斷道己未亦閏月之日斷道晉地○斷徒短反一音短疏注己未至晉地○釋曰十年夏四月丙辰日有食之己巳齊侯元卒范以爲丙辰晦
之日也己巳在晦日之下五月之上當是閏月可知此文與彼正同明亦閏月之日也同者有同也同外楚也○秋公至
自會○冬十有一月壬午公弟叔肸卒其曰公弟叔肸賢之也其賢之何也宣
弑而非之也宣公殺子赤叔肸非責之○肸許乙反疏同外楚也○釋曰不於清丘發傳者清丘魯不會故重舉所以包之也非之

則胡爲不去也曰兄弟也何去而之言無所至與之財則曰我足矣宣公與之財物則言自足以距之織屨而食○織屨賣以易食屨九具反終身不食宣公之食君子以是爲通恩也以取貴乎春秋泰曰宣公弑逆故其祿不可受兄弟無絕道故雖非而不去論情可以明親親言義足以厲不軌書曰公弟不亦宜乎疏取貴乎春秋○釋曰衛侯之弟鱄去君傳云合於春秋此不去君傳亦取貴於春秋者易稱君子之道或出或處或默或語鱄以衛侯惡而難親恐罪及己故棄之而去使君無殺臣之惡兄無害弟之怨故得合於春秋此叔肹以君有大逆不可受其祿食又是孔懷之親不忍奮飛使君臣之節兩通兄弟之情俱暢故亦取貴於春秋叔肹書字鱄直稱名者叔肹內可以明親親外足以厲不軌比鱄也賢乎遠矣故貴之稱字鱄雖合於春秋無大善可應故直書名而已

十有八年春晉侯衛世子臧伐齊○臧子郎反○公伐杞○夏四月○秋七月邾人戕繒子于繒○戕猶殘也捝殺也捝謂捶打殘賊而殺地于繒惡其臣子不能距難○戕在良反殘也賊也猶殺也繒本或作鄫在陵反捝殺他活反又徒栝反捶打也字林云木杖或作撲普木反捶章藥反打音頂惡其烏路反難乃旦反疏注地于繒至距難○釋曰據楚子虔誘蔡侯般殺之于申不于國都也○甲戌楚子呂卒商臣子莊王○子呂左氏作旅○夷狄不卒卒少進也卒而不日日少進也日而不言正不正簡之也中國君日卒正也不日不正也今進夷狄直舉其日而不論正之與不正疏夷狄至之也○釋曰夷狄不卒據自此以前吳楚君卒而不書日據襄十二年秋九月吳子乘卒言之也簡之也者中國卒則日不正乃不日夷狄進之則日不論正與不正故云簡之也○公孫歸父如晉○冬十月壬戌公薨于路寢正寢也○歸父

還自晉。還者事未畢也莊八年秋師還是也疏。路寢正寢也○釋曰重發傳者莊據始故發之宣公篡弑有嫌成公承所嫌之下故各發傳也○。歸父還自晉○釋曰執則致歸父非執而書其還者爲出奔張本也直名不氏者凡致者由上致之故例。今不書歸父之氏明有致命之義也自晉事畢也與人之子守其父之殯人之子謂歸父子也言成公與歸父子共守宣公殯捐殯而奔其父之使者是以。奔父也捐棄也奔猶逐也言成公棄父之殯逐父之使使謂歸父也父命未反而已逐之是與親奔父無異○捐以全反至檉遂奔齊遂繼事也杜預曰檉魯竟外故不言出○檉尹貞反左氏作笙竟音境

監本附音春秋穀梁注疏宣公卷第十二

穀梁注疏卷十二校勘記　阮元撰盧宣旬摘錄

宣公 余本分卷自此以下亦每公爲一卷與石經合明刻經傳本此爲第七卷單疏本同毛本同

元年

固是其理 閩監毛本同何校本理作禮

由上致之也 石經閩監本同毛本由作繇

稱國至罪也 閩監毛本同何校本上有傳字又此下疏三條此本幷爲一條在注故不致下閩監毛本分屬三節此疏在傳放無罪也下離會故不致段在注故不致下内不至齊也段在注故書齊取下

注離會故不致不引傳例者 閩監毛本不引上增○及釋曰二字

傳内不至齊也昭二十五年 監毛本傳誤注閩本不誤又閩監毛本昭上增○及釋曰二字

公宣弒入 閩本同監毛本作宣公弒立釋文出宣弒

取雖是易 閩監毛本同何校本無是字

故言師 閩監毛本同宋余仁仲本師誤帥

二年

晉侯雖失衆閩監毛本同何校本下空一字

皆生獲也閩監毛本同余本無獲字

今兩書敗獲閩監本同毛本兩作而

法峻整閩監毛本同何校本上有嚴字

止以病不知嘗藥閩監毛本同何校本病上有父字

三年

吳敗六國亡之者閩監毛本亡作言何校本作云

而不急於軍事也閩本同是也儀禮經傳通解引亦作軍監毛本軍作使

理雖迂延何校本迂延作迂誕是也閩監毛本迂作遷

則引稷牲而卜之單疏本稷上有社字○按公羊傳引作扳無社字

其帝牲在于滌宮三月案公羊傳無其字宮字疏以意增也儀禮經傳通解引同

無災而已閩監毛本同單疏本災下有害字與公羊注合

嫌牛死與卜郊不從異也閩監毛本同單疏本與作于

五年

理亦通爾閩監本同何校本爾作耳○按毛本理作禮非

會齊侯於陽穀閩本同監毛本於作于

故知云及爲非禮閩本同監毛本云作去

故故書及爲非禮知閩監毛本故字不重案此本剜改下故當依何校本作

六年

將尊師少直言將閩監毛本同單疏本無直字○按無直字是也公羊隱五年傳言作稱

七年

來盟前定也閩監毛本同石經余本盟下有者字

八年

仲遂卒于垂石經閩監毛本作于此本誤子今訂正

卽見罪惡之臣閩監毛本同單疏本見下有是字

以譏乎宣也閩監毛本同石經譏誤饑

壬午猶繹猶者可以已之辭也 石經同閩監毛本繹下衍萬入去籥四字釋文先之享後去籥亦其證

則天子以卿爲之 閩監毛本則作卽非

卿大夫以下禮小 閩監本同毛本禮小作豐不誤

繹陳昨日禮也 閩監毛本同何校本日下有之字

明爲雨止 閩監毛本同何校本爲作是是也

若未及己丑之而遇雨 補閩監毛本之下有日字此本誤脫

日下昃乃克葬 閩監毛本同何校本昃作稷十行本此字剜改當是本作稷也〇按注云稷昃也

九年

諱亟也 閩監本同毛本亟誤急

以根牟爲國名也 閩監毛本同單疏本無也字

每爲發傳日未踰竟也 補毛本日作曰

皆以侵伐會盟見經操扈經既無文 閩監毛本同單疏本上經字空缺無操扈經三字元刻注疏本同

楚子伐鄭 石經同閩監毛本子誤人

陳殺其大夫泄冶閩監毛本同石經泄作洩下同釋文出泄冶

亦通其家閩監毛本同石經余本通下有于字

十年

齊由以爲兄弟反之石經閩監本同毛本由作繇反誤友

傳例曰此注閩監毛本在日有食之下

十有一年

外狄閩監毛本同石經余本下有也字

二人與昏淫閩監毛本同余本與下有君字

十有二年

殺泄冶閩監毛本泄作洩

則靈公之惡此下疏文閩監毛本作靈此本誤林何校本惡作罪

日其事敗也此下疏文閩監毛本分屬兩節一在傳日其事敗也下一在楚子滅蕭下

理足通也閩監毛本同單疏本理作亦

十有三年

晉殺其大夫先穀 閩監毛本同石經穀作縠宋本釋文出先縠云一本作穀兩者必有一誤通志堂本先縠一本作穀

十有五年

平者成也 閩監毛本同單疏本作夏五月宋人及楚人平

其曰潞子嬰兒賢也 石經閩監毛本同惠棟云曰當作日

謂衞滅許之類 單疏本元本同閩監毛本許作邢是也按僖廿五年衞侯燬滅邢

楚滅江吳滅滅州來之類 下滅衍字單疏本元本無下滅字閩監毛本江下衍黃字無下滅字○按黃字非衍文楚滅江見文四年滅黃見僖十四年皆不書日

又受田十五畝 閩監毛本同余本無五字是也莊廿八年疏引作又受田十畝

凡爲田一頃一十二畝半也 閩本同監毛本下一誤二與公羊注不合

十有六年

宣榭宣王之榭 何校本下榭字作謝

成周宣榭災 閩監毛本同單疏本榭作謝下同案此則單疏本所據經注必皆作謝與釋文或作本合

有木謂之樹 閩監毛本同何校本無之字

是故貴其器 閩監毛本同余本貴作會

十有七年

故重舉所以包之也 閩監毛本同單疏本無所字

終身不食宣公之食 石經閩本同監毛本身誤日

外足以厲不軌 閩監毛本同單疏本足作可

十有八年

郲人戕繒子于繒 石經閩本同監毛本上繒誤繪釋文繒本或作鄫

捝殺也 石經閩監毛本同嚴杰云石經初刻捝作梲後改從手非也梲殺謂以杖殺之後漢書禰衡傳手持三尺梲杖是也

捝謂捶打殘賊而殺 錢大昕云晉唐人書木旁字多作手旁此必朾字之譌說文朾橦也朾與檇椓連文知橦亦兼有橦擊義

正寢也 閩監毛本同石經余本上有路寢二字疏標起訖同

歸父還自晉還者事未畢也 石經閩監毛本晉下衍至檉遂奔齊五字案釋文至檉在捐殯之使下足證五字爲衍文

路寢正寢也 此下疏閩監毛本分屬二節一在傳正寢也下一在師還是也下

故例閩監毛本同何校本下有名字

是以奔父也閩監毛本同石經余本以作亦

穀梁注疏卷十二校勘記

范甯集解　楊士勛疏

成公。疏魯世家成公名黑肱宣公之子以周定王十七年即位謚法安民立政曰成

元年春王正月公即位○二月辛酉葬我君宣公○無冰終時無冰則志此未終時而言無冰何也言終寒時無冰當志之耳今方建丑之月是寒時未終疏無冰○釋曰徐邈何休並云此年無冰者由季孫行父專政之所致也桓十四年亦無冰范云政治舒緩之所致必不得與二說同也又爾時季氏不專政亦無冰明徐何之言不可用終無冰矣加之寒之辭也周二月建丑之月夏之十二月也此月既是常寒之月於寒之中又。如加甚常年過此無冰終無復冰矣○夏之戶雅反復扶又反疏終時至辭也○釋曰終時無冰當志謂終寒時無冰當志之意也此未終寒時謂今建丑之月是寒時未終而言無冰何也謂怪其書之意也終無冰矣謂過此時無冰則終無冰也加之寒之辭也謂於此月書者以此月是常寒之月加甚之辭故麋信徐邈亦云十二月最。是寒盛之時故特於此月書之是也餘無冰不發特於此月發之者襄。二十八年書春無冰則是一時無冰書時則是終寒時故不。傳此在二月葬宣公之下三月作丘甲之上是一未終時故特發之桓十四年無冰在正月之下者舊解正月自爲公會鄭伯不爲無冰也或當月却而節前則周之正月亦是常寒之月○注周二至冰矣○釋曰天有四時冬寒夏暑是冬爲常寒之月於寒之中又加甚謂建丑是夏之十二月於寒之中又加甚於餘月雖未終時亦得於此月書之○三月作丘甲周禮九夫爲井四井爲邑四邑爲丘丘十六井甲鎧也○鎧開代反疏三月作丘甲○釋曰何休云月者重錄之徐邈云甲有伎巧非凡民能作而強使作

之故書月以譏之范雖無注或書月亦是譏公羊說作丘甲亦與此傳同唯左氏傳以爲譏重斂作爲也丘爲甲也使一丘之民皆作甲疏作爲也○釋曰後重發傳者文同事異不可以一例該之故也范別例云作例有六直云作者三云新作亦三也云作三者謂作丘甲一也作三軍二也作僖公主三也云新作三者謂新作南門一也新延廐二也新作雉門及兩觀三也言作者不必有新。則兼作也三者皆所以爲譏故傳曰作爲也是有加其度也言新有故是也丘甲國之事也丘作甲非正也丘作甲之爲非正何也古者立國家百官具農工皆有職以事上古者有四民有士民學習道藝者○疏有士民○釋曰何休云德能居位曰士范云學習道藝者是以爲之四民若以居位則不得爲之民故云學習道藝也有商民通四方之貨者有農民播殖耕稼者有工民巧心勞手以成器物者夫甲非人人之所能爲也各有業也○夫音符丘作甲非正也○夏臧孫許及晉侯盟于赤棘赤棘晉地疏夏臧至赤棘○釋曰盟不日者何休云謀結鞌之戰不相負所以不日者執在三年非此所得保也案隱元年。眛之盟爲七年伐邾尙猶去日何爲二年即執反云非此所得保乎蓋謀爲鞌戰歸我汶陽之田至八年渝前約故略之也○秋王師敗績于貿戎貿戎地○貿音茂左氏作茅戎疏秋王至貿戎○釋曰左氏以爲戎敗之公羊與此亦同爲晉敗之今經不云晉敗之者欲見王者無敵故也不書月者何休云深正之使若不戰范雖不解蓋不言晉敗及戰故亦略其日月不言戰莫之敢敵也爲尊者諱敵不諱敗諱敵使莫二也不諱敗容有過否○爲于僞反爲親者諱敗不諱敵諱敗惜其毀折也不尊諱敵諸侯有列國尊親親之義也尊則無敵親則保全尊謂王親謂魯然則孰敗之晉也○冬十月季孫行父禿晉郤克眇衛孫良夫跛曹公子手僂同時而聘於齊齊使禿者御禿者使眇者御眇者使跛者御跛者使僂者御僂者御音迓迓迎也○禿他不反眇亡小反跛波可反僂於矩反一音刀圭反疏郤克眇○釋曰左氏以爲跛今云眇者公羊無說未知二傳孰是范明年注云郤克跛者意從左氏故也或以爲誤跛當作眇蕭同姪子處臺上而笑之蕭國也同姓也姪子字也其母更嫁齊惠公生頃公宣十二年楚人滅蕭故隨其母在齊○姪子大節反又丈乙反頃公音傾聞於客客不說而去相與立胥閭而語移日不解胥閭門名○說音悅胥閭思徐反下力居反解古買反又音蟹疏注胥閭門名○釋曰卽周禮二十五家也齊人有知之者曰齊之患必自此始矣穀梁子作傳皆釋經以言義未有無其文而橫發傳者寧疑經冬十月下云季孫行父如齊脫此六字○橫華孟反又如字脫徒活反又他活反疏注脫此六字釋曰季孫行父禿是傳辭上脫季孫行父如齊六字

二年春齊侯伐我北鄙○夏四月丙戌衛孫良夫帥師及齊師戰于新築衛師敗績新築衛地○築音竹○六月癸酉季孫行父臧孫許叔孫僑如公孫嬰齊帥師會晉郤克衛孫良夫曹公子手及齊侯戰于鞌齊師敗績鞌齊地○僑本又作喬其僑反公子手左氏作首鞌音安疏癸酉季孫至敗績○釋曰徐邈云四大夫不舉重者惡魯很遣四大夫用兵亦以譏之也然則諸國用兵亦應很遣何以不具書之蓋是用兵重事故詳內也其日或曰日其戰也或曰日其悉也悉謂魯四大夫時悉在戰也明二者皆當日疏其日至悉也釋曰案

傳例疑戰不日不疑戰則例書日此傳云日其戰日其悉也者豈使詐戰則魯雖四大夫戰亦不得書但傳以此戰不許書事宜詳故因經書日并見此意也
曹無大夫其曰公子何也以吾之四大夫在焉舉其貴者也不欲令內衆大夫與外卑者共行戰
○令力呈反【疏】曹無大夫○釋曰復發傳者前爲崇讎今爲戰故重發之公羊以爲公子手何以書憂內也杜解左氏以爲備於禮並非穀梁意○
秋七月齊侯使國佐如師己酉及國佐盟于爰婁鞍去國五百里爰婁去國五
十里國齊國也【疏】爰婁至十里○釋曰爰婁去齊五十里今在師之外明晉師已逼到其國師謂晉師也齊爲晉所敗兵臨城下然則敗軍之將不可
以語勇驚弦之鳥不可以應弓所以更能五戰者齊是大國邑竟既寬收拾餘燼足當諸國之師故請以五也壹戰緜地五百里焚雍
門之茨雍門齊城門茨蓋也○雍於用反之茨在私反侵車東至海侵車侵伐之車言時侵齊過乃至海君子聞之曰夫
甚甚之辭焉鄭嗣曰君子聞戰于鞌乃盟于爰婁焚雍門之茨侵車至海言因齊之敗逼之甚○夫甚音符齊有以取之也齊
之有以取之何也敗衛師于新築侵我北鄙敖郤獻子謂笑其跛○謂笑其跛布可反案杜預注左傳
云郤克跛此傳言郤克眇范注當依傳而作跛恐非齊有以取之也爰婁在師之外言師已逼其國郤克曰反魯
衛之侵地以紀侯之甗來甗玉甑齊滅紀故得其寶○甗魚輦反又音言又音彥玉甑也以蕭同姪子之母爲
質齊侯與姪子同母異父昆弟不欲斥言齊侯之母故言蕭同姪子之母也兼忿姪子笑○爲質音致下同使耕者皆東其畝欲以利其
戎車於驅侵易○侵易以跂反下伐易同然後與子盟國佐曰反魯衛之侵地以紀侯之甗來則諾

以蕭同姪子之母爲質則是齊侯之母也齊侯之母猶晉君之母也晉君之母猶齊侯之母也言尊同也使耕者盡東其畝則是終土齊也凱曰利其戎車侵伐不易則是以齊爲土不可不可謂若不許己言請壹戰。壹戰。不克請再再不克請三三不克請四四不克請五五不克舉國而授於是而與之盟○八月壬午宋公鮑卒○庚寅衛侯速卒○取汶陽田○汶音問○冬楚師鄭師侵衛○十有一月公會楚公子嬰齊于蜀蜀某楚地

無大夫其曰公子何也嬰齊亢也泰曰莊二十二年丙申及齊高傒盟文二年乙巳及晉處父盟傳曰不言。高傒處父亢也此傳會嬰齊書公以明亢何乎蓋言高傒處父亢禮敵公書公則內恥也嬰齊初雖驕慢終自降替故于會則書公以顯嬰齊之驕亢于盟則稱人以表嬰齊之服罪然則。向之驕正足以表其無禮不足以病公則書公可也○向之本又作鄉亦作向同許亮反下文同疏楚無至亢也○釋曰楚無大夫重發之者屈完嘗齊桓名氏始見非正例也椒與宜申二者不見名氏非大夫之例今稱公子是貴於。同大夫之文故重發之嬰齊之亢又重發者高傒則沒公存氏處父無氏稱名嬰齊則前驕後讓三者皆異故各發之○丙申公及楚人秦人宋人陳人衛人鄭人齊人曹人邾人薛人繒人盟于蜀。楚其稱人何也怪楚向稱公子今稱人齊在鄭下蓋時王所黜疏注齊在至所黜釋曰知時王黜者以秦宋陳衛以下皆稱人稱人則非卿以其諸侯之大夫俱是微者必不能自有升降故知時王所黜齊以傲敵之故師敗於鞌兵臨城下微弱之極天子因其勢故退之鄭下此乃一時之宜非是常例也知諸侯之大夫是微人者傳直怪嬰齊稱人不論諸侯大夫明知並是微者於是而後

公得其所也會與盟同月則地會不地盟不同月則地會地盟此其地會地盟何也以公得其所申其事也公得其所謂楚稱人申其事謂地會地盟○會與盟同月絕句不同月絕句則地會地盟絕句【疏】會與至事也○釋曰同月則地會不地盟者僖二十八年踐土之盟襄十六年湨梁之盟是也不同月則地會。盟者昭十三年平丘之盟定四年皋鼬之盟是也今之屈向之驕也

三年春王正月公會晉侯宋公衛侯曹伯伐鄭宋衛未葬而自同於正君故書公侯以譏之【疏】注宋衛至譏之○釋曰范意雖葬未踰年亦不得成君雖踰年而未葬亦不得成君。故云宋衛未葬書公侯以譏之踰年未葬不得成君此注是也雖葬未踰年不得成君即四年鄭伯伐許注云喪未踰年自同於正君亦譏之是也○辛亥葬衛穆公○二月公至自伐鄭○甲子新宮災三日哭新宮者禰宮也謂宣公廟也三年喪畢宣公神主新入廟故謂之新宮○禰乃禮反【疏】甲子新宮災○釋曰何休云此象宣公篡。位當誅絕不宜列。之昭穆成公結怨強齊不得久承宗廟之。象也范以天災難知非人所及故不言之三日哭哀也其哀禮也宮廟親之神靈所憑居而遇災故以哀哭爲禮○憑居皮冰反迫近不敢稱謚恭也迫近言親禰也桓僖遠祖則稱謚【疏】注迫近至稱謚○釋曰范不據丹桓宮者傳云迫近不敢稱謚言近則宜對遠故據桓僖言之其丹桓宮以莊公娶父之讎女故特言桓宮以譏莊之不子。也其辭恭且哀以成公爲無譏矣○乙亥葬宋文公○夏公如晉○鄭公子去疾帥師伐許○去起呂反【疏】其辭。至。譏矣○釋曰不稱謚明其恭三日哭著其哀是成公爲無譏矣○公至自晉○秋

叔孫僑如帥師圍棘○大雩○晉郤克衛孫良夫伐廧咎如○咎音羔【疏】叔孫至圍棘○釋曰

公羊左氏皆以棘爲汶陽之田邑此傳無說事或然也○冬十有一月晉侯使荀庚來聘○衛侯使孫良

夫來聘○丙午及荀庚盟○丁未及孫良夫盟其日公也來聘而求盟不言及

者以國與之也不言其人亦以國與之也徐邈曰不言及謂凡書來盟者也若宣七年衛孫良夫來盟是也以國與

之謂舉國爲主故直書外來爾此先聘而後盟故不言來盟總言及而不復著其人亦是舉國之辭○復扶又反【疏】其日至與之也○釋曰案傳例前定

之盟不日後定之盟則日此云公也者其實盟雖公在位但。爲前定則不日後定則日此其日公故也則後定亦可知矣但以上文聘既接公下文及則公文

未顯嫌不得再煩尊者恐盟時無公故傳云公以釋之傳又云不言及者則宣七年衛孫良夫來盟是也不言其人者解此文不書內之名氏是也又云不言

求兩欲之也者言求當直言求盟如孫良夫是也不言求者此云來聘又云及盟是也何者來聘是他求言及我欲也是兩國同欲之文非獨求之稱故云不

言求兩欲之也若然上文云來聘而求盟者解二人。本意來聘只爲求盟爲下不言求張本也不言求兩欲之也○鄭伐許鄭從

楚而伐衛之喪又叛諸侯之盟故狄之【疏】注鄭從至狄之○釋曰知伐衛之喪又叛諸侯之盟故狄之者昭十二年晉伐鮮虞傳曰不正其與夷狄交伐

中國故狄稱之也定四年傳云吳不稱子反其狄道也鄭衛同姓不有弔臨之恩而伐其喪其爲惡行莫斯之甚而亦直舉國稱之明爲夷狄之行也叛諸侯

之盟者舊解以爲上文。背晉爲諸侯所伐是也又其言伐喪者前年衛侯速卒楚師鄭師侵衛是也不於伐喪貶者其罪不積不足以成惡鄭既伐喪背盟一

年之中再加兵於許故於此夷狄之

四年春宋公使華元來聘○三月壬申鄭伯堅卒○杞伯來朝○朝直遙反○夏四月甲寅臧孫許卒○公如晉○葬鄭襄公○秋公至自晉○冬城鄆○鄆音運○鄭伯伐許喪未踰年自同於正君亦譏之【疏】注喪未至譏之○釋曰傳於宋襄起喪稱之例則諸侯亦同之可知故上下經文宋衛陳皆有子稱鄭是伯爵與侯同於七命明在喪之稱或亦與侯同也左氏之例唯云公侯曰子伯則不入於例與此異也

五年春王正月杞叔姬來歸婦人之義嫁曰歸反曰來歸○仲孫蔑如宋○夏叔孫僑如會晉荀首于穀穀齊地【疏】婦人至來歸○釋曰范氏云出女例凡三齊人來歸子叔姬一也鄭伯姬來歸二也此杞叔姬來歸三也又別引文十八年夫人姜氏歸於齊爲例者出既是同但內外爲異故幷引之也子叔姬淫而得罪爲齊所逐故言齊人來歸今杞叔姬文既與之異故並發傳舉其上下鄉伯姬亦足以相包故不更發之○梁山崩梁山晉之望也不言晉者名山大澤不以封也許慎曰山者陽位君之象也象君權壞【疏】注梁山至望也○釋曰詩云奕奕梁山是韓國之鎮霍陽韓魏晉之地故云晉之望也不日何也據僖十四年秋八月辛卯沙鹿崩書日高者有崩道也有崩道則何以書也曰梁山崩壅遏河三日不流晉君召伯尊而問焉伯尊來遇輦者輦者不辟使車右下而鞭之凡車將在左御在中有力之人在右所以備非常○壅於勇反遏於葛反伯尊左氏作伯宗辟音避將子匠反輦者曰所以鞭我者其取道遠矣所用鞭我之間行道則可遠伯尊下車而問焉以其言有理知非凡人曰子有聞乎對曰梁山崩壅遏河三日

不流伯尊曰君爲此召我也爲之奈何輦者曰天有山天崩之天有河天壅之雖召伯尊如之何伯尊由忠問焉用忠誠之心問之○爲此于僞反○輦者曰君親素縞帥羣臣而哭之既而祠焉斯流矣素衣縞冠凶服也所以凶服者山川國之鎮也山崩川塞示哀窮○縞古老反 疏 注素衣至哀窮 釋曰禮云素縞者鄭玄云黑經白緯謂之縞縞冠素紕以。紕喪冠故謂之素縞是祥祭之冠也今注云素衣縞冠與鄭異也 伯尊至君問之曰梁山崩壅遏河三日不流爲之奈何伯尊曰君親素縞帥羣臣而哭之既而祠焉斯流矣孔子聞之曰伯尊其無績乎攘善也績功也攘盜也取輦者之言而行之非己之功也績或作續謂無繼嗣○攘如羊反 疏 注謂無繼嗣○釋曰舊說云伯尊晉之賢大夫輦人晉之隱士今一遇吐誠理難再得伯尊不能薦之於晉侯以救朝廷之急反竊其語而晦其人蔽賢罪深故被戮絕嗣子夏雖匿聖人之論能播教於西河令黑水之人欽其風蒲坂之間愛其道其罪。先輕故直喪明而已然此之立說恐非其理何者天道冥昧非人所知大聖立言意在軌世則伯尊之戮未必由蔽賢人之言卜商喪明豈關匿聖人之論徒爭罪之輕重妄說受罪淺深據理言之恐非聖賢之旨何休以爲梁山崩壅河三日不流象諸侯失勢王道絕故自是之後六十年之中弒君十四亡國三十二案此傳說輦者之言竟不論天子諸侯喪亡之事則何休之言未必通於此也 ○秋大水○冬十一月己酉天王崩定王○十有二月己丑公會晉侯齊侯宋公衛侯鄭伯曹伯邾子杞伯同盟于蟲牢蟲牢鄭地○蟲直忠反牢力刀反六年春王正月公至自會○二月辛巳立武宮舊說曰武公之宮廟毀已久矣故傳曰不宜立也禮記明堂位曰魯公之廟文世室也武公之廟武世室也言世室則不毀也則義與此違【疏】。春王至自會○釋曰何休云月者魯使大夫。獲齊侯今親相見危之故書月也傳例致月則危此書月必是危但不知同何說以否或當時有危傳不言之故范亦不解或。亦為此年公遠會始至立武宮取鄟皆是危事故致會書月也○。立武宮○釋曰禮記稱世室此傳云不宜立者禮記周末之書以其廟不。毀故謂之世室此以武公之廟毀來已久今復立之故云不宜立范義與此違也何休解公羊以為臧孫許伐齊有功故立武宮左氏以為季文子以鞌之功立武宮據人雖別同是伐齊穀梁之意亦以勝齊立武宮也立者不宜立也○取鄟鄟國也○鄟音專又市轉反國名【疏】取鄟○釋曰隱十年鄭伯伐取之直注云凡書取國皆滅也變滅言取明其易今不言滅鄟是明魯取之易也又惡鄟不備也凡書取之例。以內外皆有外書取者即徐人取舒是也內書取者即取鄟是也其內被取邑亦為取齊侯取鄆是也公羊以為鄟是邾之邑與穀梁異○衞孫良夫帥師侵宋○夏六月邾子來朝○朝直遙反○公孫嬰齊如晉○壬申鄭伯費卒○費音祕【疏】鄭伯費卒○釋曰案世本及左氏鄭伯費是鄭悼公不書葬者何休云楚伐鄭喪諸侯不能救晉欒書又侵之故去葬使若非伐喪者為中國諱也在隱三年注魯不往會則經亦不書則悼公不書葬者魯不會也○秋仲孫蔑叔孫僑如帥師侵宋○楚公子嬰齊帥師伐鄭○冬季孫行父如晉○晉欒書帥師救鄭

七年春王正月鼷鼠食郊牛角不言免牛者以方改卜郊吉否未可知○鼷音奚吉否方九反【疏】注不言至可知○釋曰下

傳稱免牲不曰不郊免牛亦然此言免牛則嫌似不郊故云不言免牛者以方。改卜郊未可知也不。言日急辭也辭中促急不容日疏不言至辭也○釋曰宣三年郊牛之口傷彼言之是緩辭亦不云日此傳云不言日急辭也者案宣三年傳言之是牛自傷之緩此言其是鼠食牛之緩二者立文雖異俱是緩辭則辭間容日亦是緩辭傳云不言日急辭也此已發例則定十五年哀元年之類不言日者並是急辭也緩辭不言日者言之既是緩辭可知故不須更書日以見緩也過有司也郊牛日展觓角而知傷展道盡矣其所以備災之道不盡也有司展察牛而即知傷是展察之道盡不能防災禦患致使牛傷故不書日以顯有司之過觓球球然角貌○觓角其樛反一音求角貌或本作筋非禦魚呂反球音求疏郊牛至盡也○釋曰展省察也言日日皆省察牛之觩角而則知傷是省察之道盡矣展道雖盡不能防災禦患致使牛傷是其所以備災之道不盡是故不言日以責有司也牛角云觩者詩稱兕觥其觩又曰有觩其角是也改卜牛鼷鼠又食其角又有繼之辭也前已食故曰繼其緩辭也曰亡乎人矣非人之所能也所以免有司之過也至此復食乃知國無賢君天災之爾非有司之過也故言其以赦之○能如字亦作耐復食扶又反下同疏其緩至過也○釋曰解經上文云鼷鼠食郊牛角不言其此文云又食其角乃變言其故釋之云其緩辭也曰亡乎人矣亡無也至此郊牛復食乃知國無賢君非人所不能也謂國無賢君之故爲上天之所災非人力所能禁所以免有司之過也謂經言其者所以。赦有司也乃免牛乃者亡乎人之辭也免牲者爲之緇衣纁裳有司玄端奉送至于南郊免牛亦然免牲不曰不郊免牛亦然郊者用牲今言免牲則不郊顯矣若言免牛亦不郊而經復書不郊者蓋爲三望起爾言時既不郊而猶三望明失禮○緇側其反纁許云反爲于僞反疏乃者至亦然○釋曰重發傳者此再食乃免牛嫌與他例別故重發之○注蓋爲至起爾○釋曰僖三十一年夏四月四卜郊不從乃免牲猶三望彼不云不郊此既云免牛又云不郊者彼免牲與三望同時故略去不郊之文此春免牛夏乃三望故備言之○吳伐郯○郯音談○夏五月曹伯來朝○不郊猶三望○秋楚公子嬰齊帥師伐鄭○公會晉侯齊侯宋公衛侯曹伯莒子邾子杞伯救鄭八月戊辰同盟于馬陵馬陵衛地公至自會○吳入州來州來楚地○冬大雩雩不月而時非之也冬無爲雩也疏雩不至雩也○釋曰傳例云月雩正也時雩非正也非正者其時未窮人力未盡毛澤已竭不雩則不及事故月以明之則經書秋八月雩九月雩是也既過此節秋不書旱則冬無爲雩也故鄭釋廢疾去冬及春夏案春秋說考異郵三時唯有禱禮無雩祭之事唯四月龍星見始有常雩耳故因載其禱請山川辭云方今天旱野無生稼寡人當死百姓何依不敢煩民請命願撫萬民以身塞無狀是鄭意亦以不須雩唯有禱請而已○衛孫林父出奔晉○

八年春晉侯使韓穿來言汶陽之田歸之于齊晉爲盟主齊還事晉故使魯還二年齊所反之田○穿音川疏注晉爲至之田○釋曰公羊以爲齊侯敗鞌之後七年不飲酒不食肉晉侯高其德遂反其所取侵地此雖無傳齊頃是中平之主安能以一敗之後七年不飲酒食肉乎故以爲晉爲盟主齊還事晉故使魯還二年齊所反之田杜預解左氏其意亦然于齊緩辭也不使盡我也若曰爲之請歸不使晉制命于我○爲于僞反疏于齊緩辭也○釋曰僖二十八年晉人執衛侯歸之于京師傳以言之爲緩辭也今言歸之于齊爲緩辭者之緩辭自是常例於齊之理未明故特釋之辭雖不同亦是緩也此以緩辭言之者諱不使制命於我也○晉欒書帥師侵蔡○公

孫嬰齊如莒○宋公使華元來聘○夏宋公使公孫壽來納幣婚禮不稱主人宋公無主婚者自命之故稱使納幣不書書者賢伯姬故盡其事【疏】注婚禮至其事○釋曰公羊以爲婚禮不稱主人宋公無主婚者辭窮自命之故公孫壽來納幣稱使紀侯有母履緰受紀侯之母命婦人之命不通故不稱使案隱二年傳云其不言使何也逆之道微無足道焉爾據彼傳文以逆者微無足道焉爾故不言使則與公羊異觀此注意云宋公無主婚者自命之故稱使明爲母命之則不稱使似與公羊同而與傳違者范以紀侯之與宋公皆是無母宜並稱主人但納幣是卿之事故稱宋公使也逆女是君之事使大夫非正故履緰不稱使今此注云婚禮不稱主人亦據諸侯母在者言之又且履緰不稱使大率言之亦是不稱主人之事故注言之耳納幣不書其經之所書者三莊公以非禮書一也公子遂以喪錄二也此爲賢伯姬三也范知爲賢伯姬者公羊傳云納幣不書此何以書錄伯姬也是爲賢而錄也○晉殺其大夫趙同趙括○秋七月天子使召伯來錫公命禮有受命無來錫命錫命非正也曰天子何也曰見一稱也天王天子王者之通稱自此以上未有言天子者今言天子是更見一稱○召上昭反曰見賢偏反注更見同一稱尺證反以上時掌反【疏】曰見一稱也○釋曰王既是四大之重宜表異號莫若繫天以衆人卑故稱母子貴者取貴稱故謂之天子入春秋以來唯取仁義之稱未表繫天子之尊故曰更見一稱也公羊傳云其稱天子何元年春王正月正也其餘皆通矣何休云德合於元者稱皇德合於天者稱帝仁義合者稱王又云王者取天下歸往也天子者爵稱也聖人受命皆天所生故謂之天子。或言天。王。或言天子皆相通也惟賈逵云畿內稱王諸夏稱天王夷狄稱天子其理非也○冬十月癸卯杞叔姬卒杜預曰前五年來歸者女既適人雖見出棄猶以成人之禮書之終爲杞伯所葬故稱杞叔姬○晉侯使士燮來聘○燮素協反○叔孫僑如會晉士燮齊人邾人伐郯○衛人來媵杜預曰古者諸侯娶嫡夫人及左右媵各有姪娣皆同姓之國國三人凡九女所以廣繼嗣魯將嫁伯姬于宋故衛來媵○媵以證反又繩證反嫡丁歷反姪大結反娣音弟【疏】衛人來媵○釋曰公羊以為媵不合書其書者賢伯姬也左氏雖無其說蓋以來。至於魯然後與。嫡行故書之此傳之意以伯姬為災而死閔之故書其事是言三傳意小異也媵淺事也不志此其志何也以伯姬之不得其所故盡其事也不得其所謂災死也江熙曰共公之葬由伯姬則共公是失德者也傷伯姬賢而嫁不得其所○共音恭下同【疏】注江熙至其所○釋曰江熙以不得其所為共公失德文無所據范引之者傳異聞也

監本附音春秋穀梁注疏成公卷第十三

穀梁注疏卷十三校勘記　　阮元撰盧宣旬摘錄

終八年　閩監毛本終作盡

成公　余本卷第八單疏本同

元年

又如加甚　閩監毛本同余本無如字案疏兩引皆無如字余本是也

最是寒盛之時　閩監毛本同何校本是作爲

襄三十八年　閩監毛本三作二是

故不傳　閩監毛本同何校本不下有發字

後重發傳者　閩監毛本同單疏本無重字

則兼作也　閩監毛本同單疏本上有言新二字案有者是

播殖耕稼者　閩監本同毛本殖作植

案隱元年昧之盟　閩監毛本同浦鏜云昧誤眛

晉郤克眇衞孫良夫跛　釋云左氏以爲跛今云眇者公羊無說案臧琳經義雜記云據沈文阿引穀梁傳知古本穀梁作晉郤克跛故

二年

前爲崇羈今爲戰 閩監毛本同單疏本羈作霸誤按莊廿六年傳云爲曹羈崇也疏云論崇曹羈之事也

壹戰緜地五百里 石經同閩監毛本壹作一

謂笑其跛 閩監毛本同釋文出謂笑其蹤跛五字案陸氏云杜預注左傳云郤克跛此傳言郤克眇范注當依傳而作跛恐非玩此則釋文本元無蹤字蹤跛字皆从足形相涉而誤衍蹤字也

請壹戰壹戰不克請再 石經同閩監毛本壹作一

傳曰不言高傒處父亢也 閩監毛本同案莊二十二年文二年傳並云不言公此注言下當有公字今本脫也何校本有公字

然則向之驕 閩監毛本同釋文出鄉之云本又作嚮亦作向

是貴於同大夫之文 閩監毛本同何校本同作稱

繒人 石經閩本同監毛本繒誤繪

不同月則地會盟者 案盟上當有地字單疏本及南監本亦誤脫

三年

故云宋衛未葬閩監毛本同何校本故作此

此象宣公篡位按公羊注位作立

不宜列之昭穆公羊注無之字

不得久承宗廟之象也公羊注象作應

以譏莊之不子也閩監毛本同單疏本子作孝

其辭至譏矣閩監毛本作其辭恭且至爲無譏矣又此疏閩監毛本在傳爲無譏矣下何校本上有傳字

叔孫至圍棘閩本同監毛本此疏在圍棘下

但爲前定則不日閩監毛本同單疏本爲作是

解二人本意來聘閩監毛本同何校本人下有或字

背晉爲諸侯所伐監毛本同閩本背作皆何校本作叛

五年

婦人至來歸此疏閩監毛本在傳反曰來歸下何校本上有傳字

縞冠素紕以純喪冠閩監毛本紕作紕誤

其罪先輕 閩監毛本先作既

六年

春王至自會 此疏閩監毛本分屬兩節一在公至自會下一在注義與此違下

魯使大夫獲齊侯 閩監毛本同單疏本獲作攫○按公羊注作獲

或亦爲此年公遠會始至 閩監毛本同單疏本亦作以案以是

以其廟不毀 閩監毛本同單疏本毀作廢

以內外皆有 閩監毛本同單疏本以作有何云以字疑衍

七年

以方改卜郊 十行本方下空一格閩監毛本不空單疏本改作正○按注作改字

不言日急辭也 閩監毛本此上衍改卜牛鼷鼠又食其角乃免牛十二字石經與此不誤

郊牛日展斛角而知傷 監本同石經閩毛本斛作斛是也釋文出斛角云其樛反一音求本或作筋非

所以放有司也 閩本放作赦是也監毛本作救

八年

亦是緩也閩監本同毛本亦誤女單疏本無是字

辭窮自命之閩本同監毛本窮作容

逆之道微閩本同監毛本道作者○按隱二年傳作道

或言天王閩毛本同監本王誤主○按依公羊注或字上有或言王三字此不當刪

蓋以來至於魯然後與嫡行閩本同監毛本嫡誤俱何校本至作致

穀梁注疏卷十三校勘記

范甯集解　楊士勛疏

九年春王正月杞伯來逆叔姬之喪以歸傳曰夫無逆出妻之喪而爲之也疏傳傳曰至爲之也○釋曰公羊以爲魯脅杞使逆其喪左氏以爲魯人請之故杞伯來逆此傳不說歸之所由要叔姬免犯七出之愆反歸父母之國恩以絕矣杞伯今復逆出妻之喪而違禮傷教言其不合爲而爲之是以書而記之以見非傳曰夫無逆出妻之喪爲之言其不合爲而爲之也徐邈云爲猶葬也言夫無逆出妻之喪而葬理亦通矣但范不訓爲爲葬也○公會晉侯齊侯宋公衛侯鄭伯曹伯莒子杞伯同盟于蒲蒲衛地公至自會○二月伯姬歸于宋逆者非卿故不書○夏季孫行父如宋致女致勑戒之言於女疏傳夏季至致女○釋曰公羊以春秋未有言致女者此其言致女何賢伯姬也左氏無說蓋以使卿則書餘不書者或不言致或不使卿也此傳云詳其事賢伯姬也則與公羊意同耳徐邈云宋公不親迎故伯姬未順爲夫婦故父母使卿致伯姬使成夫婦之禮以其責小禮違大節故傳曰不與內稱謂不稱夫人而稱女案傳稱賢伯姬而徐云責伯姬是背傳而解之故范以爲謂致勑戒之言於女也致者不致者也婦人在家制於父既嫁制於夫如宋致女是以我盡之也刺已嫁而猶以父制盡之不正故不與內稱也內稱謂稱使內稱尺證反○疏注內稱謂稱使○釋曰案經內大夫出國例言如不言使此季孫行父如宋卽是內稱而云不與者凡內卿出外直言如某者卽是使又卽是內稱今行父稱君之命以在家之道制出嫁之女雖言如以爲內稱言致女是見其不與也僖三年公子友如齊

莅盟彼亦言如又云莅盟者若直言如則嫌是單聘故更須言盟也莅盟既更須言盟也莅盟則致女亦須言之云不與內稱者莅盟是禮致女非禮故不合言也若然傳曰逆者微故致女詳其事賢伯姬也據傳文似致女得正而云不正故不與內稱者禮諸侯親逆則不須致女今以宋逆者微故致女是傳解其致女之意也云不正故不與內稱也其以在家之道制出嫁之女也此傳之意因解宋公不親逆弁見致女之不正又云賢伯姬者以上下文詳皆云賢伯姬則此云致女亦兼賢伯姬也若其爲賢伯姬則致女雖正亦不書也

不逆者微故致女詳其事賢伯姬也○晉人來媵媵淺事也不志此其志何也以伯姬之不得其所故盡其事也○秋七月丙子齊侯無野卒○晉人執鄭伯○晉欒書帥師伐鄭不言戰以鄭伯也欒書以鄭伯伐鄭君臣無戰道爲尊者諱恥也不使臣敵君王師敗績于貿戎是○爲尊于僞反下及此傳注同爲賢者諱過爲齊桓諱滅項是也○滅項乎講反爲親者諱疾雍曰欒書以鄭伯伐鄭不言戰是也鄭兄弟之國故謂之親君臣交兵病莫大焉故爲之諱 疏 ○爲親者諱疾○釋曰春秋諱有四事一曰爲尊者諱恥二曰爲魯諱敗三曰爲賢者諱過四曰爲同姓諱疾此不言魯者因親者諱疾則。又亦包魯可知故不言也聖人有作親疏一也今乃以同姓爲別者春秋之意因親疏故仲尼書經內外有別既內外別則親疏尊卑見矣○冬十有一月葬齊頃公○頃音傾○楚公子嬰齊帥師伐莒庚申莒潰其日莒雖夷狄猶中國也莒雖有夷狄之行猶是中國○潰戶內反行下孟反大夫潰莒而之楚是以知其上爲事也臣以叛君爲事明君臣無道 疏 ○大夫至事也○釋曰范別例云凡潰者有四發傳有三僖四年蔡潰傳曰潰之爲言上下不相得也此莒潰傳曰大夫潰莒而之楚二者雖同是不相得與君臣不和自潰散。少異故亦發傳昭二十九年鄆潰彼鄆是邑與國殊故重發傳解鄆不伐而自潰與常例異故重發之文三年沈潰不發者從例可知他一惡之故謹而日之也潰例月甚之故日○惡烏路反疏注潰例至故日○釋曰傳上云猶中國也故日下文言惡之故謹而日之也若使莒非中國雖惡不得日也以潰例月為惡故日是以云謹而日之范知例月者僖四年春王正月公會齊侯云云侵蔡蔡潰文三年春王正月叔孫得臣會晉人云云伐沈沈潰是例月今此莒。帥衆民叛君從楚故變文書日以見惡○楚人入鄆疏楚人入鄆○釋曰魯雖有鄆此鄆非魯也蓋從左氏為莒邑大都以名通故不繫莒或以為昭元年取鄆范云魯邑此不繫莒則魯邑可知理亦通也○秦人白狄伐晉○鄭人圍許○城中城城中城者非外民也譏公不務德政恃城以自固不。德能衞其人民疏。城中至民也○釋曰莊二十九年冬城諸及防傳曰可城也今云非外民也者凡城之志皆譏就譏之中閒隙之月少耳故云可城乃非全善之文此亦冬城嫌同而無譏故發傳明之舊解以為有難而。脩城則不譏之若文十二年季孫行父。城諸及鄆是也此涉左氏之說案穀梁傳凡城之志皆譏安得有備難之事若備難無譏則經本不應書之經既書之明譏例同或以為城諸及防是。十。一月故傳發可城之文今此城。是十二月故發外民之傳雖同是譏事有優劣故發傳以異之

十年春衞侯之弟黑背帥師侵鄭疏衞侯至侵鄭○釋曰范荅薄氏駁云諸侯之尊弟兄不得以屬通有賢行則書弟今黑背書弟者明亦有賢行故也陳侯之弟黃衞侯之弟專秦伯之弟鍼傳無賢行所以皆。云弟者隱七年齊侯使其弟年來聘傳曰其弟云者以其來接於我舉其貴者也是接我者例稱弟襄二十年陳侯之弟光出奔楚昭元年秦伯之弟鍼出奔晉傳皆曰親而奔之惡也襄二十七年衞侯之弟專出奔晉傳云其曰弟何也專有是信者三者無罪故稱弟以惡兄襄三十年天王殺其弟佞夫傳曰甚之也稱弟以惡王也昭八年陳侯之弟招殺陳世子偃師傳曰其弟云

者親之也親而殺之惡也是惡而稱弟也宣十七年公弟叔肸卒傳曰其曰公弟叔肸賢之也莊三十二年公子牙卒無賢行而不稱弟明稱弟皆賢也自然黃專之非直罪兄必兼有賢行叔肸以賢稱弟傳有賢行明文則黑背稱弟自然亦有賢行故范准例言之稱弟之例有四意齊侯之弟年來聘鄭伯使其弟禦來盟為接我稱弟衛侯之弟專為罪兄稱弟陳侯之弟招惡之稱弟叔肸及衛侯之弟黑背為賢稱弟是有四也

○夏四月五卜郊不從乃不郊夏四月不時也郊時極於二月五卜強也乃者亡乎人之辭也○強其丈反疏亡乎人之辭也○釋曰重發傳者嫌五卜與四卜異故也

○五月公會晉侯齊侯宋公衛侯曹伯伐鄭○齊人來媵媵伯姬也異姓來媵非禮疏注媵伯姬至非禮○釋曰何休以為異姓亦得媵故鄭箴膏肓難之云天子云備百姓博異氣諸侯直云備酒漿何得有異姓在其中是亦以異姓不合媵也此媵不發傳者上詳其事見同姓之得禮異姓非禮可知故省文

○丙午晉侯獳卒○獳乃侯反疏晉侯獳卒○釋曰何休云不書葬為殺大夫趙同等○范雖不解或當魯不會也

○秋七月公如晉○冬十月。

十有一年春王三月公至自晉○晉侯使郤犨來聘己丑及郤犨盟○郤犨尺由反公羊作郤州疏己丑及郤犨盟○釋曰書日者公親在又非前定之盟故也又不云公者取舉國與之也

○夏季孫行父如晉○秋叔孫僑如如齊○冬十月

十有二年春周公出奔晉周有入無出鄭嗣曰王者無外故無出也宗廟宮室有定所或即位失其常處反常書入內宗廟也昭二十六年天王入于成周是○處昌慮反其曰出上下一見之也鄭嗣曰上謂僖二十四年天王出居于鄭下謂今周公出

奔上下皆一見之○見賢徧反言其上下之道無以存也上雖失之下孰敢有之今上下皆失之矣上雖有不君之失臣下莫敢效不臣之過今復云周公之出則上下皆有失矣君而不君臣而不臣是無以存于世言周之所以衰○復扶又反

疏周有至失之矣○釋曰有入無出注意直據天子今不云王而云周者以經雖無王臣入文至於王臣出亦是譏限故言周以總之范以王者出入之文俱有故注直言王以當之案僖二十四年傳云雖失天下莫敢有也謂王雖出鄭不敢有之以爲國也此云上雖失之下孰敢有之謂上雖有不君之失臣下誰敢。於效爲之觀經立說故二處不同也今上下皆失之矣謂王旣書出居于鄭今復云周公出奔晉是上下皆有失也公羊以爲書出者周公自其私土。謂國也左氏以爲書出者已復之周公自出並與穀梁異也○夏公會晉侯衛侯于瑣澤瑣澤某地瑣素果反○○秋晉人敗狄于交剛交剛某地中國與夷狄不言戰皆曰敗之不使夷狄敵中國夷狄不日

疏夷狄不日○釋曰不於箕役發傳者以再敗狄師甚之故發於此○冬十月

十有三年春晉侯使郤錡來乞師○錡魚綺反乞重辭也古之人重師故以乞言之也

疏乞。師。乞。重。辭也○釋曰重發傳者公子遂內之始此外之初故發之也古之人重師故以乞言之也者古人以師之爲重故以重辭言之古者舊以爲穀梁子後代。人遠者舉當時之事亦以古言之徐邈以爲引古以刺今耳○三月公如京師公如京師不月月非如也時實會晉伐秦過京師也公行出竟有危則月朝聘京師理無危懼故不月○過京師音戈下同竟音境朝聘直遙反下皆同非如而曰如不叛京師也因其過朝故正其文若使本自往

疏公如至師也○釋曰僖二十八年五月癸丑公會晉侯云云盟于踐土陳侯如會公

朝於王所彼日月並書公朝于王所雖文承五月癸丑之下彼之日月自爲盟不爲朝也壬申公朝于王所書日此意取日不繫月猶諸侯不宗於天王朝會無危則例時今公以伐秦過京師非真朝故書月以見意○夏五月公自京師遂會晉侯宋公衛侯鄭伯曹伯邾人滕人伐秦言受命不敢叛周也使若既朝王而王命已使伐秦叛周謂專征伐疏言受至周也釋曰公子遂如京師遂如晉傳云不叛天子此文重發傳者嫌君臣異例也○曹伯盧卒于師○盧力吳反又力魚反傳曰閔之也公大夫在師曰師在會曰會疏曰閔至曰會○釋曰諸侯或從會或從伐皆閔其在外而死故云卒于師于會也卒于師則此曹伯盧襄十八年曹伯負芻是也卒于會者則定四年杞伯成卒于會是也僖四年許男新臣亦卒於師不言於師者彼以內桓師雖卒於外以若在國然故不書于師然則大夫之卒例所不書而與公同例云在師曰師在會曰會者舊解以爲春秋緣大夫之心則知善君之卒於師則言師於會則言會非謂外大夫書卒于師若然傳當云大夫也公不得云大夫且經無其事傳因類發例者其數不少即日食云外壤饑云饉康之等是也彼經無其事傳得因類引之此雖無經何以爲不得又會大夫單伯之徒亦書會諸侯若使卒於師因當書之但無卒于師卒于會者耳故知公大夫在師曰師謂公及大夫二者皆然也徐邈之注亦以爲公及大夫所會諸侯在師言師在會言會明爲舊解非也○秋七月公至自伐秦○冬葬曹宣公葬時正也疏葬時正也○釋曰嫌卒于師失正葬故重發之葬正則是無危不日卒者蓋非嫡子爲君故也又僖四年注云新臣卒于楚故不日耳則此不日者或當爲卒于秦故也若然襄二十六年壬午許男甯卒于楚注云許男于楚則在外已顯矣日卒明其正二注不同者以無正文二理俱通故爲兩解或亦新臣非嫡子不須兩解理足可通耳

十有四年春王正月莒子朱卒徐邈曰傳稱莒雖夷狄猶中國也言莒本中國末世衰弱遂行夷禮葬皆稱謚而莒君無謚謚以公配而吳楚稱王所以終春秋亦不得書葬疏莒子朱卒○釋曰莒子朱者莒渠丘公今不書葬者莒行夷禮則是失德又葬須稱謚莒夷無謚故不書葬也不日卒者何休云入春秋以來至此始書卒故略之不日或當既行夷禮不得同中國故不日或當非正卒無文可明之○夏衛孫林父自晉歸于衛○秋叔孫僑如如齊逆女泰曰親。迎例時大夫逆皆謹月以譏之下云九月僑如以夫人婦姜氏至自齊一事不二譏故此可以不月也宣元年公子遂如齊逆女亦以一時逆而月致義與此同○親迎魚敬反傳同本或作逆疏注宣元至此同○釋曰案宣元年春王正月公即。云公子遂如齊逆女彼文承正月之下即與此別而云同者彼雖文承正月之下正月自爲即位發文非是爲遂逆女若逆女既蒙上月則下夫人至不須云月案此比例知彼亦當時也○鄭公子喜帥師伐許○九月僑如以夫人婦姜氏至自齊大夫不以夫人以夫人非正也刺不親迎也僑如之挈由上致之也○刺不七賜反挈苦結反疏大夫至之也○釋曰公子翬如齊逆女傳曰不言翬之來何見于公也然則夫人見於君宜言以夫人至而曰非正者逆女親者也使大夫非正也非正而以夫人至故刺之彼以先接於公故無至文此使大夫有譏則翬之被責居然顯矣不發于宣公逆女於此發之者宣公以喪娶故略夫人而不氏一事不二譏故省其文成公非喪娶而不親迎嫌其無罪故傳明之莊公親。逆傳亦譏之者以娶讎人之女而事宗廟故也由上致之者宣元年注云上謂宣公。則。謂成公也○冬十月庚寅衛侯臧卒○臧子郎反○秦伯卒疏秦伯卒○釋曰世本及左氏是秦桓公也

十有五年春王二月葬衛定公○三月乙巳仲嬰齊卒此公孫也其曰仲何也

此蓋仲遂之子據實公孫子由父疏之也雍曰父有弒君之罪故不得言公子父不言公子則子不得稱公孫是。是疏之罪由父故[疏]子由

父疏之也○釋曰宣十八年公孫歸父如晉歸父亦襄仲之子何以不疏者卒則身之終今嬰齊之卒當繼於父父既被疏故子亦當略歸父則奉命出使使

奔之故具名氏以恩錄也歸父還不氏者以明由上也公羊以為仲嬰齊何以不稱公孫以歸父既是兄公孫嬰齊為歸父後為人後者則為之子故不稱公

孫與穀梁異○癸丑公會晉侯衛侯鄭伯曹伯宋世子成齊國佐邾人同盟于戚晉

侯執曹伯歸于京師以晉侯而斥執曹伯惡晉侯也傳二十八年晉人執衛侯歸之于京師此伯討之文

也今以侯執伯明執之不以其罪○惡晉烏路反[疏]斥執曹伯○釋曰重發者此執歸于京師。嫌晉之無罪故明之○注傳二十至其罪○釋曰衛侯有

罪故稱人言執。又歸之京師令天子決之是伯討之文也又且此傳云以晉侯而斥執曹伯惡晉侯也稱人以執是伯明稱。人以執。是。伯討也若然定元年晉

。人執宋仲幾傳曰此。大夫其曰人何也微之也何為微之不正其執人於尊者之所也不與大夫之。得伯討也彼又稱人非伯討者彼仲幾雖則逆命當歸於

王之有司今晉大夫執人於尊者之側故地于京師以見尊稱人以見。彼是不與大夫之伯討也伯討宜施諸侯大夫則不得也左氏以為曹伯殺大子而自

立公羊之意曹伯篡喜時據二傳之文則是有罪范云不以其罪者范以曹伯言執云惡晉侯曹伯之。入云歸為善據此二文言之明執之不以其罪不得以

公羊左氏為難不言之急辭也斷在晉侯也明晉之私○斷丁亂反○公至自會○夏六月宋公固

卒○楚子伐鄭○秋八月庚辰葬宋共公月卒日葬非葬者也宋共公正立卒當書日葬無甚

危則當錄月今反常違例故知不葬者也然則共公之不宜書葬昏亂故○不共音恭【疏】注宋共至亂故○釋曰葬書時正也注不以時決而以月決之者以葬書時。最爲正書月有故書日危不得葬今共公月猶不得明不葬可知故不以時決之然共公失德所以不全去葬文者爲伯姬書葬故不得不存共公之葬但書日以表失德且不全去葬文嫌是魯之不會無以明其失德也

此其言葬何也以其葬共姬不可不葬共公也葬共姬則其不可不葬共公何也夫人之義不踰君也爲賢者崇也賢崇伯姬

故書共公葬○爲于僞反

○宋華元出奔晉宋華元自晉歸于宋○宋殺其大夫山【疏】宋殺其大夫○釋曰左氏以爲背其族何休○注公羊以爲譖華元貶之穀梁無說不知所從

○宋魚石出奔楚○冬十有一月叔孫僑如會晉士燮齊高無咎宋華元衛孫林父鄭公子鰌邾人會吳于鍾離會又會外之也兩書會殊外夷狄○無咎其九反鰌音秋【疏】會又會外之也○釋曰重發傳者攢函表中國之辭鍾離明內外之稱故兩發之

○許遷于葉遷者猶得其國家以往者也其地許復見也○葉始涉反覆扶又反見也賢偏反

十有六年春王正月雨木冰穀梁傳曰雨木冰者木介甲冑兵之象○雨如字或于付反非也介音界冑直又反【疏】雨木冰○釋曰劉向云冰者陰之盛木者少陽卿大夫之象此是人將有害則陰氣脅木木先寒得雨而冰也是時叔孫僑如出奔公子偃誅死一曰時晉執季孫行父執公此執辱之異也徐邈云五行以木爲介介甲也木者少陽之精幼君大臣之象冰者兵之象今冰脅木君臣將見執之異根枝折者象禍害速至也或曰木。冰。此木介介者甲也兵之象也是歲有鄢陵之戰楚子傷目而敗注云兵之象則或說是也

雨而木冰也雨著木成冰志異○著直略反

也傳曰根枝折○夏四月辛未滕子卒【疏】滕子卒○釋曰左氏滕文公○鄭公孫喜帥師侵宋○六月丙寅朔日有食之○晉侯使欒黶來乞師將與鄭楚戰○黶於斬反○甲午晦晉侯及楚子鄭伯戰于鄢陵鄢陵鄭地○鄢音偃又於建反楚子鄭師敗績日事遇晦曰晦四體偏斷曰敗此其敗則目也此言敗者目傷故【疏】日事遇晦曰晦○釋曰僖十五年己卯晦震夷伯之廟傳曰晦冥也則晦非常文而云遇晦者舊解以爲僖十五年傳曰晦冥也者謂月光盡而夜闇不謂非晦日也今以爲震夷伯之廟云晦者如公羊晝日爲冥自餘稱晦者是月盡日也既云日事遇晦何以日食不書晦者日食既言日雖不書晦可以知省文也必知不如公羊以。晝爲晦冥者上六月丙寅朔日有食之此甲午是二十九日晦以日月相當知非晝日爲冥也○敗則目也○釋曰手足偏斷尚謂之敗目在首重於手足故亦爲敗也。傳。譏。在。諸。侯。也楚不言師君重於師也○楚殺其大夫公子側○秋公會晉侯齊侯衛侯宋華元邾人于沙隨不見公沙隨宋地不見公者可以見公也可以見公而不見公譏在諸侯也公至自會【疏】不。見。公。者○釋曰。是晉侯之意諸侯既無解釋之者即是同不與公相見故以諸侯總之○公會尹子晉侯齊國佐邾人伐鄭尹子王卿士子爵○曹伯歸自京師不言所歸歸之善者也出入不名以爲不失其國也歸爲善謂直言歸而不言其國即曹伯歸自京師不言于曹是自某歸次之若蔡季自陳歸于蔡衛侯鄭自楚復歸于衛。【疏】出入不名○釋曰凡諸侯有罪失國出書名者即昭三年北燕伯款出奔齊是也入書名即僖二十八年衛侯鄭曹伯襄是也今曹伯被執以

其無罪故出入不名見其不失國也傳詳發于此者以歸文與常例異故分別之

○九月，晉人執季孫行父，舍之于苕丘。行父魯執政卿，其身執則危及國，故謹而月之，錄所憂也。苕丘，晉地。○苕音條。

疏注「行父」至「晉地」。○釋曰：昭十三年八月甲戌，同盟于平丘，公不與盟，晉人執季孫意如以歸。二十三年春。正月，叔孫婼如晉，癸丑，叔鞅卒，晉人執我行人叔孫婼。彼二文皆承月。下即蒙上月文，何爲此注獨爲謹而月之者？意如之執，文承八月之下，彼月自爲盟而發，不爲執意如也。婼之執，雖文承正月之下，彼月自爲叔鞅而言，亦不是爲婼而發。故襄十八年晉人執衛行人石買，莊十七年齊人執鄭詹，皆不月也。此九月之下更無他事，指言晉人執季孫，故。知爲危謹而月之也。一解行父書月以見危，則意如及婼亦是危也。

執者不舍，據昭二十三年晉人執我行人叔孫婼不言舍。○婼，丑略反。而舍，公所也。今言舍者，以公在苕丘故也。公在苕丘而言舍者，明不得致也。若既不致，復不言舍，則無以見其舍在在苕丘也。見舍于苕丘，還國則與公俱不得致者，重在公。○復，扶又反，下同。以見，賢徧反，下見公同。執者致，據昭二十四年婼至自晉。而不致，公在也。何其執而辭也？問何故書執季孫行父而言舍之，復不致之辭耶。猶存。公也。時行父雖爲晉所執，猶欲存公之所在，故不致行父，又言舍之，皆所以見公在苕丘。存意公亦存也。問存舍之不致之意，便可知公所在乎。公存也。但存此二事，即知公在苕丘。

疏「執者」至「存也」。○釋曰：經稱執季孫行父舍之于苕丘，故傳稱執者不舍，是據叔孫婼而發問也。而舍公所也者，謂言所舍故也。公所者，即苕丘是也。執致者，謂昭二十四年婼至自晉是也。而不致公在也者，謂今季孫歸而不書至者，公在故也。以其與公同歸，重在公，故不致也。何其執而辭也，謂問經意何其書執。不。以致爲辭也。猶存公也，謂爲晉所執，心欲存公所在。故不致行父，又言舍之也。存意公亦存焉，謂又問經意，直存舍之不致之意，則便可知公所在乎。公存也者，荅上問意，但存此二事，即知公在也。公存者，謂在苕丘也。舊解注言二事，舍是一事也，於苕丘

是二事今以爲乘上注意則二事者謂舍於䇿丘及不致焉二事○冬十月乙亥叔孫僑如出奔齊徐邈曰案襄二十三
年臧孫紇出奔齊傳曰其日正臧紇之出也禮大夫去君埽其宗廟不絕其祀身雖出奔而君遇之不失正故詳而已之明有恩義也○紇根發反疏注徐
邈至義也○釋曰僑如爲君遇之不失所書日臧紇則正其有罪而書日二者不同范引之者欲明二者不異臧孫云正其有罪亦兼爲君遇之不失所書日
僑如言君有恩而書日亦兼正其罪可知是互以相包故引之○十有二月乙丑季孫行父及晉郤犫盟于扈
○公至自會無二事會則致會伐則致伐上無會事當言至自伐鄭而言至自會甯所。未詳鄭君曰伐而致會於伐事不成○乙酉刺
公子偃大夫日卒正也先刺後名殺無罪也僖二十八年公子買戍衛不卒戍刺之是有罪者以先列其罪○刺
七則反傳同爾雅云殺也戍式喻反疏刺公子偃○釋曰徐邈云偃爲僑如所謂故云無罪左氏云爲姜氏所立二者未知孰是
十有七年春衛北宮括帥師侵鄭○夏公會尹子單子晉侯齊侯宋公衛侯曹
伯邾人伐鄭○單音善子六月乙酉同盟于柯陵柯陵鄭地○柯音歌柯陵之盟謀復伐鄭也
○復扶又反○秋公至自會不曰至自伐鄭也公不周乎伐鄭也周信也公逼諸侯爲此盟爾意不欲
更伐鄭何以知公之不周乎伐鄭以其以會致也何以知其盟復伐鄭也以其後
會之人盡盟者也後會謂冬公會單子等是不周乎伐鄭則何爲日也據無伐鄭意而強盟盟不由忠不當日也
○而強其丈反言公之不背柯陵之盟也舍己從人遂伐鄭疏不曰至盟也○釋曰定四年諸侯侵楚盟于皋鼬言公至自會

者經之常也今傳起違例之問者定四年楚弱而爲諸侯所侵侵訖而盟故以盟爲大事故云至。自會鄭。自柯陵戰後不助中國二年之間三度興兵以伐爲重盟爲輕故決其。不以伐鄭。致僖四年傳云大伐楚也不以會致而以伐致是其事也案後會齊侯不出而云後會之人盡盟者也以今時身。在後遣大夫從師故亦得云後會之人盡盟

〇齊高無咎出奔莒〇九月辛丑用郊夏之始可以承春以秋之末承春之始蓋不可矣郊春事也僖三十一年夏四月四卜郊不從傳曰四月不時今言可者方明秋末之不可故以是爲猶可也九月用郊用者不宜用也宮室不設不可以祭衣服不脩不可以祭車馬器械不備不可以祭有司一人不備其職不可以祭祭者薦其時也薦其敬也薦其美也非享味也

疏 宮室至味也〇釋曰論。用郊而陳宮室者禮有五經莫重於祭祭之盛者莫大於郊傳意欲見嚴父然後至其。夫家國備然後。然享故具說宮室祭服車馬官司之等明神非徒享味而已何得九月始用郊乎徐邈云宮室謂郊之齋宮衣服車馬亦謂郊之所用言一事闕則不可祭何得九月用郊理。不通也

〇晉侯使荀罃來乞師將伐鄭〇荀罃烏耕反

疏 晉侯至乞師〇釋曰范別例云乞師例有三三者不釋從例可知也乞例六者乞師五乞盟一并之爲六乞師五者公子遂晉郤錡欒黶荀罃士魴是也乞盟。一者鄭伯是也

〇冬公會單子晉侯宋公衛侯曹伯齊人邾人伐鄭言公不背柯陵之盟也十有一月公至自伐鄭〇壬申公孫嬰齊卒于貍蜃貍蜃魯地也〇貍蜃上力之反下時軫反十一月無壬申壬申。乃十月也致公而後錄臣子之義也嬰齊實以十月壬申日卒而公以十一月還先致公而後錄其卒故壬申在十一月

下也嬰齊從公伐鄭致公然後伐鄭之事畢須公事畢然後書臣卒先君後臣之義也其地未踰竟也○竟音境疏致公至竟也○釋曰
公羊之意以爲臣待君命然後卒大夫此云致公而後錄其卒是與公羊異杜預解左氏以爲日誤又與二傳不同也○十有二月丁巳
朔日有食之○邾子貜且卒○貜俱縛反且子餘反疏邾子貜且卒○釋曰世本邾定公也○晉殺其大夫
郤錡郤犨郤至自禍於是起矣厲公見殺之禍○殺之如字又音試○楚人滅舒庸
十有八年春王正月晉殺其大夫胥童○庚申晉弒其君州蒲稱國以弒其君
君惡甚矣疏君惡甚矣○釋曰於此發傳者以州蒲二年之間殺四大夫故於此發惡例也○齊殺其大夫國佐○公
如晉○夏楚子鄭伯伐宋○宋魚石復入于彭城彭城宋邑魚石十五年。奔楚經稱復入者明前奔時入彭
城以叛也今楚取彭城以封魚石故言復入疏注彭城至復入○釋曰晉欒盈亦書復入者以欒盈先入曲沃後復入晉故亦云復入也後入曲沃不云
復入者兵敗奔曲沃。郎既前文已云復入于晉故直云入曲沃舊解以爲初入國都後入曲沃言復入若然何不云復入曲沃而云復入于晉○公至
自晉○晉侯使士匄。來聘○匄本又作山音蓋○秋杞伯來朝○朝直遙反下同○八月邾子來
朝○築鹿囿築墻爲鹿地之苑○囿音又疏築鹿囿○釋曰范知非爲鹿築囿而以鹿爲地名者案郎囿既是地名則此鹿亦當是地名徐
邈何休皆云地名天子囿方。十里伯。方七里子男。方五里言魯先有囿今復築之故書以示譏則郎及蛇泉亦是譏也案毛詩傳云囿者天子百里諸侯三十
里與徐何二說別者詩傳蓋據孟子稱文王囿七十里寡人三十里故約之爲天子諸侯三十里耳未審徐何二家據何爲說也築不志此其

志何也山林藪澤之利所以與民共也虞之非正也○藪素口反○己丑公薨于路寢路寢正也男子不絕婦人之手以齊終也○齊如字又側皆反○冬楚人鄭人侵宋○晉侯使士魴來乞師○魴音房○十有二月仲孫蔑會晉侯宋公衛侯邾子齊崔杼同盟于虛朾虛朾某地○杼直呂反虛丘魚反朾丑丁反疏同盟于虛朾○釋曰此虛朾之盟不日者何休云公薨喪盟略之故不日事或然也○丁未葬我君成公

監本附音春秋穀梁注疏成公卷第十四

穀梁注疏卷十四校勘記　　阮元撰盧宣旬摘錄

九年

恩以絶矣　閩本同監毛本以作已案以已通用

爲親者諱疾　何校本上有傳字

則又亦包魯可知　閩監毛本同單疏本又作文是也

大夫至事也　何校本上有傳字

與君臣不和自潰散少異　閩監毛本同單疏本少作小

今此莒帥衆民叛君從楚　閩監毛本同單疏本無帥字

不德能衞其人民　閩本同余本監本毛本德作復

城中至民也　何校本上有傳字

舊解以爲有難而脩城　閩監毛本同單疏本脩作新

季孫行父城諸及鄆　案文公十二年經父字下有帥師二字

是十一月　閩監毛本同單疏本十一作其字

今此城是十二月　閩監毛本同單疏本是作爲
十年
所以皆云弟者　閩監毛本同何校本云作稱
冬十月　閩監毛本同浦鏜云中庸疏云成十年不書冬十月公羊無此三字今有者後人妄增當爲衍文案石經公如晉下漫漶細驗之冬字上半猶隱隱可辨是范氏本穀梁有此三字也
十有二年
臣下誰敢於效爲之　閩監毛本同單疏本誰作孰於作放
周公自其私土謂國也　案公羊傳謂國作而出此誤
十有三年
乞師乞重辭也　何校本作傳乞重至之也
舊以爲穀梁子後代人　閩本同監毛本人作之非
公自京師遂會晉侯宋公衞侯鄭伯曹伯邾人滕人伐秦　閩監毛本同石經公下有至字晉侯下有齊侯二字余本無至字有齊侯二字何煌云考石經三傳左氏有至字公羊無疏云公下自上有至字者衍文也穀梁石經此年係宋人補刻疑至字或亦出

肥增也案是年石經實非補刻何蓋偶誤公羊疏以至字爲衍文者指公羊傳而言穀梁自與公羊不同何據彼疏疑此經非是又補刻石經係朱梁謂宋人補刻亦非是

因當書之 閩監毛本同何校本因作固

十有四年

親迎例時 閩監毛本同釋文出時迎魚敬反傳同本或作逆案下注有時逆字陸爲迎字作音當出親迎今出時迎是釋文本此文作親逆下文時逆作時迎與今注疏本互易

公卽云公子遂如齊逆女 閩監毛本云作位單疏本公卽云三字作公卽位下文卽云七字蓋十行本誤脫

莊公親逆 閩監毛本同何校本逆作迎

則謂成公也 閩本同監毛本則下有此字何校本此在則上

十有五年

是是疏之罪由父故 閩本同余本監毛本下是作見

嫌晉之無罪 閩監本同毛本嫌誤如

言執又歸之京師 閩監毛本同何校本執下有之字

稱人以執是伯閩監毛本同單疏本人作侯是伯作爲惡案單疏本是注疏本蓋緣與下文相涉而譌

晉人執宋仲幾閩監毛本脫人字與定元年經不合

此大夫何校本大上有其字非也

不與大夫之得伯討也案得字乃衍文否則與定元年傳不合

稱人以見彼閩監毛本同何校本彼作微是也

曹伯之入閩本同監毛本入誤人

以葬書時最爲正閩監毛本最誤葬

十有六年

木冰此木介閩本同監本冰此作水比毛本此作比○按作比是也

省文也閩監毛本同單疏本上有故字

必知不如公羊以盡爲晦冥者閩監本同毛本盡作晝是也

傳譏在諸侯也此六字當在下疏首下疏不見公者四字當在釋曰下元本及十行本閩監毛本並誤單疏本不誤

不見公者此疏有脫誤說見上又十行本此疏在經公至自會下閩監毛本在傳譏在諸侯也下

自楚復歸于衞〇閩監毛本同余本衞下有是字案以上注例之有是字者是

春正月昭廿三年經春下有王字〇按桓十一年疏引有是字

彼二文皆承月下閩監毛本下誤不

故知爲危閩監本同毛本知誤如

猶存公也石經閩本同監毛本存誤在

存意公亦存也閩監毛本同石經余本也作焉

不以致爲辭也閩監毛本不以誤而不

故不致行父閩本同監毛本故誤公

故詳而已之閩監毛本已作紀余本已作日〇按作日是也否則與成十六年注不合

甯所未詳閩毛本同監本詳誤議

十有七年

不曰至盟也何校本上有傳字

故云至自會閩監本同毛本自誤目下鄭自同

故決其不以伐鄭致　閩監毛本同單疏本無不字何校本致作至

以今時身在後　閩監本同毛本脫在字

論用郊而陳宮室者　閩本同監毛本用作有○按儀禮經傳通解續廿二引作用

欲見嚴父然後至其夫家國備然後然享　閩監毛本夫作天下然作能何校本下然作祭儀禮經傳通解引亦作天作祭

理不通也　閩本同監毛本不作亦

乞盟一者　閩毛本同監本一字闕

壬申乃十月也　石經閩監毛本同余本脫壬申二字

十有八年

十五年奔楚　閩監本同毛本奔作犇

卽既前文已云復入于晉　閩監毛本同何校本無卽字

晉侯使士匄來聘　石經閩監毛本同釋文士匄本又作丐○按丐俗匄字

天子圓方十里　閩監毛本同何校本方下有百里公侯四字與公羊注合

伯方七里子男方五里案公羊注無二方字

穀梁注疏卷十四校勘記

監本附音春秋穀梁注疏襄公卷第十五 起元年盡十五年

范甯集解　楊士勛疏

襄公【疏】魯世家襄公名午成公之子定姒所生周簡王十四年即位謚法因事有功曰襄

元年春王正月公即位繼正即位正也【疏】繼正即位正也○釋曰襄是定姒之子嫌非正故重明之○仲孫蔑會晉欒黶宋華元衞甯殖曹人莒人邾人滕人薛人圍宋彭城繫彭城於宋者不與魚石正也魚石得罪於宋成十五年奔楚十八年復入于彭城然則彭城已屬魚石今猶繫宋者崇君抑叛臣也○復扶又反【疏】繫彭城至正也○釋曰哀三年齊衞圍戚傳曰不繫戚於衞者子不有父也魚石人臣而取君之邑邑以繫國爲正故言繫彭城於宋不與魚石正也若不繫宋則似與之爲父子。君。意異。繫不有殊公羊傳曰曷爲繫之。於宋不與諸侯專封也左氏云今楚取彭城以封魚石是魚石爲楚所封則三傳不異其說彭城繫宋則異也何者公羊意彭城繫宋不與楚封此傳意彭城繫宋不與魚石是其異也左氏以爲不成叛人又云謂之宋志是又與二傳意不同也○夏晉韓厥帥師伐鄭○仲孫蔑會齊崔杼曹人邾人杞人次于鄫鄫鄭地。鄫或爲合○鄫似陵反○秋楚公子壬夫帥師侵宋○壬而林反九月辛酉天王崩○邾子來朝○朝直遥反【疏】邾子來朝○釋曰世本及左傳邾宣公也○冬衞侯使公孫剽來聘○剽匹妙反○晉侯使荀罃來聘。冬者十月初也王崩赴未至皆未聞喪故各得行朝聘之禮【疏】注冬者至之禮○釋曰周禮諸侯之邦交歲相問殷相聘世相朝又左傳云凡諸侯即位小國朝之大國聘焉此年公新卽位故各行朝聘禮也知王崩赴未至者禮諸侯爲天子斬衰若其聞喪豈天子以九月崩當月卽邾子來朝冬初卽晉衞來聘魯是有禮之國焉得受之明知赴未至故各得行朝聘之禮也猶如襄二十九年吳子餘祭五月所弒越未至魯故季札以六月。致魯仍行聘事亦此類也若然經書九月天王崩者赴雖在十月之末告以九月崩耳知王崩諸侯不得行朝聘之禮者魯子問云諸侯相見揖讓入門不得終禮廢者幾孔子曰六天子崩大廟火日食后夫人之喪雨霑服失容則廢是天子崩不得行朝聘也

二年春王正月葬簡王○鄭師伐宋○夏五月庚寅夫人姜氏薨○六月庚辰。鄭。伯睔卒○睔古困反○晉師宋師衞甯殖侵鄭其曰衞甯殖如是而稱于前事也初衞侯速卒鄭人侵之故舉甯殖之報以明稱。其前事不書晉宋之將以慢其伐人之喪○稱于尺證反疏稱于前事○釋曰依例將尊師少稱將將卑師衆稱師傳知稱于前而書名者三人同有伐喪之罪或名或師明知稱師者罪重稱名者罪輕又成二年鄭人侵衞之喪今甯殖獨稱名氏故知稱其前事也○秋七月仲孫蔑會晉荀罃宋華元衞孫林父曹人邾人于戚○己丑葬我小君齊姜齊諡○齊姜如字齊諡也一音側皆反後齊歸同疏注齊諡○釋曰葬皆舉諡又諡法執心克壯曰齊故知是諡○叔孫豹如宋○冬仲孫蔑會晉荀罃齊崔杼宋華元衞孫林父曹人邾人滕人薛人小邾人于戚遂城虎牢若言中國焉內鄭也虎牢鄭邑鄭服罪內之故爲之城不繫虎牢於鄭者如中國之邑也僖二年城楚丘傳曰楚丘者何衞之邑國曰城此邑也其曰城何封衞也然則非魯邑皆不言城中國猶國中也○爲于僞反疏若言至鄭也○釋曰此言若中

國焉者非是對戎狄而生名言中國猶國中也今經不繫虎牢於鄭者如國中之邑也所以如國中之邑者鄭服罪故內之也所以鄭服不繫虎牢者春秋之例外邑皆不言城今虎牢若繫鄭則不得書之故不繫之鄭比內邑也公羊以爲虎牢不繫鄭者爲中國諱伐喪說左氏者以爲虎牢已屬晉故不繫鄭並與穀梁異

楚殺其大夫公子申

三年春楚公子嬰齊帥師伐吳○公如晉○夏四月壬戌公及晉侯盟于長樗晉侯出其國都與公盟于外地○樗丑居反 疏注晉侯至外地○釋曰范知出國都與公盟者公至上言如晉下言公至自晉不言長樗故知之也

自晉○六月公會單子晉侯宋公衞侯鄭伯莒子邾子齊世子光己未同盟于雞澤雞澤地也同者有同也同外楚也陳侯使袁僑如會如會外乎會也外乎會者明本非會內也諸侯已會乃至耳 疏外乎會也釋曰莊十四年單伯會伐宋傳云會事之成也僖二十八年陳侯如會傳曰外乎會也是二文互以相通也會伐宋伐事已成單伯乃至則踐土亦會事已成陳侯乃至也陳侯言外乎會明伐宋時亦外乎會也三處發傳者單伯內大夫陳侯是諸侯袁僑爲君所使嫌有異故重發之於會受命也戊寅叔孫豹及諸侯之大夫及陳袁僑盟及以及與之也諸侯在會而大夫又盟是大夫執國之權亢君之禮陳君不會袁僑受使來盟袁僑之盟得其義也通言叔孫豹及諸侯之大夫則無以表袁僑之得禮故再言及明獨與袁僑不與諸侯之大夫○受使所吏反諸侯以爲可與則與之不可與則釋之諸侯盟又大夫相與私盟是大夫張也故雞澤之會諸侯始失正。矣大夫執國權曰袁僑異之也釋不但總言及諸侯之大夫而復別言袁僑者是異袁僑之得禮○復扶又反【疏】及以至之也○釋曰傳解經所以再言及者以及與之也謂與袁僑故言及以殊之公羊以爲重言及者爲其與袁僑盟也其意言諸侯大夫所以爲盟者爲與袁僑盟也與穀梁傳異也禮君不敵臣陳遣大夫赴會諸侯大夫與之爲盟則是貴賤之宜而云大夫強者陳侯遠慕中國使大夫詣會受盟諸侯雖則盟罷當須更與結好又尊卑不敵者謂獨會公侯今既與諸侯衆在何以得稱不敵陳侯不在故與袁僑得盟諸侯大夫君在私盟故謂之彊也案十六年大夫不臣也則不繫諸侯此云諸侯之大夫而謂之彊者此雖對君私盟慢君之意緩至十六年積習已久不臣之情極故不繫諸侯此亦應爲君之命而謂之私者對君盟非臣事故謂之私○秋公至自晉○

冬晉荀罃帥師伐許

四年春王三月己酉陳侯午卒○夏叔孫豹如晉○秋七月戊子夫人姒氏薨成公夫人襄公母也姒杞姓○杞音起【疏】夫人姒氏薨○釋曰公羊以爲弋氏何休云莒女此與左氏並爲姒氏范及杜預皆云杞女是與公羊異也傳妾子爲君其母不得稱夫人今薨葬備文者君與夫人禮成之臣民不可以妾禮遇之故亦得稱夫人今仍非禮也○葬陳成公○八月

辛亥葬我小君定姒定謚○冬公如晉○陳人圍頓

五年春公至自晉○夏鄭伯使公子發來聘○叔孫豹繒世子巫如晉外不言如而言如爲我事往也外相如不書爲魯事往故同於內○巫亡符反爲于僞反【疏】叔孫豹繒世子巫如晉者○釋曰公羊以繒世子巫是繒之前夫人莒女所生其巫之母即是魯襄公同母姊妹繒更娶後夫人於莒而無子有女還于莒爲夫人生公子但繒子愛後之夫人故立其外孫

莒之公子故叔孫豹與世子巫如晉訟之此傳直云爲我事往也不知更爲何事故徐邈注此取左氏爲說云爲我事往者謂請繒于晉以助己出賦也今范云外相如不書爲魯事往故同於內也下文滅繒此傳亦同公羊取外孫爲嗣則此之如晉同公羊理亦無損但巫縱與魯同是莒之外孫傳不得云爲我事往也況又上四年范注云姒氏襄公母杞姓也則襄公母非莒女也若同左氏則於傳文爲順未審范意如何或當范雖從公羊外孫爲嗣此明如晉非爲外孫

○仲孫蔑衛孫林父會吳于善稻善稻吳地○善稻吳謂之伊緩左氏作善道

吳謂善伊謂稻緩

號從中國名從主人夷狄所號地形及物類當從中國言之以教殊俗故不言伊緩而言善稻人名當從其本俗言【疏】號從中國○釋曰重發此文者邾之與宋俱是中國嫌此魯衛會吳善稻善稻吳地嫌從夷號故重發之大原晉地接狄之竟名曰大鹵恐從狄名故更發其例蚡泉魯地莒從夷俗但狄人謂。蚡泉爲。矢。胎莒不得與真夷狄同故亦須發例也名從主人者越。爲於越左氏云壽夢之鼎是也

○秋大雩○楚殺其大夫公子壬夫○公會晉侯宋公陳侯衛侯鄭伯曹伯莒子邾子滕子薛伯齊世子光吳人繒人于戚繒以外甥爲子曾夷狄之不若故序吳下所以不復殊外吳者以其數會中國故○曾才登反又如字不復扶又反數會音朔【疏】注數會中國故○釋曰繒夷狄之不若自當序吳下繒在吳下即得殊吳所以云數會中國者若繒夷狄不若吳不數會中國縱使抑繒不可稱人進班也今以其數行進之故序云會進之故序繒于下以表夷狄之不若○進吳於上以顯其數會中國也

公至自會○冬

戍陳內辭也不言諸侯是魯戍之【疏】內辭也○釋曰此戍陳公羊以爲諸侯雖至不可得而序故獨言我也杜預以爲戚會受晉命戍陳諸侯各自遣戍不復告魯故不書也觀范注似魯獨自戍之案檢上下則於理不得何者定五年歸粟于蔡傳云專辭也彼專辭卽與此內辭不異彼傳歸粟更云

諸侯歸之則此戍陳亦是諸侯同戍襄三十年澶淵救災具列諸國故定五年歸粟不復歷序諸侯則此亦以救陳之文具列諸侯故於戍之文獨言魯戍也
彼傳云義邇也不足具列則此亦以其事可知故經文不序范云魯者解經之獨立文也○楚公子貞帥師伐陳○公會晉
侯宋公衛侯鄭伯曹伯莒子邾子滕子薛伯齊世子光救陳十有二月公至自
救陳善救陳也楚人伐陳公能救中國而攘夷狄故善之善之之謂以救陳致疏善救陳也○釋曰於公之至下言之者春秋主善以內故
書公至下重發○辛未季孫行父卒
六年春王三月壬午杞伯姑容卒○夏宋華弱來奔○秋葬杞桓公○滕子來
朝○朝直遙反○莒人滅繒莒是繒甥立以為後非其族類神不歆其祀故言滅○莒人滅繒似陵反立其甥為後異姓故言滅也非
滅也非以兵滅中國日卑國月夷狄時繒中國也而時非滅也家有既亡國有既滅
滅猶亡亡猶滅家立異姓為後則亡國立異姓為嗣則滅既盡也滅而不自知由別之而不別也繒不達滅亡之義故國滅
而不知○別彼列反莒人滅繒非滅也。非立異姓以蒞祭祀滅亡之道也○蒞音利又音類疏中國
至道也○釋曰重發傳者非兵滅故重明之由別之不別也言繒所以滅者立嗣須分別同姓而繒不別也舊解云別猶識也言繒君唯識知國須立後不能
分別異姓之不得齊侯滅萊左氏以為齊遷萊子於郳故不書出奔公羊以為萊子出奔不如死也死不書舉滅為重此無傳未知所從○冬叔孫
豹如邾○季孫宿如晉宿行父子○十有二月齊侯滅萊

七年春郯子來朝○郯音談朝直遥反下同○夏四月三卜郊不從乃免牲夏四月不時也三卜禮也乃者亡乎人之辭也疏三卜至辭也○釋曰三卜是禮而書之者爲三卜不從及四月不時故也乃者亡乎人之辭也復發傳者嫌三卜禮不當責無人也○小邾子來朝疏小邾子來朝○釋曰左傳小邾穆公也○城費○費音秘○秋季孫宿如衛○八月螽○冬十月衛侯使孫林父來聘壬戌及孫林父盟○楚公子貞帥師圍陳○十有二月公會晉侯宋公陳侯衛侯曹伯莒子邾子于鄬。鄬鄭地○鄬本又作隖于詭反鄭伯髡。原如會○髡苦門反本又作郡或作顬顬音於倫反左氏作髡頑未見諸侯丙戌卒于操操鄭地○操七報反○未見諸侯其曰如會何也致其志也禮諸侯不生名此其生名何也卒之名也卒之名則何爲加之如會之上見以如會卒也其見以如會卒何也鄭伯將會中國其臣欲從楚不勝其臣弑而死其不言弑何也不使夷狄之民加乎中國之君也邵曰以其臣欲從楚故謂夷狄之民不欲使夷狄之臣得弑中國之君故去弑而言卒使若正卒然○見以賢徧反去起呂反其地於外也其日未踰竟也日卒時葬正也未踰竟音境疏日卒至正也○釋曰葬在八年○此處發之者以鄭伯被弑而同正卒既同正卒宜。云正葬故連言也重發正卒之傳者今被弑而同正卒嫌與。他例異故明之也陳侯逃歸以其去諸侯故逃之也鄭伯欲從中國而罹其凶禍諸侯莫有討心於是懼而去之背華即夷故書逃以抑之○背音佩八年春王正月公如晉【疏】正月公如晉○釋曰傳例往月危往也原空今書正月者以鄭伯歸晉受禍陳侯畏楚逃歸明晉之不足可特而公往朝危之道故書月也○夏葬鄭僖公○鄭人侵蔡獲蔡公子濕獲者不與之辭侵者所以服不義無相獲之道○公子濕本又作隰又音變二十年同左氏作燮人微者也侵淺事也而獲公子公子病矣【疏】公子病矣○釋曰公羊以為侵而言獲者適得其意謂值其無備故獲得之此云公子病矣謂侵是淺事所以得公子者由公子病弱矣徐邈云公子病不任為將帥故獲之○季孫宿會晉侯鄭伯齊人宋人衛人邾人于邢丘邢丘地邢音刑○見魯之失正也公在而大夫會也○見賢遍反【疏】見魯之失正也○釋曰以公在晉未及告公大夫為會故云失正也○公至自晉○莒人伐我東鄙○秋九月大雩○冬楚公子貞帥師伐鄭○晉侯使士匄來聘

九年春宋災外災不志此其志何也故宋也故猶先也孔子之先宋人【疏】宋災○釋曰公羊以為大者曰災何休云大者謂正寢社稷宗廟朝廷也小者非宗廟社稷也又曰內何以不言火甚之也者何休云春秋以內為天下法故雖小有火如大災又云外災不書此何書為王者之後記災也此傳直云故宋也徐邈云春秋王魯以周公為王後以宋為故也是亦以為王者之後記災也今范獨云孔子之先宋人故記其災以黜周王魯乃是公羊之說今徐乃取以解穀梁故范不從之○夏季孫宿如晉○五月辛酉夫人姜氏薨成公母○秋八月癸未葬我小君穆姜○冬公會晉侯宋公衛侯曹伯莒子邾子滕

子薛伯。小邾子齊世子光伐鄭十有二月己亥同盟于戲戲鄭地○于戲許宜反不異言鄭善得鄭也不致恥不能據鄭也戲盟還而楚伐鄭故恥不能終有鄭疏不異至鄭也○釋曰舊解以伐鄭之文在上卽同盟于戲明鄭在可知故不異言也善得鄭也言鄭服心同盟故以爲善既善得鄭則是無恥所以不致者恥不能據鄭也謂既盟之後楚卽伐鄭恥不能終據之故不致也又一解不異言鄭謂。會。伐無鄭伯之文今不序是不異言也所以不異言者善得鄭也嘉其服心受盟比之舊同好然故不異言也既善得鄭又以爲恥者當時鄭雖受盟楚卽伐鄭諸侯不能終據鄭故以爲恥也○楚子伐鄭

十年春公會晉侯宋公衛侯曹伯莒子邾子滕子薛伯杞伯小邾子齊世子光會吳于柤柤楚地○于柤莊加反會又會外之也五年會于戚不殊會今殊會吳者復夷狄故○復夷扶又反下不復皆同疏會又會外之也○釋曰重發傳者五年戚會不殊吳今殊之故復發傳○注復夷狄故○釋曰舊解戚之會抑繒進吳故不得殊會今宜當復夷狄故會以外之或以爲戚會以吳行進故不殊之今在後更爲夷狄之行故外之○夏五月甲午遂滅傅陽○傅陽左氏作偪陽遂直遂也其曰遂何。不以中國從夷狄也言時實吳會諸侯滅傅陽恥以中國之君從夷狄之主故加甲午使若改日諸侯自滅傅陽滅卑國月此日蓋爲遂耳○爲于僞反疏遂直遂也○釋曰傳言遂直遂也者是繼事之辭不須云○日今加甲午始云遂滅與凡遂異故傳言之○注此日蓋爲遂耳○釋曰傳陽卑國例當書月此經言日故范云蓋爲遂耳爲遂者欲見不使中國之君從夷狄之主也公至自會會夷狄不致惡事不致夷狄不致恥與同惡事不致恥有惡此其致何也會吳會夷狄也滅傅陽惡事也據不應致存中國也

以中國之君從夷狄之主而滅人之邑也此卽夷狄爾是無中國也故加甲午使若改日諸侯自滅傳陽爾不以諸侯從夷狄也滅中國雖惡事自諸侯之一告爾從夷狄而滅人則中國不復存矣○告所景反疏夷狄至國也○釋曰僖二十六年公至自伐齊傳曰惡事不致此其致之何也危之也彼亦是以鑾會夷伐中國傳總釋之今分別兩言之者當以直會夷狄直爲惡事二者俱不致夷狄不致者成二年蜀之盟是也惡事不致者桓二年稷之會是也今公不從夷狄爲相之會又滅傳陽二事皆惡故傳兩舉之彼公以楚師伐齊唯是一事故總釋耳傳於此見存中國之文者雞澤之會諸侯失政從此之後日益陵遲又會夷狄之人以滅中國惡事之甚故書公至以存之僖二十六年傳云危之此云存之者彼。向。來陵遲故直云危之公此時微弱之甚故云存中國也○注而滅人之邑○釋曰此謂國邑也故上注云卑國月公羊左氏亦以爲國也

中國有善事則幷焉若中國有善事則不復言會諸侯改日遂滅傳陽如僖四年諸侯侵蔡蔡潰遂伐楚是幷焉○則幷必性反又如字無善事則異之存之也諸侯會吳于相甲午遂滅傳陽是則若會與遂異人

汲鄭伯汲猶引也鄭伯髡原爲臣所弑而不書弑此引而致於善事○汲音急逃歸陳侯鄬之會陳侯不會以其爲楚故言逃歸○爲于僞反致相之會存中國也○楚子貞鄭公孫輒帥師伐宋○晉師伐秦

○秋莒人伐我東鄙○公會晉侯宋公衞侯曹伯莒子邾子齊世子光滕子薛伯杞伯小邾子伐鄭齊世子光序滕薛之上蓋驕蹇○蹇紀輦反

○冬盜殺鄭公子斐公子發公孫輒稱盜以殺大夫弗以上下道惡上也兩下相殺不志乎春秋惡鄭伯不能脩政刑致盜殺大夫也以上下道當言鄭人殺其大夫○斐芳尾反左氏作騑惡烏路反疏稱盜至上也釋曰哀四年傳云微殺大夫謂之盜而曰上下道者以微殺大夫卽是兩下相殺兩下相殺

不志乎春秋此惡鄭伯不能脩政刑以致盜殺大夫則哀十三年盜殺陳夏區夫昭二十年盜殺衛侯之兄輒亦是惡其君以致盜也兩下相殺既不入于例故云不以上下道其以上下道者當云鄭人殺其大夫也然文六年狐射姑殺陽處父經改兩下相殺之文晉殺其大夫陽處父是謂君國殺之之辭也則上下之道亦稱國而獨決其不稱人者稱國以殺大夫有二例以二例不定故不得專爲上下道稱人殺是誅有罪之文有罪無二例故得決之於此發例者盜殺大夫初起於此故也

○戍鄭虎牢不稱其人則魯戍也猶戍陳其曰鄭虎牢決鄭乎虎牢也二年鄭去楚而從中國故城虎牢不言鄭使與中國無異自爾已來數反覆無從善之意故繫之於鄭決絕而棄外○數所角反覆芳服反疏注二年至棄外○釋曰注言此者解其決鄭之意九年鄭與諸侯同盟其年楚子伐鄭鄭從楚此年又與楚公子貞伐宋是其數反覆也今諸侯則戍鄭當見其無從善之心故不得內之以盟當決絕之若不決絕之當如上二年直云城虎牢不繫之鄭也○楚公子貞帥師救鄭○公至自伐鄭

十有一年春王正月作三軍作爲也古者天子六師諸侯一軍作三軍非正也周禮司馬法曰萬有二千五百人爲軍王六軍大國三軍次國二軍小國一軍其將皆命卿二千五百人爲師然則此言天子六師凡萬有五千人大國三軍則三萬七千五百人諸侯制踰天子非義也總云諸侯一軍又非制也昭五年經曰舍中軍傳曰貴復正也然則魯有二軍今云作三軍增置中軍爾魯爲次國於此爲明○將子匠反舍中音捨疏注魯爲次國釋曰魯本周公之後地方七百里而云次國者據春秋時言之也○夏四月四卜郊不從乃不郊夏四月不時也四卜非禮也疏四卜非禮也○釋曰上三卜爲禮而非時此卜違禮而禮亦非時故重發傳不言免牲者不行免牲之禮故但言不郊耳○鄭公孫舍之帥師侵宋○公會晉侯宋公衛侯曹

伯齊世子光莒子邾子滕子薛伯杞伯小邾子伐鄭○秋七月己未同盟于京城北盟謀更共伐鄭京城北鄭地○京城左氏京作亳公至自伐鄭不以後致盟後復伐鄭也傳例曰已伐而盟復伐者則以伐致盟不復伐者則以會致此言不以後致謂會在伐後○復扶又反【疏】不以至鄭也○釋曰成十七年夏公會尹子云云伐鄭乙酉同盟于柯陵與此正同彼云公至自會此云公至自伐鄭致文不同者案彼伐鄭同盟於柯陵爲公不同于伐鄭以會事爲大故以會致此時鄭從楚楚彊諸侯畏之故以伐爲大事又盟後重更伐鄭故以伐致也○注傳例至伐後○釋曰下十九年傳文○楚子鄭伯伐宋○公會晉侯宋公衛侯曹伯齊世子光莒子邾子滕子薛伯杞伯小邾子伐鄭會于蕭魚蕭魚鄭地公至自會伐而後會不以伐鄭致得鄭伯之辭也鄭與會而服中國喜之故以會致○鄭與音豫【疏】伐而至辭也○釋曰僖四年傳云二事偶則以後事致此云公至自會正是其常而云不以伐鄭致者以鄭從楚伐之尤難故當以伐爲大事但以喜鄭與會故以會致之○楚人執鄭行人良霄行人者挈國之辭也行人是傳國之辭命者○傳直專反【疏】挈國之辭也○釋曰舊解挈猶傳也行人傳國使會命故云挈國之辭也或以挈爲舉謂傳舉國命之辭理亦通耳但與注乖行人之文有六傳之所以發者三也昭公八年楚人執陳行人于徵師傳曰稱人以執大夫執有罪也稱行人怨接於上也襄十有八年晉執衞行人石買傳曰稱行人怨接於上也此云楚人執鄭行人良霄傳曰挈國之辭也徵師云稱人執有罪則此挈國之辭而被因執亦是有罪也石買云稱行人怨接於上則良霄亦然也是其文亦相通也傳舉三者則定六年晉人執宋行人樂祁犂七年齊人執衞行人北宮結昭二十三年晉人執我行人叔孫婼亦然也是稱人以執有罪石買稱行人怨接於上明君之

與臣兩舉失之也執大夫稱人又有二義莊十七年齊人執鄭詹傳曰人者衆辭也以人執與之辭也僖四年齊人執陳袁濤塗傳曰齊人者齊侯也不正其踰國而執也桓十一年宋人執鄭祭仲傳曰宋人者宋公也其曰人何也貶之也是有二也案經例執大夫皆稱人而執未有稱人公侯者而云貶宋公齊侯何也斯有旨矣然執大夫得其罪例當稱人經因事以明義若被執者有罪則稱人以見罪若執人者有罪亦稱人以見惡齊侯爲踰國而執宋公命人逐君故貶之也稱人以明不正也縱使例執得其罪未有稱公侯之文其齊宋二君亦當貶從稱人之限故經雖同常文傳則分而別之所謂善惡不嫌同辭不可以一槩求之矣祭仲不稱行人舊解私罪不稱行人或當。非行人故也○冬秦人伐晉

十有二年春王三月莒人伐我東鄆圍邰蓋攻守之害深故以危錄其月邰本又作台他來反又音臺伐國不言圍邑舉重也伐國重圍邑輕舉重可以包輕取邑不書圍安足書也不足書而今書蓋爲下事起○爲于僞反

疏注蓋爲下事起○釋曰范知之者以伐國不言圍邑言圍邑有所見明此爲下事耳

○季孫宿帥師救邰遂入鄆鄆莒邑○鄆音運遂繼事也受命而救邰不受命而入鄆惡季孫宿也○惡烏路反○夏晉侯使士魴來聘○秋九月吳子乘卒○冬楚公子貞帥師侵宋○公如晉

十有三年春公至自晉○夏取邿○邿音詩

疏夏取邿○釋曰公羊以邿爲邾婁之邑此傳雖無說蓋從左氏爲國也

○秋九月庚辰楚子審卒共王○共音恭○冬城防

十有四年春王正月季孫宿叔老會晉士匄齊人宋人衞人鄭公孫蠆曹人莒

人邾人滕人薛人杞人小邾人會吳于向向鄭地○蠆音丑邁反向舒亮反○疏正月至于向○釋曰何休云月者刺諸侯委任大夫。二年之後君若贅旒然故月之范雝不注或以二卿遠會蠻夷危之故月從何說理亦通耳○二月乙未朔日有食之○夏四月叔孫豹會晉荀偃齊人宋人衛北宮括鄭公孫蠆曹人莒人邾人滕人薛人杞人小邾人伐秦○己未衛侯出奔齊諸侯出奔例月衎結怨于民自棄於位君弒而歸與知逆謀故出入皆日以著其惡○與音豫疏注諸侯至其惡○釋曰桓十五年五月鄭伯突出奔蔡十六年十有一月衛侯朔出奔齊又十一年鄭忽出奔衛亦文承九月之下是例月也若然昭三年冬北燕伯款出奔齊二十一年冬蔡侯東出奔楚而書時者彼蔡侯東時為公如晉不當月故時也其北燕伯時自為大雨雹故亦略其月文或當時。明月同唯書日有異也然此書日以著衛侯之惡則昭二十五年九月乙亥公孫于齊亦是明公之惡也或可詳內不可以外例准之然衛侯朔出奔齊傳曰朔之名惡也天子召而不往彼亦惡而書名則北燕伯蔡侯之徒亦是書名以見惡也今衛侯以惡甚而書日所以不名者鄭忽出奔衛傳曰其名失國也衛侯雖則惡甚以其不失國故不名以見得國人書名以明惡也曹伯負芻無罪故出入不名則衛侯鄭入書名者亦惡可知也然衛侯朔亦得國而出書名者以天子絕之故也則蔡侯東北燕伯款亦為失國而名也鄭忽桓十五年稱世子忽復歸于鄭亦是得國而書名者以其微弱罪賤之故傳曰其名失國以後雖入國不能自安故亦與失國同也又忽是世子與君少異故彼注云其名謂去世子而但稱忽是也公孫于齊不名者為內諱也一解以衛侯不名者出奔書日以見罪惡甚故不復名也理亦通耳○莒人侵我東鄙○秋楚公子貞帥師伐吳○冬季孫宿會晉士匄宋華閱衛孫林父鄭公孫蠆莒人邾人于戚○閱音悅十有五年春宋公使向戌來聘向舒亮反戌音恤○二月己亥及向戌盟于劉○劉夏逆王后于齊劉采地夏名書名則非卿也天子無外所命則成故不言逆女○劉夏戶雅反注同【疏】劉夏至于齊○釋曰公羊以劉夏爲天子下大夫今范云非卿則亦以爲下大夫也此時王者案世本本紀當頃王也過我故志之也○過音戈○夏齊侯伐我北鄙圍成○公救成至遇至遇而齊師已退也遇魯地○季孫宿叔孫豹帥師城成郛郛郭○郛音孚○秋八月丁巳日有食之○邾人伐我南鄙○冬十有一月癸亥晉侯周卒○

監本附音春秋穀梁注疏襄公卷第十五

穀梁注疏卷十五校勘記　阮元撰盧宣旬摘錄

襄公余本卷第九單疏本同

元年

爲父子君意異繫不有殊閩本同監毛本君作若何校本君下有臣字異下有故字

曷爲繫之於宋按公羊傳無於字

鄫或爲合閩毛本同監本鄫誤鄭

晉侯使荀罃來聘閩監毛本同石經罃作罃二三年並同

故季札以六月致魯閩監毛本致作至單疏本作到

二年

六月庚辰鄭伯睔卒石經同閩監毛本辰作寅又毛本脫鄭字

以明稱其前事閩監毛本其作于

三年

諸侯始失正矣閩監毛本同石經正作王

謂獨會公侯閩監毛本同單疏本公作外

此亦應爲君之命閩監毛本同單疏本爲作受

公至自晉閩監毛本同石經晉作會

四年

公羊以爲弋氏監本同閩毛本弋改弋是也

五年

叔孫豹繒世子巫如晉者閩監毛本無者字案此文當在下公羊以繒世子巫云云之上注疏本以此句爲標起止非也

狄人謂蚡泉爲矢胎段玉裁云昭五年經蚡作賁矢胎作失台

越爲於越閩監毛本同單疏本爲作謂

六年

非立異姓以莅祭祀此本非字空缺閩監毛本無非字石經余本有顧炎武云石經多一非字何煌云非字疑衍案宣十五年傳非稅畝之災也注云緣宣公稅畝故生此災以責之非責也與此傳非字義同繒非滅謂之滅者立異姓是滅亡之道故責之顧說何說並誤

七年

于鄬閩監毛本同釋文本又作隔
鄭伯髡原如會閩監毛本同釋文髡本又作郡或作顐
宜云正葬閩監毛本云作同
八年
嫌與他例異何校本他誤陀
今書正月者十行本此上空二字閩監毛本不空
獲蔡公子濕閩監本同毛本濕作溼釋文本又作隰
九年
以周公爲王後閩監毛本同何校本王後作後王
公會晉侯宋公衞侯曹伯莒子邾子滕子薛伯小邾子齊世子光伐鄭閩監毛本同石
經薛伯下有杞伯二字
謂會伐無鄭伯之文閩監毛本會伐誤倒
十年

其曰遂何閩監毛本同石經余本下有也字

彼向來陵遲閩監毛本同何校本向來作尙未

今諸侯則戍鄭閩監毛本同何校本戍作伐

當見其無從善之心閩本同監毛本見誤是

以盟當決絶之閩監毛本同單疏本盟作明是也

十有一年

凡萬有五千人閩監毛本同何校本凡下有七字宋本同案有七者非上注云萬有二千五百人爲軍二千五百人爲師是軍與師不同

六師止有萬五千人若七萬五千人則六軍之數非六師之數也

此卜違禮而禮亦非時閩監毛本同何校本而作非

此時鄭從楚楚彊閩監本同毛本從誤後單疏本彊作張

稱人以執大夫閩監毛本下有者字○按昭八年傳無者字

襄十有八年閩監毛本同何校本無有字

晉執衛行人石買按十八年經晉下有人字

是其文亦相通也　閩監毛本同何校本亦作互是也

明君之與臣　閩監毛本同何校本與作於

或當非行人故也　閩監毛本同單疏本無非字

十有四年

二年之後　閩監毛本同何校本二作三與公羊注合

文或當時明月同　閩監毛本同何校本明作與是也

穀梁注疏卷十五校勘記

范甯集解　楊士勛疏

十有六年春王正月葬晉悼公○三月公會晉侯宋公衛侯鄭伯曹伯莒子邾子薛伯杞伯小邾子于溴梁溴梁地○溴古闃反戊寅大夫盟溴梁之會諸侯失正矣諸侯會而曰大夫盟正在大夫也諸侯在而不曰諸侯之大夫大夫不臣也晉人執莒子邾子以歸疏晉人至以歸釋曰諸侯不得私相治執人以歸非禮明矣○齊侯伐我北鄙○夏公至自會○五月甲子地震○叔老會鄭伯晉荀偃衛甯殖宋人伐許○秋齊侯伐我北鄙圍成○大雩○冬叔孫豹如晉

十有七年春王二月庚午邾子瞯卒瞯音閑左氏作牼○宋人伐陳○夏衛石買帥師伐曹○秋齊侯伐我北鄙圍桃齊高厚帥師伐我北鄙圍防○九月大雩疏九月大雩○釋曰前年大雩不月此月者僖十一年傳曰雩月正也是九月八月雩得正也故月前年雩不正時也○宋華臣出奔陳○冬邾人伐我南鄙

十有八年春白狄來不言朝不能行朝禮○朝直遙反○夏晉人執衛行人石買稱行人怨接

於上也怨其君而執其使稱行人明使人爾罪在上也○其使所吏反下同疏注怨其君至在上也○釋曰稱人以執是執有罪范云明使人者謂稱行人者明罪在君上故云明使人非謂稱行人以罪晉也重發傳者楚是夷狄嫌晉之主盟當異故重。明之○秋齊侯伐我北鄙○

冬十月公會晉侯宋公衛侯鄭伯曹伯莒子邾子滕子薛伯杞伯小邾子同圍

齊非圍而曰圍據實伐齊有大焉亦有病焉齊若無罪諸侯豈得同病之乎非大而足同焉。齊非大國諸侯豈足同共圍之與○同與音餘諸侯同罪之也亦病矣諸侯同罪大國是不量力必爲大國所讎則亦病矣疏非圍至病矣○釋曰知非圍者以十九年經云至自伐齊不以圍致故也傳言非圍而曰圍者解經不以實言之意齊有大焉亦有病焉謂經稱同圍之意齊雖有事大國焉亦有罪惡焉病。猶罪惡也謂數伐魯以數伐魯又復國大故稱同圍之耳非大而足同與覆上齊有大焉諸侯同罪之意也謂齊若非大國何須諸侯同罪之也亦病矣謂齊是大國諸侯共同罪之必爲大國所讎是取禍之道故云亦罪惡矣言諸侯與齊同有罪惡也○曹伯負芻卒于師閔之也疏閔之也○釋曰僖四年許男新臣卒彼內桓師故不地知言卒于師者皆閔之也○楚公子午帥師伐鄭

十有九年春王正月諸侯盟于祝柯前年同圍齊之諸侯也祝柯齊地○祝柯古河反注同晉人執邾子

公至自伐齊春秋之義已伐而盟復伐者則以伐致。京城北之類是○復盟不扶又反下及注皆同復伐者則以會致會于蕭魚之類是祝柯之盟盟復伐齊與怪不以會致○與音餘曰非也不復伐齊然則何爲以伐致也曰與人同事或執其君或取其地同與邾圍齊而晉執其君魯取其地此與盟後

後代无異疏或執至其地○釋曰據此傳文事實在邾不關于齊而以伐齊致者以明實伐齊盟後又或執其君或取其地與盟後復伐無異故託事以見意罪晉執君惡魯取地若其實不伐齊亦不得以伐致也○取邾田自漷水以漷水為界○漷水火號反又音郭水名軋辭也軋委曲隨漷水言取邾田之多○軋於八反疏軋辭也○釋曰公羊以為漷水移入邾界魯隨而有之今云軋辭者軋謂委曲經言自漷水者委曲之辭也一解軋辭者軋謂委曲言取邾田委曲隨漷水為界之辭言其多也其不日惡盟也○惡烏路反疏其不日惡盟也釋曰謂執君取地○季孫宿如晉○葬曹成公○夏衛孫林父帥師伐齊○秋七月辛卯齊侯環卒○晉士匄帥師侵齊至穀聞齊侯卒乃還還者事未畢之辭也疏還者至辭也○釋曰重發傳者嫌內外異也何休廢疾難此云君子不求備於一人。原空闕三字士匄不伐喪純善矣何以復責其專大功也鄭玄釋之曰士匄不伐喪則善矣然于善則稱君禮仍未備故言乃還不言乃復作未畢之辭還者致辭復者反命如鄭之言亦是譏士匄不復命也然如鄭意以乃還為惡乃復為善則公子遂至黃乃復又為惡之者彼以遂違君命而反故加畢事之文欲見臣不專君命與此意少異此既善之不伐喪復為事畢之辭則是純善士匄故以未畢之辭言之受命而誅生死無所加其怒不伐喪善之也善之則何為未畢也君不尸小事臣不專大名善則稱君過則稱己則民作讓矣士匄外專君命故非之也然則為士匄者宜奈何宜墠帷而歸命乎介除地為墠於墠張帷反命于介介歸告君君命乃還不敢專也○墠音善介音界副使也○八月丙辰仲孫蔑卒○齊殺其大夫高厚○鄭殺其大夫公子嘉○

冬葬齊靈公○城西郛○叔孫豹會晉士匄于柯柯地○城武城

二十年春王正月辛亥仲孫速會莒人盟于向向莒邑○向舒亮反○夏六月庚申公會晉侯齊侯宋公衛侯鄭伯曹伯莒子邾子滕子薛伯杞伯小邾子盟于澶淵澶淵衛地○澶市然反○秋公至自會○仲孫速帥師伐邾○蔡殺其大夫公子濕蔡公子履出奔楚○陳侯之弟光出奔楚諸侯之尊弟兄不得以屬通其弟云者親之也親而奔之惡也顯書弟明其親也親而奔逐之所以惡陳侯○弟光左氏作黃惡音烏路反疏注所以惡陳侯○釋曰知非惡光者以傳例歸爲善自某歸次之以二十三年云光自楚歸于陳又且專之稱弟罪衛侯則光稱弟罪陳侯也故鄭釋廢疾亦云惡陳侯也○叔老如齊○冬十月丙辰朔日有食之○季孫宿如宋

二十有一年春王正月公如晉○邾庶其以漆閭丘來奔以者不以者也凱曰人臣無專祿以邑叛之道○漆音七閭力居反疏以者不以者也○釋曰重發傳者此非用兵之以故昭五年莒牟夷以牟婁及防茲來奔傳曰以大及小也是小大不敵故當言及今不言及爲小大敵故也來奔者不言出舉其接我者也漆閭丘不言及小大敵也○夏公至自晉○秋晉欒盈出奔楚○九月庚戌朔日有食之○冬十月庚辰朔日有食之疏日有食之○釋曰此年與二十四年皆頻月日食據今曆。有。無頻食之理但古或有之故漢書高祖本紀亦有頻食○曹伯來朝朝直遙反○公會晉侯齊侯宋公衛侯鄭伯曹伯莒子邾子于商任商任某地○任音壬○庚子孔子生【疏】庚子孔子生○釋曰仲尼以此年生故傳因而錄之史記世家云襄公二十二年生者馬遷之言與經典不同者非一故與此傳異年耳

二十有二年春王正月公至自會【疏】公至自會○釋曰此與二十一年公如晉皆月者依傳例月者有危傳不記危之事未可知也何休云善公能事大國案下沙隨會公至不月則何說非○夏四月○秋七月辛酉叔老卒○冬公會晉侯齊侯宋公衛侯鄭伯曹伯莒子邾子滕子薛伯杞伯小邾子于沙隨○公至自會○楚殺其大夫公子追舒

二十有三年春王二月癸酉朔日有食之○三月己巳杞伯匄卒匄古害反○夏邾畀我來奔畀必二反○葬杞孝公○陳殺其大夫慶虎及慶寅稱國以殺罪累上也及慶寅慶寅累也陳侯之弟光自楚歸于陳光反稱弟言歸無罪明矣○晉欒盈復入于晉入于曲沃曲沃晉地○復扶又反○秋齊侯伐衛遂伐晉○八月叔孫豹帥師救晉次于雍渝雍渝晉地○雍於用反又如字渝羊朱反言救後次非救也惡其不遂君命而專止次故先通君命而後言次尊君抑臣之義鄭嗣曰次止也凡先書救而後言次皆非救也僖元年齊師宋師曹師次于聶北救邢此師本欲止聶北遙爲之援爾隨其本意而書故先言次而後

言救豹本受君命救晉中道不能故先言救而後言次若鄭伯未見諸侯而曰
如會致其本意○惡其音烏路反下傳惡之同聶北不輒反中道丁仲反又如
字　疏　言救至救也○釋曰后言次爲非救則以僖元年先言次即是救彼傳亦
云非救者其實言次則並是非救但傳各隨其本意而釋之鄭嗣言之詳
矣○己卯仲孫速卒○冬十月乙亥臧孫紇出奔邾其日正臧孫紇之出也正其
有罪蘧伯玉曰不以道事其君者其出乎必不見容○蘧其居反○晉人殺欒盈惡之弗有
也不言殺其大夫是不有之以爲大夫○齊侯襲莒輕行掩其不備曰襲○輕遣政反又如字
二十有四年春叔孫豹如晉○仲孫羯帥師侵齊○夏楚子伐吳○秋七月甲
子朔日有食之既○齊崔杼帥師伐莒○大水○八月癸巳朔日有食之○公
會晉侯宋公衛侯鄭伯曹伯莒子邾子滕子薛伯杞伯小邾子于夷儀○冬楚
子蔡侯陳侯許男伐鄭○公至自會○陳鍼宜咎出奔楚○鍼其廉反咎其九反○叔孫
豹如京師○大饑五穀不升爲大饑升成也一穀不升謂之嗛嗛不足貌嗛去簟反○二穀
不升謂之饑三穀不升謂之饉○饉音近四穀不升謂之康康虛五穀不升謂之大侵
侵傷　疏　五穀至大侵○釋曰二穀不升謂之饑今經云大饑故傳云五穀不升也
謂之嗛謂之康嗛是不足之貌康是虛荒之名五穀不升謂之大侵又謂
之大饑者以經云大饑是傳文順經言之經所云大饑者謂五穀不熟也其實
大侵者大饑之異名通而言之正是一物也傳欲分析五種之名故異言之耳

徐邈云有死者曰大饑無死者曰大餓何休云有死。曰大。餓。無死。曰。饑並以意言之與穀梁異也大侵之禮君食不兼味臺榭不塗塗。塗飾○榭音謝塗爲路反又同都反弛侯廷道不除弛廢也侯射侯也廢侯不燕射廷內道路不脩除○弛侯式氏反廷道徒佞反朝廷之道也一音庭【疏】注弛廢至燕射○釋曰凡大射爲祭擇士賓射則接賓而射燕則因歡燕而爲射既國大饑君不宜燕樂故注舉燕射言之其實尚不祭鬼神亦不應有大射賓射之禮故傳以弛侯總之或以爲燕射一侯禮最省故舉之以明餘者亦不爲之耳理亦通。之百官布而不制官職脩列不可闕廢不更有造作鬼神禱而不祀周書曰大荒有禱無祀【疏】注周書至無祀○釋曰周書者先儒以爲仲尼刪尚書之餘今據其書與尚書不類未知是與非也此大侵之禮也

二十有五年春齊崔杼帥師伐我北鄙○夏五月乙亥齊崔杼弒其君光莊公失言淫于崔氏放言將淫崔氏爲此見弒也邵曰淫過也言莊公言語失漏有過於崔子而崔子弒之故傳載其致弒之由以明崔杼之罪甚○爲此于僞反下爲其同【疏】注放言至罪甚○釋曰失言謂放言謂放言語將淫崔氏邵解云謂言語失漏有過於崔氏范兩載之者貴異說耳注又云傳載其致弒之由者正謂此傳不更據別文也○公會晉侯宋公衛侯鄭伯曹伯莒子邾子滕子薛伯杞伯小邾子于夷儀○六月壬子鄭公孫舍之帥師入陳○秋八月己巳諸侯同于重丘會夷儀之諸侯也重丘齊地○重直龍反公至自會○衛侯入于夷儀夷儀本邢地衛滅邢而爲衛地○楚屈建帥師滅舒鳩○屈居忽反○冬鄭公孫夏帥師伐陳○夏戶雅反○十有二月吳

子謁伐楚門于巢卒以伐楚之事門于巢卒也所以攻巢之門者爲其伐楚之事故也然則伐楚經巢〇子謁左氏作遏于巢者外乎楚也若但言伐楚卒而不言于巢者則卒在楚也言于巢則不在楚門于巢乃伐楚也巢先攻然后楚乃可得伐疏注先攻巢〇釋曰舊解巢楚竟上之小國有表裏之援故先攻之然后楚可得伐以爲楚邑非也徐邈亦云巢偃姓之國是也諸侯不生名取卒之名加之伐楚之上者見以伐楚卒也其見以伐楚卒何也據伐楚惡事無緣致本意〇見賢偏反疏諸侯不生名〇釋曰重發傳者與失國生名異故也古者大國過小邑小邑必飾城而請罪禮也飾城者脩守備請罪問所以爲闕致師之意〇守備手又反或如字吳子謁伐楚至巢入其門門人射吳子有矢創反舍而卒古者雖有文事必有武備非巢之不飾城而請罪非吳子之自輕也非責〇射食亦反創初良反

二十有六年春王二月辛卯衛甯喜弑其君剽此不正其日何也殖也立之喜也君之正也父立以爲君則子宜君之以明正也〇君剽匹妙反疏此不正其日何〇釋曰知剽不正者以元年稱公孫見經故也〇衛孫林父入于戚以叛〇甲午衛侯衎復歸于衛日歸見知弑也書喜弑君衎可言歸衎實與弑故錄日以見之書日所以知其與弑者言辛卯弑君甲午便歸是待弑而入故得速也〇衎苦旦反一本作衎見知賢偏反實與音豫下同疏日歸至弑也〇釋曰衎既與弑不言入以惡之者傳例歸爲善復歸則居其兩端故傳復者復中國歸者歸其所今喜既弑君衎可言歸但以與弑故從乎文云復歸書

名因以見惡耳不言入以明歸罪于甯喜也○夏晉侯使荀吳來聘○公會晉人鄭良霄宋人曹人于澶淵○秋宋公殺其世子座○座在禾反○晉人執衛甯喜○八月壬午許男甯卒于楚宣九年九月辛酉晉侯黑臀卒于扈傳曰其日未踰竟也此乃在楚何以日邪隱三年八月庚辰宋公和卒傳曰日卒正也許男卒于楚則在外已顯日卒明其正○竟音境

疏注宣九至其正○釋曰案薄氏駁云此自發例於大國不明於小國其小國或詳或略許男書日必正也范荅云春秋稱世子。國有非正周之襄王晉之恭子曹伯射姑亦是其例獲且之卒謂于日食之下何以知其不日然則范之此荅據何文得知又周之襄王與恭子何以爲別又薄氏之駮不問射姑而范荅探意大過者案左氏襄王是惠后之子明襄王是嫡也故文八年書八月戊申天王崩恭世子是獻公烝父妾而生僖五年被殺不日故知。雖世子仍非嫡也薄氏之意見射姑稱世子而卒不稱日故駮云發例于大國小國自從詳略故范以射姑非正荅之據陳侯款僖七年寧母之會亦言世子至僖二十八年書卒之上亦不日明稱世子亦有非正也捷菑既貶則獲且是正故知獲且之卒蒙上日食之文可知襄王正。恭子不正而亦引以爲例者欲明襄王正而稱世子申生不正亦稱世子據此言之明有不正而稱世子者○冬楚子蔡侯陳侯伐鄭○葬許靈公

二十有七年春齊侯使慶封來聘○夏叔孫豹會晉趙武楚屈建蔡公孫歸生衛石惡陳孔奐鄭良霄許人曹人于宋○奐呼亂反○衛殺其大夫甯喜稱國以殺罪累上也甯喜弑君其以累上之辭言之何也甞爲大夫與之涉公事矣鄭嗣曰若

獻。入以喜有弒君之罪而殺之則不宜既入以爲大夫而。得殺之明以他故○復音扶又反疏涉公事矣○釋曰舊解國家之事危若涉海以水行爲喻
也徐邈云涉猶歷也傳織絇邯鄲麋信云絇者著屨舄之頭即周禮絇繶及純是也甯喜由君弒君而不以弒君之罪罪
之者惡獻公也獻公即衎也鄭嗣曰書甯喜弒其君則喜之罪不嫌不明今若不言喜之無罪而死則獻公之惡不彰○惡獻烏路反○
衛侯之弟專出奔晉○專左氏作鱄專喜之徒也專之爲喜之徒何也己雖急納其兄
與人之臣謀弒其君是亦弒君者也專其曰弟何也據稱弟則無罪○己音紀專有是信者
言君本使專與喜爲約。納君許以寵賂今反殺之獻公使專失信故稱弟見獻公之惡也○見賢徧反君賂不入乎喜而殺喜是
君不直乎喜也故出奔晉織絇邯鄲終身不言衛恥失信○絇其俱反邯音寒鄲音丹專之去合
乎春秋何休曰甯喜本弒君之家獻公過而殺之小負也專以君之小負自絕非大義也何以合乎春秋鄭君釋之曰甯喜雖弒君之家本專與約納
獻公爾公由喜得入己與喜以君臣從事矣春秋撥亂重盟約今獻公背之而殺忠于己者是獻公惡而難親也獻公既惡而難親專又與喜爲黨懼禍將及
君子見幾而作不俟終日微子去紂孔子以爲。上仁專之去衛其心若此合于春秋不亦宜乎○與約如字又於妙反下同爲約于僞反本或作盟約背之音
佩○秋七月辛巳豹及諸侯之大夫盟于宋溴梁之會諸侯在而不曰諸侯之
大夫大夫不臣也晉趙武恥之豹云者恭也。不舉姓。氏諸侯不在而曰諸侯之大夫
大夫臣也其臣恭也晉趙武爲之會也疏晉趙至會也○釋曰豹云能恭獨言趙武恥之者趙武恥溴梁之會大夫

不臣故。合。師諸侯大夫爲恭故歸功趙武也傳言豹云者據前稱氏後直名也○冬十有二月乙亥朔日有食之

二十有八年春無冰○夏衞石惡出奔晉○邾子來朝○朝直遙反○秋八月大雩

○仲孫羯如晉○冬齊慶封來奔○十有一月公如楚【疏】公如楚○釋曰書月者何休云危公朝夷狄案下二十九年公至自楚傳云喜之也則何說是耳○十有二月甲寅天王崩靈王○乙未楚子昭卒

二十有九年春王正月公在楚閔公也閔公爲楚所制故存錄○夏五月公至自楚喜之也凱曰遠之蠻國喜得全歸致君者殆其往殆危也而喜其反此致君之意義也【疏】致君至義也○釋曰於此發之者以公遠之荊蠻故傳特發之明中國亦同也○庚午衞侯衎卒○閽弑吳子餘祭閽門者也寺人也不稱名姓閽不得齊於人不稱其君閽不得君其君也禮君不使無恥不近刑人無恥不知臧否○閽音昏守門人也祭側界反寺人本又作侍人不近附近之近下同否音鄙又方九反不狎敵不邇怨賤人非所貴也貴人非所刑也刑人非所近也舉至賤而加之吳子吳子近刑人也閽弑吳子餘祭仇之也怨仇餘祭故弑之○狎戶甲反怨於願反又於元反仇音求【疏】閽門至之也○釋曰稟二儀之氣須五常之性備然後爲人閽者虧刑絕嗣無陰陽之會故不復齊於人以主門晨昏開閉謂之閽以是奄豎之屬故又謂之寺人也不狎敵不邇怨者言爲人君之道外不得狎敵內不得近怨何者吳過以狎敵蒙禍餘祭以邇怨害身故不可狎敵近怨也賤人非所貴謂卑賤之人無高德者不可卒貴貴人非所刑謂

刑不上大夫故不可刑之刑。非所近也謂刑罪之人不可信近之今。吳子以奄人爲閽是近之也舉至賤而加之吳子近刑人也謂經書閽弒吳子餘祭者譏其近刑人也○注怨仇餘祭祭○釋曰國君不仇匹夫犯罪則誅之故知是閽怨也○仲孫羯會晉荀盈齊高止宋華定衞世叔儀鄭公孫段曹人莒人邾人滕人薛人小邾人城杞古者天子封諸侯其地足以容其民其民足以滿城以自守也杞危而不能自守故諸侯之大夫相帥以城之此變之正也諸侯微弱政由大夫大夫能同恤災危故曰變之正【疏】變之正○釋曰諸侯恤災救危是正今大夫爲之故云變之正也○晉侯使士鞅來聘○杞子來盟杞復稱子蓋時王所黜○復扶又反○吳子使札來聘杜預曰吳子餘祭既遣札聘上國而後死札以六月到魯未聞喪也不稱公子其禮未同於上國○札側八反吳其稱子何也善使延陵季子故進之也身賢賢也使賢亦賢也延陵季子之賢尊君也以季札之賢吳子得進稱子是尊君也其名成尊於上也春秋賢者不名而札名者許夷狄不一而足唯成吳之尊稱直稱吳則不得有大夫○尊稱尺證反【疏】成尊於上也○釋曰謂進吳稱子上謂君上也○秋七月葬衞獻公○齊高止出奔北燕其曰北燕從史文也南燕姞姓在鄭衞之間北燕姬姓在晉之北史曰北燕據時然故不改也傳所言解時但有言燕。者○北燕音烟國名姞其乙反又其吉反【疏】從史文也○釋曰傳言從史文者以時有直言燕者故仲尼從史文也○冬仲孫羯如晉

三十年春王正月楚子使薳罷來聘聘例時此聘月之何也泰曰桓二年宋督弒其君與夷傳曰書王以正與夷之卒然

則。善有所明皆須王以正之書王必上繫于春下統于月此書王以治蔡般弒父之罪爾非以錄蘧罷之聘蘧罷于委反下音皮與夷如字又音餘宋殤公名

〇夏四月蔡世子般弒其君固其不日子奪父政是謂夷之比之夷狄故不日也丁未楚世子商臣弒其父傳曰日髡之卒所以謹商臣之弒也楚公子比弒其君傳曰不日比不弒般弒不日而曰夷之何也徐乾曰凡中國君正卒皆書日以錄之夷狄君卒皆不日以略之所以別中國與夷狄夷狄弒君而日者閔其爲惡之甚謹而錄之中國君卒例日不以弒與不弒也至于卒而不日者乃所以略之與夷狄同例〇子般音班本或作班髡苦門反以別彼列反【疏】注比之至同例〇釋曰何休廢疾云蔡世子班弒其君固不日謂之夷楚世子商臣弒其君何以反書日邪鄭玄釋之曰商臣弒父日之嫌夷狄無禮罪輕也今蔡中國而又弒父故不日之若夷狄不足責然公羊有若不疾乃疾之推以況此則無怪然此注之意與鄭君釋廢疾大。旨同也但解商臣之弒書日少異耳何者鄭云嫌夷狄無禮罪輕故日徐乾云閔其爲惡之甚故日是少異也昭十九年夏五月戊辰許世子止弒其君。罪傳云日弒正卒也與此異者彼以實不弒君而書日故與此異也

〇五月甲午宋災伯姬卒取卒之日加之災上者見以災卒也其見以災卒奈何伯姬之舍失火左右曰夫人少辟火乎伯姬曰婦人之義傅母不在宵不下堂宵夜〇見以賢遍反辟音避下同左右又曰夫人少辟火乎伯姬曰婦人之義保母不在宵不下堂遂逮乎火而死婦人以貞爲行者也伯姬之婦道盡矣詳其事賢伯姬也〇逮音代又大計反行下孟反【疏】〇取卒至姬也〇釋曰外災例時今伯姬之卒故進日在上以明災死也伯姬之婦道盡矣爲共公卒雖日久姬能守。災。死之貞謂之婦道盡矣

〇天王殺其弟佞夫

傳曰：諸侯目不首惡，況於天子乎？君無忍親之義，天子諸侯所親者唯長子母弟耳。天王殺其弟佞夫，甚之也。○長丁丈反

【疏】況於天子乎○釋曰：嫌天子之殺弟異於諸侯，故以輕況重，舉重以明輕，見輕重之道並見矣。

○王子瑕奔晉。不言出，周無外。

○秋七月，叔弓如宋，葬共姬。共姬從夫之謚○共音恭

外夫人不書葬，此其言葬何也？吾女也。卒災，故隱而葬之也。

【疏】外夫至葬之也○釋曰：外夫人卒亦不書而云不書葬者，傳云外夫人不葬者，謂魯女嫁於諸侯者唯當書卒，不合稱葬，非謂不是魯女也。

○鄭良霄出奔許，自許入于鄭，鄭人殺良霄。不言大夫，惡之也。○惡烏路反

【疏】不言至之也○釋曰：襄二十一年晉人殺欒盈，傳曰「惡之弗有也」，彼云不有，則此亦然也。重發傳者，嫌與復入異故也。

○冬十月，葬蔡景公。不日卒而月葬，不葬者也。卒而葬之，不忍使父失民於子也。鄭嗣曰：夫葬者臣子之事也。景公無子，不可謂無民，無民則景公有失於民，有民則罪歸於子。若不書葬，則嫌亦失民，故曰不忍使父失民於子。

【疏】不日至子也○釋曰：成十五年秋八月庚辰葬宋共公，傳曰「月卒日葬者也」，此云「不日卒而月葬不葬者也」，重發傳而文又異者，傳例諸侯日卒時葬，正也，明違此即非正，故兩文以明之。又解一弒一卒，經文有日月之殊，故重發傳而文異。日月有殊者，宋共則日葬，景公則月葬，是殊也。宋襄失民不葬，此失民書葬者，此即是於失子，非失民。若實失民，則直稱人以弒。以弒傳曰「不忍使父失民於子也」，是非失民可知。傳云「不忍使父失民於子」者，言若不書葬，則與失民同，故云然也。

○晉人、齊人、宋人、衛人、鄭人、曹人、莒人、邾人、滕人、薛人、杞人、小邾人會于澶淵，宋災故。會不言其所爲，其曰宋災故何也？不

言災故則無以見其善也其曰人何也救災以衆何救焉更宋之所喪財也償其所喪財故雖不及災時而猶曰救災○爲于僞反以見賢徧反更音庚償也喪息浪反償時亮反

疏晉人至財也○釋曰公羊傳云卿則其稱人何貶也是爲貶卿不得憂諸侯也左氏以爲不歸宋財故貶此傳云其曰人何救災以衆是三傳異也或當此會趙武亦在但取救災以衆故不顯名也

澶淵之會中國不侵伐夷狄夷狄不入中國無侵伐八年善之也晉趙武楚屈建之力也

疏無侵伐八年○釋曰徐邈云晉趙武楚屈建感伯姬之節故爲之息兵其意以爲諸侯閔伯姬之賢故歸宋財爲澶淵之會此不相侵伐連會言之故知爲伯姬也范氏不解理未必然言感伯姬歸宋財事亦可矣豈以一婦人之貞國則息兵八載人情測之必是未可又且傳稱趙武屈建之力則無侵伐不由伯姬明矣若然則此會不書楚人則無楚屈建若據此後言之昭元年即楚靈王即位不得云無侵伐八年若據二十六年澶淵之會言之何知彼有趙武屈建唯二十七年見經而云屈建之力者案左氏晉趙武以二十五年爲政二十六年澶淵之會晉人列在鄭卿之上明是趙武但恥湨梁不臣故屈於澶淵也其實晉人者趙武是爲政起於二十五年再會澶淵一會宋又昭元年會于虢而中國以安屈建雖一會于宋外寍夷狄是屈建之功傳恐連公子圍之事故以屈建別之故左氏云相晉國於今八年亦從二十五年數至昭元年也傳連此澶淵會言之者以諸侯靜兵由趙武功力此歸宋財亦是趙武爲之以其息師故得憂災恤患是以連言之耳

三十有一年春王正月○夏六月辛巳公薨于楚宮楚宮非正也楚宮別宮名非路寢○

秋九月癸巳子野卒襄公太子○大音泰子卒日正也

疏子卒日正也○解云未踰年之君弒死不日文十八年子卒是

也。莊三十二年子般卒書日者以有所見故也今子野正卒書日嫌與子般同故傳發之以明昭公之繼正也○己亥仲孫羯卒○冬

十月滕子來會葬書非禮○癸酉葬我君襄公○十有一月莒人弒其君密州

監本附音春秋穀梁注疏襄公卷第十六

穀梁注疏卷十六校勘記　阮元撰盧宣旬摘錄

十有六年

晉人至以歸　閩監本同毛本人下衍執字

叔孫豹如晉　石經閩本同監毛本晉誤齊

十有七年

圍桃齊高厚帥師伐我北鄙　閩監毛本同余本脫此十一字

宋華臣出奔陳　閩監本同毛本奔作犇非

十有八年

故重明之　閩監毛本同何校本明作發

非大而足同焉　閩監毛本同石經余本焉作與案釋文出同與是陸所據本亦作與作焉者非

病猶罪惡也　閩本同監毛本猶誤所

十有九年

京城北之類是　閩本同監毛本京誤亳

君子不求備於一人十行本下空三字閩本同監毛本不空

二十年

弟兄不得以屬通石經閩監毛本同余本弟兄作兄弟

二十有一年

公至自晉石經閩本同監毛本晉誤會

今厤有無頻食之理閩本同監毛本有無作無有何校本有作法

二十有二年

辛酉叔老卒十行本辛酉二字誤作注閩監毛本不誤○今依訂正

二十有四年

有死曰大餓无死曰饑單疏本監毛本死下有者字閩本无作無監毛同餓饑字倒○按公羊注作有死傷曰大饑無死傷

曰饑

塗塗飾閩監毛本同何校本下塗作堊釋文出堊飾

理亦通之閩本同監毛本無之字

二十有六年

故錄日以見之書日　閩監本同毛本日誤曰余本無以見之書日五字

國有非正　閩監毛本同何校本國作固

故知雖世子　閩本同監毛本雖誤非

恭子不正　閩本同監毛本恭誤公

二十有七年

若獻入以喜有弒君之罪　閩監毛本同余本入作公

而得殺之　閩監毛本同何校本得作復案釋文出而復作復是

納君許以寵賂　閩本同監毛本納作約

孔子以爲上仁　閩監毛本上作三是也

不舉姓氏　閩監毛本同余本姓氏作氏姓

故合師諸侯大夫爲恭　閩監毛本師作帥何校本合作今

二十有九年

刑非所近也閩本同監毛本作刑人非所近

今吳子以奄人爲閽閩監毛本吳作吾蓋音相近而譌

解時但有言燕者閩監毛本同余本燕下有有字

三十年

然則善有所明閩監毛本同余本善作義

大旨同也閩本同監毛本旨作致

許世子止弑其君買閩監本買作買是毛本誤買

姬能守災死之貞閩監毛本同何校本災死作夫在

諸侯目不首惡閩本同誤監毛本目作且○按石經亦作且

襄二十一年閩監毛本同何校本一作三是也

月卒日葬者也閩監毛本同何校本葬下有非葬二字與成十五年傳合

三十有一年

此云不日卒而月葬閩毛本同監本不誤一

襄公太子閩本同監毛本太作大案大是

文十八年閩本同監毛本脱十字

莊三十二年閩本同監毛本莊誤襄

穀梁注疏卷十六校勘記

監本附音春秋穀梁注疏昭公卷第十七起元年盡十三年

范甯集解　楊士勛疏

昭。公疏魯世家昭公名稠襄公之子以周景王四年即位謚法容儀恭明曰昭

元年春王正月公即位繼正即位正也疏繼正即位正也○釋曰重發傳者嫌繼子野非正故明之○叔孫豹會晉趙武楚公子圍齊國弱宋向戌衛齊惡陳公子招蔡公孫歸生鄭罕虎許人曹人于郭○招上昭反郭左氏作號○二。月取鄆鄆魯邑言取者叛戾不服○鄆音運疏○注鄆魯至不服○釋曰案左氏鄆為莒邑范知魯邑者以經有城諸及鄆之文此鄆不繼莒故知魯邑也公羊傳曰鄆者何內之邑也其言取何不聽也何休云不聽者叛也是范所據之文也○夏秦伯之弟鍼出奔晉諸侯之尊弟兄不得以屬通其弟云者親之也親而奔之惡也○鍼其廉反惡烏路反疏親而奔之惡也○釋曰重發傳者陳侯之弟稱歸為無罪此鍼後無歸文則罪之輕重既不可知故傳云親而奔之惡也明與陳光同耳○六月丁巳邾子華卒○晉荀吴帥師敗狄于太。原。大原地○大音泰

傳曰中國曰。大原夷狄曰大鹵號從中國名從主人襄五年注詳矣○鹵力古反疏注襄五至詳矣○釋曰桓二年亦有文而註言襄五年者桓二年論郜鼎之事襄五年則同論地事故注指之○秋莒去疾自齊入于莒莒展出奔吴疏莒展出奔吴○釋曰展篡踰年不稱爵者徐邈云不為內外所與也不成君故但書名理或然焉○叔弓帥師疆

鄆田疆之爲言猶竟也爲之境界○去起呂反竟音境疏叔弓至鄆田○釋曰鄆是魯邑所以帥師者公羊以爲與莒接竟故帥師是畏莒故以師正其界○葬邾悼公○冬十有一月己酉楚子卷卒○卷音權左氏作麇○楚公子比出奔晉

二年春晉侯使韓起來聘○夏叔弓如晉○秋鄭殺其大夫公孫黑○冬公如晉至河乃復乃者亡乎人之辭刺公弱劣受制。疆臣恥如晉故著有疾也公凡四如晉季氏訴公于晉侯使不見公公懼不利于己故公托至河有疾而反以殺恥也十二年傳曰季氏不使遂乎晉與此傳互文以見義然則十三年二十一年如晉與此義同二十三年經曰至河有疾乃復是微有疾而反嫌與上四如晉同故明之○見去聲疏恥如至疾也○釋曰案公之乃復凡有五文惟二十三年經云至河有疾乃復自餘四者皆不云有疾而傳曰著有疾者公爲季氏所訴恥四如晉不入故皆書曰乃復者卽是託有疾之辭非實疾也故傳云恥如晉故著有疾也二十三年實有疾而復故經言有疾。而別之○注公凡四如晉○釋曰此文一也十二年二也十三年三也二十一年四也二十三年經云有疾故不數之耳○季孫宿如晉公如晉而不得入季孫宿如晉而得入惡季孫宿也明晉之不見公季孫宿之所爲○惡烏路反疏惡季孫宿也○釋曰。惡季孫宿十二年又發傳云季孫不使遂乎晉者季孫宿以七年卒十二年譖君者意如見其累世同惡故傳重明之若然十三年乃復者意如見執之下意如身尚被執安得。譖之譖公者彼公不盟亦坐意如意如先以譖公被執之日又自雪無罪晉人聽其言而不受公故經言乃復之文與十二年同明亦是意如譖公可知也三年春王正月丁未滕子原卒○夏叔弓如滕○五月葬滕成公疏○夏○叔○至成公○釋曰何休云月者上葬襄公諸侯莫肯加禮獨滕子來會葬故恩錄之穀梁以月葬爲故必不得從何說或當有故但經傳不言耳○秋小邾子來朝○朝直遙反○八月大雩○冬大雨雹○雨于付反雹皮學反○北燕伯款出奔齊其曰北燕從史文也疏從史文也○釋曰重發傳者前高止之奔欲明從史文今北燕伯出奔亦曰北燕伯嫌目名之故重曰從史文舉此二者以明例故於後不釋

四年春王正月大雨雪雪或爲雹○雨雪于付反左氏作雨雹疏注雪或爲雹○釋曰左氏爲雹故范疑之云或爲雹也○夏楚子蔡侯陳侯鄭伯許男徐子滕子頓子胡子沈子小邾子宋世子佐淮夷會于申楚靈王始會諸侯也○沈音審楚人執徐子稱人以執有罪疏楚人執徐子○釋曰僖二十一年執宋公不言楚此云楚人執徐子者彼欲見諸侯同執且不與夷狄執中國故不言楚人此時楚彊徐又夷也故云楚執不言歸者蓋在會而執尋亦釋之故不言所歸也○秋七月楚子蔡侯陳侯許男頓子胡子沈子淮夷伐吳衆國之君傾衆悉力以伐彊敵內外之害重故謹而月之定四年伐楚亦月此其例也○疏注衆國至例也○釋曰舊解凡日月之例多施於內不止於外而云謹而月之者以四夷之盛吳楚最甚從此以後中國微弱禍害既重書亦宜詳故注幷引定四年三月公會劉子以下于召陵侵楚爲證猶莊六年子突王者之師挫於諸侯僖十五年齊桓霸者之兵屈於伐厲故亦書月是其義也徐邈云伐不月而書月者爲滅厲書理亦通也內外之害者內謂吳外謂衆國也執齊慶封殺之此入而

殺其不言入何也慶封封乎吳鍾離（言時殺慶封自于鍾離實不入吳）其不言伐鍾離何也不與吳封也慶封其以齊氏何也（據已絕于齊）爲齊討也靈王使人以慶封令於軍中曰有若齊慶封弒其君者乎（謂與崔杼共弒莊公光○爲于僞反）慶封曰子一息我亦且一言曰有若楚公子圍弒其兄之子而代之爲君者乎軍人粲然皆笑（粲然盛笑貌○粲七旦反）疏弒其兄之子○釋曰元年楚子卷卒不云弒此云弒者彼爲密弒之託以疾卒楚無良史告以不實故春秋從而書之傳因慶封之對以起其事則篡之罪亦足以見也慶封弒其君而不以弒君之罪罪之者慶封不爲靈王服也不與楚討也（傳例曰稱人以殺大夫爲殺有罪今殺慶封經不稱人故曰不以弒君之罪罪之○爲于僞反）春秋之義用貴治賤用賢治不肖不以亂治亂也孔子曰懷惡而討雖死不服其斯之謂與（○與音餘）疏孔子曰至謂與○釋曰上云春秋之義足以見罪人稱孔子曰者靈王夷狄之君欲行霸者之事嫌於得善故引春秋以明之後言孔子以正之（遂滅厲遂繼事也）○九月取繒疏九月取繒○釋曰襄六年莒人滅繒今又云取者彼以立莒之公子爲後故以滅言之其實非滅故今魯得取之不云滅而云取者徐邈云諱故以易言之事或然矣○冬十有二月乙卯叔孫豹卒

五年春王正月舍中軍貴復正也（魯次國舊二軍襄十一年立三軍今毀之故曰復正○舍音捨）○楚殺其大夫屈申（○屈居勿反）○公如晉○夏莒牟夷以牟婁及防兹來奔以者不以者也來

奔者不言出以其方向內也及防茲以大及小也莒無大夫其曰牟夷何也以其地來也以地來則何以書也重地也竊地之罪重故不得不錄其人疏以者至地也○釋曰重發傳者庶其以邑來而不言及此以邑來言及黑肱則不繫濫故各發傳也此傳獨言重地者舉其中以包上下也○秋七月公至自晉○戊辰叔弓帥師敗莒師于賁泉賁泉魯地○賁扶粉反左氏作蚡泉狄人謂賁泉失台號從中國名從主人○台湯來反○秦伯卒疏秦伯卒○釋曰左氏以爲同盟則名同盟而不名皆從赴公羊以爲秦伯不名者秦夷也匿嫡之名其意云嫡子生不以名告國中唯擇勇猛者而立之又云秦伯罃及稻名者嫡子故得名之言獨二人以嫡得立也此傳云隱七年滕侯卒云無名狄道也則此秦伯不名者以用狄道也又隱八年宿男卒注曰宿微國也未能同盟故男卒也據彼則是未同盟者則不赴以名案秦之諸君卒經或名或不名則是非用狄道蓋同左氏未同盟故不名也徐邈云秦伯不名用狄道也恐非耳○冬楚子蔡侯陳侯許男頓子沈子徐人越人伐吳

六年春王正月杞伯益姑卒疏杞伯益姑卒○釋曰不日卒者蓋非正也○葬秦景公○夏季孫宿如晉○葬杞文公○宋華合比出奔衛○比必里反又毗志反○秋九月大雩○冬薳罷帥師伐吳○冬叔弓如楚○齊侯伐北燕

七年春王正月暨齊平○暨其器反平者成也暨猶暨暨也暨者不得已也以外及

內曰暨 疏 平者成也○釋曰舊解平者善事也當同以爲之而不得已而爲之是亂道也故釋之爲成言成亂之辭耳或當成平義通故展轉爲訓
○三月公如楚○叔孫婼如齊莅盟○婼丑略反莅音利又音類 莅位也內之前定之辭謂
之莅外之前定之辭謂之來 疏 莅位也○釋曰重發傳者嫌公如楚恐婼非是君命故發。明。之婼亦受命也 ○夏四
月甲辰朔日有食之○秋八月戊辰衞侯惡卒鄉。曰衞齊侯在元年○鄉香亮反本亦作鄉八年
同 今曰衞侯惡此何爲君臣同名也君子不奪人名不奪人親之所名重其所
以來也王父名子也不奪人名謂親之所名明臣雖欲改君不當聽也君不聽臣易名者欲使。重父命也父受。命名于王父王父卒則。聽
王父之命名之 疏 王父名子也○釋曰傳言王父則祖也范云欲使人重父命也者父受名於王父王父卒則已命子故傳注兩言之其並存者則不諱若
卒哭。而後無容得斥君名蓋捨名而稱字耳 ○九月公至自楚○冬十有一月癸未季孫宿卒○十
有二月癸亥葬衞襄公
八年春陳侯之弟招殺陳世子偃師鄉曰陳公子招在元年 今曰陳侯之弟招何
也曰盡其親所以惡招也盡其親謂既稱公子又稱弟招先君之公子今君之母弟○惡烏路反 疏 盡其親○釋曰盡其親者
招前稱公子明有先君之親今變文言弟彰是今君之親二稱並見故云盡其親也然昭元年稱公子不關殺偃師而亦言之者以變公子之文而稱弟故二
者幷言之也十三年殺公子比不言楚。比云陳世子者體國重故繫國言之公子繫君故不繫國也若然下云殺陳孔奐繫陳者楚人殺他國之臣故繫國

兩下相殺不志乎春秋此其志何也世子云者唯君之貳也云可以重之存焉志之也諸侯之尊兄弟不得以屬通其弟云者親之也親而殺之惡也惡招疏注惡招○釋曰此稱弟惡招光稱弟惡陳侯者光有歸文見經明知光無罪今招親殺世子故知稱弟以惡招也。○夏四月辛丑陳侯溺卒○溺乃歷反○叔弓如晉○楚人執陳行人干徵師殺之干姓徵師名稱人以執大夫執有罪也稱行人怨接於上也陳公子留出奔鄭疏稱人至上也○釋曰重發傳者嫌楚殺爲甚恐其無罪故重發傳以同之。○秋蒐于紅紅魯地○蒐所求反紅戶公反疏秋蒐于紅○釋曰傳云正也而經書者范氏例云蒐狩書時其例有九書狩有四言蒐有五稱狩有四者桓四年狩于郎一也莊四年狩于郜二也僖二十八年狩于河陽三也哀十四年西狩獲麟四也蒐有五者此蒐于紅一也十一年大蒐于比蒲二也二十二年大蒐于昌間三也定十三年大蒐于比蒲四也定十四年又大蒐于比蒲五也范又云凡書者皆譏也昭八年秋蒐于紅傳云正也而書之者明比年大蒐失禮故因以此正見不正也是范意將秋蒐得禮欲見以正刺不正故書之范例又云器械皆常故不云大言大者則器械過常狩言公此不云公者狩則主爲遊。戲故言公蒐是國家常禮故例不言公也然則蒐狩書者皆譏而傳云因蒐狩以習用武事禮之大者也據得禮者言之范云比年失禮謂器械過常又失時是也正也常事不書而此書者以後比年大蒐失禮因此以見正○見賢遍反因蒐狩以習用武事禮之大者也艾蘭以爲防蘭香草也防爲田之大限○狩手又反艾魚廢反置旃以爲轅門旃旌旗之名周禮通帛。旃轅門卬車以其轅表門○旃之然反卬車五郎反一音仰本又作昂以葛覆質以爲槷質椹也槷門中臬葛或。爲褐○槷魚列反

門橛也椹張林反臬魚列反橛也褐戶葛反毛布也流旁握御轚者不得入流旁握謂車兩轊頭各去門邊。空握握四寸也轚挂。則不
得入門〇轚古帝反挂也劉兆云絓也本或作轚轊音衛一音徐歲反車軸頭也挂戶卦反又音卦礙也車軌塵塵不出轍馬候蹄發足相應
遲疾相投〇蹄徒兮反馬足也相應應對之應揜。禽旅揜取衆禽〇揜於撿反本亦作俺御者不失其馳然後射者能
中不失馳騁之節〇中丁仲反下皆同過防弗逐不從奔之道也戰不逐奔之義面傷不獻嫌誅降〇降戶江反不
成禽不獻惡虐幼。小〇惡烏路反年未傳及注皆同少詩召反禽雖多天子取三十焉其餘與士衆以習
射於射宮取三十以共乾豆賓客之庖射宮澤宮〇共音恭庖步交反射而中田不得禽則得禽田得禽而
射不中則不得禽是以知古之貴仁義而賤勇力也射以不爭爲仁揖讓爲義〇不爭爭鬭之爭【疏】艾蘭
至力也〇釋曰蘭是草之貴者地之希有之物而云艾蘭爲防者廣澤之內與衆同生艾之爲防則逢蘭同翦故舉以包之置旃以爲轅門謂以車爲營舉轅
爲門又建旃以表之故云置旃以爲轅門以葛覆質以爲槷質者中門之木椹謂恐木椹傷馬足故以葛草覆之以爲槷葛或爲褐者。謂之毛布覆之徐邈亦
云恐傷馬足故以毛布覆之毛詩傳云褐纏旃以爲門裘纏質以爲槷與此異也流旁握御轚者不得入徐邈云流至也門之廣狹足。令車通至車兩軸去門
之旁邊一握握四寸也轚者不得入轚謂挂著若車挂著門則不使得入以恥其御拙也觀范之注似與徐邈同或以爲流旁握者謂建旃表門之。旒旁去車
之兩軸各一握也古字同通故傳作流理亦通也但與注少僻耳范注兩軸頭本或作轊者兩轊兩軸止是一物故鄭玄注少儀亦以軸爲轊也車軌塵謂驅
車塵不出軌轍馬候蹄舊解四蹄皆發後足躡前足而相伺候與范注亦合耳揜禽旅旅衆也謂掩取衆禽然禮云不掩羣者謂不得不分別大小一羣盡取

之今雖掩衆禽在田則翦其麛卵之流而放之射訖則釋其面傷之徒不獻之以習軍禮則亦不掩羣之義也○古之貴仁義者謂田獵之時務在得禽不升之降是勇力也射宮之內有揖讓周旋是仁義也田雖不得禽射中則得禽是貴仁義而賤勇力也舊解以爲射宮之內還射死禽中則取之故以重傷爲難論語稱射不主皮則射皮不射禽也

○陳人殺其大夫公子過○過音戈○大雩○冬十月壬午楚師滅陳執陳公子招放之于越殺陳孔奐惡楚子也惡其滅人之國放有罪之人反殺無辜之臣故實是楚子而言師

疏惡楚子也○釋曰惡之者謂滅人之國又招有罪而放之與無辜反殺之有三事之惡故貶而稱師也傳知是楚子者以九年經叔弓會楚子於陳知滅陳亦是楚子但。爲惡之故貶稱師也不貶稱人而言師者以楚特彊滅國著其用大衆故云師若貶之稱人嫌是賤者故不言人矣

○葬陳哀公不與楚滅閔公。也滅國不葬閔楚夷狄以無道滅之故書葬以存陳

疏。滅。國○釋曰。滅國不葬今書葬者以楚夷狄無道滅人閔陳之滅故書葬以存之

九年春叔弓會楚子于陳○許遷于夷以自遷爲文而地者許復見也夷許地徐邈曰許十八年又遷于白羽許比遷徙所都無常居處。薄。淺如一邑之移故略而不月不得從國遷常例○復扶又反見賢遍反

疏注故略而不月○釋曰僖元年夏六月邢遷于夷儀三十一年十二月衞遷于帝丘皆書月而許遷不月故知是略也

○夏四月陳火○火左氏作災國曰災邑曰火火不志此何以志閔陳而存之也陳已滅矣猶書火者不與楚滅也不可以方全國故不云災何休曰月者閔之

疏國曰災至存之也○釋曰傳言火不志則是無例而云國曰災邑曰火者火不合志志者皆義有所見此書者以見不與楚滅義在存陳也陳滅不可以比全國故以邑錄之既以

邑錄之則不得與國同文國邑文既不同傳宜顯變例故云國曰災邑曰火○秋仲孫玃如齊○玃俱縛反○冬築郎囿○囿音又舊于目反苑也

十年春王正月○夏齊欒施來奔○秋七月季孫意如叔弓仲孫玃帥師伐莒○戊子晉侯彪卒○彪彼虯反○九月叔孫婼如晉月者為下葬晉平公起○為于偽反○葬晉平公○十有二月甲子宋公成卒不書冬甯所未詳○成音城

疏十有至成卒○釋曰何休云去冬者蓋昭娶吳孟子之年故貶之范既不注或是闕文也

十有一年春王二月叔弓如宋○葬宋平公晉獻公以殺世子申生故不書葬宋平公殺世子痤而書葬何乎何休曰痤有罪故也痤之罪甯所未聞鄭莊公殺弟而書葬以段不弟也何氏將以理例推之然則段不弟也故不書弟痤若不子亦不應書世子書世子則痤之罪非不子明矣○痤在禾反不弟大帝反又如字下不弟同疏注晉獻至明矣○釋曰晉獻公殺世子申生故不書葬痤若無不子之行而平公殺之所以書葬者申生賢孝遇讒而死故黜獻公之葬痤雖無不子之文微有小罪故不黜宋公之葬若然范云甯所未聞者不直取何休之說故云未聞范以與何說異者何休意直謂痤有罪如鄭段之比故平公書葬不論罪之輕重范意以鄭段至逆經不言弟痤若不子亦不應云世子既云世子明無至逆故不從何說而云未聞今以罪輕重解之與何休異○夏四月丁巳楚子虔誘蔡侯般殺之于申何為名之也據諸侯不生名○虔其然反或作乾侯般音班疏注據諸侯不生名○釋曰十六年楚子誘戎蠻子殺之不名所以不據之以明於例而總云諸侯不生名

者以傳於鄭伯髡原之卒亦言諸侯不生名者。又恐華戎異例故注以廣問衆例言之

夷狄之君誘中國之君而殺之故謹而名之也稱時稱月稱日稱地謹之也蔡侯般弑父之賊此人倫之所不容王誅之所必加禮凡在官者殺無赦豈得惡楚子殺般乎若謂夷狄之君不得行禮于中國者理既不通事又不然宣十一年楚人殺陳夏徵書不言入傳曰明楚之討有罪也似若上下違反不兩立之說嘗試論之曰夫罰不及嗣先王之令典懷惡而討丈夫之醜行楚虔滅人之國殺人之子伐不以罪亦已明矣莊王之討徵舒則異於是矣凡。罰當其理雖夷必申苟違斯道雖華必抑故莊王得爲伯討齊侯不得滅紀趙盾救陳則稱師以大之靈王誘蔡則書名以惡之所以情理俱暢善惡兩顯豈直夷狄之君討中國之亂哉夫楚靈王之殺蔡般亦猶晉惠之戮里克雖伐弑逆之國誅有罪之人不獲討賊之美而有累譏之名者良有以也○得惡烏路反下以惡之豈直惡同陳夏戶雅反醜行下孟反罰當丁浪反又如字趙盾徒本反有累力僞反

疏夷狄之至謹之也○釋曰注凡罰當其理雖夷必申苟違斯道雖華必抑似華。討罪事同傳云夷狄之君誘中國之君而殺之故謹而名之又似華戎事異者據此傳意就討不以罪之內則華夷不同注意言但罰當其理者則華夷不異知然者傳以春秋書誘有二皆楚子所爲其罪或名或不名據此二文詳略知誘中國君與夷狄君異也注故莊王得爲伯討齊侯不得滅紀明討得其罪者則華夷不異可知也○注蔡侯至以也○釋曰殺父者謂襄三十年蔡世子般弑其君。故是也禮凡在官者殺無赦禮記檀弓文兩立之說謂兩理皆立之說所以謂之兩理者楚殺徵舒則傳云討有罪楚殺蔡般則傳云夷狄。有中國之君故名之同論楚討二者意異故云兩理也又解兩立之說謂兩事立說或以爲不字下讀云不兩立之說謂事不得兩立恐非也又云伐弑逆之國謂蔡也誅有罪之人謂里克也而有累譏之名者晉殺其大夫里克傳云稱國以殺罪累上也是謂晉惠也楚子誘蔡侯傳曰謹而名之是謂楚靈也

○楚公子棄疾帥師圍蔡○五月甲

申夫人歸氏薨昭公母胡女歸姓○大蒐于比蒲夏而言蒐蓋用秋蒐之禮八年秋蒐于紅傳曰正也。比。月大蒐。人。衆器械有踰常禮時有小君之喪不譏喪蒐者重守國之衛安不忘危○比音毗械戶戒反疏注夏而至忘危○釋曰傳稱夏曰苗秋曰蒐今五月大蒐自是用秋蒐之禮而云蓋者以傳無文解故云蓋以示疑也注又引傳曰正也今以失時之蒐故引正以譏不正也○仲孫貜會邾子盟于祲祥祲祥地也○祲子鴆反○秋季孫意如會晉韓起齊國弱宋華亥衛北宮佗鄭罕虎曹人杞人于厥慭厥慭地。也○佗大何反慭魚覲反又五轄反○九月己亥葬我小君齊歸齊諡○冬十有一月丁酉楚師滅蔡執蔡世子友以歸用之僖十九年邾人執繒子用之傳曰用之者叩其鼻以衈。血惡之故謹而日之○叩音口衈音二惡烏路反下文及注同疏注故謹而日之○釋曰傳例滅中國日則此書日為滅而云惡用蔡世子友故謹而日之者滅國書日傳例以明用人書日其文未顯注嫌用之不得蒙日故特言之其實二者皆當日又檢經上下執例日則書日為惡故云謹而日之也左氏以為用之殺蔡世子祭岡山公羊以為用之築城今范引僖十九年傳則用之祭社也○此子也喪稱子其曰世子何也不與楚殺也一事注乎志。所以惡楚子也一事輒注而志之也何休曰即不與楚殺當貶楚爾何故反貶蔡稱世子邪鄭君釋之曰滅蔡者楚子也而稱師固已貶矣楚子思啓封疆而貪蔡誘殺蔡侯般冬而滅蔡殺友惡其淫放其志殺。○國二君以取其國故變子言世子使若不得其君終疏此子至子也○釋曰世子父沒仍得稱世子母弟兄死而不得稱弟者世子繼體之名父雖沒若意有所見則亦得稱之母弟者對兄沒則寵名棄矣故不得稱弟○注滅蔡者楚子○釋曰經稱公子棄疾帥師圍蔡鄭知是楚子者以棄疾若貶當云楚人今貶而稱師故知楚子也又傳云惡楚子也明非

棄疾然則惡楚子變文云世子者以楚四年之中滅兩國殺二君自謂得志若遂其凶暴是表中國之衰申夷狄之彊故抑之使若不得其君故云世子也

十有二年春齊高偃帥師納北燕伯于陽三年所奔齊者高傒玄孫齊大夫也陽燕別邑不言于燕未得國都也

納者內不受也燕伯之不名何也據義不可受則應名。而絕之 疏 傳燕伯之不名何也○釋曰楚人圍陳納頓子傳曰納者何內弗受也彼稱納而不名衛侯入于夷儀亦不書名則不書名乃是常事而傳怪燕伯不名者衛侯朔入于衛傳曰朔之名惡也則諸侯有惡出入皆名北燕伯亦出入宜名但不以高偃挈之故直出書名而已頓子不名者為楚微者所納故亦不名衛侯入于夷儀不名者以復歸有名故未入國略而不名也鄭伯突亦未入國書名者以後不書復歸故入櫟書名也

不以高偃挈燕伯也邵曰公子遂以去公子為挈燕伯以書名為挈者臣宜書名故須去公子乃為挈君不可名而以臣名君者不待去燕伯則為挈也是以目燕伯而不書名所以不與高偃挈之○挈苦結反以去起呂反○

三月壬申鄭伯嘉卒○夏宋公使華定來聘○公如晉至河乃復季孫氏不使遂乎晉也 疏 季孫氏○釋曰不言意如而云氏者欲見累世譖公故也○五月葬鄭簡公○楚殺其大夫成虎○秋七月○冬十月公子慭出奔齊○慭魚靳反○楚子伐徐○晉伐鮮虞其曰

晉狄之也其狄之何也不正其與夷狄交伐中國故狄稱之也鮮虞姬姓白狄也地居中山故曰中國夷狄謂楚也何休曰春秋多與夷狄並伐。何以不狄也鄭君釋之曰晉不見因會以綏諸夏而伐同姓貶之可也狄之大重晉為厥慭之會實謀救蔡以八國之師而不。救楚終滅蔡今又伐徐晉不糾合諸侯以遂前志舍而伐鮮虞是楚而不如也故狄稱之焉厥慭之會穀梁無傳鄭君之說似依左氏甯所

未詳是穀梁意非○見賢偏反諸夏戶雅反舍音捨【疏】夷狄交伐○釋曰麋信云夷狄交伐謂楚伐徐晉伐鮮虞是也范云夷狄謂楚也則與麋信不異耳○注鮮虞至意非○釋曰鮮虞姬姓白狄也者世本文也云甯所未詳是穀梁意非者疑鄭以厥慭之會謀救蔡者作穀梁意也若然范荅薄氏亦言楚滅陳蔡而晉不能救棄盟背好交相伐攻者范意以楚滅陳蔡晉不能救者不據厥慭之會故也

十有三年春叔弓帥師圍費○費音祕○夏四月楚公子比自晉歸于楚弒其君虔于乾溪乾溪楚地○溪苦奚反【疏】于乾溪○釋曰左氏以爲田獵于乾溪公羊以爲作乾溪臺三年不成范云乾溪楚地則從左氏也

自晉晉有奉焉爾歸而弒不言歸言歸非弒也傳例曰歸爲善自某歸次之然則弒君不得言歸比不弒之一驗也【疏】自晉至焉爾○釋曰重發傳者楚比之歸歸寔非弒嫌自亦非晉力故復明之歸一事也弒一事也而遂言之以比之歸弒比不弒也歸弒其事各異自宜別書之而今連言之是比之歸遇君弒爾比不弒之二驗也【疏】注自宜別書之○釋曰齊小白入于齊齊人取子糾殺之齊陽生入于齊齊陳乞弒其君荼彼各異書明知此亦宜別書之弒君者日不日比不弒也據文元年丁未楚世子商臣弒其君髡日此不日比不弒之三驗也○髡苦門反【疏】弒君者○釋曰弒君日不辨嫡庶者中國死者正則日不正不日是楚不關中國之例故范注引商臣爲證也○當上之辭也者謂不稱人以殺而云公子棄疾殺公子比如王札子殺召伯毛伯也

○楚公子棄疾殺公子比當上之辭也當上之辭者謂不稱人以殺乃以君殺之也稱人以殺謂若衛人殺祝吁于濮是也今比寔不弒故以君殺大夫之辭言之○吁香于反濮音卜討賊以當上之辭殺非弒也寔有弒君之罪則人人皆欲殺宜稱

人以殺之今言楚公子棄疾殺公子比明棄疾所殺非弒君之人比之不弒四驗也比之不弒有四上四事取國者稱國以弒若比欲取國而。殺君者當直云楚比弒其君虔不應言公子也若衛祝吁弒其君完齊無知弒其君諸兒之類是也楚公子棄。疾殺公子比比不嫌也今棄疾殺之又言殺公子比不言弒其君是比無欲爲君之嫌春秋不以嫌代嫌不以亂治亂之義棄。疾主其事故嫌也比實無弒君之罪而主殺之者是棄疾欲爲君之嫌疏比不至故嫌也○釋曰比歸稱公子今棄疾殺之亦云公子不言弒其君是比無欲爲君之嫌異于無知祝吁之類也然無知祝吁有嫌此亦不稱君未踰年之主例不得稱君以。稱公子則異于祝吁之類齊公子商人弒舍雖未踰年欲成商人之罪而稱君若成棄疾之罪亦應稱君故范決其不言弒。其君也春秋不以嫌代嫌者謂比歸而遇弒雖則無嫌棄疾之意亦以比欲爲君之嫌而殺之是棄疾以比爲嫌棄疾殺比而自立亦是嫌也今棄疾不以國氏者不以嫌代嫌故也若以嫌代嫌而當云楚棄疾殺公子比也但由不以嫌代嫌故存棄疾之氏耳棄疾主其事故嫌也傳言此者棄疾殺比理實有嫌但爲不以嫌代嫌故經無其事傳以棄疾經無嫌文故云棄疾主其事故嫌也主其事者主殺比之事也○秋公會劉子晉侯齊侯宋公衛侯鄭伯曹伯莒子邾子滕子薛伯杞伯小邾子于平丘平丘地也八月甲戌同盟于平丘公不與盟公以再如晉不得入故不肯與盟○與音豫同者有同也同外楚也公不與盟者可以與而不與譏在公也其日善是盟也公不與盟當從外盟不日今日之善其會盟因楚有難而反陳蔡之君○有難乃旦反疏注當從外盟不日○釋云。外盟不日者隱八年傳曰外盟不日此其日何也諸侯之參盟於是始故謹而日之是非始則不日也晉人執季孫意如以歸以公不與盟故公至

自會○蔡侯廬歸于蔡○陳侯吳歸于陳八年楚滅陳十一年楚滅蔡諸侯會而復之故言歸善其成之
會而歸之故謹而日之二國獲復此盟之功也故於其歸追述前盟謹日之意以美諸侯存亡繼絶非謹陳蔡歸國之日也於盟則發
謹日之美於歸則論致美之義【疏】注於盟至之義○釋曰注言此者解傳稱謹而日之意也於盟則發謹而日之美者謂傳稱其日善是盟是也於歸論致
美之義者謂傳云善其成之會而歸之故謹而日之是也此未嘗有國也使如失國辭然者不與楚滅也【疏】
使如至滅也○釋曰傳言此者據其稱爵言歸同於舊有國之例也不與楚滅也謂不與楚滅故以失國辭言之不言復歸者雖同失國之辭實未嘗有國故
不得言復歸也公羊傳云此滅國也其言歸何不與諸侯專封也其意不與諸侯專封故使若有國自歸者穀梁以此會劉子在焉楚以無道滅二國諸侯王
命存之不得云不與諸侯專封也故以爲善其成之會而歸之狀同舊有國然且又不與楚滅故也○冬十月葬蔡靈公變之不
葬有三變之謂改常禮春秋之常小國夷狄不葬【疏】注變之至不葬○釋曰彼不赴我不會及小國與夷狄不書葬者也舊史之常也言變之言不
葬者謂舊合書葬有故而仲尼改之也小國不葬曹許之書葬者小國謂附庸之屬非曹許也失德不葬無君道弒君不葬謂不討賊
如無臣子滅國不葬無臣子也然且葬之不與楚滅且成諸侯之事也蔡靈公弒逆無道以致身死國滅不
宜書葬書葬者不令夷狄加乎中國且成諸侯興滅繼絶之善故葬之○令力呈反○公如晉至河乃復○吳滅州來【疏】
失德至事也○釋曰此言失德不葬宋共書葬者由賢伯姬故書其葬也弒君不葬春秋所以有弒君書葬者弒君賊不討之不書葬是正也其書葬者皆意
有所見也蔡景不忍使父失民於子陳靈公明外之討賊蔡昭以盜名不見若殺微人不足可錄其衞桓齊襄二人並討賊故皆書葬也滅國無臣子不葬是

其正也書之者亦意有所見此見不與楚滅蔡且成諸侯之事八年陳哀公書葬者亦見不與楚滅閔陳而存之也

監本附音春秋穀梁注疏昭公卷第十七

穀梁注疏卷十七校勘記

阮元撰盧宣旬摘錄

昭公

余本卷第十單疏本同

元年

二月取鄆　閩監毛本同石經二作三是也

晉荀吳帥師敗狄于太原　閩監本同石經毛本太作大釋文出大原云下及注同

二年

受制疆臣　閩毛本疆改彊是也監本作愛制疆臣尤誤

故經言有疾而別之　閩監毛本同單疏本而作以

惡季孫宿　閩監毛本同單疏本上有此云二字

安得謂之譖公者　閩監毛本同單疏本謂作爲

三年

夏叔至成公　閩監毛本同單疏本作五月葬滕成公

四年

注雪或爲雹 閩本同監毛本脫此五字

爲齊討也 石經閩本同監毛本討誤封

欲行霸者之事 閩監毛本同單疏本霸作伯

五年

以其地來也 余本閩監毛本同石經無其字

狄人謂賁泉失台 案襄公五年疏賁作蚡失台作矢胎

以用狄道也 閩監毛本同單疏本以作似是也

六年

冬薳罷帥師伐吳 閩監毛本同石經余本冬作楚不誤

七年

平者成也 石經閩監毛本同余本脫此四字

故發明之㛂亦受命也 閩監毛本同單疏本明之作之明

鄉曰衞齊惡 石經閩監毛本同釋文出嚮云本亦作鄉八年同

欲使重父命也父受命名于王父 閩監毛本同余本使下有人字無下命字

則聽王父之命名之 閩監毛本同余本聽作稱

若卒哭而後 閩監毛本同單疏本而作以

八年

比云陳世子者 閩監毛本同單疏本比作此

兄弟不得以屬通 閩監毛本同石經余本兄弟作弟兄

陳侯溺卒 石經閩本同監毛本脫侯字釋文出侯溺

楚人執陳行人干徵師殺之 石經閩監本同毛本干誤于

怨接於上也 補此下有疏文誤在下經陳公子留出奔鄭下

稱人至上也 此疏閩監毛本在上傳怨接于上也下何校本上有傳字

重發傳者 自此至發傳以同之并經文陳公子留出奔鄭七字閩本闕監本剜增故此半頁獨十行

狩則主爲游戲 監毛本同閩本缺戲字

通帛旃 閩監毛本同余本帛下有爲字是也

或爲褐閩本同監毛本爲誤作釋文出爲褐

各去門邊空握閩監毛本同余本空作容

鞶挂則不得入門閩監毛本同案釋文出挂也云戶卦反又音卦礙也與今本不同疑陸氏所據本鞶挂下有也挂二字

揜禽旅石經閩監毛本同釋文揜本亦作俺○按俺當是掩之誤

惡虐幼小閩監毛本同余本小作少案釋文出幼少音詩召反余本是也

謂之毛布覆之閩監毛本同單疏本謂作爲

足令車通閩本同監毛本令誤合

謂建旃表門之旒閩監毛本同單疏本旒作流

但爲惡之閩監毛本同單疏本爲作是

閔公也閩監毛本同石經余本公作之

滅國○釋曰閩監毛本同單疏本滅國作傳閔之也四字釋曰下有傳解二字

九年

居處薄淺閩監毛本同余本薄淺作淺薄

十年

故貶之 閩本同監毛本脫之字

十有一年

亦言諸侯不生名者 閩監毛本同單疏本無者字

凡罰當其理 閩本同監毛本罰誤討釋文出罰當

似華討罪事同 閩監毛本同單疏本華下有夷字

弑其君故 補毛本故作固案襄三十年經是固字

夷狄有中國之君 閩監毛本同何煌云誘誤有

比月大蒐人衆器械 閩本同余本比作此監毛本月作蒲人衆作衆人

厥憖地也 閩監毛本也作名

叩其鼻以衈血 僖九年傳血作社注云取鼻血以釁祭社器

一事注乎志 石經閩本同監毛本注誤註注同釋文出注乎

其志殺○國二君以取其國 閩監毛本○作蔡何校本作一

十有二年

則應名而絶之 閩監毛本同余本而作以

春秋多與夷狄並伐 閩監毛本同余本下有者字

而不救 閩監毛本同余本不下有能字

范意以楚滅陳蔡 閩監毛本同單疏本意作云

十有三年

當上之辭也者 十行本此下疏在弑君者一段内單疏本同閩監毛本刪者字以當上之辭也五字爲標起止下增○及釋曰二字移屬注文故以君殺大夫之辭言之下

楚公子棄疾殺公子比 閩監毛本同石經棄作弃下同

若比欲取國而殺君者 閩監毛本同何校本殺作弑

以稱公子 閩監毛本脱稱字

故范決其不言弑其君也 閩本同監毛本弑作殺

外盟不日者 閩監毛本同何校本上有知字

於歸論致美之義者　閩本同監毛本義作意非

失德至事也　此疏十行本在吳滅州來下閩監毛本在注故葬之下何校本上有傳字

穀梁注疏卷十七校勘記

范甯集解　楊士勛疏

十有四年春意如至自晉大夫執則致致則名意如惡然而致見君臣之禮也大夫有罪則宜廢之既不能廢不得不盡爲君臣之恩故曰見君臣之禮○見君賢偏反 疏 大夫執則致○釋曰重發傳者單伯書字意如則書名嫌又無罪以見三者義異故各發傳也 ○三月曹伯滕卒○夏四月○秋葬曹武公○八月莒子去疾卒○去起呂反 疏 八月至疾卒○釋曰不正前已見訖今卒書月莒行夷禮故無嫡庶之異 ○冬莒殺其公子意恢○恢苦回反 言公子而不言大夫莒無大夫也莒無大夫而曰公子意恢意恢賢也曹莒皆無大夫其所以無大夫者其義異也曹叔振鐸文王之子武王封之于曹在甸服之內後削小爾莒己姓東夷本微國○振鐸之愼反下大各反甸徒偏反已姓音已一本又音祀 疏 曹莒至異也○釋曰傳言此者總而言之則小國無大夫也就事而釋則曹莒有異故傳辨之○注曹叔至之國○釋曰曹是文王之子封於曹者世本文在甸服之內者定四年左傳文

十有五年春王正月吳子夷末卒○末亡葛反 ○二月癸酉有事于武宮籥入叔弓卒去樂卒事君在祭樂之中聞大夫之喪則去樂卒事禮也祭樂者君在廟中祭作樂○籥由若反去起呂反 疏 禮也○釋曰禮則不疑而曰有變以聞可乎似有嫌嫌則非禮非禮何以言禮也解云祭祀重禮國之大事一物不具則爲失所以卿佐

之卒而闕先君之樂而不止祭嫌有失禮釋之復言可乎問言禮意君在祭樂之中大夫有變以聞可乎變謂大死喪

夫國體也君之卿佐是謂股肱故曰國體古之人重死君命無所不通死者不可復生重莫大焉是以君雖在祭樂之

中大夫死以聞可也○復扶又反**疏**君命至不通○釋曰解命告也大夫與君一體情無疑二祭祀雖重以卒告君君當哀其喪而止祭不得以輕廢重

故死可以聞也○夏蔡朝吳出奔鄭朝吳蔡大夫○六月丁巳朔日有食之○秋晉荀吳帥

師伐鮮虞○冬公如晉

十有六年春齊侯伐徐○楚子誘戎蠻子殺之楚子不名戎蠻子非中國故○夏公至自晉

○秋八月己亥晉侯夷卒○九月大雩○季孫意如如晉**疏**意如如晉○釋曰何以在葬上解。去有本末事書前後文不得同○冬十月葬晉昭公

十有七年春小邾子來朝○朝直遙反○夏六月甲戌朔日有食之○秋郯子來朝

○八月晉荀吳帥師滅陸渾戎滅夷狄時潞子嬰兒賢則日此月者蓋亦有殊于常戎○冬有星孛于大

辰一有一亡曰有于大辰者濫于大辰也劉向曰大辰者大火也不曰。孛于大火而曰大辰者謂濫于蒼龍之體不

獨加大火○星孛蒲內反孛于本又作茀音佩○楚人及吳戰于長岸長岸楚地兩夷狄曰敗夷狄不能結日成陳故曰

敗於越敗吳。于。檇李是也○曰敗必邁反下文及注同成陳直刃反檇李音醉中國與夷狄亦曰敗晉荀吳敗狄于大鹵是也楚人

及吳戰于長岸進楚子故曰戰【疏】進楚子故曰戰○釋曰何嫌以發解戰言。及所以別客主不施直不言及或在上或在下案宋襄伐齊云及在上所以惡宋襄宣十二年邲之戰楚言及在下所以不惡楚者據無罪言之直用兵得理則客直今楚稱及而在上與邲戰之義反嫌惡楚而善吳吳以伯舉有辭序上稱及以罪楚今兩夷言戰有違常例二國曲直得失未分故須起例。以明之

十有八年春王三月曹伯須卒○夏五月壬午宋衛陳鄭災其志以同日也其日亦以同日也或曰人有謂鄭子產曰某日有災子產曰天者神子惡知之是人也同日爲四國災也○惡音烏【疏】其志至同日○釋曰二文釋何解襄九年宋災傳曰故宋也明。之災得書之由然則宋常錄三國事非常也故傳曰同日也解衛陳鄭得書之意以此故復問外災不日之義見同日故不得不兩文釋之鄭子產之言明天時人事報應有驗重其同日故經書其文傳載其事劉向以爲宋陳王者之後衛鄭周之同姓時景王在劉子單子事王猛召氏尹氏立王子朝朝楚之出也及宋衛陳鄭皆外附於楚無尊周室之心後三年崩王室亂故天災四國若曰不救反從楚廢世子言不正以害王室明以同辜○六月邾人入鄅○鄅音禹又音矩○秋葬曹平公○冬許遷于白羽白羽許地

十。有九年春宋公伐邾○夏五月戊辰許世子止弑其君買曰弑正卒也蔡世子般實弑父故以比。之夷狄而不書日止弑而日知其。弑止不弑則買正卒也正卒則止不弑也不弑而曰弑責止也責止不嘗藥【疏】正卒至責止也○釋曰責止則實寶文不可虛加而復書葬以赦。何解止進藥之罪不由於醫罪連於許君故書殺責止止實不弑宜書葬以

赦之春秋子弒父皆非子失教訓之道獨於此見之何有義而然因其可責而責之若商臣蔡般之流行同禽獸不得爲小人非可責之限故傳詳例於此

止曰我與夫弒者不立乎其位以與其弟虺止自責曰我與弒君之人同罪於是致君位於弟○與夫音豫又如字下音扶虺許鬼反哭泣歠飦粥嗌不容粒嗌喉也○歠昌悅反又常悅反飦之然反又居言反粥也粥之六反嗌音益咽喉也容粒音立未踰年而死故君子即止自責而責之也就其有自責心故以備禮責之○己卯地震○秋齊高發帥師伐莒○冬葬許悼公日卒時葬不使止爲弒父也曰子既生不免乎水火母之罪也羈。貫成童不就師傅父之罪也羈貫謂交午翦髮以爲飾成童八歲以上○羈又作羇貫古亂反就師學問無方心志不通身之罪也心志既通而名譽不聞友之罪也名譽既聞有司不舉有司之罪也有司舉之王者不用王者之過也不敢罪上故言過許世子不知嘗藥累及許君也許君不授子以師傅使不識嘗藥之義故累及之○累劣僞反

二十年春王正月○夏曹公孫會自夢出奔宋自夢者專乎夢也能專制夢自夢無工反○又亡忠反又亡弄反本或作蒝左氏作鄸曹無大夫其曰公孫何也言其以貴取之而不以叛也會以公孫之貴而得夢既而不以之叛明曹君無道致令其奔非會之罪故書公孫以善之○令力呈反

疏曹無大夫○釋曰再發傳者何解前崇曹羈之殺此重公孫之奔奔殺異辭而同例發明明其俱賢而得書明小國無大夫也○秋盜殺衛侯之兄輒盜賤也其曰兄母

兄也目衛侯衛侯累也覲曰諸侯之尊弟兄不得以屬通經不書衛公子而目言衛侯之兄者惡其不能保護其兄乃爲盜所殺故稱至賤殺至貴○惡其烏路反【疏】盜賤也○釋曰復發傳何解殺大夫稱人者謂誅有罪故盜殺三卿云不以上下道明大夫之例母兄之殺宜繫於君自殺也不能保存母兄令爲盜所殺故書兩下之文以至賤而殺至貴故不得言上下道稱盜雖同本事例異故發傳也然則何爲不爲君也嫡兄宜爲君○嫡丁歷反曰有天疾者不得入乎宗廟輒者何也曰兩足不能相過齊謂之綦楚謂之踂衛謂之輒。○綦音其又其冀反劉兆云綦連併也踂女輒反劉兆云聚合不解也輒本亦作縶劉兆云如見絆縶也

○冬十月宋華亥向寧華定出奔陳徐邈曰月者蓋三卿同出爲禍害重也君以臣爲體民以君爲命凡爲憂者大害民處甚春秋皆變常文而示所謹非徒足以見時事之實亦知安危監戒云耳○處昌慮反以見賢徧反○十有一月辛卯蔡侯廬卒【疏】注月者至害重也○釋曰宋萬以一卿而詳之又弟辰以五大夫而不月何解宋萬乃出月見宋人不討賊致令得奔故謹而月之弟辰爲仲佗所彊元無去意爲患輕故不月

二十有一年春王三月葬蔡平公○夏晉侯使士鞅來聘○宋華亥向寧華定自陳入于宋南里以叛自陳陳有奉焉爾入者內弗受也其曰宋南里宋之南鄙也以者不以者也叛直叛也言不作亂【疏】自陳至焉爾○釋曰復發傳何解從外之叛而加自自竇有力嫌其言自叛不由外納力復言內弗受也與入邑異例不受爲同復言以有嫌異於竊地者故發例同之○注言不作亂○釋曰則作亂不得言叛當以作亂書欒盈良霄是

也傳言叛是與作亂是也○秋七月壬午朔日有食之○八月乙亥叔輒卒叔弓之子○冬蔡侯東出奔楚東者東國也何爲謂之東也王父誘而殺焉楚子虔誘蔡侯般殺之于申○蔡侯東左氏及公羊作蔡侯朱父執而用焉執蔡世子友以歸用之是也奔而又奔之曰東惡之而貶之也奔既奔矣又奔雖國惡莫大焉○惡之烏路反○公如晉至河乃復

二十有二年春齊侯伐莒○宋華亥向寧華定自宋南里出奔楚自宋南里者專也專制南里○大蒐于昌間○間如字一音簡秋而曰蒐此春也其曰蒐何也以蒐事也

疏秋而至蒐事○釋曰何以發傳於此解大蒐有五八年發例見正譏不正比蒲之蒐在夏之末承秋之初尚可以蒐則承春之首不可之甚故須發傳以彰甚也

○夏四月乙丑天王崩○六月叔鞅如京師○葬景王叔鞅叔弓子天子志崩不志葬志葬危不得以禮葬也月者亦爲葬景王起○亦爲于僞反

疏六月葬景王○釋曰何以不書日解傳言日甚矣其不葬之辭恐其甚之不明日以起之今經言王室亂則甚之可知故省文也

王室亂亂之爲言事未有所成也尹氏立子朝劉氏單氏立王猛俱未定也劉子單子以王猛居于皇皇地○單音善以者不以者也王猛嫌也直言王猛不言王子是有當國之嫌

疏以者不以者也○釋曰復發傳何解劉單王之重卿猛王之庶子以貴制庶嫌其義別。起例以詳之也

○秋劉子單子以王猛入于王城以者不以者也入者內弗受也猛非正也○冬十月王子猛卒此不卒者也未成

君也其曰卒失嫌也猛本有當國之嫌卒則失嫌故錄之其疏失嫌也○釋曰經言王猛以王爲尊何以言當國解春秋以王爲國若言齊晉今言王猛不言子與無知同文故曰當國也○十有二月癸酉朔。日有食之

二十有三年春王正月叔孫婼如晉○癸丑叔鞅卒○晉人執我行人叔孫婼

○晉人圍郊郊周邑也○夏六月蔡侯東國卒于楚不日在外也以罪出奔又奔讎國故不葬疏注不日在外也○釋曰案諸侯之卒不日以明庶不以外爲異傳曰諸侯時卒惡之今東國奔讎何以書月解許。用新臣卒上言伐楚下言卒無明其在楚庶子而卒卒而不日書時在外文不明故也蔡侯肸在內而卒卒不書日傳曰惡之今蔡侯東國上言東以貶之下言卒於楚諸侯之奔例不書卒今蔡侯之卒見奔讎國而死惡之可知以在外以明惡故書月以顯之○注又奔讎國故不葬○釋曰諸侯奔死於。外國例不卒何直不葬有義而然諸侯不卒則已卒宜有葬葬不書者義有所見義不必同或從失德今蔡侯不卒卒於讎國書卒而不葬○秋七月莒子庚輿來奔○戊辰吳敗頓胡沈蔡陳許之師于雞甫雞甫楚地○雞甫左氏作雞父胡子髡沈子盈滅國雖存君死曰滅○髡苦門反盈本亦作逞。中國不言敗此其言敗何也據宣十二年晉荀林父及楚子戰于郯晉師敗績不言楚敗晉師疏中國不言敗○釋曰釋其滅案經戰于韓獲晉侯戰于大棘宋師敗績獲華元中國不言敗直言戰于雞甫敗頓胡沈蔡陳許之師胡子髡沈子盈滅。定以言敗解言楚人及吳戰于長岸傳曰進楚子然則郯之戰直在楚以中國不言敗今吳無進稱爲夷狄故不稱戰及敗績以。釋其滅足賢胡沈之君亦明吳之不進也中國不敗胡子髡沈子盈其滅乎其言敗釋其滅也若師不敗則君無由滅也賢。胡沈之君死社稷獲陳夏齧

獲者非與之辭也賢夏鬵雖獲不病以其得衆也義與華元同○夏戶雅反鬵五結反【疏】注與華元同○釋曰國書亦然而無傳釋而經文有異何得稱同解華元有故而止文雖不同明賢之義不別國書文同而義同也上下之稱也君死曰滅臣得曰獲君臣之稱○之稱尺證反注之稱同

○天王居于狄泉敬王辟子朝狄泉周地○辟音避始王也其曰天王因其居而王之也天子踰年即位稱王敬王踰年而出故曰始王雖不在國行即位之禮王者以天下爲家故居于狄泉稱王

尹氏立王子朝隱四年衛人立晉傳曰稱人以立得衆也此言尹氏立朝唯尹氏欲立之【疏】始王至之也○釋曰注云天子踰年即位稱王敬王踰年而出故曰始王天子之稱天王是常例也而傳云始王注云踰年者未通此傳之意解子猛當國朝亦非正景王以三十一年夏四月崩六月葬劉單二子以王猛居于皇復入王城冬而猛卒至今敬王踰年而既葬所繼者承景王之崩不繼者承王猛之卒是年七月敬王立當踰年既葬之例此歲尹氏立子朝將圖神器天下兇懼其主無雖復常稱其所在著其始王也立者不宜立者也朝之不名何也據晉之名惡今朝亦惡怪不直名而言王子○惡烏路反下同別嫌乎尹氏之朝也若但言尹氏立朝則嫌朝是尹氏之子故言王子以別之○別彼列反【疏】立者至者也○釋曰重發傳何解衛晉得衆言立嫌非所宜此子朝失衆獨在尹氏故言立以著不宜文同而義異故復發傳別嫌乎尹氏之朝○注云嫌朝是尹氏之子○釋曰夫國之大事莫善繼統繼統之道勿慼嫡胄繼無承重宜擇立其次故單子劉子立猛文稱當國其次子無命故獨言立言立彰不宜明有簒王之意今周室雖衰鼎命在上四方諸侯知一人之貴繼成康之道滅典法之文存祭號大名不可虛置巍巍聖寶寧得空假鄫以區區之小而以外孫爲嗣書其滅亡以爲將來之戒況天下重任豈得異姓尹氏不擇天道不達人事不自立其子當有同心之授不義之罪御假一朝之勢以集四海之士此理灼然而愚夫之所不或何爲孔子書經游

夏爲傳經於不疑之中而彊生疑於無嫌之義而巧出嫌恐朝爲尹氏之子爲當有旨解周室大亂骨肉乖離故王猛有篡奪之心單劉懷翼戴之志敬王孤立猛卒之後而朝逆尹氏之世卿婚媾王室禍亂之基固可奪之初自立或招乘釁之衆集負險之民堅冰之際或有无妄之會經別嫌尹氏不亦宜乎衰亂之世何所不爲鄫立異姓周亦致疑疑而須別別嫌立朝者此其旨矣○八月乙未地震○冬公如晉至河公有疾乃復疾不志此其志何也釋不得入乎晉也疏有疾至晉也○釋曰解公之如晉四不得入假言有疾實由季孫之不入今實有疾別於無疾而反也

二十有四年春王二月丙戌仲孫貜卒○婼至自晉大夫執則致致則挈由上致之也上謂宗廟也致臣于廟則直名而已所謂君前臣名○挈苦結反○夏五月乙未朔日有食之○秋八月大雩○丁酉杞伯郁釐卒○釐力之反○冬吳滅巢○葬杞平公

二十有五年春叔孫婼如宋○夏叔倪會晉趙鞅宋樂大心衛北宮喜鄭游吉曹人邾人滕人薛人小邾人于黃父○有鸜鵒來巢一有一亡曰有來者來中國也鸜鵒不渡濟非中國之禽故曰來○鸜其俱反本又作鸛音權左氏作鸜公羊作鸛鵒音欲濟子禮反疏一有至中國○釋曰重發傳者何解鸜鵒者飛鳥與蜚蟚異稱有爲同故重發傳云來者來中國也何嫌而發解蜚蟚不言來不見所從鱗不言來者欲但於中國不外之鸜鵒穴者而曰巢劉向曰去穴而巢此陰居陽位臣逐君之象也或曰增之也。如增言巢爾其實不巢也雍曰凡春秋記災異未有妄加之文或說

非也○秋七月上辛大雩季辛又雩季者有中之辭也不言中辛中辛無事又有繼之辭也
緣有上辛大雩故言又也○九月乙亥公孫于齊孫之爲言猶孫也諱奔也次于陽州次止
也陽州齊竟上之地未敢直前故止竟也○公孫音遜本亦作遜下同齊竟音境下同疏孫之至奔也○釋曰復發傳何解前發例於夫人今復發例於
公明其同義以別尊卑之辭詳略也齊侯唁公于野井野井齊地齊侯來唁公公逆之至野井唁音彥弔失國曰唁唁公
不得入於魯也疏弔失至魯也○釋曰言弔足以釋之復言不入於魯地則曰唁者彰公失國言不得入魯繼國事之辭言可以書唁而不
詳其文○冬十月戊辰叔孫婼卒○十有一月己亥宋公佐卒于曲棘曲棘宋地邡公
也邡當爲訪訪謀也言宋公所以卒于曲棘者欲謀納公○邡音方又音訪疏注宋公至納公○釋曰案諸侯之卒卒在外書地書地縱不納公何得略
以見義解諸侯卒書地者地有遠近國邑之別故鄵匽非國晉侯因會且而鄭伯未見諸侯之所許男朝楚蔡奔雛國四者書地地有所由今曲棘非國是未
踰竟當從鄵匽之例既明矣釋以謀納公爲義義叶鄵匽而例不異○十有二月齊侯取鄆取鄆以居公取易辭也內
不言取以其爲公取之故易言之也○易以豉反爲于僞反疏取易辭○釋曰與濟西讙闡同異若何解取者易之
辭易辭之義兼內外內之釋雖同同而事辨異異則反覆釋之故曰爲公取之言非季氏之賂忠臣之意非實易辭尊君抑臣與濟西同文前不異外之易者
實易宋取鄭師是也
二十有六年春王正月葬宋元公○三月公至自齊居于鄆公次于陽州其曰

至自齊，何也？據公但至陽州未至齊 【疏】注據公至陽州○釋曰後如晉出致不同傳以見出致解公初至於陽州後如晉乾侯出不同傳以見齊侯為義雖至陽州可以齊致明乾侯之致不見晉侯故下二十九年注云以乾侯致不得見晉侯故

以齊侯之見公，可以言至自齊也。齊侯唁公于野井以親見齊侯為重故可言至自齊 居于鄆者，公在外也。若但言公至自齊而不言居于鄆則。公得歸國欲明公實在外故言居于鄆 【疏】公在外○釋曰又。曰前不外公言外何解言外者據內生名公雖出奔臣子不得外公存錄之如在國在國之文不得實同故言居鄆以別之

至自齊，道義不外公也。至自齊者臣子喜君父得反致宗廟之辭爾今君雖在外猶以在國之禮錄之是崇君之道○

○夏，公圍成。成孟氏邑 非國不言圍，所以言圍者，以大公也。崇大其事 【疏】非國至大公也○釋曰何解凡邑不言圍指小都都之大者則國此文是於三家彊大邑過百乘比之小國國家之患良由此起昭公圍成郈郈人不服而臣之邑不順季氏之權得國之資圍而不克故以大公為文然則定公雖墮三都成人不肯公伐不克故傳以大公釋之書致為異故傳釋之此不致者齊無難公之言不以適齊無為危至如長葛言圍非常見義乃殊故傳不異

○秋，公會齊侯、莒子、邾子、杞伯，盟于鄟陵。鄟陵某地○鄟陵音專又市轉反

公至自會，居于鄆。公在外也。至自會，道義不外公也。【疏】義不外公也○釋曰復發傳何解自齊為虛。致自會為實文與虛致嫌義有殊故發不異也

○九月庚申，楚子居卒。○冬十月，天王入于成周。周有入無出也。始即位非其所今得還復據宗廟是內故可言入若即位在廟則王者無外不言出 【疏】有入無出也○釋曰王也傳言周而復釋何解彼明上下一見則同有出文故言周言周有入無出明天王之身入與出故發傳也

尹氏、召伯、毛伯以王子朝奔楚。遠

矣非也雍曰奔篡君之賊其責遠矣○召上照反篡初患反疏注奔篡至遠矣○釋曰傳言奔直奔也何嫌以發解非也非責之非責其遠矣獨言遠者傳云於周公著例見上下之文然則王子瑕不言出是常文而無大罪則從例可知故省文至於尹氏周室之微弱而日月不誅子朝使之奔不足可責遠矣則刺諸侯諸侯謂宋衛陳鄭外附於楚子朝之舅華戎同心而叛天子不能誅則宜遠責諸侯乃經解傳宜其責遠矣傳既責遠愧奔亦異故曰奔直奔也傳曰奔之惡也惡其奔雖子朝之奔奔雖而曰奔直奔惡諸侯之叛刺其不。殊也奔直奔也

二十有七年春公如齊自鄆行公至自齊居于鄆公在外也疏公在外也○釋曰發傳不同而重起例何解公前孫而至今如齊不言孫反而言至至言居于鄆故傳言公在外也異義而文別故重言例而文省則義同義同亦在外可知也○夏四月吳弑其君僚○僚力雕反○楚殺其大夫郄。宛○宛於阮反又於元反○秋晉士鞅宋樂祁犂。衛北宮喜曹人邾人滕人會于扈○祁犂力兮反又力私反扈音戸○冬十月曹伯午卒○邾快來奔徐邈曰自此已前邾畀我庶其並來奔今邾快又至三叛之人俱以魯爲主邾魯鄰國而聚其逋逃爲過之甚故悉書之以示譏也小國無大夫故但舉名而略其氏○邾快苦夬反畀必二反本或作鼻逋逃布吳反○公如齊公至自齊居于鄆

二十有八年春王三月葬曹悼公○公如晉次于乾侯不得入于晉乾侯晉地疏公如晉○釋曰解與發圍國之文同故傳言公在外也明從鄆如齊不釋言次之言在外亦顯故公在外也○夏四月丙戌鄭伯寧卒○寧下滕子寧皆如字○六月葬鄭定公○秋七月癸巳滕子寧卒○冬葬滕悼公

二十有九年春公至自乾侯居于鄆以乾侯致不得見晉侯故齊侯使高張來唁公唁公不得入於魯也疏唁公至魯也○釋曰復發傳何解前齊侯唁公于野井野井齊地今來唁公于鄆鄆是魯地魯地而言唁言不得入于魯國都魯國都謂宗廟所在唁有遠近人有尊卑君臣同文故重發例也○公如晉次于乾侯○夏四月庚子叔倪卒

季孫意如曰叔倪無病而死此皆無公也是天命也非我罪也言叔倪欲納公無病而死此皆天命使魯無君爾魯公之出非我罪○叔倪五計反又五兮反左氏作詣疏皆無公也○釋曰叔倪之卒事無公而曰皆何解經言宋公佐卒于曲棘傳言邡公也今叔倪復卒傳曰皆無公也○秋七月○冬十月鄆潰潰之爲言上下不相得也上下不相得則惡矣亦譏公也公既出奔不能改德脩行居鄆小邑復使潰亂德之不建如此之甚○潰戶內反惡烏路反又如字行下孟反復扶又反疏潰之至得也○釋曰重發起例何解上下不相得之爲罪與國同故例詳之此年三月次于乾侯來還于鄆冬而鄆潰嫌自潰不責於公故言亦譏公也昭公出奔民如釋重負傳明昭公有過非但季氏之罪

三十年春王正月公在乾侯中國不存公存公故也中國猶國中也疏注中國至中也釋曰曰凡言國中指謂魯也中國指其諸夏諸夏爲中國據夷狄爲外案成昭適晉並踰年而不言在襄二十八年公如楚二十九年書公在楚傳曰閔公也爲楚所致存錄之然則此文中國中何爲變中國者何解中國踰年不言在親倚之情如國莫二比之國中不以言中非諸夏且昭以二十五年出奔二十六年居鄆是魯地不存公二十七年二十八年亦如之至此寄在乾侯乾侯爲晉地明公去魯竟而入於晉界不復重還遂卒于外雖復生存居地壤于予來歸來不居茲日

故傳以有故釋之所以閔公范例云在有故言在非所在也○夏六月庚辰晉侯去疾卒○去起呂反○秋八月葬晉頃公○頃音傾○冬十有二月吳滅徐滅夷狄時月者爲下奔起○爲于僞反疏○注月者至奔起○釋曰案滅中國日出奔月輕於滅滅夷狄時奔何得更月解范荅薄氏云國不滅而出以月爲國國滅例而出出重發於滅滅夷狄雖時猶加於月然則溫子不滅而出奔何以不月有義而然弦子之奔文承八月之下溫子以逃在正月之後何知不月傳於弦子滅言不日微國微國則例月例月則不關於君出君出之重不大於滅國范云出重於滅者言既滅其國君不死難比之常奔恆滅則爲重矣滅在月例者君出不復加日明滅重矣月亦是譚子出月月關滅國滅國例之同同例在不日傳於滅國詳略之更於潞子發夷狄之遠例於鄭亡見中國之變稱義例成矣潞子之賢從自盟滅國獲君君或出奔名爲罪皆有罪故注譚子云蓋無罪今注章羽明不復疑名爲有罪譚子言蓋約邾盆之名名義見矣故章禹從正例而不疑也徐子章羽奔楚奔而名者有罪惡也○惡烏路反

三十有一年春王正月公在乾侯○季孫意如會晉荀櫟于適歷適歷晉地○櫟音歷舊作躒適丁歷反○夏四月丁巳薛伯穀卒○晉侯使荀櫟唁公于乾侯唁公不得入於魯也曰既爲君言之矣不可者意如也言已已告魯求納君唯意如不肯○爲于僞反疏○唁公至魯也○釋曰復發傳何解范例云唁有三弔失國曰唁唁雖有三弔失國三三釋一而已不入魯界有三文知言唁嫌與魯異其言不得入魯明弔失國而異今地晉而受晉納公有可入之理故言唁公不得入於魯也○秋葬薛獻公○冬黑肱以濫來奔其不言邾黑肱何也

據襄二十一年邾庶其以漆閭丘來奔言邾○肱古弘反濫力甘反乂力暫反別乎邾也邾以濫邑封黑肱故別其不之若國○別彼列反言濫子何也據既別之爲國則應書其爵非天子所封也來奔內不言叛也疏○來奔至叛也○釋曰重發傳何解書黑肱不繫邾嫌其專地不責叛罪輕故言來奔不言叛罪自顯也○十有二月辛亥朔日有食之

三十有二年春王正月公在乾侯取闞○闞口暫反○夏吳伐越○秋七月○冬仲孫何忌會晉韓不信齊高張宋仲幾衛太叔申鄭國參曹人莒人邾人薛人杞人小邾人城成周天子微諸侯不享覲享獻也覲見也言天子微弱四方諸侯不復貢獻又無朝覲之禮○大音泰享許丈反覲其靳反見賢遍反復扶又反朝直遙反天子之在者惟祭與號祭謂郊上帝號謂稱王疏○天子至與號○釋曰於此乃言周衰變之正重復起傳何解平桓之世唯復禮樂出自諸侯諸侯猶有享覲之心襄王雖復出居猶賴晉文之力札子雖云矯殺王威未甚屈辱至於景王之崩嫡庶交爭宋衛外附楚亦內侮天子獨立成周政教不行天下諸侯無桓文之霸不能致力於京師權柄委于臣手故大夫相率而城之比之在禮故釋不異辭因變正也故諸侯之大夫相帥以城之此變之正也○十有二月己未公薨于乾侯

監本附音春秋穀梁注疏昭公卷第十八

穀梁注疏卷十八校勘記

阮元撰盧宣旬摘錄

十有四年

注曹叔至之國 閩監本同毛本國誤內

定四年左傳文 閩監毛本同何校本傳作氏

十有六年

解去有本末 閩監毛本去作云是也

十有七年

不曰孛于大火 閩監毛本同釋文星孛下出茀于云本亦作孛今本作孛與釋文亦作本合

於越敗吳于檇李是也 監毛本于誤於閩本不誤檇皆誤从才

何嫌以發解戰言及所以別客主 閩本及作乃監毛本言及作○注

故須起例以明之 閩監毛本同單疏本以作而

十有八年

明之災得書之由 閩本同監毛本之作宋單疏本作外

十有九年監本十誤子

故以比之夷狄閩監毛本同余本無之字

知其弑閩監毛本同余本其下有不字

而復書葬以赦何閩監毛本同單疏本無何字

我與弑君之人同罪閩本同監毛本君作父

母之罪也閩監毛本同石經元刻上有父字改刻删去故以父也曰子既生不免乎九字爲一行

羈貫成童不就師傅石經閩本同監毛本傅誤傳釋文羈又作覊

二十年

曹公孫會自夢出奔宋石經閩監毛本同釋文夢本或作䕢

而目言衛侯之兄者閩監毛本目作自余本作斥

衛謂之輒石經閩監毛本輒作輙是也釋文本亦作縶

二十有二年

嫌其義別起例以詳之也閩本同監毛本起誤其

癸酉朔日有食之石經閩監毛本同余本脫朔字

二十有三年

解許用新臣卒閩監毛本用作男

死於外國閩監毛本同單疏本外作他

中國不言敗閩監毛本此上衍獲陳夏齧四字石經無

定以言敗閩監毛本同單疏本定作足

以釋其滅閩監毛本同單疏本釋作稱

賢胡沈之君死社稷閩本同監毛本胡誤乎

始王至之也此疏十行本在注尹氏欲立之下閩監毛本在故居于狄泉稱王下何校本上有傳字

未通此傳之意十行本未下一字筆畫舛誤閩監毛本作喻何校本作通

朝唯尹氏欲立之閩監毛本同何校本朝作明按作明是也

重發傳何閩監毛本同單疏本重作復

不義之罪閩監毛本同單疏本義作違

而愚夫之所不或單疏本元本同閩監毛本或作惑

二十有五年

有鸜鵒來巢閩監毛本同釋文鸜本又作鸜

如增言巢爾閩監毛本同何校本如作加

公孫于齊閩監毛本同是也釋文孫本亦作遜

孫之爲言猶孫也諱奔也次于陽州閩監毛本次于陽州四字誤倒在孫之爲言猶孫也上石經此語漫漶諱奔也陽州五字尚可辨知十行本與石經合

復發傳閩監毛本同單疏本下有者字

何得略以見義閩監毛本同單疏本何下有以字

晉侯因會旦而鄭伯未見閩監毛本同單疏本而下有卒字

四者書地地有所由閩監毛本同單疏本書地作地書

易辭之義兼內閩監毛本同單疏本內上有外字是

同而事辨異閩監毛本同單疏本辨作別

二十有六年

則公得歸國閩監毛本同何校本依公羊疏則下增嫌字

又日前不外公言外閩監毛本同何校本日作曰

自齊爲虛致閩監毛本同單疏本致作至

刺其不殊也閩監毛本殊作誅

二十有七年

楚殺其大夫郤宛石經閩監毛本同釋文出郤宛

宋樂祁犂閩監毛本同石經犂作梨釋文出祁梨

三十年

雖時猶加於月閩監毛本同單疏本於作以

滅國例之同閩監毛本同單疏本例作與

故章禹從正例而不疑也閩本同單疏本監毛本禹作羽

三十有二年十行本三字脫中間一畫閩監毛本誤作二

衛太叔申閩監毛本同石經太作大釋文出大叔音泰○按大太古今字

又無朝覲之禮閩監毛本同余本覲作見

於此乃言周衰變之正閩監毛本同單疏本於作以

穀梁注疏卷十八校勘記

監本附音春秋穀梁注疏定公卷第十九 起元年盡十五年

范甯集解　楊士勛疏

定公 疏 魯世家定公名宋襄公之子昭公之弟以周敬王十一年即位謚法安民大慮曰定

元年春王不言正月定無正也定之無正何也昭公之終非正終也死在外故 疏 注死在外故○釋曰非正終案即公之薨于齊與乾侯不異莊公不即位而書正月何解以十八年如齊至即薨薨而當歲即入入而莊公繼位行既殯踰年之禮但以先君。殺而後。主不忍行即位之禮今昭公前年薨今年喪入定公既殯不居正月之前欲行即位非踰年之始非始非正故未得即位不得比之莊公定之始非正始也昭無正終故定無正始不言即位喪在外也○三月晉人執宋仲幾于京師晉執人於尊者之側而不以歸京師故但言其執不書所歸徐邈曰案傳定元年不書正月言定無正也然則改元即位在于此年故不可以不書王書王必有月以承之故因其執月以表年首爾不以譏仲幾也 疏 注晉執至幾也○釋曰薄氏駮云仲幾之罪自委之王吏非晉人所執故傳云不正其執人於尊者之所也譏執不譏無所歸晉執曹衛他處並可言歸若晉人執仲幾于京師復。何得言歸于京師若如此論何以通乎解范荅云晉城成周宋不即役晉爲監功之主因而執之此自晉人之事安得委之王吏傳當以執人於尊者之所而不以歸於王之有司非言其不可以執晉文公執曹衛之君各於其國而並不書國者以其歸于京師故也今執仲幾不書所歸准舉其地者此晉自治之。効若使歸于京師與執諸侯同君臣無別也今直執在京師不可言歸此義猶自未通有義而然上言城成周序仲幾于會於歸言于京師其言足。誤天王居于狄泉在畿內而別處若上言城成周下稱晉人執宋仲幾歸于京師具見執之異處而歸天子今晉人於尊者之側而執人以歸自治於國故春秋不與其專執地於京師下文言此大夫其曰人何微之也何以知大夫有義而。然周之稱名大夫相執無稱名之例因此見義明大夫相執不書書則微之見伯討失所故云云非謂大夫相執得見於經經書晉人執衞侯歸之于京師與伯執稱人不異異則言侯此其大夫其曰人何也微故曰以晉侯而斥執曹伯惡晉侯也是君臣之別也

之也何爲微之不正其執人於尊者之所也不與大夫之伯討也○夏六月癸亥公之喪至自乾侯○戊辰公即位殯然後即位也周人殯于西階之上疏注周人至之上○釋曰嫌何以言解喪自外至雖正棺於兩楹之間。兼。不。亦言故言西階鄭注禮記以爲殯亦兩楹之間也定無正見無以正也踰年不言即位是有故公也謂昭公在外故○見賢偏反言即位是無故公也即位授受之道也先君見授後君乃受故須棺在殯乃言即位先君無正終則後君無正始也先君有正終則後君有正始也戊辰公即位謹之也定之即位不可不察也公即位何以日也據未有日者疏定之至察也○釋曰解定公即位特異常文者欲言繼弒公好卒欲言好卒卒非正終不即入踰年乃至至正月當即位而皆失時時不得同於常禮禮宜異文文書之在夏是有故與無故兩文並見即位雖同而時義有別理有所見見必有意故曰不可不察也戊辰之日然後即位也癸亥公之喪至自乾侯何爲戊辰之日然後即位也癸亥去戊辰六日怪不即位正君乎國然後即位也諸侯五日而殯今以君始死之禮治之故須殯而後言即位沈子曰正棺乎兩楹之間然後即位

也兩楹之間南面之君聽治之處○之處昌慮反內之大事日即位君之大事也其不日何也以年決者不以日決也此則其日何也著之也欲有所見何著焉踰年即位厲也厲危也公喪在外踰年六月乃得即位危故日之於厲之中又有義焉。先君未殯則後君不得即位未殯雖有天子之命猶不敢況臨諸臣乎以輕喻重也雖爲天子所召不敢背殯而往況君喪未殯而行即位之禮以臨諸臣乎周人有喪魯人有喪周人弔魯人不弔周人曰固吾臣也使人可也魯人曰吾君也親之者也使大夫則不可也故周人弔魯人不弔以其下成康爲未久也周道尚明无愧于不往疏注周道至不往○釋曰今定公之世天子之存唯祭與號安得云尚明解此傳以重況輕陳上世之事非專今日下成康爲未久定公未殯不得即位以臨羣臣輕于王命王命猶不得。背殯指謂王與魯並有喪周人弔魯魯人不弔既殯君乃奔喪喪服天子之斬哭泣申父重之情先殯其父後奔天子之喪亦是不奪人之親門外之治義斷恩門內之治恩掩義至如伯禽越紼赴金革之重不拘此例君至尊也去父之殯而往弔猶不敢況未殯而臨諸臣乎○秋七月癸巳葬我君昭公○九月大雩雩月雩之正也秋大雩非正也冬。大雩。非正。也秋大雩雩。之爲非正何也冬禾稼既成猶雩則非禮可知秋禾稼始苗嫌當須雨故問也毛澤未盡人力未竭未可以雩也邵曰凡地之所生謂之毛公羊傳曰錫之不毛之地是也言秋百穀之潤澤未盡也人力未盡謂耕耘之功未畢○耘本又作芸音云疏凡地至是也○釋曰言非必百穀至而雩雩祀之設本爲求雨求雨之意指爲祈穀故周頌噫。嘻之篇歌春夏而同名至於脩雩祀不異故此傳言毛澤未竆人力未竭言人力之功施於種植種植之義在于禾黍未聞凡品揔稱曰毛將何所據解聖人之於四海不偏一物愛人之情特深懷抱百姓所恃莫急於食食。雖。民天天不降雨嘉品不育時澤之來普汎無私雖非百穀亦。治有。洪之潤公田已流遂及之惠彌遠故揔凡品爲毛明天德之道廣列子言山川之毛指謂草木公羊所論非專禾麥寒涼之地本不種苗鄒衍吹律乃始名生物謂之黍若以此言之公羊所言不毛鄒衍之前當鄭伯與楚語時也又上傳云冬大雩非正也秋亦曰非正也非正是同而問不異及荅之直釋月雩爲正則四月龍見常失正故也解成七年冬大雩傳云冬無爲雩也言用禱禮明禾稼成不須雩失時不二故問同而荅異注當須雨其解也聖人重謝請請必爲民民之本務在於春夏春夏祈穀先嚴其犧牲具其器物謹脩其禮冀精神有感故一時盡力專心求請求請不得失時時謂孟夏之節是月有雨先種得成茂實後種更生故重其二時時過以往至於八月九月脩雩之節不言四月非正也故曰是月不雩則無及矣謂八月求雨雩而得之則書雩明有所及故也是月雩不必有雨而曰無及者人情之意欲其有益故以兩月請一是年不艾則無食指謂九月之雩雩而得雨是年有食雩不得雨則書旱旱則一歲無食故曰是年傳於仲秋言月季秋言年年月之情以表遠近深淺之辭也

雩月雩之正也月之爲雩之正何也其時窮人力盡然後雩雩之正也何謂其時窮人力盡是月不雨則無及矣是年不艾則無食矣是謂其時窮人力盡也雩之必待其時窮人力盡何也雩者爲旱求者也求者請也古之人重請何重乎請人之所以爲人者讓也請道去讓也則是舍其所以爲人也是以重之焉請哉請乎應上公古之神人有應上公者通乎陰陽

君親帥諸大夫道之而以請焉道之。爲君必爲先也其禱辭曰方今大旱野無生稼寡人當死百姓何謗不敢煩民請命願撫萬民以身塞無狀禱亦請也此郎請辭也○艾魚廢反去讓羌呂反是舍音捨焉請於虔反應上時掌反道之音導夫請者非可詒託而往也必親之者也是以重之○詒託猶假寄詒以之反

疏請乎應上公○釋曰案月令大雩帝此經言大雩文與月令同同祀上帝帝天也而曰上公義更何取且雩與禱本自不同而引禱辭以證雩何解矢子雩上帝諸侯雩上公。與。魯天子同雩上帝上帝既雩。雩及百辟卿士有益於民者郎此傳所謂古之神人通乎陰陽使爲民請雨故言請哉請應乎上公天尊不敢指斥故請其屬神考異鄭說僖公三時不雨禱于山川以六過自責又曰方今大旱野無生稼此注所云其禱辭或亦用之故引以明之耳

○立煬宮煬宮伯禽子廟毀已久○煬宮餘亮反煬公之廟也煬公伯禽子立者不宜立者也

疏立者至者也○釋曰重發傳何解不日與武宮異故發傳范例云宮廟有三者三者文有詳略詳略見功有輕重丹楹功少故書時刻桷功重故錄月范荅薄氏云考宮書月比丹楹爲重是其三文武宮書日范云始築之事然煬案周書謚法肆行勞神曰煬煬宮不日比武宮爲輕輕重之。例各以類舉此。謂范例之數以宮言之立廟之例以立言之在不宜之中一事而兩屬義有所附故例有四亦得數此同在不宜之中

○冬十月隕霜殺菽建酉之月隕霜殺菽非常之災未可以殺而殺舉重舉殺豆則殺草可知可殺而不殺舉輕不殺草則不殺菽亦顯僖三十三年隕霜不殺草是也其曰菽舉重也

疏未可至舉輕○釋曰隕霜二文不同書故范特爲一例傳嫌獨殺菽不害餘物故以輕重別之菽易長而難殺故以殺之爲重重者殺則輕者死矣輕而不死重者不殺居然可知

二年春王正月○夏五月壬辰雉門及兩觀災雉門公宮之南門兩觀闕也○兩觀工喚反注及下文同其

不曰雉門災及兩觀何也（據先書雉門則應言雉門災及兩觀鄭嗣曰據災實從雉門起應言雉門災及兩觀）災自兩觀始也不以尊者親災也（始災者兩觀也鄭嗣曰今以災在兩觀下使若兩觀始災者不以雉門親災）先言雉門尊尊也（欲言兩觀災及雉門則卑不可以及尊災不從雉門起故不得言雉門災及兩觀兩觀始災故災在兩觀下也鄭嗣曰欲以兩觀親災則經宜言兩觀災及雉門雉門尊兩觀卑卑不可以及尊故不得不先言雉門而後言兩觀欲令兩觀始災故災在兩觀下。矣○令力呈反）【疏】雉門。至觀災○釋曰解劉向云雉門天子之門而今過。魯制故致天災也○秋楚人伐吳○冬十月新作雉門及兩觀言新有舊也作爲也有加其度也此不正其以尊者親之何也（不正謂更廣大之不合法度也據當諱而以雉門親新作之下）雖不正也於美猶可也（改舊雖不合正脩飾美好之事差可以雉門親之○差初賣反）【疏】作爲至度也○釋曰重發傳何解此災而更脩嫌與作南門異故發傳以同之災惡故尊雉門推災而遠之今新作美好之事雉門雖不正尊雉門可以親之

三年春王正月公如晉至河乃復【疏】公如晉○釋曰書月何解昭公四如晉兼有疾爲五皆不月公不入晉則無危十三年二十三年乃復皆不月是其例乃復文承月下不蒙可知昭公即位二年而脩朝禮無闕而爲季氏所譖使不得入公無危懼之意猶數數修朝於晉晉雖不受朝公無危懼之理定立今三年始朝於晉晉責其緩慢不受其朝公懼而反非必季氏所譖公有負於晉而心內畏懼故危錄之○三月辛卯邾子穿卒（○穿音川）○夏四月○秋葬邾莊公○冬仲孫何忌及邾子盟于拔（拔地名○拔皮八反）

四年春王二月癸巳陳侯吳卒○三月公會劉子晉侯宋公蔡侯衛侯陳子鄭
伯許男曹伯莒子邾子頓子胡子滕子薛伯杞伯小邾子齊國夏于召陵侵楚
○夏戶雅反召詩照反○夏四月庚辰蔡公孫姓帥師滅沈以沈子嘉歸殺之○公孫姓音生又如
字○五月公及諸侯盟于皐鼬召陵會劉子諸侯揔言之也皐鼬地名○鼬由又反○後而再會公志於
後會也後志疑也公畏強楚疑於侵之故復者更謀也不日者後楚伐蔡不能救故○復扶又反疏「公會至疑也」○釋曰案傳例地而伐
疑辭今經言會于召陵侵楚則疑於前會不關於後而云志於後會也者後志疑何解楚當時爲之所困削弱矣諸侯侵之易可得志今一會之中十有九國
衆力之彊足以服楚不敢深入淺侵郊竟則責諸侯之疑居然可曉公疑於楚彊謂無勇故會盟二文並見魯公外內之疑兩顯杞伯成卒于
會○六月葬陳惠公○許遷于容城○秋七月公至自會○劉卷卒劉采地○劉卷音權
采七代反此不卒而卒者賢之也寰內諸侯也非列土諸侯此何以卒也天子畿內大夫有采
地者謂之寰內諸侯非列土之諸侯雖賢猶不當卒○寰內音環天王崩爲諸侯主也昭二十二年景王崩嘗以賓主之禮相接能爲
諸侯主所以爲賢疏「此不卒至賢之也」○釋曰又云非列土諸侯此何以卒也天王崩爲諸侯主也書卒不關其賢而范例云寰內諸侯非列土諸侯非
列土諸侯而書之者賢之也賢之一文而義當兩用解上言不卒而得書卒之意釋下言賢之猶賢不當卒卒之者以其爲諸侯主明賢之義故得書卒反覆
二事皆是爲賢故例復云賢之不用葬葬之者明亦爲賢之而采地比之畿外諸侯故書葬○葬杞悼公○楚人圍蔡○晉

士鞅衛孔圉帥師伐鮮虞○葬劉文公○冬十有一月庚午蔡侯以吳子及楚人戰于伯舉楚師敗績吳其稱子何也以蔡侯之以之舉其貴者也貴謂子也蔡侯之以之則其舉貴者何也吳信中國而攘夷狄吳進矣其信中國而攘夷狄奈何子胥父誅于楚也子胥父伍奢也爲楚平王所殺○信音申攘如羊反却也挾弓持矢。而干闔廬見不以禮曰干欲因闔廬復父之讎○挾戸牒反又子協反闔戸臘反廬力居反見賢徧反闔廬曰大之甚勇之甚子胥匹夫乃欲復讎於國君其孝甚大其心甚勇【疏】注其孝至甚勇○釋曰子胥之復讎違君臣之禮失事主之道以匹夫之弱敵千乘之強非心至孝莫能然也得事父之孝非敬長之道故曰其孝甚大若夫子胥父欲被誅竄身外奔布衣之士而求干列國之君吐弓矢之志無疑難之心故曰其心甚勇爲是欲與師而伐楚子胥諫曰臣聞之君不爲匹夫興師【疏】傳不。至興師○釋曰然則成湯之誅葛伯爲殺其餉者武王之殺殷紂稱斮朝涉之脛何以萬乘之主爲匹夫復讎解湯征葛伯本爲不祀之罪罪已灼然然湯聽其順辭使其毫民爲耕葛伯殺其餉者此由不祀而致禍其如殷紂之罪被所不盡斬以所不書故武王致天之。罪稱斮朝涉之脛剖賢人之心亦不。爲匹夫興師吳子。有因諸侯之怒直申子胥之情故言不爲匹夫興師得其實論也傳稱子胥云虧君之義復父之讎傳文曲直子胥是非穀梁之意善惡若爲解公羊左氏論難紛然賈逵服虔共相教授戴宏何休亦有脣齒其於此傳開端似同公羊及其結絢不言子胥之善夫資父事君尊之非異重服之情理宜共均既以天性之重隆於義合之輕故令忠臣出自孝子孝子不稱忠臣今子胥稱一體之重忽元首之分以父被誅而痛纏骨髓得耿介之孝失忠義之臣而忠孝不得並存傳不善子胥者兩端之閒忠臣傷孝子之恩論孝子則失忠臣之義春秋科量至理尊君卑臣子胥有罪明矣君者臣之天天無二日土無二王子胥以藉吳之兵戮楚王之尸可謂失矣雖得壯士之偏節失純臣之具道傳舉見其。非不言其義蓋吳子為蔡討楚申中國之心屈夷狄之意。其在可知

且事君猶事父也虧君之義復父之讎臣弗為也於是止蔡昭公朝於楚有美裘正是日囊瓦求之正是日謂昭公始朝楚之日〇為是于偽反不為及下為是皆同朝於直遙反注同囊乃郎反昭公不與為是拘昭公於南郢南郢楚。郡〇郢以井反又以正反數年然後得歸歸乃用事乎漢用事者禱漢水神〇數所主反曰苟諸侯有欲伐楚者寡人請為前列焉楚人聞之而怒為是興師而伐蔡蔡請救于吳子胥曰蔡非有罪楚無道也君若有憂中國之心則若此時可矣為是興師而伐楚何以不言救也據實救蔡救大也夷狄漸進未同於中國

【疏】救大也〇釋曰夷狄漸進未同於中國狄何以言救齊解救齊是善事今吳夷狄而憂中國故進稱子然未同。諸夏故不言救雖書救齊而未稱人許夷狄不使頓備故也令吳既進稱子復書曰救便與中國齊蹤華夷等迹故不與救若書救當言吳子救蔡蔡侯以吳子及楚人戰于伯舉不直舉救蔡而言吳入楚

楚囊瓦出奔鄭。知。見。伐。由。己。故。懼。而。出。奔庚辰吳入楚日入易無楚也易無楚者壞宗廟徙陳器撻平王之墓鄭嗣曰陳器樂縣也禮諸侯軒縣言吳人壞楚宗廟徙其樂器鞭其君之尸楚無能。抗。禦之者若曰無人也〇易以豉反壞音怪撻土達反縣音玄亢苦浪反何以不言滅也據宗廟既毀樂器已徙是滅也則欲存楚也其欲存楚奈何昭王之軍敗而逃父老送之曰寡人不肖

亡先君之邑父老反矣何憂無君寡人且用此入海矣父老曰有君如此其賢也以衆不如吴以必死不如楚雍曰吴勝而驕楚敗而奮○肖音笑奮方問反相與擊之一夜而三敗吴人復立楚復立也○敗必邁反復扶又反何以謂之吴也據戰稱子狄之也何謂狄之也君居其君之寢而妻其君之妻大夫居其大夫之寢而妻其大夫之妻蓋有欲妻楚王之母者不正乘敗人之績而深爲利居人之國故反其狄道也

五年春王正月辛亥朔日有食之○夏歸粟于蔡蔡侯比年在楚又爲楚所伐飢故諸侯歸之粟諸侯無粟諸侯相歸粟正也孰歸之諸侯也不言歸之者專辭也不言歸之者主義名若獨是魯也邇也言此是邇近之事故不足具列諸侯○於越入吴舊說於越夷言也春秋即其所以自稱者書之見其不能慕中國故以本俗名自通見賢偏反○六月丙申季孫意如卒傳例曰大夫不日卒惡也意如逐昭公而日卒者明定之得立由乎意如春秋因定之不惡而書日以示譏亦猶公子翬非桓之罪人故於桓不貶○惡烏路反翬許韋反○秋七月壬子叔孫不敢卒○冬晉士鞅帥師圍鮮虞

六年春王正月癸亥鄭游速帥師滅許以許男斯歸○二月公侵鄭公至自侵鄭○夏季孫斯仲孫何忌如晉仲孫忌而曰仲孫何忌甯所未詳公羊傳曰譏二名○秋晉人執宋行人

樂祁犂○冬城中城城中城者三家張也大夫稱家三家仲孫叔孫季孫也三家侈張故公懼而脩內城譏公不務德政特城以自固○張如字一音下亮反注同疏三家張也○釋曰釋之異辭何也凡城之志皆譏傳於冬城諸及防解可城言間隙無事理實有譏今不釋恐同彼傳言志城之中雖得間隙復有畏張侈之患還與皆譏之義同或是義與可城同也或曰非外民也○季孫斯仲孫忌帥師圍鄆

七年春王正月○夏四月○秋齊侯鄭伯盟于鹹○鹹音咸○齊人執衛行人北宮結以侵衛以重辭也衛人重北宮結齊以衛重結故執以侵之若楚執宋公以伐宋凡言以皆非所宜以疏以重辭也○釋曰前注云以有二義今注卽云凡言以皆非所宜以是一義而曰二何解楚執宋公兩君相執傳。以。言重辭別於凡以今此君而執臣明以國重不言與二君共例故發例同之二義已見故注更言凡以而起義解以者不以者不止釋此文○齊侯衛侯盟于沙沙地○大雩○齊國夏帥師伐我西鄙○九月大雩○冬十月

八年春王正月公侵齊公至自侵齊○二月公侵齊未得志故三月公至自侵齊公如往時致月危致也往月致時危往也往月致月惡之也○惡烏路反疏公如至致也○釋曰復發傳何解莊二十三年起例公行有危而書月今公伐齊有危危而書月一時之間再興兵革危懼之理義例所詳故重說以明之○曹伯露卒○夏齊國夏帥師伐我西鄙○公會晉師于瓦瓦衛地也公至自瓦○秋七月戊

辰陳侯柳卒○柳良久反○晉士鞅帥師侵鄭遂侵衛○葬曹靖公○九月葬陳懷公○季孫斯仲孫何忌帥師侵衛○冬衛侯鄭伯盟于曲濮曲濮衛地○濮音卜○從祀先公貴復正也文公逆祀今還順○盜竊寶玉大弓寶玉者封圭也始封之圭大弓者武王之戎弓也是武王征伐之弓周公受賜藏之魯周公受賜於周藏之魯者欲世世子孫無忘周德也非其所以與人而與人謂之亡亡失也非其所取而取之謂之盜疏非其至之亡○傳曰於經何例當之解經言饑止謂二穀不。政苞宣公之例五穀不收止在當文康饑無例應之今因盜而發亡例經無應之或說非其所以與人謂之亡是梁伯所行也梁伯受國于天子不能撫其民人而自失之夫國之利器不可以示人權之可守焉得虛假君貪色好酒耳目不能聽明上無正長之治大臣背叛而國外奔因若自滅故謂之亡此可以應其義

九年春王正月○夏四月戊申鄭伯蠆卒○蠆田邁反○得寶玉大弓杜預曰弓王國之分器也得之足以為榮失之足以為辱故重而書之○分器扶問反其不地何也疏其不地何也○釋曰據何文而責地解此據獲物言地經言戰于大棘獲宋華元宜蒙上地故據彼責此寶玉大弓在家則羞不目羞也國之大寶在家則羞也況陪臣專之乎恥甚而不目其地疏注況陪臣專之乎恥甚而不目其地釋曰下或曰陽虎以解衆也還是陪臣何以異之解上說不目羞明失之為辱得之為榮榮而言地地是陪臣之所居魯能奪陪臣之得可以明免恥何為不地夫以千乘之國而受辱於陪臣雖得為榮書地則恥或曰之義得非魯力也陽虎竊國重寶非其所用畏衆

之討送納歸君故書而記之惡得之惡於何也○惡音烏注同得之堤下或曰陽虎以解衆也○六月葬鄭獻公○秋齊侯衛侯次于五氏五氏晉地○秦伯卒○冬葬秦哀公

十年春王三月及齊平平前八年再侵齊之怨○夏公會齊侯于頰谷○頰古協反左傳作夾谷公至自頰谷離會不致雍曰二國會曰離各是其所是非其所非然則所是之是未必是所非之非未必非未必非者不能非人之真非未必是者不能是人之真是是非紛錯則未有是是非不同故曰離離則善惡無在善惡無在則不足致之于宗廟何爲致也危之也危之則以地致何也爲危之也其危奈何曰頰谷之會孔子相焉兩君就壇兩相相揖將欲行盟會之禮○爲危于僞反相焉息亮反下兩相同壇徒丹反封土曰壇齊人鼓譟而起欲以執魯君羣呼曰譟○鼓譟素報反呼火故反孔子歷階而上不盡一等而視歸乎齊侯階會壇之階曰兩君合好夷狄之民何爲來爲命司馬止之兩君合會以結親好而齊人欲執魯君此無禮之甚故謂之夷狄之民司馬主兵之官使禦止之○合好呼報反注同使禦魚呂反齊侯逡巡而謝曰寡人之過也退而屬其二三大夫曰夫人率其君與之行古人之道二三子獨率我而入夷狄之俗何爲屬語也夫人謂孔子也齊人欲執魯君是夷狄之行○逡一旬反屬章欲反夫人音扶語魚呂反之行下孟反罷會齊人使優施舞於魯君之幕下優俳施其名也幕帳欲嗤笑魯君○幕音莫俳皮皆反嗤尺之反孔子曰笑君者罪當死使司馬行法焉首足異門

而出齊人來歸鄆讙龜陰之田者蓋爲此也（何休曰齊侯自頰谷歸謂晏子曰寡人獲過於魯侯如之何晏子曰君子謝過以質小人謝過以文齊嘗侵魯四邑請皆還之○讙好官反蓋爲于僞反）因是以見雖有文事必有武備孔子於頰谷之會見之矣（○以見賢遍反）疏 一會之怒三軍自降若非孔子必以白刃喪其膽。核矣敢直視齊侯行法殺戮故傳於頰谷之會見之矣後世慕。其風。規欽其意氣者忽若如是毛遂之亢楚王藺子之脅秦王俱展一夫之勇不憚千乘之威亦害忠臣之鯁骨是賢亞聖之義勇○

晉趙鞅帥師圍衛○齊人來歸鄆讙龜陰之田○叔孫州仇仲孫何忌帥師圍郈（郈叔孫氏邑郈音后）○秋叔孫州仇仲孫何忌帥師圍郈○宋樂大心出奔曹○宋公子地出奔陳○冬齊侯衛侯鄭游速會于安甫（安甫地名）○叔孫州仇如齊○宋公之弟辰暨宋仲佗石彄出奔陳（辰爲佗所強故曰暨○暨其器反佗大河反彄苦侯反强其丈反）

十有一年春宋公之弟辰。（言辰未有失其爲弟之道故書弟以罪宋公）疏 ○未失其弟也○釋曰案辰以前年出奔離骨肉之義今歲入邑有叛國之罪失弟之道彰於經文而曰未失何也解公不能制御彊臣以撫其弟而使二卿脅以外奔。故。著暨以表彊辭稱弟以見罪罪在仲石亦可知矣今而入國兩子之情非辰之意書及。而辨尊卑言弟以顯無失然則自陳之力力由二卿入蕭之叛專歸仲石故重發例以明無罪

及仲佗石彄公子地以尊及卑也自陳陳有奉焉爾入于蕭以叛（蕭宋邑）入者內弗受也以者不以也叛直叛也○夏四月○秋宋樂大心自曹入于蕭（入蕭

從叛人叛可知故不書叛○冬及鄭平平六年侵鄭之怨傳例曰盟不日者渝盟惡之也取夫詳略之義則平不日者亦有惡矣蓋不能相結以信○渝羊朱反變也惡之烏路反下同取夫音符○叔還如鄭蒞盟○還音旋

十有二年春薛伯定卒○夏葬薛襄公○叔孫州仇帥師墮郈墮猶取也陪臣專強違背公室恃城爲固是以叔孫墮其城若新得之故云墮墮猶取也墮非訓取言今但毁其城則郈永屬己若更取邑於他然○墮許規反毁也背音佩疏注墮非訓取○釋曰傳言墮猶取也即其訓而曰非者何休難云當言取不言墮實壞耳無取於訓詁鄭君如此釋之今經墮其爲義○衛公孟彄帥師伐曹○季孫斯仲孫何忌帥師墮費○費音祕○秋大雩○冬十月癸亥公會齊侯盟于黄○十有一月丙寅朔日有食之○公至自黄○十有二月公圍成非國言圍圍成大公也以公之重而伐小邑則爲恥深矣故大公之事而言圍使若成是國然疏注以公至小邑○釋曰案例國曰圍今邑而言圍則大都大都則皆是國而曰小邑何解經書公明成非小是故言圍公一國之貴重成三家之大邑邑比於國爲細擬公爲小比於凡邑則大矣故書曰圍公至自圍成何以致危之也何危爾邊乎齊也邊謂相接

十有三年春齊侯次于垂葭○葭音加○夏築蛇淵囿蛇淵地名○囿音又○大蒐于比蒲○比音毗○衛公孟彄帥師伐曹○秋晉趙鞅入于晉陽以叛以者不以者也叛直叛也疏叛直叛也○釋曰不解入而重發叛例何解趙鞅自入己邑不從外入入者內弗受也以其無君命於義不受同書入之非專不受故但釋其叛非

寶叛故下書歸明之非叛而書叛書叛非真叛也故。復發。也○冬晉荀寅士吉射入于朝歌以叛○射食夜反又食亦反○晉趙鞅歸于晉此叛也其以歸言之何也據叛惡而歸善貴其以地反也貴其以地反則是大利也非大利也許悔過也許悔過則何以言叛也以地正國也地謂晉陽也蓋以晉陽之兵還正國也公羊傳曰逐君側之惡人以地正國則何以言叛據是善事其入無君命也凱曰專入晉陽以興。兵。甲故不得不言叛寶以驅惡而安君則釋兵不得不言歸春秋善惡必著之義○薛弑其君比○比必履反又毗志反

疏薛弑其君比○釋曰不日月者何解傳言剽不正其日何則庶子爲君而被弑則不日而月之傳曰諸侯時卒惡之宜從此例薛比書時亦其惡也

十有四年春衛公叔戌來奔○晉趙陽出奔宋○晉趙陽左氏作衛趙陽○二月辛巳楚公子結陳公孫佗人帥師滅頓以頓子牂歸○佗徒河反又如字牂作郎反○夏衛北宮結來奔○五月於越敗吳于檇李檇李吳地○敗必邁反檇李音醉○吳子光卒。○公會齊侯衛侯于牽牽地○牽去賢反公至自會○秋齊侯宋公會于洮○洮他刀反○天王使石尚來歸脤脤祭肉天子祭畢以之賜同姓諸侯親兄弟之國與之共福○脤市軫反脤者何也俎實也祭肉也生曰脤熟曰膰其辭石尚士也辭猶書也○膰音煩本又作燔何以知其士也天子之大夫不名石尚欲書春秋欲著名于春秋諫曰久矣周之不行禮於魯也請行脤貴復正也

疏貴復正也○釋曰從祀先公前

有失正之文於後言貴復正今復正前無失正之文而曰貴復正何解復正之文雖同義須有異天王不行禮於魯失正矣今由石尚而歸脤美之故曰貴復正也

○衛世子蒯聵出奔宋○蒯聵苦怪反下五怪反衛公孟彄出奔鄭○宋公之弟辰自蕭來奔稱弟猶未失爲弟之行○行下孟反

○大蒐于比蒲【疏】大蒐于比蒲○釋曰文承秋下注云城莒父云無冬者甯所未詳然則大蒐。秋秋則常事常事不書書之者何。卽昭八年秋蒐于。紅傳曰正也正所以譏不正後比蒲大蒐失禮因此見正今定公以十三年大蒐秋事而於夏行之失正至此十四年大蒐書正以明前不正也

○邾子來會公會公于比蒲

○城莒父及霄無冬甯所未詳【疏】注無冬至未詳○釋曰桓七年注云下無秋冬今不言下何解桓七年夏有人事而秋冬二時不書復無人事故云下今此上有秋下有人事而無冬故直云無冬不言下明冬宜在人事之上也

十有五年春王正月邾子來朝朝直遙反

○鼷鼠食郊牛牛死改卜牛不言所食食非一處。而至死○鼷音今處昌慮反不敬莫大焉定公不敬最大故天災最甚【疏】不敬莫大焉○釋曰凡鼠食牛皆是不敬而曰莫大何解成七年鼷鼠食郊牛角過有司也改卜牛鼷鼠又食其角歸罪於君皆道其所傳明不敬之罪小今牛體偏食不敬之罪大也

○二月辛丑楚子滅胡以胡子豹歸

○夏五月辛亥郊譏不時也

○壬申公薨于高寢高寢宮名高寢非正也【疏】高寢非正也○釋曰重發傳何解高者大名嫌是路寢之流故發傳明之

○鄭罕達帥師伐宋

○齊侯衛侯次于渠蒢渠蒢地也○蒢直居反

○邾子來奔喪喪急故以奔言之【疏】喪急至言之○釋曰奔喪之制日行百里故傳

言急所以申匍匐之情也○秋七月壬申弋。氏卒妾辭也不言夫人薨○弋氏羊職反哀公之母左氏作姒氏也哀公
之母也○八月庚辰朔日有食之○九月滕子來會葬邾滕魯之屬國近則來奔喪遠則來會葬於長
帥之喪同之王者書非禮○長丁丈反帥所類反【疏】注邾滕至屬國○釋曰將何據也解范荅薄氏云屬國非私屬五國為屬屬有長曹滕二。邾世屬服
事我故謂之屬○注近則至非禮○釋曰若如此注意以奔喪為禮會葬為非
然則王者之喪諸侯會出何文證若以會葬非禮何以范例云會葬四案經有
三范總云會葬禮何解傳言奔喪喪急不言非禮可知諸侯自相會葬傳無釋
文但釋天子之會葬云其志重天子之禮又曰在。鄙上明其別於諸侯傳曰周
人有喪魯人有喪周人弔魯人不弔周人責魯人曰吾君親之是以知王者之
喪諸侯親會之范云四四當為三古者四三皆積畫字有誤耳會葬禮也據釋
天子之大夫來會葬言者重天子之禮故范例舉之不謂皆是禮也○丁巳葬我君定公雨不克葬葬既有日不
為雨止禮也雨不克葬喪不以制也戊午日下稷乃克葬稷。昃也下昃謂晡時○為于偽反稷如字
左氏作昃晡布吳反【疏】葬既有日○釋曰重發傳何解頃熊夫人今此人君嫌禮異故發傳以明之且彼言日中此言日下稷彼言而此言乃文並不同釋
既不異義禮相似乃急辭也不足乎日之辭也宣八年注詳矣【疏】注宣八至詳矣○釋曰范例云克例有六則數何文以充
之解鄭伯克段一不克納二雨不克葬日中。而克葬各二是謂四通前二為六也○辛巳葬定弋○定弋左氏作定姒○冬城漆

穀梁注疏卷十九校勘記　阮元撰盧宣旬摘錄

定公余本卷第十一單疏本同

元年

但以先君殺而後主不忍行卽位之禮　閩監毛本主作立何校本殺作弒

復何得言歸于京師　閩監毛本同何校本何作可

此晉自治之効　閩監本同毛本効作效

其言足誤天王居于狄泉　閩監毛本同浦鏜云誤疑證字誤

何以知大夫有義而然周之稱名　閩監毛本同何校本然作後

此其大夫　閩監毛本同石經宋本無其字案成公十五年疏引無其字○按上文疏引亦無其字

兼不亦言　閩監毛本同何校本作嫌殯亦然

又有義焉　石經閩監毛本同余本焉作也

故周人弔　石經閩監本同毛本人誤入

王命猶不得背殯　閩監毛本同何校本背作皆

冬大雩非正也秋大雩雩之爲非正 閩監毛本同石經無下雩字儀禮經傳通解引同余本脫冬大雩非正也六字

故周頌噫嘻之篇 閩監毛本同何校本無嘻字

食雖民天 閩監毛本同何校本雖民二字闕

亦治有洪之潤 閩監毛本治作沾何校本洪作洚是也

爲君必爲先也 閩監毛本同余本爲作謂是也○按儀禮經傳通解引亦作謂

與魯天子同雩上帝 閩監毛本同何校本與魯乙轉

上帝既雩雩 閩監毛本同何校本雩字不重

輕重之例 閩本同監毛本例作序

此謂范例之數 閩監毛本同何校本謂作爲

二年

故災在兩觀下矣 閩監毛本同余本矣作爾

雉門至觀災 閩監毛本同何校本至作及兩二字

而今過魯制 閩監毛本同惠棟校本過魯作魯過

四年

後而再會　閩監毛本同石經余本後作一事兩字

公會至疑也　閩監毛本同何校本公會作傳一事三字

案傳例地而伐疑辭　閩監毛本同何校本例作異伐作發

楚當時爲之所困　閩監毛本同何校本之作吳

此何以卒也天王崩合　閩監本同毛本王誤下單疏本卒下有之字與傳不

挾弓持矢而干闔廬　石經閩監本同毛本持誤扶

傳不至興師　閩監本同毛本傳作君何校本至作爲匹夫三字

故武王致天之罪　閩監毛本同何校本罪作罰

亦不爲匹夫興師　閩監毛本同何校本不下有專字

吳子有因諸侯之怒　閩監毛本同何校本有作既

傳舉見其非　閩監毛本同單疏本非作爲

其在可知　閩監毛本同何校本其作理

南郢楚郡　閩監毛本同余本郡作都

然未同諸夏　閩監毛本同單疏本諸作中

知見伐由己故懼而出奔　余本閩本同監毛本脫此十字

楚無能抗禦之者　閩監毛本同余本抗禦作亢御釋文出能亢御之與余本合案十行本係剜修當是本作亢御淺人妄改

五年

由乎意如　閩監毛本同余本乎作于

六年

七年

傳以言重辭　閩監毛本同何校本以言乙轉

八年

傳曰於經何例當之　傳當作釋閩本誤同監毛本不誤

止謂二穀不政　閩監毛本同何校本政作收是也

十年

喪其膽核矣 閩監毛本核作胲

後世慕其風規 閩本同監本其誤具毛本規作軌

十有一年

宋公之弟辰未失其弟也 石經同閩監毛本辰下衍及仲佗石彄公子地自陳入于蕭以叛宋公之弟辰二十字

故著暨以表彊辭 閩本同監本著誤者毛本誤同又脫故字

書及而辨尊卑 閩監毛本同單疏本而作以

十有二年

非國言圍 閩監毛本同石經余本國下有不字

邊乎齊也 石經閩監毛本同余本邊誤造

十有三年

故復發也 閩監毛本同何校本作故重復發傳也

專入晉陽以與兵甲 閩監毛本同余本兵甲乙轉

十有四年

吳子光卒 石經閩監毛本同余本脫此四字

然則大蒐秋 閩監毛本同何校本蒐下有在字

書之者何卽昭八年秋蒐于紅 閩毛本同監本紅誤經何校本卽作解

十有五年

食非一處而至死 閩監毛本同余本而作以

弋氏卒 石經閩毛本同監本弋誤戈

曹滕二邾 閩監毛本同單疏本邾作莒何煌云疑此脫莒鈔脫邾蓋曹滕二邾莒爲五國也

又曰在鄗上 閩監毛本同何校本鄗作比嚴杰云會葬之禮於鄗上文五年傳文何校本作比上非也

稷吳也 閩監毛本吳作昃下同

日中而克葬各二 閩監毛本同單疏本而作不是也

監本附音春秋穀梁注疏哀公卷第二十 起元年盡十四年

范甯集解　楊士勛疏

哀。公 疏 公名蔣定公之子敬王。三十六年卽位十四年西狩獲麟春秋終矣二十七年薨謚曰哀周書謚。法恭仁短折曰哀

元年春王正月公卽位○楚子陳侯隨侯許男圍蔡 隨久不見者衰微也稱侯者本爵俱侯土地見侵削故微爾定六年鄭滅許今復見者自復也○不見賢偏反下復見同復扶又反 疏 注隨久至微也○釋曰僖二十年冬楚人伐隨以來更不見經將是衰微不能自通於盟會故也本爵俱侯者隨本侯爵自僖二十年見經至今俱侯盟更不爲貶黜但土地見侵削故微爾昭八年楚師滅陳十一年楚師滅蔡十三年諸侯會于平丘而復陳蔡故經書蔡侯廬歸于蔡陳侯吳歸于陳是有文見復。也其許男則定六年鄭游速帥師滅許以許男斯歸其閒更無歸文今許男復見經者明是許男自復

○鼷鼠食郊牛角改卜牛○夏四月辛巳郊此該。之變而道之也 該備也春秋書郊終於此故於此備說郊之變變謂郊非其時或牲被災害 疏 。此該。至之也○釋曰郊自正月至于三月郊之時也三卜禮之正凡書郊皆譏范例云書郊有九僖三十一年夏四月四卜郊不從乃免牲猶三望一也宣三年郊牛之口傷改卜牛牛死乃不郊猶三望二也成七年鼷鼠食郊牛角三也襄七年夏四月三卜郊不從乃免牲四也襄十一年夏四月四卜郊不從乃不郊者五也定公哀公並有牲變不言所食處不敬莫大二罪不異并爲一物六也定十五年五月郊七也成十七年九月用郊八也及此年四月辛巳郊九也下傳云子之所言至道。之何也然則據此而言牛有傷損之異卜有遠近之別亦在其。明

於變之中又有言焉 於災變之中又有可善而言者 疏 注於災至言者○釋曰郊牛日展視其觓角而知其傷是展

盡道矣卽於災變之中有可善而言者但備災之道不盡致此天災而鼷鼠食角故書以譏之也鼷鼠食郊牛角改卜牛志不
敬也郊牛日展斛角而知傷展道盡矣展道雖盡所以備災之道不盡譏哀公不敬故致。天變〇斛音斛又音求郊
自正月至于三月郊之時也夏四月郊不時也五月郊不時也夏之始可以承
春以秋之末承春之始蓋不可矣。凱曰不時之中有差劇也夏始承春方秋之末猶爲可也〇有差初賣反疏注不時至
可也〇釋曰自正月二月三月此三春之月是郊天之正時也若夏四月五月以後皆非郊月如其有郊並書以示譏然則郊是春事也如郊在四月五月之
中則是以夏始承春其過差少若郊在九月之中則是以秋末承春其過。極多則自五月至八月其間有郊亦以承春遠近爲過之深淺也九月用
郊用者不宜用者也在成十七年郊三卜禮也以十二月下辛卜正月上辛如不從則以正月下辛卜二月上辛如不從
則以二月下辛卜三月上辛所謂三卜也鄭嗣曰謂。下一辛而三也求吉之道三故曰禮也疏注鄭嗣至三也〇釋曰如嗣之意以十二月下辛卜正月
上辛日爲郊之時則於此一辛之上卜不吉以至二卜不吉以至三卜求吉之道三故曰禮也四卜非禮也僖三十一年襄十一年皆四卜五
卜強也成十年五卜疏四卜非禮也〇釋曰僖三十一年以十二月下辛卜正月上辛不從則以正月下辛卜二月上辛不從則以二月下辛卜
三月上辛所謂三卜禮也今以三月以前不吉更以三月下辛卜四月上辛則謂四卜郊非禮也成十年以四月以前四卜不吉又於四月下辛卜五月上辛
則五卜強也非禮可知鄭嗣之意亦以一辛之中卜至於四五月也一辛之上三卜禮也四卜五卜非禮也然則四卜云非禮五卜變文云強者四卜雖失猶
去禮近容有過失故以非禮言之若至五卜則是知其不可而強爲之去禮已遠故以強釋之卜免牲者吉則免之不吉則否

牛傷不言傷之者傷自牛作也故其辭緩宣三年郊牛之口傷以牛自傷故加之言緩辭○則否方九反全曰

牲傷曰牛未牲曰牛其牛一也其所以爲牛者異已卜日成牲而傷之曰牛未卜日未成牲之牛二者不同

有變而不郊故卜免牛也已牛矣其尚卜免之何也災傷不復以郊怪復卜免之禮與其亡

也寧有於禮有卜之與無卜寧。嘗有卜嘗置之上帝矣故卜而後免之不敢專也嘗置之滌宮名之爲上帝

牲矣故不敢擅施也○滌徒歷反擅市戰反施式氏反又如字卜之不吉則如之何不免安置之繫而待六月

上甲始庀牲然後左右之庀具也待具後牲然後左右前牛。皆我用之不復須卜已有新牲故也周禮曰司門掌授管鍵以啓閉國

門祭祀之牛牲繫焉然則未左右時監門者養之○庀匹爾反鍵其展反又其偃反監古銜反子之所言者牲之變也而曰我

一該郊之變而道之何也我以六月上甲始庀牲十月上甲始繫牲十一月十

二月牲雖有變不道也牲有變則改卜牛以不妨郊事故不言其變**疏**子之至道也○釋曰上言子曰弟子問穀梁子之辭而曰

我者是弟子述穀梁子自我之意我以六月者是穀梁子荅前弟子之辭我以六月上甲始庀牲庀具猶簡擇未繫之待十月然後始繫養若六月簡訖以後

有變則七月八月九月上甲皆可簡擇故傳云六月上甲始庀牲明自六月爲始七月八月九月皆可簡牲自十月繫之有變則改卜卜取吉者十一月十二

月亦然是繫之三月也故傳云十月上甲始繫牲十一月十二月牲雖有變不道也是也待正月然後言牲之變周正是郊時之正如其牛有變然後言之二

月三月亦然重妨郊故也待正月然後言牲之變此乃所以該郊至郊時然後言其變重其妨郊也十二月不道自前

可知也至正月然後道則二月三月亦可知也此所以該郊言其變道盡【疏】此乃至該郊○釋曰自六月上甲始庀牲十月始繫牲自十二月以前牲雖有
變不道自正月然後云牲之變乃不郊卜免牲吉與不吉如此之類皆是該備郊事言牲變之道盡悉也郊享道也貴其時大其禮
其養牲雖小不備可也享者飲食之道牲有變則改卜牛郊日已逼庀繫之禮雖小不備合時得禮用之可也○享許丈反子不
忘。三月卜郊何也三月謂十二月正月二月也【疏】注三月至二月○釋曰既言十二月下辛卜正月上辛正月下辛卜二月上辛二月
下辛卜三月上辛怪經不書此十二月正月二月之。下郊故問之也郊自正月至于三月郊之時也有變乃志常事不書我
以十二月下辛卜正月上辛如不從則以正月下辛卜二月上辛如不從則以
二月下辛卜三月上辛如不從則不郊矣意欲郊而卜不吉故曰不從郊必用上辛者取其新潔莫先也○秋
齊侯衛侯伐晉○冬仲孫何忌帥師伐邾
二年春王二月季孫斯叔孫州仇仲孫何忌帥師伐邾取漷東田。漷東未盡也
及沂西田沂西未盡也漷沂皆水名邵曰以其言東西則知其未盡也○漷東火虢反又音郭沂魚依反癸巳叔孫州
仇仲孫何忌及邾子盟于句繹句繹邾地○句古侯反繹音亦三人伐而二人盟何也各盟其
得也季孫不得田故不與盟○不與音豫○夏四月丙子衛侯元卒○滕子來朝○朝直遙反○晉趙
鞅帥師納衛世子蒯聵于戚鄭君曰蒯聵欲殺母靈公廢之是也若君薨有反國之道當稱子某如齊子糾也今稱世子如君存

是春秋不與蒯聵得反立明矣江熙曰鄭世子忽反正有明文子糾但於公子爲貴非世子也【疏】注蒯聵至廢之○釋曰案定公十四年左傳云衛侯爲夫人南子召宋朝會于洮大子蒯聵獻盂于齊過宋野人歌之曰既定爾婁豬盍歸吾艾豭大子羞之謂戲陽速曰從我而朝少君我顧乃殺之速曰諾乃朝夫人夫人見大子大子三顧速不進夫人見其色啼而走曰蒯聵將殺余公執其手以登臺大子奔宋是也云當稱子某者公羊云君在稱世子君薨稱子某其既葬稱子踰年稱君范取公羊爲說也云如齊子糾也者莊九年九月齊人取子糾殺之是也云鄭世子忽反正有明文者桓十五年鄭世忽復歸于鄭傳曰反正也然則鄭世子忽反正春秋不非稱世子則蒯聵稱世子亦是反正不非之之限是其子糾稱子某但於公子之中爲貴謂是右媵之子非世子與鄭忽蒯聵不同如熙之意則蒯聵合立而輒拒父非是也

納者內弗受也帥師而後納者有伐也何用弗受也以輒不受也以輒不受父之命受之王父也信父而辭王父則是不尊王父也其弗受以尊王父也

甯不達此義江熙曰齊景公廢世子世子還國書篡若靈公廢蒯聵立輒則蒯聵不得復稱曩日世子也稱蒯聵爲世子則靈公不命輒審矣此矛楯之喻也然則從王父之言傳似失矣經云納衛世子鄭世子忽復歸于鄭稱世子明正也明正則拒之者非邪○信父音申篡初患反復扶又反曩乃黨反矛五侯反本又作鉾楯常允反又音允拒音巨邪也似嗟反【疏】信父至父也○釋曰輒先受王父之命而有國今若以國與父則是申父也若申父而辭王父則是不尊父也何者使父有違命之愆故其不受使父無違命之失則尊父也○注齊景至書篡○釋曰下六年齊陽生入于齊齊陳乞弒其君荼傳曰陽生正荼不正不正則其曰君何也荼雖不正已受命矣此與莊九年齊小白入于齊同文則稱名書入者皆一辭也然則蒯聵若已被廢則當與陽生同文稱衛蒯聵入戚不得自稱曩日世子○注矛楯之喻也○釋曰莊子云楚人有買矛及楯者見人來買矛即謂之曰此矛無何不徹

見人來買楯則又謂之曰此楯無何能徹者買人曰還將爾矛刺爾楯若何然則矛楯各自言之則皆善矣若相對言之則必有不善者矣喻今傳文輒若申父而辭王父是不受父則蒯聵違父為不善若以鄭忽稱世子以明反正則輒之拒父為醜行亦是非不可並故云矛楯之喻也○秋八月甲戌晉趙鞅帥師及鄭罕達帥師戰于鐵鐵衛地鐵他結反○鄭師敗績○冬十月葬衛靈公七月葬蒯聵之亂故也疏注七月至故也○釋曰隱五年夏四月葬衛桓公傳曰月葬故也月葬憂危最甚不得備禮葬也此月葬故知有故也彼注云有祝吁之難故此則蒯聵之亂故也○十有一月蔡遷于州來蔡殺其大夫公子駟

三年春齊國夏衛石曼姑帥師圍戚此衛事也其先國夏何也子不圍父也不繫戚於衛者子不有父也江熙曰國夏首兵則應言衛戚今不言者辟子有父也子有父者戚繫衛則為大夫屬于衛子圍父者謂人倫之道絕故以齊首之○曼姑音萬辟音避疏注戚繫至于衛○釋曰諸侯有國大夫有邑大夫之邑國君之有若言圍衛戚是戚繫衛便是子之而圍父也故以國夏為首也○夏四月甲午地震○五月辛卯桓宮僖宮災言及則祖有尊卑解經不言及僖由我言之則一也遠祖恩無差降如一故不言及疏注遠祖至言及○釋曰凡言及者皆以尊及卑等者不言及若自祖言之則有昭穆昭尊可以及穆若自我言之則遠祖親盡尊卑如一故不言及案左氏孔子在陳聞火曰其桓僖乎言廟應毀而不毀故天災也○季孫斯叔孫州仇帥師城啓陽稱帥師有難○難乃旦反○宋樂髡帥師伐曹髡苦門反○秋七月丙子季孫斯卒○蔡人放其大夫公孫獵于吳宣元年晉放其大夫胥甲父于衛傳曰稱國以放放無罪

也然則稱人以放放有罪也○冬十月癸卯秦伯卒○叔孫州仇仲孫何忌帥師圍邾

四年春王二月庚戌盜弒蔡侯申稱盜以弒君不以上下道道也以上下道道者若衛祝吁弒其君完之類是直稱盜不在人倫之序【疏】注以上至類是○釋曰祝吁弒其君完隱四年經文祝吁稱國稱名及言弒其君者是下道言弒其君謂此死者是其臣之君而臣弒之故以君臣上下道道之今不稱名氏直稱盜盜是微賤稱賤不稱弒其君。則此死者非是盜者之君則盜疏外無君是不在人倫上下之序

內其君而外弒者不以弒道道也襄七年鄭伯將會中國其臣欲從楚不勝其臣弒而死不使夷狄之民加乎中國之君故曰鄭伯髡原如會未見諸侯丙戌卒于操是不以弒道道也【疏】內其至道也○釋曰猶尊內其君而疏外弒者故不與疏外者得弒君之道道之故抑之爲盜若鄭伯髡原實被臣弒其書自卒抑臣爲夷狄之民亦是也

春秋有三盜微殺大夫謂之盜十三年冬盜殺陳夏區夫是○陳夏戶雅反區烏侯反

非所取而取之謂之盜定八年陽貨取寶玉大弓是

辟中國之正道以襲利謂之盜即殺蔡侯申者是非微者也○辟中音避【疏】辟中至襲利○釋曰辟中國之正道而行同夷狄不以禮義爲主而徼幸以求名利若齊豹之類故抑而書盜者也襲掩也謂求利之心不以禮義爲意也

○蔡公孫辰出奔吳○葬秦惠公○宋人執小邾子○夏蔡殺其大夫公孫姓公孫霍○晉人執戎蠻子赤歸于楚○城西郛郛郭也○郛音孚

○六月辛丑亳社災殷都于亳武王克紂而班列其社于諸侯以爲亡國之戒劉向曰災亳社戒人君縱恣不能警戒之象【疏】注殷都于亳○釋曰書序云湯始居亳從先王居孔注云契父帝嚳都亳湯自商丘遷焉故曰從先王居。又盤庚五遷將治亳殷是

都亳之事亳社者亳之社也亳亡國也亳即殷也殷都于亳故因謂之亳社亡國之社以爲廟屛戒也
立亳之社於廟之外以爲屛蔽取其不得通天人君瞻之而致戒心疏注立亳至之外○釋曰周禮建國之神位左宗廟右社稷彼謂天子諸侯之正社稷
霜露者周禮又云決陰事于亳社明不與正同處明一在西一在東故左氏曰間於兩社爲公室輔是也其屋亡國之社不得上達
也必爲之作屋不使上通天也緣有屋故言災○秋八月甲寅滕子結卒○冬十有二月葬蔡昭公
不書弑君之賊而昭公書葬既謂之盜若殺微賤小人不足錄之疏冬十有至昭公○釋曰諸侯時葬正也今書月者以明危亦見不葬而書葬者春秋
賊不討則不書葬若不書葬則見賊不討今書葬者使若弑者實是盜微賤小人雖討訖不足錄○葬滕頃公○頃音傾
五年春城毗○夏齊侯伐宋○晉趙鞅帥師伐衛○秋九月癸酉齊侯杵臼卒
○杵昌呂反○冬叔還如齊○閏月葬齊景公不正其閏也閏月附月之餘日喪事不數○數所主反疏
注閏月至不數○釋曰案經書閏月葬者年若數閏則十三月故書閏月葬以見喪事亦不數之例
六年春城邾瑕○晉趙鞅帥師伐鮮虞○吳伐陳○夏齊國夏及高張來奔○
叔還會吳于柤柤注加反○秋七月庚寅楚子軫卒軫之忍反○齊陽生入于齊○齊陳
乞弑其君荼不日荼不正也○荼音舒又音徒一音丈加反疏注不日荼不正也○釋曰隱三年八月庚辰宋公和卒傳云諸侯曰卒正也荼
不日是不正也陽生入而弑其君以陳乞主之何也不以陽生君荼也其不以陽生君

荼何也陽生正荼不正不正則其。曰君何也荼雖不正已受命矣已受命于景公而立故可言君入者內弗。受也荼不正何用弗。受以其受命可。以言弗。受也先君已命立之於義可以拒之陽生其以國氏何也取國于荼也何休曰卽不使陽生以荼爲君不當去公子見當國也又穀梁以爲國氏者取國于荼齊小白又不取國于子糾無乃近自相反乎鄭君釋之曰陽生篡國故不言公子不使君荼謂書陳乞弒君爾荼與小白其事相似荼弒乃後立小白立乃後。弒雖然俱篡國而受國焉爾傳曰齊小白入于齊惡之也陽生其以國氏何取國于荼也義適互相足又何自反乎子糾宜立而小白篡之非受國于子糾則將誰乎○當去起呂反見當賢徧反糾居黝反惡之烏路反【疏】注荼殺至後殺釋曰案上六年經書齊陽生入于齊齊陳乞殺其君荼傳云陽生入而弒其君以陳乞主之何也不以陽生君荼也是荼殺之後陽生乃立案莊九年夏齊小白入于齊九月齊人取子糾殺之是小白立乃後殺也義適互相足者莊九年傳云小白入于齊惡之則陽生入于齊亦惡之此年傳云陽生其以國氏取國于荼也則小白以其國氏亦取國于子糾也以義推之適互相足故鄭云子糾宜立而小白篡之非受國于子糾則將。許乎是也○冬仲孫何忌帥師伐邾○宋向巢帥師伐曹

七年春宋皇瑗帥師侵鄭○瑗于眷反○晉魏曼多帥師侵衛○曼音万○夏公會吳于繒○繒在陵反○秋公伐邾八月己酉入邾以邾子益來以者不以者也夫諸侯有罪伯者雖執猶以歸于京師魯非霸王而擅相執錄故曰入以表惡之○擅市戰反惡烏路反傳及注同【疏】注夫諸侯至于京師○釋曰僖二十八年晉人執衛侯歸之于京師傳云歸之于京師緩。辭也。斷在京師也是衛侯有罪晉文伯者執之猶以歸于京師之事○注故曰入以表惡之○釋曰案范例云僖二十八年三

月丙午晉侯入曹執曹伯畀宋人傳曰入者內弗受也日入惡入者也次惡則月據此日入與彼例同故知日入以表惡之益之名惡也惡其
不能死社稷春秋有臨天下之言焉徐乾曰臨者撫有之也王者無外以天下為家盡其有也【疏】春秋至言焉○釋曰此下三者
皆以內外辭別之王者則以海內之辭言之即僖二十八年天王。狩。于河陽傳曰全天王之行也是也王者微弱則以外辭言之即僖二十四年天王出居于
鄭傳曰失天下也是也有臨一國之言焉諸侯之臨國亦得有之如王於天下【疏】有臨至言焉○釋曰此亦據內外言之若宣九年辛
酉晉侯卒于扈傳曰其地于外也其日未踰竟也既以內外顯地及日是以一國言之有臨一家之言焉大夫臨家猶諸侯臨國【疏】
有臨一家至焉○釋曰家謂采地若文元年毛伯來錫公命定四年劉卷卒其毛劉皆采邑名大夫氏采為家大夫稱家是以一家言之也其言來
者有外魯之辭焉非已內有從外來者曰來今魯侯身自以歸而曰來是外之也【疏】其言至辭焉○釋曰凡言來者非已內有從外始來
即邾庶其以漆閭丘來奔是也今書魯侯以邾子益來而文與庶其正同文切直者有外魯侯之辭焉爾○宋人圍曹○冬鄭駟弘
帥師救曹

八年春王正月宋公入曹以曹伯陽歸○吳伐我○夏齊人取讙及闡宣。九年傳曰內
不言取言取授之也以是為賂齊此言取蓋亦賂也魯前年伐邾以邾子益來益齊之甥也畏齊故賂之○及闡尺善反惡內也○歸邾子
益于邾侵齊故也惡烏路反○益之名失國也於王法當絕故【疏】益之名失國也○釋曰經書歸邾子益於邾則益得國而云失
國者邾益不能死難而從執辱於王法而言理當絕位魯歸之不得無罪故書益之名以明失國之。故也○秋七月○冬十有二月

癸亥杞伯過卒○過音戈○齊人歸讙及闡凱曰歸邾子故亦還其賂

九年春王二月葬杞僖公○宋皇瑗帥師取鄭師于雍丘雍丘地也○雍於用反○取易辭也以師而易取鄭病矣以師之重而宋以易得之辭言之則鄭師將劣矣○易以豉反將子匠反疏以師而至鄭病矣○釋曰凡書取皆易辭今以鄭師之重而今宋以易得之辭言之鄭之將帥微弱矣亡軍之咎本由君不任其才故爲鄭國病患○夏楚人伐陳○秋宋公伐鄭○冬十月

十年春王二月邾子益來奔○公會吳伐齊○三月戊戌齊侯陽生卒○夏宋人伐鄭○晉趙鞅帥師侵齊○五月公至自伐齊傳例曰惡事不致公會夷狄伐齊之喪而致之何也莊六年公至自伐衛傳曰不致則無以見公惡事之成也將宜從此之例○以見賢遍反疏注傳例至不致○釋曰襄十年公會晉侯云云齊世子光會吳于柤傳曰會夷狄不致惡事不致是也云傳曰不致則無以見公惡事之成也者案莊公五年公會齊人云云伐衛注云納惠公朔逆天王之命也六年公至自伐衛傳曰惡事不致此其致何也不致則無用見公之惡事之成也是也此年二月公會吳伐齊之喪是惡事宜不致而致亦以見公惡事之成也○葬齊悼公○衛公孟彄自齊歸于衛○彄苦侯反○薛伯夷卒○秋葬薛惠公○冬楚公子結帥師伐陳吳救陳

十有一年春齊國書帥師伐我○夏陳轅頗出奔鄭○頗破何反○五月公會吳伐

齊甲戌齊國書帥師及吳戰于艾陵齊師敗績獲齊國書與華元同義艾陵齊地○艾五蓋反疏注與華元同義○釋曰宣二年宋華元帥師及鄭公子歸生帥師戰于大棘宋師敗績獲宋華元傳曰獲者不與之辭也言盡其衆以救其將也以三軍敵華元華元雖獲不病也是與此同義○秋七月辛酉滕子虞母卒○冬十有一月葬滕隱公○衛世叔齊出奔宋

十有二年春用田賦古者九夫為井十六井為丘丘賦之法因其田財通出馬一匹牛三頭今別其田及家財各出此賦言用者非所宜用○別如字又彼列反疏用田賦○釋曰古者一丘之田方十六井一百四十四夫軍賦之法因其田財通出馬一匹牛三頭今乃分別其田及家財各令出此賦則一丘之田出馬二匹牛六頭故曰用田賦言非所宜用也謂之田賦者古者但賦其家財今又計田貢故曰田賦也○注古者九夫至為丘○釋曰案周禮小司徒職九夫為井四井為邑四邑為丘四丘為甸然則非方一里九夫邑方二里四井三十六夫丘方四里十六井百四十四夫甸方八里六十四井五百七十六夫軍賦之法丘出馬一匹牛三頭甸出長轂一乘馬四匹牛十二頭甲士三人步卒七十二人此甸八里據實出賦者言之其畔各加一里治溝洫者司馬法○城方十里出革車一乘者通計治溝洫者言之其實一也今指解經云用田賦者是丘之賦故云九夫為井十六井為丘也然經即云用田賦○而使丘民以成元年作丘甲民盡作甲則知此用田賦亦令一丘之民一用田賦也宣十五年初稅畝則計畝以稅所稅畝十畝稅其一此則通公田什一而不畝計故彼言稅而此言賦也○注丘賦至三頭○釋曰凡一丘賦之法因其民之所受公田什一及私家之財通融共出馬一匹牛三頭以一丘之民共出此賦以家財為主故曰丘賦今又分別其所受公田各令出此馬牛之賦故曰用田賦也論語曰哀公云二吾猶不足如之何其徹也即此田財並賦之驗也

○古。者公田什一用田賦非正也古者五口之家受田百畝爲官田十畝是爲私得其什而官稅其一故曰什一周謂之徹殷謂之助夏謂之貢其實一也皆通法也今乃棄中平之法而田財並賦言其賦民甚矣○爲官于僞反稅舒銳反夏謂戶雅反疏古者公至非正也○釋曰凡受農田皆私田百畝公田十畝但由公田私田皆公家所受故總曰公田什一則以田之什一及家財而出馬牛之賦是其正也今魯用田與財。各出馬牛之賦非正也○注古者五至百畝○釋曰周禮小司徒云上地家七人可任也者家三人鄭注曰一家男女七人以上則授之以上地所養者衆也男女五人以下則授之以下地所養者寡也。正以七。六。五。爲率者有夫有婦然後爲家自二人以至於十人爲九等則七六五爲其中也。老者一人其餘。羸弱相半此其大數也然則周禮七人五人六人三等范唯言五口之家受田百畝指下等言之其實六人七人亦受田百畝與周禮不異也爲官田十畝者受田百畝之外又受十畝以爲公田是爲私得其十而官稅其一故漢書。殖貨志井。田一里是爲九夫八家共之各受私田百畝公田十畝是爲八百八十畝餘二十畝爲廬舍則家得二畝半凡家。受田一百十二畝半也今傳言公田什一者舉其全數據出稅言之周謂之徹殷謂之助夏謂之貢其實一也者出孟子文彼云滕文公問爲國於孟子孟子對曰夏后氏五十而貢殷人七十而助周人百畝而徹其實皆什一是也然三代受畝悉皆什一則夫皆一百一十畝夏后政寬計其五十畝而貢五畝於公殷人計其七十畝而助。十畝於公周人盡計一百一十畝而徹十畝於公徹者通也什一而稅爲天下通法故詩云徹田爲糧是也皆通法者孟子云重之于堯舜大桀小桀輕之於堯舜。人貊小貊什一而稅頌聲作則什一而稅堯舜亦然是爲通法也貢起堯舜則古者公田什一是堯舜之時明此什一之法也范說不與先儒同其先儒皆云什一者十中稅一耳

○夏五月甲辰孟子卒孟子者何也昭公夫人也其不言夫人何也諱取同姓也葬當書姓諱故亦不書葬○取如字又七住反疏注書當至書葬○釋

曰莊二十二年葬我小君文姜經書其氏卒又稱夫人而書葬今孟子卒雖不稱夫人准弋氏應書葬不言者知諱同姓故范例夫人薨者十而書葬者十夫人之道從母儀卽桓公夫人文姜一莊公夫人哀姜二僖公之母成風三文公之母聲姜四宣公之母頃熊五成公之母穆姜六成公之嫡夫人齊姜七襄公之母定姒八昭公之母歸氏九哀公之母定弋十十者並書葬其隱公夫人從夫之讓昭公夫人諱同姓二者皆不書葬也 ○公會吳于槖臯槖臯某地○槖章夜反一音託 ○秋公會衛侯宋皇瑗于鄖鄖某地鄖音云 ○宋向巢帥師伐鄭 ○冬十有二月螽○螽音終

十有三年春鄭罕達帥師取宋師于嵒○嵒五咸反 取易辭也以師而易取宋病矣 疏取易辭至病矣○釋曰上九年宋皇瑗取鄭師今鄭罕達取宋師其事正反嫌宋爲人所報非宋之病故重發以同之 ○夏許男成卒 ○公會晉侯及吳子于黃池及者書尊及卑也黃池某地 疏注及者至卑也○釋曰隱二年傳云會者外爲主焉爾今言公會晉侯則晉爲主於黃池而公往會之既以晉侯爲主會無二尊故言及以卑吳也則與桓二年范注云會盟言及別內外也尊卑言及序上下也亦同何者外吳而尊晉別內外序上下也 黃池之會吳子進乎哉遂子矣進遂稱子 吳夷狄之國也祝髮文身祝斷也文身刻畫其身以爲文也必自殘毀者以辟蛟龍之害○祝之六反斷音短辟音避蛟音交 疏注文身至之害○釋曰荊楊之域厥土塗泥人多游泳故刻畫其身以爲蛟龍之文與之同類以辟其害 欲因魯之禮因晉之權而請冠端而襲襲衣冠端玄端 疏欲因魯至而襲○釋曰魯是守文之國禮儀之鄉晉執中國之權爲諸侯盟主故吳子欲因之而冠必欲因之者以鄭伯髡原欲從中國而被殺于鄭吳子亦恐臣

子不肯變從故因魯之禮因晉之權然後羣臣。嚮化以魯禮天下共依晉權諸侯所服故也是以明堂說魯云天下以爲有道之國天下資禮樂焉是也云請冠端而襲者請著玄冠玄端而相襲○注襲衣冠端玄端○釋曰吳俗祝髮文身衣皮弁服不能衣冠相襲今請加冠于首身服玄端則衣冠上下共相掩襲故云襲衣也詩云其軍三單彼毛傳云三單相襲彼謂三單前後爲相襲則此衣冠上下亦爲相襲也玄端者謂玄端衣而端幅制之即諸侯視朝之服也諸侯視朝之服緇布衣素積裳緇玄一也其藉于成周藉謂貢獻疏注藉謂貢獻○釋云貢謂土地所有以獻于成周若禹貢齒革羽毛納錫大龜惟金三品之類著於藉錄以爲常職故知藉謂貢獻也以尊天王吳進矣吳東方之大國也累累致小國以會諸侯以合乎中國累累猶數數也○累累如字數所角反疏注累累猶數數○釋云東方之國吳爲最大吳舉小國必從會吳于相于道于繒于黃池之類積其會事故言數。○數致小國以合乎中國也吳能爲之則不臣乎言其臣也吳進矣王尊稱也子卑稱也辭尊稱而居卑稱以會乎諸侯以尊天王吳王夫差曰好冠來孔子曰大矣哉夫差未能言冠而欲冠也不知冠有差等唯欲好冠○尊稱尺證反下同夫差音扶下初佳反疏王尊稱也子卑稱也○釋曰自黃池前吳常僭號稱王是其尊稱今去僭號而稱子是其卑稱也○注不知冠而差等○釋曰冕有旒數不同則冠亦有差等之別吳爲子爵其冠之飾必不得與公侯同等但未知若爲差等爾○楚公子申帥師伐陳○於越入吳○秋公至自會吳進稱子又會晉侯故致也疏注吳進至致也○釋曰襄十年傳曰會夷狄不致致會者一以吳進稱子二又爲公會晉侯以此二事之故致之爾○晉魏曼多帥師侵衛○葬許元公○九月螽○冬十有一月有星孛于東方不書所孛之星而曰東方者旦方見孛衆星皆沒故○孛音佩【疏】。注不書至方者○釋曰文十四年有星孛入于北斗昭十七年有星孛于大辰彼皆言所孛之星此不言所孛之星直言東方者彼北斗大辰未沒之時有故得言所孛之星此則旦明之時方乃見孛其東方常見之星並以沒盡故不言所孛之處星也

○盜殺陳夏區夫傳例曰微殺大夫謂之盜○區夫烏侯反

○十有二月螽

十有四年春西狩獲麟杜預曰孔子曰文王既沒文不在茲乎此制作之本旨又曰鳳鳥不至河不出圖吾已矣夫斯不王之明文矣夫關雎之化王者之風麟之趾關雎之應也然則斯麟之來歸於王德者矣春秋之文廣大悉備義始於隱公道終於獲麟○狩手又反不出如字又赤遂反矣夫音扶不王于況反下王德同雎七余反之應于敬反【疏】注杜預至本旨○釋曰論語云文武之道未墜於地在人文王既沒其爲文之道實不在我身乎孔子既言文武之道在我身孔子有制作之意中庸云有其德無其位不得制作有其位無其德而不得制作孔子雖懷聖德而道不王故有制作之志而不爲也○注又曰至文矣○釋曰凡聖人受命而必鳳鳥至河出圖洛出書故孔子曰鳳鳥不至河不出圖吾已矣夫言已無瑞應道終不王故云斯不王之明文矣○注關雎之化王者之風○釋曰子夏詩序云關雎之化王者之風言后妃有關雎之德也○注麟之趾關雎之應也○釋曰詩序文言后妃有關雎之德爲王者之風故感麟來應之以見其趾趾足也○注然則斯麟之來歸于王德者矣○釋曰由后妃有關雎之化爲王者之風故致得麟來應之然則孔子有王之德故亦感得麟來應之故斯應麟之來歸于王德者謂孔子也○注春秋至獲麟○釋曰其詩周南則始於關雎篇終於麟趾故春秋之文亦義始於隱公之道終於獲麟乘之以十二約之以周典詩云誰將西歸懷之好音示有贊於周道故著西狩獲麟言道備之驗也

引取之也言引取之解經言獲也傳例曰諸獲者皆不與也。故今言獲麟自爲孔子來魯引而取之亦不與魯之辭也○今爲于僞反【疏】注傳例至不與也○釋曰宣二年大棘之

戰鄭公子歸生獲宋華元傳曰獲者不與之辭也上十一年。艾陵之戰。吳獲齊國書范云與華元同義是諸獲皆不與之辭也今言獲麟者欲言此麟自爲孔子有王者之德而來應之魯引而取之亦不與魯之辭也必使魯引取之者天意若曰以夫子因魯史記而脩春秋故也然則孔子脩春秋乃獲麟之驗也

狩地不地不狩也非狩而曰狩大獲麟故大其適也適猶如也之也非狩而言狩大得麟故以大所如者名之也且實狩當言冬不當言春

疏狩地至適也○釋曰桓四年春公狩于郎莊四年冬公及齊人狩。而郜是狩皆書地今不書地則非狩也非狩而曰狩者大得此驗故以大其所如者名之○注實狩至言春○釋曰案桓四年傳云春曰田夏曰苗秋曰蒐冬曰狩是也

○其不言來不外麟於中國也其不言有不使麟不恆於中國也雍曰中國者蓋禮義之鄉聖賢之宅軌儀表於遐荒道風扇於不朽麒麟步郊不爲暫有鸞鳳栖林非爲權來雖時道喪猶若不喪雖麟一降猶若其。常鸜鵒非魯之常禽蜚蜮非祥瑞之嘉蟲故經書其有以非常有此所以取貴于中國春秋之意義也○道喪息浪反鸜音權又音劬鵒音欲蜮音或

疏注鸜鵒至嘉蟲○釋曰昭二十五年經書有鸜鵒來巢莊二十九年經書秋有蜚莊十八年經書秋有蜮傳皆曰。有一亡曰有有是也○注所以至中國○釋曰麒麟一致不爲暫有雖時道喪猶若不喪如此爲文是所以取貴于中國而王道頌盛麟鳳常有此則春秋之意然也

監本附音春秋穀梁注疏哀公卷第二十

穀梁注疏卷二十校勘記　阮元撰盧宣旬摘錄

哀公余本卷第十二單疏本同

敬王三十六年閩監毛本同何校本三作二不誤

謚法監毛本同閩本作謚灋

元年

是有文見復也閩監毛本同單疏本復作後

此該之變而道之也閩監毛本同石經余本之上有郊字與儀禮經傳合顧炎武曰石經該誤作郊錢大昕曰石刻止存郊之變而四字以字數計之郊上當有該字炎武非也

此該至之也閩監毛本同何校本作傳此該郊之變而道之也

子之所言至道之何也閩監毛本同單疏本脫之字

亦在其明閩監本同毛本明作間不誤

故致天變閩本同監本天字上畫不全毛本誤大

蓋不可矣石經閩監毛本同余本矣誤也

其過極多閩監毛本同何校本極作差

謂下一辛而三也閩監毛本同余本下作卜

故卜免牛也石經閩本同監毛本誤免卜

寧嘗有卜閩監毛本同余本嘗作當

皆我用之閩監毛本同余本皆作在

上言子曰閩監毛本同何校本曰作者

子不忘三月卜郊何也閩監毛本同石經余本忘作志

二月之下郊閩監毛本同何校本下作卜是也

二年

取漷東田漷東未盡也石經同閩監毛本田下衍及沂西田傳取漷東田九字

二顧速不進合二當作三閩監毛本不誤何校本此上有大子二字與左傳

君薨稱子其閩監本同毛本其改某是

鄭世忽復歸于鄭閩監毛本世下有子字是也無復字非

以輒不受也石經閩監毛本同余本脫此五字

鄭世子忽復歸于鄭閩監毛本同余本脫鄭世子三字

則拒之者非邪閩監毛本同釋文出邪也則陸所據本邪下有也字

則是不尊父也閩監本同毛本父上有王字下則尊父也同

三年

不繫戚於衞者石經閩本同監毛本於誤于

四年

不稱弒其君閩監毛本同何校本下有者字

又盤庚五遷閩監本同毛本又作及

六年

則其曰君何也石經閩監毛本同二年疏引亦有其字余本脫

內弗受也荼不正何用弗受以其受命可以言弗受也閩監本同毛本可誤何石經弗並作不

小白立乃後弒閩監毛本同余本弒作殺

則將許乎閩本同監毛本許改誰與注合

七年

緩辭也斷在京師也閩監本同毛本辭斷並誤作歸字

天王狩于河陽閩監本同毛本于作於何校本狩作守與石經同

八年

宣九年閩監毛本同何校本九作元是也

以明失國之故也閩監毛本同單疏本故上有惡字

十年

則無以見公惡事之成也閩監毛本同何校本以作用公下有之字與莊六年傳合

則無以見公惡事之成也者何校本以作用公下有之字是也

十有二年

城方十里閩監毛本城作成

用田賦而使丘民閩監毛本同何校本而下有知字

古者公田什一 閩本上有傳字監毛本脫

各出馬牛之賦 閩監毛本同何校本各作並

正以七六五爲率者 閩監毛本正誤止何校本七六五作七人六人五人與鄭注周禮合

老者一人 閩監毛本同何校本上有出字是也

其餘彊弱相半 案周禮注文彊弱上有男女二字彊作強

故漢書殖貨志 閩監毛本同單疏本殖作食不誤

井田一里 閩監毛本同何校本田作方與食貨志合

凡家受田一百十二畝半也 閩本同監毛本受作授

而助十畝於公 閩監毛本同何校本十作七是也

人貊小貊 大誤人閩監毛本不誤

哀公之母定戈十 閩監本同毛本戈作弋何校本作姒

十有三年

然後羣臣嚮化 閩本同監毛本嚮作向

于池之類閩監毛本同何校本池上有黃字

故言數○數致小國以合乎中國也閩監毛本○作數疊三數字何校本刪一數字

葬許元公石經閩監毛本同余本脫元字

有星孛入于北斗閩本同監毛本星孛誤倒

十有四年

故今言獲麟自爲孔子來閩監毛本同余本無故字

艾陵之戰吳獲齊國書閩本同監本艾誤文吳誤具毛本吳亦誤具

公及齊人狩而郜閩監毛本而改于是也

猶若其常閩監毛本同余本其常作有恆

傳皆曰有一亡補案皆曰下脫一字